本套丛书由中国逻辑学会符号学专业委员会、中国语言与符号学研究会、北京大学出版社、天津外国语大学语言符号应用传播研究中心共同策划

中国当代符号学名家学术文库

总主编 王铭玉

语言符号学研究论集

郭鸿 著

北京大学出版社
PEKING UNIVERSITY PRESS

图书在版编目 (CIP) 数据

语言符号学研究论集 / 郭鸿著 . — 北京：北京大学出版社，2021.10
ISBN 978-7-301-31803-4

Ⅰ. ①语… Ⅱ. ①郭… Ⅲ. ①符号学 – 文集 Ⅳ. ① H0–53

中国版本图书馆 CIP 数据核字 (2020) 第 208756 号

书　　名	语言符号学研究论集 YUYAN FUHAOXUE YANJIU LUNJI
著作责任者	郭　鸿　著
责 任 编 辑	郝妮娜
标 准 书 号	ISBN 978-7-301-31803-4
出 版 发 行	北京大学出版社
地　　址	北京市海淀区成府路 205 号　100871
网　　址	http://www.pup.cn　新浪微博：@ 北京大学出版社
电 子 信 箱	bdhnn2011@126.com
电　　话	邮购部 010-62752015　发行部 010-62750672　编辑部 010-62759634
印 刷 者	北京虎彩文化传播有限公司
经 销 者	新华书店 720 毫米 ×1020 毫米　16 开本　26.5 印张　500 千字 2021 年 10 月第 1 版　2021 年 10 月第 1 次印刷
定　　价	118.00 元

未经许可，不得以任何方式复制或抄袭本书之部分或全部内容。
版权所有，侵权必究
举报电话：010-62752024　电子信箱：fd@pup.pku.edu.cn
图书如有印装质量问题，请与出版部联系，电话：010-62756370

总　　序

中国当代符号学名家学术文库即将问世了，这是中国符号学界的大事，甚至对世界符号学界也是一件值得关注的大事，因为毕竟集中为多位符号学家结集出版符号学专论恐怕在世界范围内也是首次。

符号学在20世纪上半叶并不被人看好，许多人甚至称其为"玄学"，但时至今日情形大变，得到诸多学科青睐。符号学作为一门认识论和方法论学科逐渐热络起来，成为大家喜爱的"显学"。

认识符号学首先应从符号概念谈起。

20世纪德国哲学家卡西尔（E. Cassirer）在《人论》中明确指出，从人类文化的角度来看，"符号化的思维和符号化的行为是人类生活最富有代表性的特征"[①]，可以把人定义为符号的动物。的确如此，人类从远古时代起就努力寻找能够帮助他们协同行动的手段，为此人类在发展的早期阶段就想出了交换各种符号的方法。初民最先使用的是手势、表情、含糊不清的叫声等最简单的符号，然后依次出现了口头言语和书面语。由于符号媒质的介入，人类对外界刺激的反应就不再是本能的、被动的，而是积极的、自觉的、主动的。原因在于，符号系统可以使人

---

① 恩斯特·卡西尔：《人论》，甘阳译，上海：上海译文出版社，2003年，第38页。

从已有的情景中解放出来，与现实保持一定的距离，主动地进行思考，延迟做出反应。这样，人就不但可以根据经验和直接需要来生活，而且可以根据想象与希望来生活。借助符号系统，转瞬即逝的感觉印象被组织化和条理化，思维中的操作才有依托，才能在操作中渗入以往的经验和对未来的想象。① 无论是从整个人类的文化进化来看，还是从个体的成长来看，能够意识到任何事物不仅是自身而且可以是潜在的符号，符号所代表的是不同于本身的他物含义，确实是一个了不起的进步，也是一件相当困难的事情。可以说，人类经过了漫长的岁月才自觉地摆脱了实物性操作的束缚，进展到用符号思维的符号操作。②

那么，究竟什么是符号呢？古往今来，众多学者对符号给出了各自不同的定义。古罗马哲学家圣·奥古斯丁（St. Augustine）认为，符号是这样一种东西，它使我们想到在这个东西加诸感觉的印象之外的某种东西。美国哲学家、符号学家皮尔斯（C. S. Peirce）认为，符号是在某些方面或某种能力上相对于某人而代表某物的东西。美国哲学家、符号学家莫里斯（C. W. Morris）认为，一个符号代表它以外的某个事物，并从行为科学的角度，对符号做过更为精确的表述：如果任何事物 A 是一个预备刺激，这个预备刺激在发端属于某一行为族的诸反应序列的那些刺激-对象不在场的情况下，引起了某个机体中倾向于在某些条件下应用这个行为族的诸反应序列做出反应，那么，A 就是一个符号。意大利符号学家艾柯（U. Eco）认为："我建议将以下每种事物都界定为符号，它们依据事先确立的社会规范，可以视为代表其他某物的某物。"法国符号学家巴特（R. Barthes）对符号的看法较为特殊：自有社会以来，对实物的任何使用都会变为这种使用的符号。日本符号学家池上嘉彦（Yoshihiko Ikegami）认为，当某事物作为另一事物的替代而代表另一事物时，它的功能被称为"符号功能"，承担这种功能的事物被称为"符号"。苏联语言符号学家季诺维耶夫（А. А. Зиновьев）认为，

---

① 王铭玉：《语言符号学》，北京：高等教育出版社，2004年，第4页。
② 同上书，第3—4页。

符号是处于特殊关系中的事物，其中没有，而且也不可能有任何思想的东西……符号的意义因而并不表现在它本身，而是在符号之外。苏联心理学家列昂季耶夫（А. Н. Леонтьев）认为，符号既不是真实的事物，也不是现实的形象，而是概括了该事物功能特征的一种模式。

可见，符号的定义是多种多样的，不同学术背景的学者定义符号时虽关注的角度并不相同，但总体而言大同小异。我们认为，所谓符号，是指对等的共有信息的物质载体。符号成其为符号，必然具备四个方面的重要特征。其一，符号具有物质性。任何符号只有成为一种物质符号，才能作为信息的载体被人所感知，为人的感官所接受。当然，物质符号可以是有声符号，如古战场上的击鼓与鸣金、欢迎国宾时的礼炮、各种有声语言等；物质符号也可以是光学符号，如各种体系的文字、手势语、哑语以及各种书面语言的替代符号（数码、电报、速记、信号、标记、公式等）。其二，符号具有替代性。任何符号都能传递一种本质上不同于载体本身的信息，代表其他东西，从而使自身得到更充分的展开，否则就没有意义，不成其为符号。这种新的信息，可能是另外的事物或抽象的概念，如用镰刀和锤子表示工农政党力量，用V字形代表胜利。这样就可以用符号代替看不见、听不到的事物、思想，从而超越时间、空间的限制，使抽象的概念能以具体事物作为依托。其三，符号具有约定性，传递一种共有信息。符号是人类彼此之间的一种约定，只有当它为社会所共有时，它才能代表其他事物。至于约定的范围，可以是全人类的，也可以是一个国家或一个民族、一个团体，甚至只限于两个人之间；这种约定的时效，则可以通过继承人、中继人的传递，跨越一个相当漫长的时期。其四，符号具有对等性。任何符号都由符号形式与符号内容构成，形式与内容之间是"对等"的关系。在这种关系中，形式与内容不是前后相随，而是联合起来，同时呈现给人们。举一束梅花为例。可以用梅花表示坚贞，这时，这束梅花就是符号形式，坚贞就是符号内容，梅花当然不等于坚贞，用梅花表示坚贞，绝不能解释为先有梅花，而后引起坚贞，恰恰相反，两者被联合起来，同时呈现给人们。符号形式与符号内容之间对等、联合、同时呈现的关系，就使这束梅花变成了一个符号。①

从符号到符号学经历了一个漫长的历史时期。

符号一词，最早出自古希腊语 semeion，该词的词义与医学有关。据说，当时人们认为各种病症都是符号。医生诊病时，只要掌握这些符号，便可推断出病因。因此古希腊名医希波克拉底（Hippocrates）被公认是"符号学之父"。②对符号问题的研究最早始于哲学领域，如柏拉图（Plato）、亚里士多德（Aristotle）都曾论及符号问题。在柏拉图的各种对话录中就包括一些有关语词和符号问题的片段，如《克拉底鲁篇》就反映了关于事物与名称之间相互关系问题的争论。这里柏拉图介绍了两派观点，一派认为名称是由事物的本质决定的，另一派则认为是约定俗成的结果。例如，赫拉克利特（Heraclitus）认为，词是大自然创造的；他的学生克拉底鲁（Cratylus）说，每一个事物，大自然都赋予它一个专门的名字，就像把专门的知觉赋予每一个被感知的物体一样。德谟克里特（Demokritos）则持相反观点，认为词和事物之间没有"自然的"联系，名称是根据人们的习惯规定的，并根据现实中存在的同音词、同义词以及专有名词的改名现象来论证自己的看法。③

古希腊哲学的集大成者亚里士多德也探讨了语言符号问题。他在《诗学》《修辞学》中提出区分有意义符号和无意义符号的主张。在其逻辑学著作《工具论》中以较大篇幅讨论语言问题。例如《范畴篇》讨论了同音异义词、同义词、引申词以及各种范畴问题；《解释篇》讨论名词、动词、句子的定义以及各种命题之间的关系；等等。后人是这样评价亚里士多德在语言符号问题上的贡献的："亚里士多德在他的逻辑中分析了语言形式，分析了与它们的内容无关的判断和推理的形式结构。这样，他所达到的抽象和准确的程度，是希腊哲学在他之前所未曾知道

---

① 王铭玉：《语言符号学》，北京：高等教育出版社，2004年，第14—15页。
② 荀志效：《符号学的由来及其发展》，《宝鸡师范学院学报（哲学社会科学版）》1993年第1期，第55页。
③ 肖峰：《从哲学看符号》，北京：中国人民大学出版社，1989年，第13页。

的，他对我们的思想方法的阐明和建立思想方法的秩序做出了巨大贡献。他实际上创造了科学语言的基础。"①

亚里士多德之后，斯多葛学派、伊壁鸠鲁学派以及怀疑论者都在各自的学科中，对符号问题做过大量的描述性研究。如斯多葛学派明确指出要区分对象、符号、意义三者的不同。他们主张对象和符号都是可感知的具体存在物，而意义则是纯主观性的东西。②伊壁鸠鲁学派的《论符号》也是这方面的专著。

罗马时期对符号的讨论主要是在修辞学框架内进行的。这一时期符号研究的特点是偏于技术性和科学性。李幼蒸先生指出，这一倾向正是自然科学逻辑的前身。③ 当罗马时代修辞学和记号逻辑学与基督教神学结合后，对符号的讨论大幅度转向语义学方向。这一时期，即中世纪前期，圣·奥古斯丁在符号方面的研究对后人的影响是非常重要的。他认为"符号是这样一种东西，它使我们想到这个东西加之于感觉而产生的印象之外的某种东西"④。由此可知，符号既是物质对象，也是心理效果。李幼蒸先生指出，这一区分直接影响了索绪尔的符号观。⑤ 虽然圣·奥古斯丁的绝对真理论、信仰论、善恶论和认识论在现代西方思想界均为批评的对象，但是他的思想方式对于符号学思想的进步却具有特殊意义。他在向内思考的过程中，对心理对象和价值对象意义关系问题，首次做了较彻底的探讨，并第一次将语言问题与时间意指问题相连。

在经院哲学时期，一些学者围绕唯名论与唯实论展开了争论，语词符号问题便成为两派论争的焦点之一。唯实论者认为，名称即一般概念都是实在的、客观的，并且是先于物质的，先于事物的思想是神的内在语言。而唯名论则认为，只有具有独特品质的事物才是实在的，名称是

---

① 肖峰：《从哲学看符号》，北京：中国人民大学出版社，1989年，第13页。
② 苟志效：《符号学的由来及其发展》，《宝鸡师范学院学报（哲学社会科学版）》1993年第1期，第55页。
③ 李幼蒸：《理论符号学导论》，北京：社会科学文献出版社，1999年，第65页。
④ 何欣：《索绪尔的符号理论对跨文化交际研究的启示和意义》，陈治安、刘家荣主编《语言与符号学在中国的进展》，成都：四川科学技术出版社，1999年，第173页。
⑤ 李幼蒸：《理论符号学导论》，北京：社会科学文献出版社，1999年，第67页。

事物的一般概念。作为事物的概念永远产生于事物之后。例如唯名论者奥卡姆（Occam）认为，存在于人心之外的是个别事物，存在于"心灵和语词中"的是关于这些事物的"符号"，不能把它们看作在个体之外或先于个体事物而独立存在的东西。这里唯名论对符号与事物的关系做出了本体论上的正确回答。

在近代西方思想史上，培根（R. Bacon）、洛克（J. Locke）、霍布斯（T. Hobbes）、贝克莱（G. Berkeley）、莱布尼茨（G. Leibniz）等人都曾论及符号问题。这其中成果较为突出的当推洛克和莱布尼茨。洛克在其著名的《人类理解论》中将人类知识分为自然学、伦理学和符号学3类，并用专门1卷共11章的篇幅，论述了作为符号的语词。对语言符号的本性进行了分析，对语言符号的类型及其与不同类型观念的关系问题进行了阐发，还对语言文字的缺陷及其滥用进行了论述。尤其是他提出了关于符号意义的"观念论"，成为时至今日仍为欧美分析哲学十分关心的意义论研究的先导。洛克之所以对语言问题如此关心，是因为他认识到，在深入考察认识论问题时，必然要涉及符号问题。

继洛克之后，莱布尼茨也对符号问题给予了极大关注。一方面，他在《人类理智新论》中用同样的篇幅逐章逐节地对洛克在《人类理解论》中的观点一一进行了反驳。另一方面，莱布尼茨还潜心于数理逻辑的开创性研究，力图创造一种比自然语言"更精确""更合理"的通用语言，将其引入逻辑推理中，从而消除自然语言的局限性和不规则性。因此，莱布尼茨被公认为数理逻辑的创始人，这也是他在符号研究中一个崭新领域的突破性贡献。

莱布尼茨之后，康德（I. Kant）在他的《实用人类学》中提出了符号的分类这一研究课题。按照康德的观点，符号可以划分为艺术符号、自然符号、奇迹符号。康德对这几种符号进行了详尽的探讨。黑格尔（G. W. Hegel）在他的《美学》中则认为，建筑是用建筑材料造成的一种象征性符号，诗是用声音造成的一种起暗示作用的符号。

符号学思想并非西方文化所独有，我国对符号现象的关注也由来已久。

春秋战国时期各派哲学家围绕"名实之争"所形成的名辩思潮，是中国哲学史上对符号问题进行哲学探讨的高峰时期。当时的一些重要哲学家、思想家几乎都参与了名实之争，从各自的立场和观点提出了所谓"正名"的要求。这里，名就是名称，与今天的"符号"意义大致相同。对"名实关系"的争论往往成为对于概念与事物（即思想与存在）的关系的争论，成为对于哲学基本问题的回答。① 孔子是最先提出"正名"主张的。当时旧制度（礼）正加速崩溃，"实"越来越不符合周礼之"名"，出现了"名"存"实"亡或"名"存"实"变的局面。孔子认为"实"的变化是不应该的，因而要用"名"去纠正已经改变或正在改变的"实"。因此孔子说："名不正则言不顺，言不顺则事不成，事不成则礼乐不兴，礼乐不兴则刑罚不中，刑罚不中则民无所措手足。"我们看到，孔子的"正名"观点带有较浓重的政治和社会伦理色彩。

参与"名实"讨论的先秦诸子中能够称得上"名"家（即符号学家）的有邓析、尹文、惠施和公孙龙。其中对"名"的问题讨论得最深入的当属公孙龙，他的许多著作中都含有丰富的符号学思想。李先焜认为，其著作的价值不亚于某些古希腊符号学家的著作。② 公孙龙在著名的《名实论》中对"名"下了这样的定义："夫名，实谓也。"就是说，名是对实的称谓或指谓。换言之，名就是表述、称谓事物的名称，也就是一种符号。公孙龙认为，名的使用也存在一个行不行、可不可、当不当的问题。如果一个符号只能称谓某个特定的对象，这样使用名是可行的，反之则不可行。用今天的话说，公孙龙所谓的"名正"，就是要求"名"的精确性。名必须与实相符的这个观点体现了一定的唯物主义因素。但是，名实如何相符呢？在公孙龙看来，不是以实来正名，而是用

---

① 肖峰：《从哲学看符号》，北京：中国人民大学出版社，1989年，第8页。
② 李先焜：《公孙龙〈名实论〉中的符号学理论》，《哲学研究》1993年第6期，第62页。

名来纠实。这样他又倒向了唯心主义一边。

对名实关系做出唯物主义阐发的，首推后期墨家。《墨经》首先肯定"实"是第一性的，"名"是第二性的，名说明实，主张以名举实，要求所运用的名词概念必须正确反映客观事物。《墨经》还把名分为三类："名：达、类、私。"达名是最高的类概念或名词，如"物"这个词，包括了所有的物；类名是一般的类概念或名词，如"马"，所有的马都包括在"马"这个词里；私名是指个别事物的概念或名词，专指某一事物，相当于专名。

作为战国时期杰出的思想家，荀子在名实关系问题以及符号的其他一般问题上，做出了相当深刻的分析。荀子积极参加了当时的名辩争论，并建立了自己正名论的逻辑思想体系。他首先提出了正名的必要性，认为人们在交流思想、区别事物时，必须有适当的名词概念作为工具，否则会造成语言和思想上的隔阂和混乱，分不清事物之间的贵贱同异等差别。因此，必须使名实相符。特别值得关注的是荀子关于名词"约定俗成"的思想，即什么名代表什么实，并非一开始就是固定的，而是"约定俗成"的，是人们在长期交流思想的习惯中形成的。而一经约定，习俗已成，什么名指什么实，什么实用什么名，就能为社会成员所接受和通晓，这时名就不是个人所能任意改动的了。荀子对名实关系的精辟阐述，几乎可以说是中国哲学史上对符号本质认识上所达到的最高水平。

尤其值得一提的是，我们的祖先早在东周时期便开始了对汉民族独特的语言符号系统——汉语、汉字的研究，并在两汉时期达到了空前的繁荣，产生了《说文解字》这部解释古汉语文字的不朽之作。[①] 从现代符号学观点看，《说文解字》中蕴藏着丰厚的符号学思想：把汉字作为一个符号系统来理解和阐释是《说文解字》中体现的语言文字思想的核心。《说文解字·叙》是许慎的汉字符号学理论纲领。其中，对汉字的

---

① 高乐田：《〈说文解字〉中的符号学思想初探》，《湖北大学学报（哲学社会科学版）》1997年第2期，第53页。

符号性质、汉字符号的来源与演变、汉字的形体结构特点及其发展变化、字形与字义的关系以及构字写词的方法与条例等都有明确的阐述。可见，符号，尤其是语言文字符号的重要特征和意义，也早已被我们中华民族的先哲们所认识。

那么符号学到底是什么？符号学的边界究竟在哪里？

客观地讲，从现代符号学的角度看，符号学作为一门科学，主要还是西方学术思想的产物。符号学通常有两种表示法：semiotics 和 semiology，前者是美国逻辑学家、哲学家、自然科学家皮尔斯在19世纪60年代提出来，后者则源于现代语言学奠基人、瑞士语言学家索绪尔在19世纪末20世纪初提出的 sémiologie。这两位学者在该领域的相关研究和相关思想随之成为现代符号学思想发展的源头。

皮尔斯和索绪尔先后独立地提出了符号学的构想，两人各自不同的哲学和文化背景使两人在符号学术语的使用、符号学基本概念的理解方面处于对立的状态。索绪尔设想的符号学是"研究社会生活中符号生命的科学；它将构成社会心理学的一部分，因而也是普通心理学的一部分；我们管它叫符号学。它将告诉我们，符号是由什么构成的，受什么规律支配。因为这门科学还不存在，我们说不出它将会是什么样子，但是它有存在的权利，它的地位是预先确定了的。语言学不过是这门一般科学的一部分，将来符号学发现的规律也可以应用于语言学，所以后者将属于全部人文事实中一个非常确定的领域"[①]。皮尔斯理解的符号学是"关于潜在符号化过程所具有的根本性质及其基础变体的学问"，这里的符号化过程是指"一种行为，一种影响，它相当于或包括三项主体的合作，诸如符号、客体及其解释因素，这种三相影响，无论如何，不能分解为偶对因素之间的行为"[②]。皮尔斯在《皮尔斯哲学著作》中认为："逻辑学，我认为我曾指出过，就其一般意义而论，只不过是符号

[①] 索绪尔：《普通语言学教程》，高名凯译，北京：商务印书馆，1980年，第37—38页。
[②] 乌蒙勃托·艾柯：《符号学理论》，卢德平译，北京：中国人民大学出版社，1990年，第17页。

学的另一种说法而已,符号学是关于符号的几乎是必然的和形式的学说。在把这门学科描述成'几乎是必然'或形式的学科的时候,我注意到,我们是尽了我们之所能来观察这些特征的,而且,根据这些观察,并借助我愿称之为抽象活动的一种过程,我们已经到了可以对由科学才智使用的各类符号的特征进行十分必要的判断的时候了。"① 显然,索绪尔注重符号的社会功能和语言功能,而皮尔斯注重符号的逻辑功能。

  索绪尔的符号学定义认为能指和所指间的关系奠定在规则系统的基础之上,这种规则系统相当于"语言",换言之,一般认为索绪尔大体上只把背后有明确代码的符号体系看作符号学的对象,就此而言,索绪尔的符号学似乎是一种刻板的意指符号学。然而将符号学视为交流理论的人基本上仰仗于索绪尔的语言学,这一点绝非偶然。那些赞同索绪尔的符号学概念的人,严格区分开有意图的人工措施(他们称之为"符号")和其他自然或无意的表现形式,后者严格讲不适用这样一种名称。而皮尔斯认为,符号就是"在某些方面或某种能力上相对于某人而代表某物的东西",与索绪尔不同的是,作为符号定义的组成部分,它并不要求具备那些有意发送和人为产生的属性。② 一般认为,索绪尔的符号学定义看重符号的社会性,而皮尔斯则看重符号一般意义的逻辑。③ 按照穆南(G. Mounin)的说法,索绪尔的符号学是以基于代码的传达为对象的"传达符号学",皮尔斯的符号学则是以语义作用本身为对象的"语义作用符号学",而"有效的传达"和"创造性的语义作用"被认为是语言符号两个方面的典型特征。俄罗斯语言学家乌斯宾斯基(Б. А. Успенский)认为,索绪尔和皮尔斯的符号学理论体系分别归属于作为符号系统的语言的符号学(семиотика языка как знаковой системы)和符号的符号学(семиотика знака),两者确定了符号学的两个主流方向:

---

  ① 向容宪:《符号学与语言学和逻辑学》,《贵阳师专学报(社会科学版)》1998年第1期,第13页。
  ② 乌蒙勃托·艾柯:《符号学理论》,卢德平译,北京:中国人民大学出版社,1990年,第17页。
  ③ 乐眉云:《索绪尔的符号学语言观》,《外国语》1994年第6期,第15页。

语言学方向和逻辑学方向。

由于对"什么是符号学"这一本源性问题的模糊认识，符号学在现阶段正承受着本体论上的巨大压力：综观符号学家的研究，符号学几乎渗透到了人文科学和社会科学，甚至自然科学的所有领域。斯捷潘诺夫（Ю. С. Степанов）指出："符号学的对象遍布各处：语言、数学、文学、个别文学作品、建筑学、住房设计、家庭组织、无意识过程、动物交际和植物生命中。"① 而研究对象的无限扩张对于一门学科来说则是一种致命的打击。在这方面，美国逻辑学家和符号学家莫里斯认为符号学是关于所有符号的科学，认为符号学不仅提供了一种丰富的语言来统一关于某个主题领域的知识，而该领域的现象一直是多种特殊的学科片面地加以研究的；还提供了一种工具来分析所有特殊科学的语言之间的关系。在此意义上，莫里斯甚至赋予了符号学统一科学的使命，认为符号学既是科学统一中的一个方面，又是描述和推进科学统一的工具。② 意大利当代符号学家艾柯基于其一般符号学立场，认为符号学所关心的是可以视为符号（即从能指角度替代他物的东西）的万事万物，并根据符号学所涉对象的广泛性确定了符号学研究的政治疆界、自然疆界和认识论疆界，符号学研究因而面向整个社会文化领域、自然现象领域和人类思维领域。这样看来，"由于我们在社会生活最为广泛的领域，在认知过程、技术研究、国民经济，甚至在生物界的现象中都能接触到符号系统，因此符号学的对象及其作用的范围是足够宽泛的。"对于这种现象，尼基京（М. В. Никитин）不无忧虑地指出："符号学试图将下述所有理论都扣上符号性的帽子：心理学和心理分析，精神病学和性学理论，知觉、暗示、愉悦理论；女权论和男性化理论；个性、交往和个体相互作用理论，交际理论和意义理论；通灵术和占卜术（意识形态、神话学和宗教），语言学，文学批评，艺术理论（电影、戏剧、绘画、音乐等），诗学，结构主义，相对主义，形式主义，象征主义和其他一般

---

① Ю. С. Степанов: Семиотика. Радуга, 1983, с: 5.
② 莫里斯：《指号、语言和行为》，罗兰、周易译，上海：上海人民出版社，1989年，第268—269页。

性或个别性的不同层级上的众多理论。……以这些各不相同的广阔领域为学科覆盖的范围,符号学的意义最终只能归于使用能指和所指的术语来对所有这些现象进行无谓的范畴化。"① 正是看到了符号学理论繁多而学科地位不明的现状,杰米扬延科(А. Ф. Демьяненко)指出,对符号学对象研究的态度的多样性和符号本身的多面性是理论多样性和繁杂性的原因。要想避免这种繁杂性的局面,只有进一步弄清符号学科学的特征、它在学科体系中的位置及其理论基础。

虽然也有学者试图为符号学建立合理的边界,为其作为一门正式学科的地位正名,但到目前为止,这些努力收效甚微。莫里斯认为,符号在符号系统中的生命是由三个向度确定的:符号体是如何构成的以及由何种实体表现;意思指的是什么;最后,产生了何种影响(符号的使用引起了什么样的效果)。莫里斯认为存在着关于符号的完整的科学,它有清晰确定的研究范围。但事实上,莫里斯将所有的符号均纳入符号学的疆域,而不管它是动物的或人的、语言的或非语言的、真的或假的、恰当的或不恰当的、健康的或病态的。此外,他看到了符号学对于科学知识的统一(系统化)的特殊的重要性,并甚至试图赋予符号学以统一科学的使命。因此,我们很难说他已达到了清晰界定符号学研究范围的目标。艾柯把符号定义为基于业已成立的社会习惯,能够解释为代替其他东西的所有东西,认为符号学与其说有自己的对象,不如说具有自己的研究领域;符号学的中心问题是符号关系、符号替代某种其他事物的能力,因为这与交际和认知的认识论重要问题密切相关。他认为,符号学的研究对象是人类社会各个领域内使用的符号系统,它研究这些符号系统构成和使用的共性规律,为解决确定的认知和实践任务而编制人工符号系统的途径和方法。列兹尼科夫(Л. О. Резников)从认识论角度出发,认为(一般)符号学的实际任务应包括:符号的本质;符号在认知和交际过程中的角色;符号的种类;符号与意义、符号与事物、符号与形象间的相互关系;语言符号的特点;符号在科学知识形式化过程

---

① М. В. Никитин: Предел семиотики. ВЯ, 1997 (1), c: 3.

中的作用；等等。苏联科学院控制论科学理事会的符号学研究室致力于从控制论和信息论角度为符号学研究设定清晰的边界，其理解的符号学大致体现在以下几个方面：为数字机器创建抽象的程序语言；构建、研究和运用科学和技术的人工语言；研究从一种自然语言到另一种自然语言的机器翻译问题；研究作为符号系统的自然语言，特别是数理语言学和结构语言学。但很显然，符号学的这些分支方向除了表现出莫斯科学派一贯的科学传统外，符号学的边界问题仍然没有得到有效的解决，人工语言的无限广泛性是不言而喻的。尼基京面对这种状况，认为符号学是有关符号和符号系统，符号系统的功能和相互作用，事物、事件符号化及其意义规约化、词典化的科学，并从寻找符号的科学定义入手来限定符号学的疆域。他认为符号应包括三个方面的构件：意图（интенция）、发出者（отправитель）、从发出者到接收者规约性的意义转换器（конвенциональный транслятор значения от отправителя к получателю），缺一不可。但即使这样，符号和符号学的范围仍然广大得无法把握。

与此同时，许多研究者认为，符号学更多的是一种体现一定思维风格和提出及解决问题方式的研究方向。如斯捷潘诺夫就认为："很可能，符号学路径（семиологический подход）的特点更多的是体现在方法，而不是对象上。"① 事实上，尽管符号学边界问题时至今日仍然是一个无法精确把握的问题，但符号学的方法论和认识论彰显出独特的魅力，在各个学科的研究中发挥着重要的作用，如文学批评、建筑、音乐、电影、民俗文化等。"无论是在以科学性为己任的结构主义这条线索中，还是在唤起读者的阐释主体意识为特征的现象学、阐释学和接受美学这一线索中，甚至在马克思主义的意识形态生产理论这条线索中，符号学都可以作为一门无所不及的边缘学科扮演其他学派所无法扮演的角色。"② 将符号学的一般原理应用于各个具体的符号域的研究中产生了社会符号学、法律符号学、电影符号学、音乐符号学、宗教符号学、心

---

① Ю. С. Степанов: Методы и принципы современной лингвистики（2-е изд.）. М.: Эдиториал УРСС, 2001：15

② 王宁：《走向文学的符号学研究》，《文学自由谈》1995年第3期，第137页。

理符号学、建筑符号学、服装符号学、广告符号学等多个部门符号学，显示出应用符号学研究的勃勃生机。格雷马斯（A. J. Greimas）20世纪70年代"在语义学和叙事学研究的基础上提出了将符号学作为人文科学认识论和方法论基础的宏伟构想"①。

针对这种情况，李幼蒸教授指出："符号学作为专门科学领域的较弱地位和符号学作为人文科学分析方法的较高功效间的对比，不仅反映了符号学本身的内在学术张力的存在，而且反映了它所从属的人文科学全体构成的特点，从学术思想史上看，符号学也有着类似的处境，学科身份的不明与实质影响的深刻互不一致。"②看到了符号学对于科学的双重身份之后，莫里斯强调："如果符号学——它研究那些起着符号作用的事物或事物的性质——是一门和其他的诸科学并列的科学，那么，符号学也是所有科学的工具，因为每一门科学都要应用指号并且通过指号来表达它的研究成果。因此，元科学（关于科学的科学）必须应用符号学作为一种工具科学。"③

虽说现代符号学在西方得到了更充分的研究，但中国学者对现代符号学的贡献同样值得书写。

纵观国内符号学相关史料与文献，中国现代符号学的萌芽期应确定在20世纪上半叶，在西学东渐浪潮的推动下，中国学界逐渐自觉地建立了现代学科意识，主动地引进和结合国外语言学思想，开展相对自主的符号研究。④较早关注符号学研究的是胡以鲁先生，他于1912年写作《国语学草创》，阐述语言符号观、符号任意性、符号的能指与所指关系等语言符号问题；之后有乐嗣炳先生，他于1923年出版了《语言学大意》，认为语言的结构由"内部底意义、外部底符号"构成；但真

---

① 张光明：《关于中外符号学研究现状的思考》，《外语与外语教学》1995年第5期，第4页。
② 李幼蒸：《理论符号学导论》，北京：社会科学文献出版社，1999年，第3页。
③ 杨习良：《修辞符号学》，哈尔滨：黑龙江教育出版社，1993年，第23页。
④ 贾洪伟：《1949年以前中国的符号学研究》，王铭玉主编《语言与符号》第1辑，北京：高等教育出版社，2016年。

正提出"符号学"这个中文词的是赵元任先生,他于1926年在他自己参与创刊的上海《科学》杂志上发表了一篇题为《符号学大纲》的长文,他指出:"符号这东西是很老的了,但拿一切的符号当一种题目来研究它的种种性质跟用法的原则,这事情还没有人做过。"① 在文章中他大胆地厘定了符号之本质与界限,提出了"符号学"称谓——symbolics 或 symbology(或 symbolology),阐述了符号指称关系和构成要素,并试图确立符号学之研究框架。可惜,赵元任之后,此词在中文中消失了几十年。"符号学"后来的出现是零星的,先是周熙良在1959年翻译的波亨斯基(I. M. Bohenski)《论数理逻辑》中提及了符号学问题,接着是1963年贾彦德、吴棠在《苏联科学院文学与语言学部关于苏联语言学的迫切理论问题和发展前景的全体会议》翻译文章中固化了"符号学"一词。而真正把符号学当作一门单独的学科来讨论,是我国著名东方学家金克木1963年在《读书》第五期上发表的《谈符号学》。

中国现代符号学研究的春天来自改革开放。从此时起到21世纪初,中国符号学研究大致可以分为以下三个阶段:一、1980—1986年——起步阶段(发表论文约45篇,年均不足7篇)。自20世纪80年代初起,中国学者开始参与国际符号学学术活动,及时地向国内传达、介绍国际符号学研究动态。从研究内容上看,这个阶段的研究重点是对国外各符号学家主要思想的引介、对符号学基本理论的总体论述以及文艺理论及其研究方法。如赵毅衡的《文学符号学》、俞建章与叶舒宪的《符号:语言与艺术》、肖峰的《从哲学看符号》、杨春时的《艺术符号与解释》等。此外,我国在这一时期也引进并翻译了一些关于符号学、语言符号学、经典文艺理论符号学方面的著作,如索绪尔的《普通语言学教程》、池上嘉彦的《符号学入门》、霍克斯的《结构主义与符号学》、卡西尔的《人论》、朗格的《情感与形式》、巴特的《符号学美学》等。

---

① 赵元任:《赵元任语言学论文集》,吴宗济、赵新那编,北京:商务印书馆,2002年,第178页。

二、1987—1993年——增步阶段（发表论文约87篇，年均超过12篇）。从1987年开始，我国的符号学研究重心逐渐发生转移。（1）从对符号学、语言符号学基本理论的总体的、粗线条的论述转而开始对符号学具体理论的更细致、更深入的分析研究。例如，对符号的线性、任意性的讨论，对各符号学家理论的比较研究。（2）符号学作为一门方法论及崭新的学说开始被应用于具体的语言学研究中，如语义学和语用学的研究。（3）符号学研究开始涉及语言学以外的文学、翻译和艺术等领域，如从符号学角度看翻译、用符号学观点来阐释文学作品的语言艺术。（4）有一些学者开始挖掘中国传统文化中的符号学思想，例如对公孙龙、荀子等名家著作中符号学思想的论述。在此阶段，具有重要影响的中国学者著作有：王德胜的《科学符号学》、李幼蒸的《理论符号学导论》、杨习良的《修辞符号学》、丁尔苏的《超越本体》、苟志效的《意义与符号》、陈治安等的《论哲学的符号维度》等；译作有艾柯的《符号学理论》、巴特的《符号帝国》《神话——大众文化诠释》《符号学原理》、格雷马斯的《结构语义学——方法研究》等。可以说，中国的符号学研究渐成气候，尤其值得一提的是1988年，中国社会科学院首次召开了京津地区部分学者参加的符号研讨会，会后，中国逻辑学会和现代外国哲学研究会分别成立了符号学研究会。三、1994年—21世纪初——全面展开阶段（至2000年发表论文约280篇，年均40余篇）。1994年之后，符号学的研究明显地上了一个台阶，符号学的探索在各个领域全面展开。这一阶段的符号学研究有以下几个特点：（1）除了继续对一般符号学和语言符号学理论进行深入的探讨外，还注重引进诸如叙述符号学、社会符号学、电影符号学、话语符号学和主体符义学等其他部门符号学思想。（2）对语言符号学的研究进入了一个更高的层次，问世了丁尔苏的《语言的符号性》、王铭玉的《语言符号学》等重要论著。（3）符号学向各个学科的渗透进一步加强，符号学作为一门方法论已被应用于越来越多的领域和学科的具体研究中，符号学的应用范围进一步扩大。可以说，符号学研究在语言学、哲学、文学、文化、艺术、传播学、民俗学等各个领域已全面展开。（4）对非语言符号的地位、功能开始予以关注,如对体语符号交际功能的探讨和研究。(5)对中国传统文化、历史典籍中符号学思想的挖掘和研究工作进一步深化,尝试用符号学方法阐释中国的历史文化现象。在这个阶段,学术研讨蔚然成风。1994年在苏州大学召开了首届全国语言与符号学研究会,并成立了对中国符号学研究起到重要推动作用的"中国语言与符号学研究会",1996年在山东大学、1998年在西南师范大学、2000年在解放军外国语学院、2002年在南京师范大学分别召开了第二、三、四、五届全国语言与符号学研究会,这标志着中国的符号学研究已步入正轨。

研究表明,中国的符号学研究历史虽短,但进步较快,到了新旧世纪交替之时,在符号学的诸多领域里我们已经基本上追赶上了国际研究潮流。而且可以说,中国符号学运动,就规模而言,已经达到世界之最:中国已经成为符号学运动最为活跃的国家,符号学在中国已经成为一门跨学科的显学。

当代中国符号学正在把西学与东学结合起来,一个新兴的符号学第四王国逐渐走进世界符号学的中心。

相当长的一段时间内,在世界符号学界法国、美国、俄罗斯被誉为"符号学三大王国"。法国是世界符号学研究的滥觞之地,以巴特、格雷马斯为代表的巴黎学派对符号学的启蒙与发展做出了很大贡献,其研究有三大主要特点:一是鲜明的语言方向;二是极强的文学性倾向;三是跨学科和应用符号学研究趋向。美国是目前世界上符号学研究最活跃的国度,其研究起源于皮尔斯的符号研究、莫里斯的行为主义研究和古典语言学研究,以卡尔纳普(Rudolf Cornap)的逻辑实证结构研究、米德(George Herbert Mead)的社会学研究、华生(J. B. Watson)的行为心理学研究、卡西尔的象征主义研究、雅各布森(Roman Jakobson)带有语言符号学倾向的诗学研究、西比奥克(Thomas A. Sebeok)带有生物符号学倾向的全面符号学研究等为典型代表。而俄罗斯符号学走过了理论准备期(19世纪后半叶至20世纪初)、发展期(20世纪初至十月革命前)、成型期(十月革命至20世纪中叶)、过渡期——雅各布森与巴赫金（М. М. Бахтин）的研究（20世纪中叶前后）、成熟期——莫斯科-塔尔图符号学派的研究（20世纪60年代至1993年）和后洛特曼时期（1993年至今）等6个阶段。一百多年来，各种专业背景、各个研究方向的俄罗斯符号学学者对语言、文学、建筑、绘画、音乐、电影、戏剧、文化、历史等符号域纷繁复杂的符号/文本现象进行了深入的分析和探索，并能时刻将符号学的历史对象研究与现实对象研究紧密联系起来、将符号学一般理论研究与具体领域的应用符号学研究有机结合起来，形成了形式主义学派、功能主义学派、莫斯科-塔尔图学派等各种流派和方向，发掘出了大量具有共性的符号学规律，这些规律涉及符号/文本的生成、理解、功用等各个领域，涵盖了社会思想、民族文化、人文精神等各个方面。

从前述可以看出，中国学者对符号学进行有意识研究的历史并不算长。但伴随着国家的飞速发展，中国符号学高点起步，换挡加速，成果不断，一个符号学第四王国的雏形展现在世人的面前。仅以最具标志性的论文为例，如果以2010年为界前推三十年，"我们可以看到第一个十年总共有符号学论文约2000篇，第二个十年大约发表论文近6000篇，而且每一年都在加速，到第三个十年终了的2010年，中国一年发表以'符号学'为主题的就有近1000篇，而题目中有'符号'两字的有近万篇，这也就是说，目前中国学界每天刊出讨论符号学的论文近3篇，每天涉及符号讨论的论文近30篇"[①]。符号学在中国的迅猛发展已经引起国际符号学界的高度关注，他们已有预感：符号学的重心有可能向东方迁移。

此时，我们应该想哪些问题？做哪些事情？已然构成了中国当代符号学的首要任务。著名学者金克木曾说过："为什么不可以有中国的，在辩证唯物主义指导下的符号学和诠释学研究呢？我看我们不是不具备突破西方人出不来的循环圈子的可能。20世纪的世界思潮已经显出西方大受东方的影响。……21世纪为什么不可以是中国思想对世界思潮

---

① 赵毅衡：《中国符号学六十年》，《四川大学学报（哲学社会科学版）》2012年第1期，第5页。

更有贡献的世纪呢?"①

　　首先,中国符号学者应该理性融合中外。毋庸置疑,中国符号学的出现对世界人文科学合理化和现代化构想带来了新的思考方向。中国符号学问题的科学意涵远远超出了一般比较文化研究而涉及了符号学、哲学、人文学术传统和世界人文科学理论等各个重要方面。②中国符号学的重要意义,当然还不能仅仅从尚处于发展阶段的中国符号学研究成果中体现出来,但是我们已可从上述多个相关方面分析其理论潜力。中国知识界有两大优良传统。一是学者乐于对本国学术传统进行批评性的研究,对封建时代学术成果进行科学性检讨,自五四以来在中国即具有当然之义,学者们勇于对本民族文化学术传统进行改造,促其进步,而非对其进行功利性的利用和膜拜。二是拥有日益丰富的西学知识的当代中国学者没有西方学术中心主义的历史局限,从而能够更有效地、更客观地对西方人文学术进行批评性的研究,并参与和促进其变革。符号学作为意识形态色彩最少的语义结构和学术制度的分析工具,在创造性的比较学术研究中可发挥有力的推动作用。而中国符号学在新的世界学术格局中将成为世界新人文知识的客观评价者、共同组织者和认真推动者。按照跨学科和跨文化方向,这一努力将既包括对西方学术的更广泛深入的学习和研究,也包括对本国学术的更富科学性的探讨。中国符号学的努力虽然只是全体学术世界的一小部分,但由于其特殊的观察角度和知识背景,将在世界人文科学结构调整的全球事业中,对认识论和方法论起到关键性的推动作用。

　　其次,我们要对中国人文学术传统充满自信。李幼蒸先生认识到:"总体而言,西方人文科学的主流和理论方向绝对是西方中心主义的,西方理论一般也被认为是研究非西方人文学术的方法论基础。然而,在人文学术跨学科发展的新时代,未来世界人文科学整合与合理化的趋势不能简单地理解为将西方理论直接扩充应用于一切非西方学术界。非西

---

① 金克木:《比较文化论集》,北京:生活·读书·新知三联书店,1984年。
② 李幼蒸:《略论中国符号学的意义》,《哲学研究》2001年第3期,第47—53页。

方人文科学传统,特别是内容丰富和历史悠久的中国人文学术传统,将在全球人文科学交流中扮演越来越重要的和独立批评的角色。"① 的确,在文学、艺术、思想史、宗教史诸领域内,中国文化传统在比较文化研究中的不可替代的作用已渐趋明显。就理论层次的研究而言,在一些当代重要的人文科学领域里,中国学术的积极参与将有可能实质上改变人类人文科学整体的构成。当然,中国人文学术传统参与世界学术交流,不是指将中国传统人文学术机械地纳入现代人文科学理论系统,而是指在中国学术积极参与国际学术对话之后,有关学术理论将不可避免地发生相应的变化或调整。在此同一过程中,中国传统学术也会因而自然地经受现代化的改革。为了推进这一对话过程,比较研究学者必须对两个学术传统同时进行深入的探索,以形成科学性更高一级的学术理论综合。中国学者的长期任务将不再只是弘扬本国历史文化学术,同时也会自然地包括推动世界文化学术。

再次,只有中国学者才能担起中国符号学研究的大任。近些年来,已有越来越多的中青年学者对符号学产生兴趣,这充分反映了新一代中国学者,特别是研究中国古典的学者热心追求人文科学现代化、理论化和科学化的兴趣。与此同时,国外一些学者和研究者有关中国语言和文化的先天知识不足,这就是西方的中国文史哲研究,尤其是中国符号学研究难以提升到现代化层次的历史社会性原因。反之,中国学者过去三四十年来对现代西方文史哲理论的了解日益深入,加上他们在掌握本国文史哲知识上具有的先天优势,今后中国传统人文学术现代化的工作必将以中国为中心。同理,中国符号学研究自然也会首先兴起于中国,而非兴起于一般来说学术较先进的西方。与西方的中国人文科学研究不同,中国符号学的任务是双向的:促进中国传统人文学术现代化和中外人文理论交流,继而丰富世界人文科学的理论构成。今日的中国人文学术的任务已不只是借助西方科学方法来改造中国传统学术,而且是进而参与世界人文科学现代化的全球努力。这就是说,中国学术界的任务将

---

① 李幼蒸:《略论中国符号学的意义》,《哲学研究》2001年第3期,第47—53页。

不会仅以发展本国人文学术传统为满足；作为世界一分子，其任务还将包括参与人类共同的社会科学和人文科学的建设。中国人已经成功地在世界科技领域积极参与人类知识创造，中国人更应有资格在本民族历史上原本擅长的人文领域中对全人类做出创造性的贡献。①

最后，创建适合东方思想的"合治"观。西方现代符号学看似流派纷繁杂呈，实则归属于两大派别：索绪尔符号学和皮尔斯符号学。前者与现代西方哲学的人本主义思潮相近，以康德先验主义哲学和结构主义思想为基础，其显著特点是人本主义倾向和社会交流性，符号学的主旨在于意指和交流；后者与现代西方哲学的科学主义思潮接近，以实用主义哲学、范畴论和逻辑学为基础，其显著特点是科学主义倾向、经验主义、生物行为主义、认知性和互动性，符号学的主旨在于认知和思维。② 中国符号学学者在多样化的符号学观念面前往往彷徨不定，对两大流派也多是偏执于一端，这对中国符号学独立地位的确定是不利的。我们认为，中华文化的特质需要一种"合治"的符号学学术观，借此可以彰显中国符号学的主体尊严和人文精神。"合治"观是中国学者应该选择的第三条路线，它并不是对西方两大学派的模糊折中或简单综合，而是一种在汲取西学营养基础上针对中国传统文化特点提出的符号观。其核心思想有：一、在符号本体问题上，坚持以理据性为主，兼顾约定性；二、在符号主客体关系问题上，坚持以符号主体的"动机理据"为基础，强调主体对客体的阐释力和创造力；三、在研究态度方面，坚持修辞理性和实践理性原则，避开符号学意识形态批判和求真意志的理论冲动，专注于各种符号事物的创意和阐释活动；四、在理论指向方面，坚持语言形式论传统和真值逻辑实用主义传统，即形式化加实体化；五、在思维取向方面，坚持类符号思维加意象性原则。

现代符号学在经过近百年的历史发展之后，已经成为一门比较成熟而系统的学科，受到学界的高度关注和推广。虽然西方符号学界成绩斐

---

① 李幼蒸：《略论中国符号学的意义》，《哲学研究》2001年第3期，第47—53页。
② 郭鸿：《现代西方符号学纲要》，上海：复旦大学出版社，2008年，第41—55页。

然，但当代中国符号学界并不甘于落后，而且在学习的同时走了一条智慧之路：摒弃"鹦鹉学舌"，大胆批评与探索，勇于用中国传统的符号学遗产补充符号学理论体系，在符号学发展前沿上提出新的体系。正因为如此，中国符号学充满了希望，中国符号学应该充分尊重自己学者的成果与贡献，世界符号学也会期待着倾听中国符号学的声音，把它纳入世界符号学的大家庭之中。

创建中国当代符号学名家学术文库的初衷就在于此，让我们共同期待和珍视它！

中国逻辑学会符号学专业委员会　主任委员
中国语言与符号学研究会　会长
王铭玉
2018年国庆节于天津

前　言

感谢中国语言与符号学会给我一个出版自己成果的机会，使我能回顾几十年来学习和研究语言学和符号学的历程，并与语言和符号学界同仁们分享我学习和研究的成果。这本书在一定意义上也反映了我们学会的发展历程：在过去几十年中我们在一起讨论研究过哪些问题，有哪些共识，曾经有哪些争论，有哪些成果，有哪些错误和缺点。在这个基础上，我们可以进一步努力改进我们的学习和研究工作。

1951年我从北京外国语学校（北京外国语大学的前身）毕业，分配到军队做了十多年外事翻译工作，随后到军队院校担任英语教师，直到2001年退休。改革开放以后，西方学术思想和学科逐渐输入我国。这时，我正担任"高级英语"和"英语散文"的教学工作。为了解决教学上的困难，我到北京师范大学去听钱瑗老师开的"英语文体学"课程。她无私地把自己刚编写好、还未出版的《实用英语文体学》讲稿送给我，不断指导我，并提供后续教学资料，使我能在全国仅有少数几所大学开设文体学课程时，在我院开设了这门课。后来，为了我院研究生学习的需要，我自己动手，编写了 The Stylistic Analysis of the English Language。不久，为了扩大读者面，把这部教材译成中文《英语文体分析》并出版。我院的主要任务之一是培养军事外交人员。我又根据我院的特殊需要着手编写外交英语教材，到北京外交学院图书馆借来一本《外交学》和一本《外交文书汇编》，结合我十多年外事翻译工作的知识和经验，用一年多时间，编写出一本教材 *Diplomatic English—the Stylistic Analysis of Diplomatic English*。由对外经济贸易大学黄震华教授和外交部专家裘克安主审，国家教委审订，作为高校教科书出版。我国著名学者、文体学先驱、国家教委教材编审委员会主任王佐良先生为此书作了序。在序中写道："……将现代文体学的原则应用到外交英语研究，而成果如此丰富，体例又如此完整，从理论到实际应用，从历史到现状，又从讲解到提供阅读材料，大体具全，据我所知在我国还是第一次……"。此书一直在我院使用，效果良好，并再版。这段教学和编写教材的经历给我打下了深刻的烙印：语言学是真正的科学，它有很强的实用性；学习研究语言学必须理论联系实际，学以致用。

1994年中国语言与符号学研究会在苏州大学成立并在那里召开了首届研究会。从此，我参加了历届研究会并发表论文，与同仁们一起讨论研究语言学和符号学问题。与此同时，我国许多高校和一些研究机构出版了各自的语言学刊物，同时也刊载一些符号学文章。我从中学到了许多语言学和符号学知识，激发了学习的兴趣和热情，但也引发了许多问题。值得一提的是，王寅教授在1999年6月召开的首届全国文体学研讨会上，发表了关于语言象似性的文章，此前不久撰写出版了《论符号象似性——对索绪尔任意说的挑战与补充》一书。笔者有幸得到他的赠书，得以拜读，思考了许多问题，有许多启发，受益匪浅。同时也产生了一个疑问：索绪尔的语言符号任意性原则和他的整个学说是否成立？在此后不久的研讨会上，我发表了"索绪尔的语言符号任意性原则是否成立？——与王寅教授商榷"的文章。国内许多学者也纷纷发表文章，发起了一场长达五六年的大辩论，涉及索绪尔语言符号学、皮尔斯符号学、认知语言学等学科。虽然最后没有明确结论，但通过这场大辩论，大家对以上学科有了进一步认识，而且开创了良好学风。可惜，"好景不长"，这样的辩论此后再也没有出现。

在语言和符号学方面，大家首先接触的是索绪尔语言符号学。它有一本完整系统的著作《普通语言学教程》，并有后人在各人文学科上广泛应用。尽管如此，大家对它的理论仍然理解不深。随着研究的逐渐深入，产生许多争议和误解，如上述语言任意性问题。我个人也不例外，曾经对它有许多误解。直到前几年，我仍然认为，"索绪尔语言符号学论述的语言结构是封闭的、静态的、与社会文化隔绝的"，"索绪尔只研究语言，不研究言语"，"索绪尔只研究共时语言学，不研究历时语言学"，等等。但对他的整个理论体系的信任没有动摇过。直到几年前，为了研究普通符号学，仔细地从头到尾阅读学习了他的《普通语言学教程》原文，才发现，上述所谓的缺失，索绪尔在教程中早已涉及，只不过没有展开，后来的结构主义学者做了后续工作。这是一个自然发展过程，先解决理论体系，然后逐步解决与体系有关的其他问题。在这本书中我没有逐一地纠正自己的错误，但我已在后续的论述《普通语言学教程》的文章中较详细地批判了自己的错误认识。对皮尔斯符号学，虽然它是公认的另一大符号学派，开始我对它一无所知，看不出它与语言学有任何关系。不仅如此，对它的泛符号论以及似乎不着边际的、烦琐的符号分类非常反感。在我前期的论文中有所反映。后来，我从它的三分符号模式（符号代表物—对象—解释）着手，研究皮尔斯符号学的哲学逻辑范畴体系的发展过程：从亚里士多德的本体论的二分模式（实体—对实体的描述），到康德的三分知性范畴体系，又及黑格尔的三分辩证逻辑范畴体系，认识到皮尔斯的三分符号体系是以康德的三分知性范畴体系为基础的。它说明符号（代表物）并不代表对象的意义，但又离不开对象，意义是解释的结果，也就是说，意义是人对事物（对象）认知的结果。因此，皮尔斯符号学是一门认知符号学。这样就决定了它的性质，同时了解它的动态性和互动性的来由（认识事物是一个过程中，是符号与对象、符号与符号、人与人之间互动的结果）。然后，从皮尔斯的学术思想的整体出发研究他的符号学。他的符号学、逻辑学和实用主义哲学是一个不可分离的整体，它们合起来研究科学思维方式。与索绪尔结构主义符号学联系起来考虑，认识到：在西方两大符号学派中，索绪尔语言符号学着重研究语言的结构以及语言的表达、交流功能，而皮尔斯符号学着重研究语言在思维和认知中的功能。

在学习和研究了洛特曼文化符号学后,我进一步认识到,从文化符号学派(莫斯科-塔尔图学派)的代表人物洛特曼来看,他是苏联的第一个结构主义学者,而他研究的内容,不仅涉及结构主义思想,而且涉及皮尔斯符号学(包括皮尔斯和他的理论继承人莫里斯的学术思想)。另外,还加入一些后结构主义学者的学术思想(如巴赫金、克里斯蒂娃的学说);他研究的文本既是一个广义的语言结构,又是一种符号活动;他既研究语言的表达、社会交流,又研究个人的思维、认知,这些活动产生各种信息,也就是各种知识,这些信息、知识的交流和积累构成人类群体之间的文化交流和积累,文化交流和积累构成人类的文明进步。所以,概括地讲,洛特曼文化符号学是索绪尔符号学和皮尔斯符号学的融合和提升(后期的洛特曼文化符号学还加进了生物学(生态学)理论)。三者的结合,构成符号学的基础。我认为,奠定符号学基础非常重要。否则,符号学为何物无定论,谁都可以说自己在研究符号学,致使符号学几十年来原地踏步,混乱依旧!

20世纪80年代在欧美和中国兴起和发展的认知语言学,推动了语言学和符号学的发展。我认为认知语言学基本上是皮尔斯认知符号学的具体化和提升。它认为语言活动是人类认识活动的重要部分,而且具体描述了人类认知的心理过程和生理机制。由于它是一种语言学科,与其他语言学科可以直接联系,因此对其他语言学科有很大的影响,对语言的动态性、互动性、建构性做出了有力的解释。

我开始接触语言学和符号学时,就认识到语言学是符号学的分支,而哲学是符号学的基础。现代西方哲学分为两大思潮,一大思潮是科学主义思潮(包括英美分析语言哲学),另一大思潮是人本主义思潮(包括欧洲大陆语言哲学),两大思潮的融合与语言学转向是现代西方哲学的概括。符号学有两大流派,一大流派是皮尔斯认知符号学,另一大流派是索绪尔结构主义符号学。但是,怎样把众多语言学科与它们的哲学和符号学背景联系起来呢?为了解决这个问题,我找到了韩礼德(M. A. K. Halliday)的重要理论依据。他把语言分为两大类,一类是:

从语言内部角度研究语言的心理活动和生理活动的语言学科（研究作为个体的人的认知、思维及其机制的学科）；另一类是：从语言之间的角度研究语言的社会功能的学科（研究作为社会群体的人之间的表达、交流及其社会文化语境的学科）。我逐一分析了各主要语言学科的哲学和符号学根源，并按照韩礼德提出的标准，将这些语言学科分类，并研究它们之间的相互关系和影响，最后得出了语言（符号）学科的体系。这个体系有两大分支：一支是科学主义思潮——皮尔斯符号学——从生物体内部角度研究语言的心理活动和生理活动的语言学，如认知语言学、语用学等。另一支是：人本主义思潮——索绪尔语言符号学——从生物体之间角度研究语言的社会功能的语言学科，如结构主义符号学、社会语言学、文化符号学等。此外，还有这些学科的融合体，如《批评语篇分析》是结构主义语言学、批评语言学和一些批判性的后结构主义思想的融合与发展；系统功能语言学是结构主义语言学和韩礼德的语言意义是社会语境和文化语境潜能的实现的理论融合；文体学是结构主义语言学各学科的分析手段的结合。此外，属于同一分支的语言学之间的交流显得很自然，如认知语言学和语用学。不属于同一分支的语言学科之间的交流则受一定的限制只能达到一定的程度，如认知语言学只能应用在文体学中个别的心理分析上，而不能融入文体学的体系中，等等。这样，对各语言（符号）学科的性质、范围和方法有一个较准确的看法，对各语言（符号）学科之间的相互关系和互相影响，以及各语言（符号）学科的发展趋向也有一个概括了解。这样，就构成了语言（符号）学科的一个总体系。从而，为构建普通符号学打下了初步基础。我认为，索绪尔在近百年前的预言"符号学将使语言学成为科学"已经基本实现；同时我坚信："符号学将使众多社会人文学科成为科学！"

多年来我一直在考虑，如何构建普通符号学的问题。我认为，普通符号学应该涵盖世界各民族（国家）、各种文化、各学科（包括自然科学、社会科学和人文科学各学科）的符号学研究。上述对语言（符号）学科体系的研究就是一种实验。普通符号学应该更高一点，更加概括一点。语言（符号）学体系的起点是现代西方哲学的两大思潮（科学主义思潮和人本主义思潮），研究的是现代语言（符号）学各学科；而普通符号学的起点，应该更高一些，应该是总的哲学，应该是历史辩证唯物主义思想。它研究的范围也应该更广泛一些，涉及世界各主要文化体系，涉及一切科学（包括自然科学、社会科学和人文科学），它应该是一种总的方法论。这种方法论就是：构建各学科的（哲学）逻辑范畴体系。在过去几年中我已经撰写了一系列文章，包括：论述哲学逻辑范畴体系本身，索绪尔结构主义符号学、皮尔斯符号学、洛特曼文化符号学、格雷马斯叙事语义学、文学符号学、科学符号学与艺术符号学等。但文章要一篇篇发表，刊物有限，而且阻力很大，得到认可不容易，有时还要受到无理批评指责。本书中只涉及一篇："作为普通符号学起点的科学符号学"。

以上就是我近 30 年来学习研究语言（符号）学的全过程。希望读者阅读本书时，我的前言对你们有所帮助。

目 录

第一编 语言学和符号学研究的改革和创新

当今语言学与符号学的一个重大课题 …………………………………… 3
提倡一种精神和一种方法 ………………………………………………… 17
语言学科跨学科研究的实质和规律 ……………………………………… 29

第二编 符号学的性质、范围和方法

对符号学的回顾和展望：论符号学的性质、范围和方法 …………… 45

第三编 符号学的基础理论：皮尔斯认知符号学和索绪尔语言符号学

索绪尔的语言符号任意性原则是否成立？
　　——与王寅教授商榷 ……………………………………………… 57
索绪尔语言符号学与皮尔斯符号学两大理论系统的要点
　　——兼论对语言符号任意性的置疑和对索绪尔的挑战 ………… 69

第四编　研究符号学的哲学指导思想

从《矛盾论》看皮尔斯符号学 …………………………………………… 83
从《矛盾论》看现代西文语言学的发展 …………………………………… 94

第五编　符号学的应用

发展一种应用的社会性符号学理论 ……………………………………… 109
服装和食品的语言符号属性与交际功能 ………………………………… 118

第六编　文体学

英语文体分析的途径与方法（上）……………………………………… 129
英语文体分析的途径与方法（下）……………………………………… 138
文体学学习与教学二十年
　　——回顾与展望 …………………………………………………… 148
象似性与文体 ……………………………………………………………… 155
隐喻变体——文体分析的新途径 ………………………………………… 168

第七编　语用学

语用学与认知语言学的同源和互补性
　　——从现代西方哲学和符号学角度作出的解释 ………………… 183

第八编　认知语言学

认知符号学与认知语言学 ………………………………………………… 197

第九编　语言学的符号学分析

符号学使语言学成为一门科学…………………………………… 215
符号学是现代语言学和现代文体学的理论基础…………………… 221
认知语言学的符号学分析………………………………………… 231
认知语言学的符号学再分析
　　——兼评认知语言学的三项基本原则………………………… 241
语用学的符号学分析……………………………………………… 251
系统功能语言学符号学分析……………………………………… 262
语篇分析符号学分析……………………………………………… 273

第十编　普通符号学

作为"普通符号学"起点的科学符号学…………………………… 293

附录一　从西方哲学逻辑范畴体系的演变看西方符号学和语言学的
　　　　　发展………………………………………………………… 322
附录二　符号学访谈记…………………………………………… 361
后　语……………………………………………………………… 385

第一编
语言学和符号学研究的改革和创新

当今语言学与符号学的一个重大课题

摘 要 过去几年中在我国语言符号学界展开的,关于语言符号是任意性的还是象似性的,以及认知语言学和结构主义语言学孰优孰劣的论战,标志着我国符号学研究已从引进阶段进入创新阶段,但同时暴露了我国符号学研究中的严重问题:在符号学基本理论和理论应用问题上还未取得一致意见。符号学是语言学的科学。我们要搞清以上问题,以符号学带动语言学科深入发展,并创建中国自己的符号学。

一、中国符号学研究已从引进阶段发展到创新阶段的起点

现代符号学是一门新兴学科,在我国开始于20世纪90年代。中国语言与符号学研究会1994年成立于苏州大学,并在此召开了第一届全国语言与符号学研究会,至今已开了六届(每两年一届)。十多年来,我们从西方引进了大量语言学和符号学理论,为我国语言学和符号学研究打下了基础。王寅教授1999年撰写文章并出版了《论语言符号象似性——对索绪尔任意说的挑战与补充》一书,在全国引起了一场大论战:索绪尔提出的语言符号任意性学说是否成立?索绪尔创建的现代语言学是否成立?其实这并不是一个孤立的现象。这些年来,认知语言学在西方国家和我国非常红火,不少持认知观点的人否定索绪尔结构主义

语言学。如果你打开因特网，你会发现，在语言学和符号学方面的批评，几乎全部针对索绪尔语言和符号学。如 Janelle Meyer 在《结构主义》一书中批评索绪尔符号学有以下缺点：1. 这种理论是静态的，非历史性的；不能说明人的个性；2. 不能说明独立的人的活动；3. 不能说明人类文化的动态方面。（*Structuralism* by Janelle Meyer）。对索绪尔语言符号学的批评归纳起来有以下几方面：1. 索绪尔符号学不是一种信息交流理论；2. 索绪尔符号学不重视历史变化；3. 索绪尔符号模式不合理；4. 索绪尔符号学不关心人类个体的活动；5. 索绪尔语言学只重视语言成分之间的关系而牺牲了与生命世界之间的关系．（详情见另文"索绪尔符号学与皮尔斯符号学比较"）所以这场论战实际上是国际性的，意义非常重大，它涉及索绪尔创建的现代语言学是否成立以及如何看待近百年来以结构主义语言学符号学为基础（或主流）的语言符号学发展史的问题。这场辩论规模之大，历时之久，前所未有。语言符号学界许多知名学者和高校的年青教师参加了这场辩论，或写文章或会议发言。例如，王德春发表了"论语言单位的任意性和理据性——兼评王寅《论语言符号任意性》"，朱永生发表了"论语言符号的任意性与象似性"。我也发表了"索绪尔的语言符号任意性原则是否成立？——与王寅教授商榷"。语言符号的任意性或象似性成为连续三届研究会（六年）的主要议题，争论非常激烈。直到 2005 年第五届研究会时，持语言符号任意性或象似性观点的人仍然各执一端。在同一时期内，认知语言学研究在我国蓬勃开展并不断深入，隐喻成为讨论的焦点。在这个问题上也有两种观点，一种认为认知语言学是万能的同时贬低或否定结构主义语言学，而另一种观点认为认知语言学有一定局限性，索绪尔结构主义语言学不容否定。如石毓智发表了"认知语言学的'功'与'过'"（《外国语》2004 年第 2 期），许宁云发表了"论认知语言观的偏颇性"（《福建外语》2002 年第 3 期）。笔者认为，这场大辩论，不论谁是谁非，都是一件大好事，因为它说明现在我国学者已不盲目接受西方语言学和符号学理论，开始自己独立思考，因此它标志中国符号学研究已从引进西方符号学理论到达创新阶段的起点。

二、语言符号的任意性或象似性之争以及索绪尔语言符号学和认知语言学孰优孰劣，实际上是人们对两大符号学派和两类语言学认识上的差异引起的争论

如上所述，语言符号是任意性的还是象似性的争论与对认知语言学的赞扬和对索绪尔结构主义语言学（还有乔姆斯基形式主义语言学）的批评在国内外同时发生。这件事并不是偶然的。在中国的这场争论是在国际争论的背景上产生的。语言符号任意性是索绪尔语言符号学的两大理论支柱（任意性和线性）之一，而象似性是认知语言学理论要点之一。我认为认知语言学在理论上属于皮尔斯符号学体系。因此，这场争论从根本上讲是对索绪尔语言符号学和皮尔斯符号学的不同认识和理解引起的。

从符号学的角度看，认知语言学在理论上属于皮尔斯符号学系统，它的哲学基础、方法论和应用范围与皮尔斯符号学基本一致，只不过认知语言学更强调人的身体经验和思维的想象性。在哲学基础方面：两者都是主观经验主义、都是生物行为主义。在方法论方面：两者都是"解释"论、范畴论、符号活动过程与认知过程一致论、完型论。在应用范围方面：皮尔斯符号学是一种泛符号论，它涉及自然科学与社会科学的全部，但侧重自然科学。皮尔斯符号学中，进行认知活动的人是个体的人，不是社会的人。他讲的符号活动是作为个体的人的思维和认知过程。认知语言学是认知科学的一部分，它与认知科学的其他学科如心理学、认知心理学、神经学、神经心理学等有密切联系。这些学科都是自然科学。因此可以看出认知语言学的自然科学倾向。认知语言学研究的对象也是作为个体的人，不是社会的人。说得简单一点，透彻一点，认知语言学就是皮尔斯符号模式中的"解释"项的发挥。皮尔斯的符号由三部分构成：符号代表物（representamen）、对象（object）和解释（interpretant）。符号代表物并不能完全代表对象的意义，还要经过符号使用者的解释，经过符号使用者根据他的心理状态加以解释，这就是认知。

索绪尔语言符号学和皮尔斯符号学是两个不同的理论系统。索绪尔语言符号学是以先验论哲学和结构主义思想为基础的，它属于社会心理学范畴，它研究的范围是语言符号，并进而应用到其他社会人文科学，它突出的特点是强调语言的社会性和结构（系统）性。而皮尔斯符号学是以实用主义哲学（科学实证主义哲学）、范畴论和逻辑学为基础的，它是一种"泛符号论"但具有自然科学倾向，它研究的范围不限于语言而是包括对世界上一切事物的认知，它突出的特点是研究符号活动，也就是研究作为生物的人的认知过程，从经验到逻辑思维，从感性认识到理性认识。

这两个理论系统的符号也有不同的概念。索绪尔的符号，从宏观上讲，符号的能指是整个符号系统，符号的所指是整个符号系统代表的意义。从语言的具体使用上讲，符号是语言系统中的一个单词，更深入地讲，符号实质上是语言系统中的一个音位，一个区别性特征。而皮尔斯的符号是代表世界上任何事物的命题，它是人类认知和思维的媒介。随着人类对世界的认识的发展，符号在不断发展变化和产生中，从感情符号到逻辑符号，从现有符号到新符号。也就是说，索绪尔语言符号的意指过程是：符号的能指和所指结合产生意义（对某一事物的命名，这是任意性的），然后根据语言使用者的意图，按符号的纵向选择关系和横向结合关系对符号进行编码，构成不同层次的语言结构，以表达世界上的一切意义。而皮尔斯符号学的符号本身是一个整体，是一个命题，符号活动过程就是认知过程：符号不断发展变化，不断产生新符号，从感情符号到逻辑符号，从逻辑符号到理性符号，永无止境。

至于皮尔斯的象似性符号，它指符号代表物与对象间有相似关系的符号，属于命题范畴；另外还指人类认知的一种方式，即通过事物之间的相似关系认识新事物。另一方面，索绪尔本人似乎并没有谈到过语言符号的能指与所指之间的象似关系。他只谈到过 symbol，他说 symbol 是和语言符号任意性对立的概念。他举了个例子：天平代表司法公正，绝不能用一辆马车来代替天平说明公正。他谈得更多的是语言符号能指与所指之间的任意性或非理据性。具体地讲，不同语言（如英语与法语）的词的能指和所指之间的关系是任意的或非理据的，但复合词的构成是有理据的。（Wade Baskin，1960：68—69）Leroy F. Searle指出，皮尔斯符号学中的符号是一个命题，而索绪尔语言符号学中的符号是一个单词，这是皮尔斯符号学与索绪尔语言符号学两个理论系统的基本区别。

既然皮尔斯符号学和索绪尔语言符号学是两个不同的理论体系，两者的符号又有不同的概念，怎么能根据皮尔斯符号学理论以及用皮尔斯的象似符号指责索绪尔语言符号学和任意性符号呢？而对索绪尔语言符号任意说提出质疑的人正是这样做的。他们把语言结构（复合词、短语、句子、语篇）和它们代表的意义之间关系的理据性说成"语言符号的象似性"，并企图以此推翻索绪尔的语言符号任意说，甚至还有人企图据此推翻索绪尔的整个理论系统。我认为，语言系统中的单词的能指与所指关系的任意性或理据性是普遍的，象似性是个别的，而语言结构和它代表的意义之间的理据性或象似性则是普遍的。Paul J. Thibault指出："当任意性原则被错误地从语言这个理论领域中取出，重新放进言语时，误解就发生了。"（1997：293）我认为，这种说法支持了自己的论点，因为使用语言时必然要把单个语言符号（单词）编码成为语言结构，编码就是按照使用语言的人的意图把语言符号组合起来，因此，语言结构与其所指之间的关系当然是理据性的或象似性的。皮尔斯符号学与索绪尔语言符号学虽然是两个不同的符号学体系，但它们并不矛盾，它们从不同角度研究语言和符号，它们之间有很大的互补性。皮尔斯符号学侧重研究符号在人类的认知和思维过程中所起的作用，而索绪尔语言符号学侧重研究符号在人类的交流中所起的作用。两者结合起来就能研究符号在人类的认知、思维和交流的全过程中所起的作用。

我在认识这个问题上有一个很长的过程。关键在于开始时对皮尔斯符号学不理解，没有认识它的重大意义，特别对它的复杂的符号分类不理解而且非常反感。但是，我当时想皮尔斯符号学在西方，特别是在美国，有很高的声望，甚至有不少人称皮尔斯为现代符号学唯一创始人，他们这样做总有自己的道理。因此硬着头皮看了许多有关皮尔斯符号学的资料，反复思考，但百思不得其解。后来偶然从因特网上查到 Jay Zeman Leroy, F. Searle 等人的文章，他们的理论给我开了窍。我把他们的理论结合自己的认识归纳成以下几点：

1. 皮尔斯符号学是在实用主义哲学基础上的范畴论和逻辑学。它的应用范围不限于语言，它是研究对一切事物的认知的科学。

2. 皮尔斯是一个泛符号论者。他认为：世界上的万物都是符号，包括人在内。他的符号模式中，"符号代表物"是符号，"对象"也是符号，"解释"还是符号，"解释"经过再解释还是符号。从低级符号到高级符号，从旧符号到新符号，是一个符号活动过程，一个人类永无止境的认知过程。

3. 皮尔斯的符号分类就是皮尔斯的范畴论的应用，符号活动（符号产生的过程）就是他的逻辑学的应用。他把符号分为第一性符号、第二性符号和第三性符号。这种分类实际上就是符号活动过程（符号产生的过程），从"符号代表物"到"对象"，再到"解释"，每个阶段都是一个符号。符号代表的对象经过解释后，还可以再解释。也就是说，符号活动过程永无止境，人类的认识永无止境。皮尔斯的符号只在"某方面或某种程度上代表某物"，并且要不断进行"解释"，这说明一个人在某时对某事物的认识总是有限的，有待不断深化。

4. 皮尔斯的三种三分法分别说明符号活动（也就是人类认知）的三个方面：过程、方式和结果。

过程：从代表性质（quality）的 qualisign 到代表事实（fact）的 sinsign，再到代表法则（law）的 legisign。其实，法则指的是事物发展的规律。人对事物的认识过程是，首先了解它的性质，然后肯定它是个事实，最后找出它的规律。

方式：皮尔斯根据"符号代表物"与"对象"之间的关系，把符号分为具有相同性质的象似符号（icon），具有存在上依赖关系（即因果关系）的标志符号（index）和具有社会约定性的"象征符号"（symbol）。既然符号活动（符号产生）是一个过程，从"符号代表物"到"对象"到"解释"，就可以把三种符号看作三种认知方式。图像符号代表人类通过事物之间具有的共性认识事物，标志符号代表通过事物之间的依存（因果）关系认识事物，而象征符号通过社会约定（社会常规或皮尔斯所说的 habit）认识事物。

结果：符号活动的结果就是人类认知活动的效果，也就是皮尔斯所说的意指效果（significate effect）。他把这种效果分为三个等级：rheme，dicisign 和 argument。Rheme 是一种可能性（possibility），dicisign 是一个事实（fact），argument 是理性（reason）。皮尔斯还把"解释"分为"感情的解释"（emotional interpretant），"有力的解释"或"心智的努力"（energetic interpretant or mental effort）和"逻辑的解释"（logic interpretant）。我认为，"感情的解释"是一种纯感情的、自然的感受，而"有力的解释"或"心智努力"指一种有意识的认知活动，而"逻辑解释"是一种理性认识。总之，人的认识是从感性认识到理性认识，再到更深的理性认识，如此永无止境。

5. 皮尔斯符号学中，进行认知活动的人是个体的人，不是社会的人。他讲的符号活动是作为个体的人的思维、认识过程。他的符号不是语言中的词，而是命题。如果应用在语言中，他的一个符号相当于语言的一个语篇。

得到以上结论以后，我对皮尔斯符号学理论豁然开朗。认识到它是与索绪尔语言符号学相对的另一种符号学。索绪尔语言符号的特点是它的社会性和结构（系统）性，而皮尔斯符号学的特点是它的认知性和活动互动性。但它们是互相配合的，在人类的认知、思维和表达、交流中，皮尔斯符号学侧重研究认知、思维，而索绪尔语言符号学侧重研究表达、交流。我过去认为皮尔斯对语言学毫无贡献。此后逐渐认识到，他贡献也很大。我感觉它提供了一种科学动力，并实际上成为认知语言学和语用学的理论基础。这两门语言学科都是皮尔斯符号模式（"符号代表物""对象"和"解释"）中"解释"项的发挥。皮尔斯的符号模式说明，符号不能完全代表对象的意义，必须通过解释，认知语言学讲的是根据解释者的心理状态解释，而语用学讲的是根据解释者所处的环境解释。（详情见另文："认知语言学的符号学分析"和"语用学的符号学分析")。现代西方语言学中的"互动"概念，我认为也来源于皮尔斯符号学，因为它不把符号看作静止的东西，而把它看作一个活动过程和符号间互相作用的过程（符号活动），它不把"符号代表物"看作一个固定的代表"对象"的全部意义的东西，它的意义还要经过符号使用者的解释，也就是人与客观世界之间的"互动"。"互动"已成为当今最时髦的词，不仅仅用在语言和符号学上，而且用在日常生活中。

另外，卡西尔的文化哲学和他对人的定义对我的启发也很大。他把人定义为"使用符号的动物"，人类与动物的根本区别在于人会使用符号，而动物只能使用信号。人类用符号进行抽象思维，用符号进行认知、思维和表达、交流，不断创造自己的文化。而动物在地球上的生存时间总的来讲与人类相等，但始终没有创造出文化。结构主义语言学的"分节"（articulation）理论也给我很大启发。这个理论认为，人类的语言可以分解到最小单位"音位"，它是一个区别性特征。一种语言只需要几十这样的区别性特征就能构成语言的各层次：词、短语、句子和语篇，表达人类要表达的一切意义，而鸟兽的叫声尽管千奇百怪却不能"分节"，只能表达有限的意义。这些"音位"就是最典型的符号。

以上这些看法构成了我的结论：人类用符号进行认知、思维和表达、交流并创造自己的文化。皮尔斯符号学与索绪尔语言符号学并不矛盾，相反地，它们相辅相成，皮尔斯符号学侧重研究符号在人类认知、思维中的作用，索绪尔语言符号学侧重研究符号在人类表达、交流中的作用。

三、符号学是哲学和语言学之间的桥梁，我们要用符号学推动语言学科的研究和发展

上面谈到，认知语言学在理论上属于皮尔斯符号学系统。那么其他语言学科呢？我们是否也能在两大符号学派中为它们找到归宿呢？我认为是肯定的，而且初步认定两类语言学科在理论上分别属于皮尔斯符号学和索绪尔语言符号学。后来我从韩礼德那里找到了根据。韩礼德说，语言学科可以分为两大类，一类从生物体内部的角度研究语言的生理和

心理活动，另一类从生物体之间的角度研究语言的社会功能。（胡壮麟等，1989：9；张德禄，2004）符号学权威著作 *Handbook of Semiotics* 的作者 Winfreid Noth 也持相同观点。韩礼德明确地说，他的系统功能语言学属于后一类（同上）。我认为，第一类从生物内部角度研究语言的生理活动和心理活动的语言学就是像认知语言学那样的语言学科。因为认知语言学正是从生物体内部的角度研究语言的生理活动和心理活动。属于第二类的系统功能语言学正是从生物体之间的角度研究语言的社会功能。除认知语言学外，我认为语用学也属于第一类。它同样是皮尔斯的"解释"项的发挥。它同样说明，符号代表物不完全代表对象的意义，还必须通过符号使用者的解释，但不像认知语言学那样根据使用者的心理状态去解释，而是根据使用语言的人所处的具体语境去解释。界于两类之间的，或称为两类结合产物的，有语篇分析，它是属于第二类的结构主义语言学、社会功能语言学、社会语言学、篇章语言学、批评语言学等，与属于第一类的认知语言学和语用学的结合物，但是由于两类语言学之间的差异，语篇分析仍然保持它的社会性和结构性传统，语用学和认知语言学只作为分析手段，应用于有限方面。洛特曼的文化符号学把第二类的社会交流理论和第一类的认知理论结合起来研究人类的集体认知和社会（民族间）交流，这是一种理论上的融合。（详情见另文"文化符号学评介——文化符号学的符号学分析"和"语言学科间的互动推动语言学向前发展"）

  两类语言学在理论上分别属于两大符号学派，在理论上有什么根据呢？这就要从现代西方哲学中去找，因为在现代符号学诞生以前，符号学始终是哲学的一部分，现代符号学也是以哲学为基础的。皮尔斯符号学的哲学基础是实用主义哲学、范畴论和逻辑学，而索绪尔语言符号学的哲学基础是康德的先验主义哲学和结构主义思想。以上这些哲学思想在现代西方哲学中处于什么地位呢？实用主义哲学、范畴论和逻辑学属于现代西方的科学实证主义思潮，而实证主义思潮正是西方哲学的科学主义思潮的代表，科学主义思潮可追溯到近代西方经验主义哲学。它主张一切认识来自经验，而且要通过科学实验加以证实。而索绪尔的先验主义哲学来源于康德的先验主义哲学,康德的先验主义来源于近代西方理性主义哲学,但它是理性主义哲学的一个转折点。它既批判纯粹的理性主义,又批判纯粹的经验主义,主张一种不是来自经验的先验,但这种先验可以通过经验加以证实。他提出三大批判,"纯理性的批判""理性实践的批判"和"判断的批判"。"纯理性的批判"就是批判纯理性。"理性实践的批判"就是哲学必须能付诸社会实践,这样就涉及人与人之间的关系,产生了道德问题。"判断的批判"就是社会实践必然涉及世界上各种事物,涉及"真""善""美"等问题,也就是对于这些判断的批判。(杨祖陶、邓晓芒,2001)人文科学不像自然科学那样,可以通过观察、实验、逻辑分析等理性主义方法去分析研究,它需要"通过内心体验或现象学直观,以洞察人的自我价值与人生意义的非理性主义方法"去解决。康德的先验主义哲学正适合人本主义的这种要求。这种先验主要体现在先验范畴和先验统觉上(先验的"范畴"和"形式"上)。研究事物的目的就是要达到"先验综合"。也就是说,通过先验提出范畴或形式,然后以经验充实其内容。这样得出的结论既来自理性,又能通过经验加以验证。我认为,索绪尔语言符号学的结构(形式)思想和二元对立观点(如语言和言语、历时研究和共时研究、纵向选择和横向结合、形式和实质等)正来源于上述概念和形式,而且在语言实践中基本上得到了证实。基于以上原因,我认为,索绪尔语言符号学基本上属于人本主义思潮。

现代西方哲学的两大思潮科学主义思潮与人本主义思潮在语言学上转向并有融合趋向。(夏基松,1998)西方古代哲学是本体论哲学,即研究世界上的事物的本身。西方近代哲学是认识论,即研究人对世界的认识,而西方现代哲学是语言哲学,即以研究语言来解决哲学问题。近代哲学的两个组成部分经验主义和理性主义(理性主义通过康德批判先验主义转变为非理性主义)转变为现代西方哲学的两大思潮科学主义思潮和人本主义思潮。皮尔斯符号学体现科学主义思潮,而索绪尔语言符号学体现人本主义思潮。实证主义哲学转向英美分析语言哲学,而人本主义哲学转向欧洲大陆语言哲学。这两种语言哲学分别通过英美分析语言哲学中的以维根斯坦为代表的日常语言学派与大陆语言哲学中的解释学之间的接近而产生相互融合的趋向。这种相互接近和融合的趋向自然体现在皮尔斯符号学与索绪尔语言符号之间相互接近和融合的趋向，进而体现在上述两类语言学（从生物体内部的角度研究语言的心理活动和生理活动的一类语言学与从生物体之间的角度研究语言的社会属性的另一类语言）之间的相互接近和融合趋向。

在得出这个结论之前，我曾对一些语言学科分别作了具体的符号学分析。就我已分析过的语言学科（结构主义语言学、系统功能语言学、文体学、语用学、认知语言学、语篇分析和洛特曼文化符号学）而言，结构主义语言学、系统功能语言学、文体学属于从生物体之间的角度研究语言的社会属性的一类。认知语言学、语用学属于从生物体内部角度研究语言的心理活动和生理活动的另一类。这两类语言学有相互交流并有融合趋向。如语篇分析发展到现在包括结构分析、社会分析、认知分析、语用分析和批评分析等。它基本上属于第二类语言学，但吸取了一些属于第一类的认知语言学和语用学的理论。洛特曼的文化符号学继承了索绪尔结构主义语言学的社会性和结构（系统）性的特点，另一方面吸取了皮尔斯符号学的认知性、活动性和互动性的特点，形成一种集体认知（和思维）和社会（民族之间）交流的文化符号学。这种融合方式可以说是两派符号学理论上的融合。另外，分属两大类语言学的语言学科之间也有互相吸取的倾向，如近年来系统功能语言学派的 James Martine 提出了评价系统（appraisal system）。他吸取了本类语言学的 Bakhin 的"对话"（dialogue）理论和 Kristeva 的"互文性"（intertextuality）理论。我认为"对话"和"互文性"属于"互动"（interaction）理论，而这种理论可以追溯到皮尔斯的"解释"（interpretant）理论，因为"解释"是人与客观世界之间的互动。Halliday 也开始用系统功能学理论研究大脑的认知问题，并将计算机语言学用于语篇分析等。属于皮尔斯理论系统的语用学的一些学者们则企图把研究根据个人具体语境推断话语意义的语用学发展成为根据社会和文化语境研究话语意义的广义语用学，但并不很成功。（详情见另文"语用学的符号学分析"和"语言学科间的互动推动语言学向前发展")

总之,符号学是语言学的科学,要深入研究语言学必须首先研究符号学。符号学以哲学为基础,是哲学和语言学之间的桥梁,它既有哲学的深刻道理,又有语言学的可操作性。研究一门语言学,一定要搞清它的理论所属的符号学流派,搞清这个符号学流派产生的时代背景、哲学根源、方法论、使用范围,这样才能从根本上搞清这门语言学科研究的对象、性质和方法,才能搞清这门语言学科与其他语言学科之间的错综复杂关系。

四、中国符号学任重道远

我们必须承认,西方在符号学研究上比我国先进,我们要向西方学习,首先完整地引进他们的符号学理论,但这只是第一个阶段。在过去十年中我们已完成了这个阶段,现在应该用批判眼光审视引进的西方理论,搞清现代西方符号学的基本理论。尤其是在当前西方符号学研究仍处于较混乱的状态(详情见另文"对符号学的回顾和展望——论符号学的性质、范围和方法")时,更应如此。我们要把两大派符号学的哲学根源、性质、范围和方法搞清楚,把西方符号学两大流派的基本理论搞清楚,把两大派符号学与各语言学科之间的关系搞清楚,用符号学带动语言学科的研究和发展。如何进行,我们从西方得不到完整和系统的答案,必须依靠我们自己,因为他们自己也没有搞清楚。但我们一定能做到,因为我们在过去十多年中已从西方引进了足够的符号学理论,现在仍有频繁的国际交流和四通八达的因特网,我们并不闭目塞聪,在此基础上我们可以努力研究。

在学到了西方符号学以后,还要把它应用于研究中国的语言学、符号学和其他社会人文科学上,还要更进一步研究和建立中国自己的符号学体系。中国有五千多年的文明史,在历史上有许多宝贵的符号学思想,如《易经》等,要靠我们去挖掘和整理。在自己的符号学的基础上,借鉴西方符号学,创造中国自己的符号学。中国符号学任重道远。

我认为,当务之急是搞清符号学的基本理论和应用问题,并用符号学推动语言学科深入发展。我冒昧地提出以下问题供大家讨论时参考：一、什么是符号学？符号在人类的认知、思维和交流中起什么作用？二、符号学两大流派（皮尔斯符号学和索绪尔语言符号学）的基本理论是什么？各自在研究人类认知、思维和交流中起什么作用？三、作为跨学科方法论的符号学，在运用上与一般语言学科有什么不同？主要解决什么问题？四、符号学是语言学科的科学，如何用符号学来分析研究语言学科？五、皮尔斯符号学是以实用主义哲学、范畴论和逻辑学为基础的，索绪尔语言符号学是以康德的先验主义哲学和结构主义思想为基础的，我们现在研究符号学是否还以近百年前现代符号学诞生时的西方哲学思想为指导？以上这些问题从西方语言学和符号学中是得不到答复的，因为它们自己也没有搞清楚，要靠我们自己解决，而且我们一定能解决。科技创新是我国当前的基本国策。《中国外语》创刊的宗旨就是创新，它是语言和符号学界的一面旗帜。我相信它会为我们提供争鸣的园地和论战的场所。

参考文献

郭　鸿：《索绪尔的语言符号任意性原则是否成立？——与王寅教授商榷》，《外语研究》2001年第1期，第四届全国语言与符号学研究会论文。

郭　鸿：《认知语言学的符号学分析》，《外语教学》2005年第4期。

郭　鸿：《语用学的符号学分析》，《外语研究》2005年第5期。

郭　鸿：《索绪尔符号学与皮尔斯符号学的比较》，《中国外语》2004年第2期。

郭　鸿：《对符号学的回顾和展望：论符号学的性质、范围和方法》，《外语与外语教学》2003年第5期，第五届全国语言与符号学研究会论文。

郭　鸿：《索绪尔语言符号学与皮尔斯符号学两大理论系统的要点——兼论对语言符号任意性的置疑和对索绪尔的挑战》，《外语研究》2004年第4期，第六届全国语言与符号学研究会论文。

郭　鸿：《文化符号学评介——文化符号学的符号学分析》，《山东外语教学》2006年第3期。

胡壮麟、朱永生、张德禄：《系统功能语法概论》，长沙：湖南教育出版社，1989年。

夏基松：《现代西方哲学教程新编》（上、下册），北京：高等教育出版社，1998年。

杨祖陶、邓晓芒：《康德〈纯粹理性批判〉指要》，北京：人民出版社，2001年。

张德禄：《系统功能语言学的新发展》，《当代语言学》2004年第1期。

Thibaault, Paul J., 1997, "Chapter 12 Arbitrariness and motivation in the sign", *Rereading Saussure—the Dynamics of Signs in Social Life*, Routledge.

A Short Organon on Signs from："Tobin Nellhaus"，http：//archives. econ. utah. edu/archives/bhaskar/1996－12－14. 144/msg00067. htm.

Semiotic in Education，http：//edtech. connect. msu. edu/Searchaera2002/viewproposaltext. asp? propID＝6838.

　　注释：这篇文章是十多年前发表的。文中提出的问题（皮尔斯符号学和索绪尔符号学的基本理论是什么？它们的相互关系是什么？它们在语言学和符号学中占什么位置？）至今没有解决。对皮尔斯符号学的理论，甚至其中的术语，各人有各自的说法。还有人（而且还不是一般的人，是知名学者）说：索绪尔符号学已经过时，要用皮尔斯符号学代替索绪尔符号学。我认为，一门学科要成为一门科学，一定要有自己的基本理论。皮尔斯符号学和索绪尔符号学就是这门学科的最基本的理论。我们应该展开讨论，解决这个问题，尤其是皮尔斯符号学要搞清楚。

　　此问题当时受到广泛重视。《中国外语》首先发表了此文的摘要（《中国外语》2006年第2期），不久后发表此文（全文）。然后，《高等学校文科学术文摘》2007年第1期又发表此文摘要。

提倡一种精神和一种方法

摘 要 全国语言与符号学研究会成立已12年,本届已是第七届研究会。历时6年多的关于语言符号具有象似性还是任意性的大辩论,标志我国语言与符号学研究已从引进阶段进入创新阶段。为了发展这一大好形势,建议提倡改革创新的精神和深入研究符号学、带动语言学科发展的方法。要改革创新必须打破传统、挑战权威,提倡不同观点之间的争论。要深入研究符号学、带动语言学科发展,就要:1) 首先研究索绪尔语言符号学和皮尔斯符号学的基本理论:它们的哲学背景、理论要点、各自的侧重点、它们的共同点和不同点;2) 研究现代西方哲学的两大思潮的语言学转向和融合趋向;3) 研究这个趋向在符号学和语言学上的反映,以达到以下目的:了解各语言学科分别属于什么哲学思潮、哲学流派、符号学派和语言学类别,各自的性质、范围、方法,在历史发展中各学科间的交流、互动、融合的可能性、方式和程度,从而对各语言学科的发展做出描述和预测。

引 言

中国语言与符号学研究会1994年成立于苏州大学,并在此召开了第一届全国语言与符号学研究会，至今已开了六届（每两年一届）。这届研究会已是第七届了。十多年以来，我们从西方引进了大量符号学理论，为我国语言与符号学研究打下了基础。王寅教授1999年撰写文章并出版了《论语言符号象似性——对索绪尔任意说的挑战与补充》一书，在全国引起了一场大论战，历时五六年之久。笔者认为，大论战标志着中国语言与符号学已从引进阶段进入创新阶段。为了发展这一大好形势，笔者认为，我们要提倡一种精神和一种方法：改革创新精神和深入研究符号学、带动语言学科发展的方法。

一、改革创新

要改革创新就要打破传统、挑战权威。历史上科学、技术的每一次变革都是从打破传统、挑战权威开始的。哥白尼（Nicolaus Copernicus，1473—1543）经过长期的天文观测和研究，创立了更为科学的宇宙结构体系——日心说，从此否定了统治西方达一千多年的地心说。日心说经历了艰苦的斗争后，才为人们所接受，这是天文学上一次伟大的革命，不仅引起了人类宇宙观的重大革新，而且从根本上动摇了欧洲中世纪宗教神学的理论支柱。达尔文（Charles Robert Darwin 1809—1882）提出"进化论"。这位美国田纳西州教师因此受到法庭审判，因为按照进化论，人是从低级动物进化而来的，与"上帝造万物"的基督教教义相违背。过去大家都认为要"征服自然，造福人类"，现在大家都明白了"人与自然是一体，要保持人与自然的和谐关系"。我国改革开放以来的基本国策之一就是"改革创新"。笔者认为，王寅教授对索绪尔语言符号任意性的置疑和对索绪尔的挑战，对我国语言符号学的发展做出了重大贡献。他一方面向我国学术界系统地介绍了认知语言学理论，另一方面掀起了长达6年多的大论战。这场论战标志着我国的语言与符号学研究已从引进阶段进入创新阶段。难能可贵的是，他坚持不懈，把这场论战进行到底。论战有助于把语言与符号学中的一些基本问题搞清楚，从而推动语言与符号学在创新道路上前进。不同观点之间的斗争和不同意见的争论是学术发展的必由之路。

二、提倡一种研究方法

索绪尔在 *Linguistic Signs* 中写道:"我之所以能为语言学在科学中找到一席之地,是因为我把语言学和符号学联系起来了。"也就是说,就像数学是自然学科的科学一样,符号学是语言学科的科学。现代符号学诞生以前,符号学一直是哲学的一部分,现在也仍然以哲学为基础。符号学两大流派中,索绪言尔语言符号学是以康德的先验主义哲学和结构主义思想为基础的,皮尔斯符号学是以实用主义哲学、逻辑学和范畴论为基础的。这两派符号学又分别与欧洲大陆哲学和英美分析哲学、现代西方哲学的人本主义思潮和科学主义思潮联系起来。如果研究语言学科不把它们与符号学进而与哲学联系起来,就只能就事论事,谈论一些皮毛问题,而不能触及其本质,不能从根本上弄清它们的性质、范围和方法,失去研究的基础,陷入盲目性。目前现代符号学的研究仍不十分系统、深入,处于相当混乱的状态。有人称之为"符号学的危机"。不少人由于无限夸大符号学的作用和研究范围,而被称为"符号帝国主义""符号恐怖主义",或因符号的分类繁多、术语费解,而被称为"符号的丛林"等。但这些问题又不能回避,必须靠我们自己的努力去解决。因此,笔者认为,我们要联系西方现代哲学,搞清符号学的基本理论并把它应用于语言学科研究,以弄清各语言学科的哲学背景、符号学根源、所属语言学类别、各语言学科的性质、范围和方法,各语言学科之间在历史发展中的交流和互动,从而对各语言学科有个概括的、基本的了解,作为研究语言学科的基础。简而言之,联系西方现代哲学,以符号学研究带动语言学研究。

三、如何进行这项工作

笔者根据自己的经验,提出一些意见供大家参考。(1)首先研究索绪尔语言符号学派和皮尔斯符号学派的基本理论:它们的哲学背景、理论要点、两者各自的侧重点、共同点和不同点。(2)研究现代西方哲学的两大思潮的语言学转向和融合趋向及其在符号学和语言学上的反映。

（3）研究各语言学科分别属于什么哲学思潮、哲学流派、符号学派和语言学类别，各自的性质、范围、方法，在历史发展中各学科间的交流、互动，它们融合的可能性、方式和程度，从而对各语言学科的发展做出描述和预测。现分别讨论如下：

1. 研究两大符号学派的基本理论、侧重点、共同点和不同点（郭鸿，2004）

符号学是语言学科的科学。它又是哲学与语言学科之间的桥梁，既有哲学的深刻理念，又有语言学科的可操作性。索绪尔（F. De Saussure）语言符号学与皮尔斯（Charles Sanders Peirce）符号学是符号学的两大学派，它们的理论概括了符号学全部内容，形成符号学整体。在人类认知、思维、表达、交流中，皮尔斯符号学侧重认知和思维，索绪尔语言符号学侧重表达和交流。对如此重要和基本的理论，到目前为止，全世界学术界还没有基本的共识。因此，当务之急，是首先研究它们的基本理论：它们所属的哲学思潮，哲学思想，基础理论，特点，在人类认知、思维、表达、交流中的作用等。在这两大符号学派中，我们对索绪尔语言符号学比较熟悉，因为它直接与语言学挂钩，它是现代语言学的基础或主流学派。不久以前，还发现了索绪尔的新著作，引起了对索绪尔语言符号学理论更深入的研究，而且有新发现。另一方面，对皮尔斯符号学则比较陌生，因为它的符号模式令人费解，符号分类繁杂，而且看不出与语言学有什么直接联系。但许多人，尤其是美国人，对皮尔斯倍加赞赏，称他为"符号学之父"，认为他的"泛符号论"涵盖学术的一切领域。这种情况令人莫名其妙，甚至令人反感。但经过深入研究后，笔者发现皮尔斯符号学确有其独到之处。它的"泛符号论"说明人类最根本的特点是会使用符号，进行抽象认知、思维、表达和交流，因此世界上的一切事物都可看作符号，连人本身也是符号。它的符号模式：符号代表物—对象—解释（representamen-object-interpretant），说明了一个伟大真理：意义（意识）并非客观世界的直接反映，其间有认知主体——人的参与。这个观点说明：人对世界的认知是人与世界之间的互动，并且可以引申为人与人之间的互动。这样就从认知范畴跨入了交流范畴。这一点对当今的两大类语言学的发展都产生了重大影响，成为推动语言学发展的科学动力。皮尔斯符号学与语言学也有直接联系。皮尔斯符号模式是语用学和认知语言学的基本理论。语用学研究语义学以外的意义，研究言外之意和说话人的意图（语言行为），研究方式是根据说话人所处的具体情景（有人称之为物理环境）对所说的话做出"解释"。而认知语言学研究语言及其表达意义的成因，研究说话人的心理活动，即根据说话人的心理语境对语言及其意义的成因做出"解释"。其实皮尔斯对语用学也有直接影响。在奥斯汀和舍尔之前，皮尔斯就有关于语用学的重要论述，但未曾被人发现（Winfried Nöth）。此外，首先提出语用学的莫里斯（Morris）是皮尔斯的学生，他继承了皮尔斯的符号学理论。笔者相信，更深入地研究皮尔斯符号学，一定有更多、更宝贵的发现。

上面谈到语用学和认知语言学都解决认知问题。这也正是皮尔斯符号学研究的范围。皮尔斯符号学是以实用主义哲学、逻辑学和范畴论为基础的。它的特点是它的自然科学倾向、生物个体性和认知性，在语言作为人类的认知、思维、表达和交流的工具中，它侧重研究认知与思维；而索绪尔语言符号学则以康德先验论和结构主义为基础。它的特点是它的人本主义倾向、社会性、结构（系统）性，在人类的认知、思维、表达和交流中，它侧重研究表达和交流。如果要问皮尔斯符号学与索绪尔语言符号学有什么共同之处，最大的共同点就是都为语言行使其功能服务。即使在争论已久的任意性和象似性问题上，它们也是一致的。皮尔斯所说的象征符号（symbol）相当于索绪尔语言符号学的任意性符号。要说它们有什么不同，最大的不同点就是它们有不同的侧重面。它们不但没有矛盾，而且相辅相成，共同完成语言执行的认知、思维、表达和交流任务。

2. 研究现代西方两大哲学思潮在语言学上的转向和融合趋势

研究了两大符号学派的哲学背景和基本理论还不够，还要研究现代西方哲学的两大思潮的语言学转向和融合趋势，才能看出两大符号学派和各语言学科的发展趋势。

夏基松所著《现代西方哲学教程新编》(上、下册)的引论:"二十世纪西方哲学鸟瞰——两大对立思潮的合流与语言学转向"(笔者:从此文论述的内容看,是通过语言学转向达到两大哲学思潮汇流,因此为了避免混淆,最好将引论的标题改为:"两大对立思潮的语言学转向和融合"),是全书的纲要,它概括了20世纪西方现代哲学发展的全过程和趋向,大意如下:

现代西方哲学大体可分为科学主义(scientism)与人本主义(humanism)两大对立思潮。科学主义思潮最早表现为实证主义思潮,它的特点是:把知识局限于经验范围,把自然科学的方法推广到一切科学知识领域,使人文科学自然科学化。人本主义思潮的特点是:坚持哲学的对象是人,反对把哲学的方法归结为观察、实验、逻辑分析等理性主义的自然科学方法,主张哲学的方法是通过内心体验或现象学直观,以洞察人的自我价值与人生意义的非理性主义方法。

笔者认为,与上述两大思潮对应的就是皮尔斯符号学和索绪尔语言符号学。皮尔斯符号学是以实用主义哲学、逻辑学和范畴论为基础的。实用主义是实证主义思潮的一个派别,它的特点也是经验主义、科学主义倾向、生物个体性和认知性。索绪尔语言符号学是以康德先验主义哲学和结构主义思想为基础的。它的特点是人文主义倾向、社会性和系统(结构)性。

所谓两大思潮的语言学转向就是这两种哲学思潮转向语言哲学。笔者认为,科学主义哲学思潮转向的就是英美分析语言哲学,人本主义哲学思潮转向的是欧洲大陆语言哲学(主要是解释学)。

科学主义思潮来源于近代英国经验主义。科学主义的一个学派逻辑实证主义,企图建立一种数理逻辑化的或高度公理化的人工语言,以代替非科学的哲学语言与人文科学语言,以此消除误解,解决哲学中的争论。这种理论受到种种责难终于成为泡影。科学主义的另一个学派,日常语言学派,则认为语言的混乱和误解不是来自日常语言,而是来自错误地使用日常语言。因此,应该研究日常语言的使用规则,正确地使用语言。日常语言学派的创始人维根斯坦提出"语言游戏论",把语言比喻为游戏，认为游戏的玩具（如一粒棋子）的意义是由游戏规则确定的。语言也是如此，词语的意义全由使用情况决定。这个学派的另一个观点是"语言行为"论，认为语言不只是"说"，而且是"做"，是一种行为，因此不能离开人类的行为、孤立地去考察词语的意义。这样就否定了"建立一种数理逻辑化的或高度公理化的人工语言以代替非科学的哲学语言与人文科学语言"的科学主义观点。

人本主义思潮源于近代西欧的理性主义，康德提出的先验理性的批判哲学（杨祖陶等，2001）是一个重要的转折。人本主义哲学的语言学转向开始于卡西尔（Ernst Cassirer）的符号学和狄尔泰（Wilhelm Dilthey）的解释学。卡西姆把人定义为"使用符号的动物"，人类用符号创造文化。这样就把他的文化哲学变成了一种广义的语言学。狄尔泰的解释学则是一种人本主义语言学，它以文学艺术语言为典范，以研究、理解人（自我）的内心语言为主要内容。由于它反对或否定认识论，提倡对人（自我）的内在体验的理解和解释，因而被称为解释学。它把自己说成是一切人文科学的普遍方法，而与自然科学的方法对立起来。后来，海德格尔（Martin Heidegger）把狄尔泰的客观主义解释学转化为相对主义解释学，并接受了日常语言哲学家维特根斯坦的观点：文本或语句的意义并不是客观的、确定的，而是随人对它的使用情况的变化而变化。这就是科学主义思潮和人本主义思潮的融合趋向。两大思潮的合流趋向体现在哈贝马斯（Habermas）、阿佩尔（Karl-Otto Apel）和利科（Paul Ricoeur）的解释学中。他们认为，英美分析语言哲学派与欧洲大陆语言哲学派（解释学）并不彼此排斥，而是互相补充。因此，应该将两者结合起来，构成一种全面的语言哲学或解释学。阿佩尔提出了一种把科学主义的规律性的说明与解释学的理解结合起来互相补充的方法，它是一种既适用于自然科学的方法，又适用于人文科学方法的理论——"说明－理解的理论"。由于这种理论建立在**康德先验论与皮尔斯的实用主义理论**的基础上，因此他称之为"**先验－实用主义的说明－理解理论**"。阿佩尔的先验实用主义解释学理论体现了欧洲大陆人本主义与英美科学主义两大思潮的融汇，因而获得西方哲学家们的普遍

关注。(同上：608，610，黑体字是笔者加的)

到目前为止，两大思潮和两种语言哲学的合流还只是局部的，或者说只是一种趋向，还不是全面合流。

3. 研究现代西方哲学的两大思潮的语言学转向与合流在符号学和语言学上的反映

研究了两大思潮的语言学转向与合流趋势还不够，还要通过两大符号学派，把两大哲学思潮与两类语言学联系起来，才能完成我们的"联系哲学，以符号学带动语言学研究"的任务。

Halliday 指出，语言研究主要从两个角度进行，一个是从生物体内部的角度，研究语言的心理和生理活动；另一个是从生物体之间的角度研究语言的社会属性；这两种角度的研究互相补充，才有利于语言学的健康发展。(胡壮麟等，1989：9；张德禄，2004) 著名德国符号学家、符号学权威著作《符号学手册》(*Handbook of Semiotics*) 的作者 Winfried Noth 也持类似观点。

笔者认为，Halliday 和 Winfried Noth 指的这两类语言学中，一类是属于皮尔斯符号学、英美分析语言哲学和科学主义思潮的语言学，另一类是属于索绪尔语言符号学、欧洲大陆语言哲学和人本主义思潮的语言学。因为"从生物体内部的角度……"指这类语言学研究的对象是作为生物的个人，不是社会的人；"语言的心理活动"指语言在人的认知和思维中的心理活动，而"生理活动"指这些心理活动的生理机制。另一方面，"从生物体之间的角度……"指这类语言学研究的不是个体的人而是社会上人与人之间的关系，语言的"社会属性"指语言在表达和社会交流中的作用。上述第一类语言学包括语用学、认知语言学、神经语言学等。第二类包括结构主义语言学、系统功能语言学、语篇分析、文体学等。

现代两大哲学思潮的语言学转向和融合趋向，也体现在两类语言学的交流和融合趋向上。笔者认为：现代语言学各学科的发展史就是这两类语言学之间或同一类语言学内部各学科之间的交流和互动的历史。这些学科之间，或在理论上融合，或在方法上借用，或在理念上影响，并在融合的可能性、方式、程度等方面形成非常复杂的关系。如果我们掌握了每一门语言学科所属的符号学流派、现代西方哲学思潮和这些流派思潮的内容、特点，我们就能对这些语言学科融合的可能性、方式、程度做出估计，从而对每一门语言学科的发展历史和趋向做出描述和预测。

到目前为止，笔者已尝试对以下语言学科作了上述分析：认知语言学、语用学、结构主义语言学、系统功能语言学、文体学、语篇分析、洛特曼文化符号学等。我这样做的目的是：一方面，验证上述理论；另一方面，将此理论付诸实践。实践证明，上述理论符合实际，效果良好，并发现一些规律：两大类语言学科中，同类语言学科的融合呈自然趋势，甚至可以看作其中某一或某些学科的不同发展阶段。不同类学科之间的交流比较困难，甚至不可能，即使可能，也是方法上的借用，交流的结果往往不改变主导学科的性质和发展方向。但是，不同类的语言学，可以在更高层次上，在语言整体上，互相影响，而且意义非常重大。例如，文体学属于第二类语言学。索绪尔结构主义语言学为它提供了文体分析的基础。巴伊（Bally）在此基础上，强调分析言语和言语的感情成分，从而创建了文体学。属于同类的系统功能语言学，以其语言结构与社会语境相结合的特点，加强了文体学并成为文体学的主要分析手段和重要组成部分。属于第一类的语用学和认知语言学也曾用于文体分析，但只作为借用手段。语用学仅在文体分析的具体（物理）语境中使用；认知语言学仅在心理语境中使用，对语言结构及其意义的成因做出解释，而并不改变文体学的结构主义性质和发展方向。（详情见另文"文体学学习教学二十年——回顾与展望"）

语篇分析也属于第二类。它的基础也是结构主义语言学。同类的系统功能语言学同样成为它的理论基础和主要分析手段。不同类的语用学和认知语言学也曾用于语篇分析，但仅在具体语境中作为一种分析手段。属于第二类的社会语言学、语篇语言学（text linguistics）、批评语言学（critical linguistics）等却都成为语篇分析的重要组成部分。由于这些同类学科的参与，语篇分析的发展可大致分为以下几个阶段：语篇结构分析、语篇结构与社会文化分析、语篇结构与意识形态分析三个阶段。属于第一类的语用学和认知语言学的参与并未改变语篇分析的结构主义传统。

　　语用学和文体学都强调语境，语境决定意义，它们似乎很接近。实际上，由于它们分别属于第一和第二类语言学而有天壤之别。语用学研究作为个体的人使用的语言和语言的认知方面，而文体学研究作为社会成员的人使用的语言和语言的社会交流方面。语用学研究在具体（物理）语境中使用语言，而文体学研究在社会、文化语境中使用语言。语用学聚焦于作为生物体的个人的认知，研究人类的语言行为，以达到了解违反合作原则和礼貌原则的话语的真实意义和意图，而文体学聚集于社会交流，研究各类语言（各种人在各种场合、为了各种目的使用的语言，它们构成不同的文体）。文体学是以结构主义语言学为基础的一种跨学科的学科或方法论。随着语言学科的发展，文体学不断从其他语言学科吸取它们的新研究成果作为文体分析手段。其中属于同一类语言学的结构主义语言学、系统功能语言学、社会语言学等，都在文体分析中起主要作用，甚至成为文体学的组成部分。而属于第二类的语用学和认知语言学，虽然也用于文体分析，但只能作为在具体语境中的一种分析手段，并不改变文体学的结构主义方向。

　　洛特曼（Yuri Lotman）文化符号学则是第一、第二类语言（符号）学理论上的结合。洛特曼是苏联第一位结构主义学者。他吸取了同一传统的苏联学者巴赫金（Makhail Bakhtin）的"对话"（dialogue）理论和法国学者克里斯蒂娃（Julia Kristiva）的"互文性"（intertextuality）理论，同时吸取了不同传统的皮尔斯和莫里斯（Charles Sanders Peirce and Charles Morris）的理论，创建了文化符号学（Cultural Semiotics）。索绪尔语言符号学研究的重点是语言符号在表达和社会交流中的作用，而皮尔斯符号学研究的重点是符号在个人认知和思维中的作用（郭鸿，2004）。而文化符号学把表达、交流与认知、思维结合起来了，把表达、交流的社会性与认知、思维的个人心理和生理活动结合起来了，使文化交流成为一种社会性的表达、交流、认知和思维活动。对一个民族来讲，这种社会性的表达、交流、认知和思维促使一个民族提高文化、科学、技术水平。对世界各民族来讲，促使人类文化发展，人类整体的科学、技术水平的提高。（详情见另文："文化符号学评介——文化符号学的符号学分析"）

另外，属于第一类语言学的认知语言学对符号学和语言学做出了重大贡献。它使我们认识了一个伟大真理：意识（意义）并不是客观世界的直接反映，其间还有作为认知主体的人的积极参与。认知是人与世界之间的互动，进而引申为人与人之间的互动。这样就从认知领域跨入了交流领域，从而对第二类语言学产生巨大影响。目前的系统功能语言学、语篇分析等属于第二类语言学的学科都使用认知语言学的"互动""建构"等概念。认知语言学和语用学必将使我们认识皮尔斯符号学，使它在语言学科的研究中发挥重大作用。

以上论述是一次大胆尝试，它涉及整个语言学体系及其哲学和符号学框架，并且到目前为止，还未见任何中外学者作过系统的论述。敬请各位学者、读者给予关注，提出批评和建议。

参考文献

郭　鸿：《索绪尔语言符号学与皮尔斯符号学两大理论系统的要点——兼论对语言符号任意性的置疑和对索绪尔的挑战》，《外语研究》2004年第4期，第六届全国语言与符号学研究会论文。

郭　鸿：《索绪尔符号学与皮尔斯符号学的比较》，《中国外语》2004年第2期。

郭　鸿：《文体学学习教学二十年——回顾与展望》，第四届全国文体学研讨会论文。

郭　鸿：《认知语言学的符号学分析》，《外语教学》2005年第4期。

郭　鸿：《语用学的符号学分析》，《外语研究》2005年第5期。

郭　鸿：《系统功能语言学符号学分析》，《外国语言文学研究》2006年第4期，第九届全国功能语言学研讨会暨首届国际语言评价系统研讨会论文。

郭　鸿：《文化符号学评介——文化符号学的符号学分析》，《山东外语教学》2006年第3期。

黄国文：《韩礼德系统功能语言学40年发展述评》，《外语教学与研究》2000第1期。

胡壮麟、朱永生、张德禄：《系统功能语法概论》，长沙：湖南教育出版社，1989年。

张德禄:《系统功能语言学的新发展》,《当代语言学》2004年第1期。

夏基松:《现代西方哲学教程新编》(上、下册),北京:高等教育出版社,1998年。

杨祖陶、邓晓芒:《康德〈纯粹理性批判〉指要》,北京:人民出版社,2001年。

Guo Hong, 2006, *Semiotic Analysis of Stylistics*, Paper Delivered at the First International Conference and the Fifth National Conference on Stylistics, Qinghua University and Beijing University, June 2006.

语言学科跨学科研究的实质和规律

摘　要　跨学科研究是语言学科创新的主要途径之一。我们应该总结过去跨学科研究中的成绩和出现过的混乱情况,找出原因,掌握规律,尽可能减少盲目性。跨学科研究的实质是各学科之间的对立统一,对立统一推动各语言学科向前发展。现代西方两大对立哲学思潮的语言学转向和融合趋向是研究现代西方语言学的主要矛盾,抓住这个主要矛盾才能从根本上弄清各语言学科的性质、范围和方法及相互关系。在此基础上,才能有效地进行语言学科跨学科研究。

一、跨学科研究的实质：矛盾的对立统一推动事物向前发展

《矛盾论》指出：

恩格斯说："运动本身就是矛盾。"……。一切事物中包含的矛盾方面的相互依赖和相互斗争,决定一切事物的生命,推动一切事物的发展。没有什么事物是不包含矛盾的,没有矛盾就没有世界。(《毛泽东选集》以下简称《毛选》293页)

这是旧的统一和组成此统一的对立成分让位于新的统一和组成此统一的对立成分,于是新过程代替旧过程而发生。旧过程完结了,新过程发生了。新过程又包含着新矛盾,开始它自己的矛盾发展史。(《毛选》295页)

跨学科研究的实质就是学科之间的互动，就是学科之间的对立统一，矛盾的对立统一推动事物向前发展。

具体地讲，研究语言学科首先是研究者与学科间的互动，也就是主体与客体之间的对立统一。这个道理可以用皮尔斯符号学来解释。皮尔斯符号学是以他的现象学范畴论为基础的。他的现象学范畴由第一性范畴、第二性范畴和第三性范畴构成。第一性是以感觉性质（quality of feeling）呈现的现象，第二性范畴是实际事实（actual fact）呈现的现象，第三性是这些现象在人的经验中产生的结果——表征（representation）。符号由三个关联物构成：符号代表物（representamen）—对象（object）—解释项（interpretant）。人的一切思维都是以符号进行的。在思维中，符号代表物代表一种性质，它与某一对象互动产生一种实际事实，这个事实与认知者互动才能表达意义。例如，在情人节时，你收到一束玫瑰花，一瞬间你感觉到一种鲜红的颜色（感觉性质），然后意识到这是一束玫瑰花（实际事实），再后来这种感觉与你了解的社会习俗和你本人的情况（你有一位情人）结合起来，你才意识到这是你的情人在情人节送给你的、表达她（他）对你的爱情的一束玫瑰花。这是这束玫瑰花向你呈送经验的过程（事物表征的过程），反过来这也是你对这束玫瑰花认知过程。无论从哪方面讲，这个过程中都隐含着认知主体人的认知作用，其中解释项说明了这样一个事实：无论任何事物向认知者提供了什么现象，最终都要通过认知者根据自己的经验加以验证。总之，皮尔斯符号学是一种认知科学（前国际符号学会会长 Sebeoke），它认为人的认识过程就是符号活动过程，就是符号各关联物间的互动，特别是认知者与事物间的互动（详情见笔者另文："理解皮尔斯符号学——皮尔斯三分逻辑范畴和符号模式探索"）。跨学科研究就是研究者与各学科间的互动。

在研究者与各学科的互动中，研究同一学科的研究者需要相互交流、讨论甚至展开争论，这就是研究者之间的互动，也就是认知主体之间的对立统一。这个道理可以用 Bahktin 的"对话"（dialogue）理论来解释。信息交流不是单方面传递信息，而是交流信息的各方面的互动，是不同思想、观点、意识形态的交流和斗争。

除了研究者与各学科间的互动和各研究者之间的互动外,在研究过程中还需要有关学科间的信息或资料的交流,这就是认知客体与认知客体之间的互动,也就是客体间的对立统一。这个道理可以用 Kristeva 的互文性(intertextuality)理论来解释:跨学科研究就是不同文本间的交流和互动。

因此,跨学科研究有主观和客观两方面。从主观方面讲,研究者研究各有关学科并在此过程中交流信息、讨论、争鸣,也就是主体与客体间和主体与主体间的互动,其中认知主体起主导作用。从客观方面讲,就是各学科间的思想、观点、理论的交流,也就是客体与客体之间的互动。这里就出现了一个问题:要掌握跨学科研究的客观规律,避免盲目性。在一些学科之间,思想、观点、理论可以充分地交流、融合,而在另外一些学科之间只能在某种程度上交流、融合或者根本不能交流、融合。

二、探索跨学科研究的规律

1. 研究语言学科中的主要矛盾和主要矛盾方面及其对立统一

哪一些学科之间可充分交流、融合?哪一些只能在某种程度上交流、融合或者根本不能交流、融合呢?

《矛盾论》指出:

……任何过程如果有多数矛盾存在的话,其中必定有一种是主要的,起着领导的、决定的作用,其他则处于次要和服从的地位。因此,研究任何过程,如果是存在着两个以上矛盾的复杂过程的话,就要用全力找出它的主要矛盾。(《毛选》310 页)

同一性、统一性、一致性、互相渗透、互相贯通、互相依赖(或依存)、互相联结或互相合作,这些不同的名词都是一个意思,说的是如下两种情形:第一、事物发展过程中的每一种矛盾的两个方面,各以和它对立着的方面为自己存在的前提,双方共处于一个统一体中;第二、矛盾着的双方,依据一定的条件,各向着其相反

的方面转化。这些就是所谓的同一性。(《毛选》315 页)

一定的必要的条件具备了,事物发展的过程就发生一定的矛盾,而且这种或这些矛盾互相依存,又互相转化,否则,一切都不可能。(《毛选》320 页)

要进行语言学科跨学科研究,首先要找出研究语言学科中的主要矛盾和主要矛盾方面,弄清它们之间的对立统一关系。语言学是符号学的一个分支,而符号又是以哲学为基础的,因此研究语言学一定要研究各语言学科的哲学和符号学根源。

现代西方哲学的两大思潮(科学主义思潮和人本主义思潮)的语言学转向和融合趋向是现代西方哲学发展的概括,是研究语言学科要解决的主要矛盾。它体现在两大符号学派(皮尔斯符号学和索绪尔语言符号学)和两大类语言学(从生物体内部的角度研究语言的心理活动和生理活动的语言学和从生物体之间的角度研究语言的社会功能的语言学)的交流和融合趋向上。这样,就形成了现代西方哲学、符号学和语言学的两大矛盾方面,一方面是科学主义思潮、皮尔斯符号学和从生物体内部的角度研究语言的心理活动和生理活动的语言学,另一方面是人本主义思潮、索绪尔语言符号学和从生物体之间的角度研究语言的社会功能的语言学。这两大矛盾方面,互为依存又互相对立,并在一定的条件下互相转化。

夏基松所著《现代西方哲学教程新编》(上、下册)的引论:"二十世纪西方哲学鸟瞰——两大对立思潮的合流与语言学转向"(夏基松,1998:1—9)是全书的纲要,它概括了 20 世纪西方现代哲学发展的全过程。现代西方哲学大体可分为科学主义与人本主义两大对立思潮。科学主义思潮最早表现为实证主义思潮,它的特点是:把知识局限于经验范围,把自然科学的方法推广到一切科学知识领域,使人文科学自然科学化。人本主义思潮的特点是:坚持哲学的对象是人,反对把哲学的方法归结为观察、实验、逻辑分析等理性主义的自然科学方法,主张哲学的方法是通过内心体验或现象学直观,以洞察人的自我价值与人生意义的非理性主义方法。所谓两大哲学思潮的语言学转向就是这两种哲学思潮转向语言哲学。科学主义哲学思潮转向英美分析语言哲学，人本主义哲学思潮转向欧洲大陆语言哲学（主要是解释学）。

皮尔斯符号学是以实用主义为基础的范畴论和逻辑学。实用主义哲学是实证主义哲学的一个分支。它的突出特点是：自然科学倾向（主要依靠逻辑推理）、认知性（在人类的认知、思维与表达、交流上，着重研究认知、思维）、动态性和互动性（符号活动，解释者和客观世界之间的互动）和广泛应用于自然科学和社会科学（一种泛符号论，在语言学方面，主要应用于有自然科学倾向的语言学科，如语用学、认知语言学等）的特点。索绪尔语言符号学是以康德的先验主义哲学和结构主义思想为基础的。它的突出特点是：社会性（研究语言、符号在社会交流中的作用）、结构性（系统性）、结构的封闭、静止性和广泛应用于社会人文科学的特点。（详情见另文"索绪尔语言符号学与皮尔斯符号学两大理论系统的要点——兼论对语言符号任意性的置疑和对索绪尔的挑战"）。皮尔斯符号学和索绪尔语言符号学分别代表现代西方哲学的科学主义思潮和人本主义思潮。

Halliday指出，语言研究主要从两个角度进行，一个是从生物体内部的角度，研究语言的心理和生理活动；另一个是从生物体之间的角度研究语言的社会属性；这两种角度的研究互相补充，才有利于语言学的健康发展。（胡壮麟等，1989：9；张德禄，2004）著名德国符号学家、符号学权威著作《符号学手册》（*Handbook of Semiotics*）的作者Winfried Noth也持类似观点。这两类语言学中，一类是属于皮尔斯符号学传统的语言学，并且可以追溯到英美分析语言哲学和科学主义思潮；另一类是属于索绪尔语言符号学传统的语言学，并且可以追溯到欧洲大陆哲学和人本主义思潮。上述第一类语言学包括语用学、认知语言学、神经语言学等。第二类包括结构主义语言学、系统功能语言学、语篇分析、文体学等。这两类语言学分别具有皮尔斯符号学和索绪尔语言符号学的特点。前者的主要特点是：自然科学倾向、认知性、动态和互动性；后者的主要特点是：社会人文主义倾向、社会性、结构性。

2. 现代西方两大哲学思潮的语言学转向和融合趋势必然体现在两

种哲学、两派符号学和两类语言学的交流和融合趋势上。语言学科的跨学科研究从客观上讲，就是语言学科间的交流和融合。

现代西方两大哲学思潮的语言学转向和融合趋向体现在两种哲学、两派符号学和两类语言学的交流和融合趋向上。两类语言学中各学科的交流、融合就是各学科间的互动，或者说，就是各学科之间的对立统一产生新的对立统一体。同类语言学科之间的交流、融合，由于彼此间具有相同的性质和特点，它们之间互相影响或融合显得自然，甚至形成一个学科的几个发展阶段。不同类的语言学科之间，由于不具备相同的性质和特点，往往无法融合，或者只能在一些方法上，在一定条件下，互相借用，并且不改变主流学科既定的发展方向。但是不同类的语言学科之间也出现交流和融合的趋向，而且这种交流和融合是根本性的、巨大的。这些复杂的情况，有待于我们去研究探索，发现其中的规律。笔者在学习研究中发现以下规律性的现象。

（详情见另文："当今语言学与符号学的一个重大课题"）

1）同类语言学的各学科间的交流和融合

（1）文体学

属于第二类语言学的现代文体学是以结构主义语言学为基础的、各语言学科的综合体，也有人称之为一种跨学科的方法论。它随着各语言学科的发展而发展，不断把同类的各语言学科研究的新成果应用于文体分析。它与以结构主义语言学为基础的一些学科之间的交流和融合显得很自然，例如与系统功能语言学、社会语言学等之间的融合。现在系统功能语言学已成为文体学的主要内容和分析手段之一。它的理论和方法已普遍、有效地应用于各功能语体的分析，也应用于文学作品的分析研究。社会语言学研究的社会方言已成为文体学研究的语言的社会变体。（详情见本人著作《文体学符号学分析》）

（2）语篇分析

现代语篇分析始于20世纪50年代的以结构主义语言学为基础的语篇结构分析，继而发展为语篇与社会文化背景的关系的分析，再发展为语篇与意识形态关系的批判性学科。在这个过程中，它与文体学、社会语言学、语篇语言学、批评语言学等属于同类的语言学科结合，构成一个多学科的综合学科或跨学科的分析手段。这种发展可以看作同类语言学科的融合，甚至可看作语篇分析的几个发展阶段。（详情见另文"语篇分析符号学分析"）

（3）认知语用学

语用学与认知语言学同属第一类语言学：从生物体的内部研究语言的心理活动和生理活动的语言学，它们之间的交流与融合是大势所趋，甚至已经有人提出了认知语用学这门学科。笔者陆续看到学术刊物上发表的有关语用学和认知语言学的跨学科研究文章。现作简要介绍和评论如下：

"语用推理：逻辑的经验转向"（《解放军外国语学院学报》2006年第1期）

文章的大意是：语用学是以英美分析哲学为基础的，是一种逻辑推理。认知语言学出现以后，它强调人的主观经验和认知作用，因此逻辑推理不仅考虑形式公理演算系统，同时也关注形式的内容，包括人的主观认知和经验，以及自然语言的丰富性和多样性，这就是"逻辑的经验转向"。笔者认为，以上情况属实，但这不一定要称之为"经验转向"。因为，"经验转向"指语用学的逻辑推理转向认知语言学的以经验为基础的心理分析。从符号学根源来讲，语用学与认知语言学本是同根生，同属于从生物体内部研究语言的心理活动和生理活动的语言学，无所谓"转向"。它们都是皮尔斯符号学和莫里斯符号学中的"解释者"的发挥。（详情见另文："语用学的符号学分析"和"认知语言学的符号学分析"）

"语用研究的认知语言学视角"（《中国外语》2006年第6期）

文章指出：语用学和认知语言学是自然语言研究的两种潮流，并认为认知语言学的经验观可为语用推理研究提供新的视角和理论参照点。笔者认为：语用学和认知语言学并不属于两种潮流，而属于同一潮流，同属第一类语言学，但我非常同意文章所说的，"认知语言学的经验观可为语用推理研究提供新的视角和理论参照点"。

"认知语用学研究论纲"(《外语教学》2007 年第 3 期)

文章指出：认知语用学是语用学在自身发展中参照认知科学的目标、理论、方法进行语用研究的一个学科，是语用学的一个分支。它是以语言的具体运用作为具体研究内容来研究人们的认知过程、认知特点、认知规律。它是语用学，但不同于经典的语用研究；认知语用学是以心智过程来说明语言运用机制作为自己学科的理论取向的语言学研究。笔者认为：语用学和认知语言学在理论上同属现代西方哲学的科学主义思潮、经验主义哲学和英美分析哲学、皮尔斯符号学和从生物体内部角度研究语言的心理活动和生理活动的语言学。特别值得注意的是，皮尔斯符号模式中的"解释者"说明在认知中作为认知主体的人的重要作用。语用学方面，受话人根据具体语境（物理语境）对语言的动因（说话人的意图）进行逻辑推理。认知语言学方面，认知学者对语言的成因和心理活动过程做出解释；在交际中，受话人根据自己的心理语境（心智、经验、认知能力）对话语做出解释。实际上，在交际过程中话语动因的逻辑推理和基于心理语境的解释往往交替进行、互相补充和不可分割。以上事实充分说明语用学和认知语言学之间的同源和互补性以及融合的自然趋势。（详情见另文"语用学与认知语言学的同源和互补性"）

2) 不同类语言学科无法融合，或者只能在一些方法上，在一定条件下，互相借用，而且并不改变主流学科既定的发展方向

（1）认知语言学与文体学

属于第一类的认知语言学也在文体分析中运用，但受到很大限制，仅用于具体语境中对发话人所说的话的真实意义和意图的分析，而无法运用于社会文化语境中的话语分析。Elena Semino 和 Jonathan Culpeper 编辑的《认知文体学——语篇分析中的语言与认知》一书，声称自己代表当前认知文体学的最新发展。但笔者注意到，该书中认知语言学理论最有效的应用是对"思维方式"(mind style) 的分析。这种分析基本上属于语言成因的心理活动分析。对诗歌的分析也属同样性质，它并不能解决文学文体学的主要任务之一：对各层次语言的语言特征与美学效果

之间关系做出解释，或者说，通过文体分析更深地理解语言表达的意义。

申丹（2006）在"及物性系统与深层象征意义——休斯《在路上》的文体分析"一文中说："近年来，认知文体学发展势头旺盛，但不少认知文体学家的目的不是为了提供对作品的新的阐释，而只是为了说明读者在阐释文本时共享的认知机制、认知结构或认知过程。在《认知文体学》一书的序言里，Semino & Culpeper 明确声明："本书大部分章节的一个共同目标是解释（以往的）阐述是如何产生的，而不是对作品做出的新阐释，认知文体学家也往往致力于从认知的角度解释先前的读者如何会对同一文本产生不同的反映。也就是说，涉及的依然是已知的阐释，没有做出新的阐释。Stockwell（笔者：该书中一文的作者）试图在某种意义上超越这一框架，但并不成功，因为他的'认知诗学分析'同样聚焦于读者共享的基本阅读机制，而非旨在对作品做出新的解读。……认知文体学揭示了很多以往被忽略的大脑反应机制，说明了读者和文本如何在阅读过程中相互作用。可是对文学批评而言，最重要的是读出新意，读出深度。"笔者认为，申丹教授的看法与笔者一致。（详情见另文"文体学符号学分析"）

（2）系统功能语言学与语用学

Halliday 提出两类语言学的理论，并且说他的系统功能语言学属于第二类语言学。前面已提到，系统功能语言学与文体学自然结合，成为文体学研究功能语体和文学文体的主要方法之一，并成为文体学的重要组成部分。它与社会语言学、语篇语言学（text linguistics）、批评语言学等同类学科自然结合成为语篇分析的基本内容。另一方面它与语用学的结合却非常困难。朱永生教授认为它们之间有很大的互补性和多方面结合的基础。但笔者不同意这种看法，因为它们属于完全不同的两类语言学。

朱永生在"系统功能语言学与语用学的互补性"一文中写道：在过去三十年中，系统功能语言学和语用学都取得了长足的发展，很多事实表明，尽管这两种理论长期以来缺少沟通，但彼此之间存在不少互补之处。接着他谈到两种理论互补的基础是：都重视语言功能、语境和语篇语义，因此它们在以下具体方面可以互补：系统功能语言学至少可以在语言符号观、功能思想、语域理论以及话语结构的研究等四个方面对语用学理论的丰富，发挥一定的积极作用。而语用学，尤其在会话含义和关联理论等方面的研究成果，也能对系统功能语言学的进一步发挥产生积极的影响。笔者认为，"这两种理论长期以来缺少沟通"，不是因为这两派语言学家之间不交流，而是他们以完全不同的观点研究语言学。在"互补基础方面"，系统功能语言学的功能是社会功能，语境是社会文化语境，语篇意义是在表达（交流）中的、与社会文化相联系的语篇意义。而语用学的功能是认知功能，即听话人根据具体（物理）语境推断说话人讲的话的真实意义和意图的功能；语境是说话人所处的具体语境，不是社会文化语境；会话结构分析也是认知性的，是对语篇的解读，是为了理解说话人说话的真实意义和意图。至于"互补方面"，由于在以上各方面是对立的，无法互补，只能在具体方法上，在一定条件下，相互借用。（详情见另文"系统功能语言学符号学分析"）

3) 不同类语言（符号）学科之间的相互影响

上面已谈到，不同类的语言学科之间的交流、融合不可能，但这似乎是表面现象。近年来出现了不同类符号、语言学科之间的交流、融合的例子或这方面的尝试，值得特别关注，因为这种现象正好说明了两大思潮、两大哲学流派、两大符号学派和两类语言学科之间的交流、融合趋势。现举例说明如下：

(1) 洛特曼文化符号学是两类符号学的融合

洛特曼继承了索绪尔语言符号学传统，他是"第一位苏联结构主义学者"，但他对结构主义提出了质疑，在吸取了同一传统的巴赫金和克里斯蒂娃的理论外，同时吸收了与索绪尔语言符号学相对立的皮尔斯、莫里斯（Charles Sanders Pierce 和 Charles Morris）的理论，因此我们可以把洛特曼文化符号学看作索绪尔语言符号学和皮尔斯符号学的交融。

索绪尔语言符号学研究的重点是语言符号在社会交流中的作用，而皮尔斯符号学研究的重点是符号在个人认知中的作用。（郭鸿，2004）

而文化符号学把交流和认知结合起来了，把索绪尔语言符号学的交流的社会性与皮尔斯符号学的认知的个人心理活动和生理活动结合起来了，使文化交流被看作一种社会性的交流和认知活动。对一个民族来讲，这种社会性的交流和认知的结果就是一个民族的文化水平的提高，一个民族的科学、技术水平的提高。对世界各民族来讲，就是人类文化的发展，人类整体的科学、技术水平的发展。（详情见另文"文化符号学评介——文化符号学的符号学分析"）

（2）认知语言学对不同类语言学科的巨大影响

认知语言学认为，人类对世界的认知是对现实的建构。建构主义者认为，认知不是对客观实在的简单、被动的反映，而是认知主体以自己已有的知识和经验主动建构现实；在建构过程中，认知主体已有的认知结构发挥特别重要的作用，而且处于不断发展中（詹金旺，2006）。建构的现实就是认知主体的心理语境。在认知语言学中，认知主体处于核心地位，从这个中心出发产生三种关系（黄新华，2004）：主体性、主体间性和主客体间性。认知语境的主体性指认知主体从自己的信念、态度、知识等出发建构认知语境。主体间性指认知主体从认知主体之间的关系，即听者与说者之间的关系，出发建构认知语境。主客体间性指认知主体从主体自身与当前客观的物理环境之间的关系出发建构认知语境。这三种关系体现三种互动。主体性体现认知主体自身与知识之间的互动。主体间性体现说话者与听话者（或交际双方）之间的互动。主客体间性体现认知主体与认知对象（客观世界）之间的互动。互动促使认识的深化和发展。上述主体间性属于认知范畴。实际上它是跨范畴的，也属交流范畴，因为说话人与听话人间的互动显然是一种交流（表达）。因此，这一特性对与认知学科相对的交流（表达）学科（如结构主义语言学、系统功能语言学、语篇分析、文化符号学等）必然产生重大影响。如巴赫金（Bahktin）的"对话"（dialogue）理论：使用语言不是由发话人向受话人单向传递信息，而是两者间的对话和互动，是两者之间思想和意识形态的交流或冲突。说话人讲话时有两种声音，一种是他讲话时发出的声音，另一种是他对别人先前讲的话或他估计别人会讲的话做出的回应，因为任何人都不会无目的地讲话。克利斯蒂娃（Kristeva）把这种理论发展成为"互文性"（intertextuality）。她认为任何文本都不是作者独自创造的，它受到历时的和共时的各种文本的影响。因此，任何文本都是各种文本互动的结果。洛特曼的文化符号学更进一步把"互动"推广到文本之间的互动和文本的各层面间的互动中，并扩大到各民族之间的文化交流。（有关："对话"和"互文性"理论，见另文"文化符号学评介——文化符号学的符号学分析"）现在"互动"这个概念，不仅仅用在语言学和符号学中，甚至用于日常生活中，成了人们的口头禅。总之，认知语言学不仅仅使人们深刻地认识了人类认知的本质和认知与语言的关系，而且对语言学各学科的发展起了巨大的推动作用。

（3）系统功能语言学开始从本学科的角度研究人的认知

近年来，系统功能语言学开始从认知角度研究语言学，即从系统功能学的角度来研究人类大脑的认知特性。（张德禄，2004）也就是说，属于人本主义思潮、欧洲大陆哲学、索绪尔语言符号学和从生物体之间的角度研究语言的社会属性的系统功能语言学，与属于相对立的科学主义思潮、英美分析哲学、皮尔斯符号学和从生物体内部角度研究语言的心理活动和生理活动的认知语言学开始接触和交流。据说这样做，开始时 Halliday 是抵触的，拒绝的。

Halliday 和 Matthiessen 于 1999 年出版了《通过意义解释体验：认知的语言分析》（*Construing Experience Through Meaning*：*A Language-based Approach to Cognition*）。这是一本描述人类怎样解释自己对世界的体验的系统功能语言学巨著，是关于认知方面的理论与描述相结合的力作。该书不是把人类对世界的体验看作是知识，而是当作"意义"；在作者看来，对人类体验这项任务应由一个语义系统来完成。这本书代表着韩礼德系统功能语言学的最新思想。（黄国文，2000）（详情见另文"系统功能语言学符号学分析"）

参考文献

郭　鸿：《英语文体分析》，北京：军事谊文出版社，1998 年。

郭　鸿：《索绪尔语言符号学与皮尔斯符号学两大理论系统的要点——兼论对语言符号任意性的置疑和对索绪尔的挑战》，《外语研究》2004 年第 4 期。

郭　鸿：《索绪尔符号学与皮尔斯符号学的比较》，《中国外语》2004 年第 2 期。

郭　鸿：《认知语言学的符号学分析》，《外语教学》2005 年第 4 期。

郭　鸿：《语用学的符号学分析》，《外语研究》2005 年第 5 期。

郭　鸿：《系统功能语言学符号学分析》，《外国语言文学研究》2006 年第 4 期，第九届全国功能语言学研讨会暨首届国际语言评价系统研讨会论文。

郭　鸿：《文化符号学评介——文化符号学的符号学分析》，《山东外语教学》2006 年第 3 期。

郭　鸿：《语用学与认知语言学的同源和互补性——从现代西方哲学和符号学角度作出的解释》，《西安外国语大学学报》2008 年第 1 期。

Guo Hong, *Semiotic Analysis of Stylistics—A Comparative Study of Stylistics and Pragmatics*, Paper Delivered at the First International Conference and the Fifth National Conference on Stylistics, Qinghua University and Beijing University, June 2006.

郭　鸿：《当今语言学与符号学的一个重大课题》，《中国外语》2006 年第 5 期。

黄国文：《韩礼德系统功能语言学 40 年发展述评》，《外语教学与研究》2000 年第 1 期。

胡壮麟、朱永生、张德禄：《系统功能语法概论》，长沙：湖南教育出版社，1989 年。

李幼蒸：《理论符号学导论》，北京：社会科学文献出版社，1999 年。

毛泽东：《毛泽东选集》（一卷本），北京：人民出版社，1964 年。

申　丹：《及物性系统与深层象征意义——休斯〈在路上〉的文体分析》，《外语教学与研究（外国语文双月刊）》2006 年第 1 期。

张德禄：《系统功能语言学的新发展》，《当代语言学》2004 年第 1 期。

夏基松：《现代西方哲学教程新编》（上、下册），北京：高等教育出版社，1998 年。

朱永生：《系统功能语言学与语用学的互补性》，《外语教学与研究》1996 年第 1 期。

第二编
符号学的性质、范围和方法

对符号学的回顾和展望：论符号学的性质、范围和方法

摘 要 新世纪来临之际，回顾以往，尤其是过去十年，展望未来，笔者为符号学研究取得的成就感到由衷高兴，同时又深感忧虑，因为在符号学的发展中存在着严重问题。主要的是：符号学到目前为止，还没有一个完整的体系，还没有成为一门独立学科，在它的性质、范围和方法上各派意见大相径庭，还存在企图以符号学包揽一切、理论不联系实际、各对立观点不交锋而各行其是，在符号的定义和分类上的繁琐哲学等问题。笔者认为符号学应该是在社会人文科学范围内的一种跨学科方法论，并以辩证唯物主义、结构主义等哲学思想以及索绪尔和皮尔斯的符号学基础理论为指导。同意艾施巴赫的建议：发展一门基本的、批评的符号理论；发展作为一种运用中的社会性的符号理论；发展一门历史的符号理论，使它认识自己的根源、成就和错误。

21世纪已经来临。作为一个符号学的学习者和研究者，笔者回顾以往，展望未来，对符号学将成为一门独立的学科，成为指导社会人文科学研究的一种有力的方法论，充满信心，同时也心怀忧虑，深感当今符号学的发展存在着严重问题。在这里，我提出来和大家讨论，看这些问

题是否存在，如果存在，怎么解决。

符号学源远流长。西方的符号学萌发于古希腊的亚里士多德和柏拉图。中国在古代就有正名之说和"白马非马"的争论。20世纪60年代起，当代符号学几乎同时兴起于法国、美国和苏联。几年之中跨越了政治集团的分界，形成了统一的学术运动。1969年成立了国际符号学会，出版了刊物 Semiotica。在中国也成立了中国逻辑符号学学会和中国语言与符号学研究会。后一研究会已召开了四届，现在正召开第五届研究会。这些年来，几乎在所有学科的讨论中都经常提到符号学，符号学的文章浩如烟海。然而，到如今符号学还没有成为一门独立的学科。巴特在《符号学原理》一书的序言中写道"符号学仍然是一门构建中的科学，因此，我们想，这种注重分析的方法论的科学还不可能有任何教科书，而且，由于符号学具有延伸的特点（因为它将是所有符号系统的科学），故只能待这些符号系统建立起来后才能对它作学术性的探讨"。（黄天源译，1992：1）巴特在"法兰西学院文学院符号学讲座就职讲演"中仍然坚持，符号学只是与科学有一些联系，但并未形成一门科学"。（巴尔特著《符号学原理》中译本115、116页，生活·读书·新知三联书店，1988年）

更有甚者，有人认为存在着"符号学危机"。德国符号学家艾施巴赫在"符号学危机"（载于1987"为文化符号学辩护"）一文中说，尽管近年来国际符号学活动频繁，成果累累，实际上"符号学处于危机状态。如果这一危机不克服，符号学将迅速退化为批评家们讥讽的时髦语，这些套语将在学术方式变化时默默消失"。（艾施巴赫等编，1987：45）他指出这种危机现象不是表现于不同意见的争论，而是表现于各种理论彼此不竞争，而只是各行其是，互不相伴："它们的概念已如此分歧，以至于几乎不能有共同的讨论了"。（艾施巴赫等编，1987：46）

至于符号学研究的范围，各流派学者各持一说。意大利符号学家艾柯在1976年出版的《符号学理论》一书中提出这样的问题："符号学：领域抑或学科？"关于符号学的下限问题，多数学者倾向于把符号现象限定在人类表达的意义及其传播领域。法国学者皮埃尔·吉罗也认为："符号一直是某种意愿的标志，它传播一种意义。"但是美国学者西比奥克却提出了动物符号学的概念。艾柯也在《符号学理论》一书中对此加以确认，也认为："甚至在动物水平上，也存在着一些意指模式，它们在某种程度上，可以界定为文化和社会方面的因素"，并且认为"它代表符号学的下限"。关于符号学的上限，即符号学应归属哪个领域，学者们也各持己见。卡西尔倾向于从意指功能角度看待符号现象，就必然将符号学列入文化哲学或解释学的范畴。而吉罗认为符号学属于交流和传播领域，由此引出了技术符号学和传播学的课题。（周晓风，1995：2—3）

《科学符号学》（王德胜等，1993：19）指出："符号学是20世纪以来为人们所广泛研究又最具争议的一个研究领域。它是一门科学、一场运动、一种时尚或革命，或仅是一个纲领、一个学说？由于人们从不同角度出发研究各不同领域中的符号，因而得出了各不相同的回答，以至于在符号学研究中达到这样一种程度：人人都自视是在研究符号学，人人都认为存在一个名为'符号学'这样的学科，但对于符号学的性质如何、它的疆界范围有多大，以及包含哪些内容等，又都有各不相同的看法。"

笔者也深有感受，多少年来，在各种著作中，各种学术场合中，累累碰到符号学的问题，也参加了多次符号学研讨会，但很少见有人对符号学作通俗易懂的讲解，举出实际的例子，或对符号学的对象、范围、方法等做出明确的界定。多数是介绍国外的理论或引用外国原著，并很少解释评论。恕我直言，许多是空对空。因此，笔者在1996年召开的第二届全国语言和符号学研究会上提出建议：多研究一些符号学的基本问题，编写一本符号学概论之类的书，对符号学作全面系统、突出重点（有关语言符号学、科学符号、艺术符号、社会符号等方面）和深入浅出地讲解，但至今不见这样的书问世。笔者具备一些语言学知识，但在阅读符号学书籍上仍很困难。深感符号学众说纷纭、莫衷一是。尤其是，皮尔斯符号学。笔者看过多少书，英语的，汉语的，但始终没有搞清楚。许多人也深有此感,觉得符号学是一门"玄学",望而生畏。

德国符号学家艾施巴赫提出了"符号学危机"的问题,我同意这种看法。我认为出现这种危机有以下几方面原因:

一、符号学涉及面过广、包罗万象、无所不至,正经历一个"符号帝国主义"时期

艾柯警告说:"当一门学科把每种东西都界定成自己研究的对象,进而宣称自己关注整个宇宙时(因而舍此无他),乃是在玩着一种冒险的游戏"。(艾柯:《符号学原理》,中国人民大学出版社,1990年,第5页、3页)

艾施巴赫还警告说:"符号学不应妄自尊大,自以为是一切科学的普遍方法,其实符号学的衰弱正发生于它想踵继哲学巨人的脚步,并宣称自己是一切科学的新工具时,符号学能够予以影响的这一领域的巨大幅员提出一种诱惑——受此诱惑的学者欣然屈从,虽然他们的学术态度中不容否定地包含着帝国主义的动机"。(艾施巴赫等,1987:46)

皮尔斯、莫里斯和西比奥克等符号学大师都是泛符号论者。现在仅以西比奥克的符号分类法为例。

按符号来源的分类法如下:

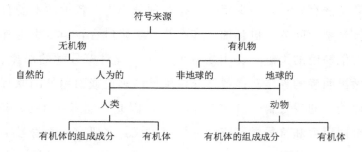

按信道的符号分类如下：

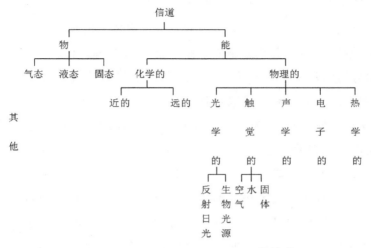

（李幼蒸，1993：487）

笔者认为，这种分类法涉及的范围过于广泛。在无机物与有机物之间，有机物的范围就够大了。按信道的分类法显然也是属于无机的范畴。有机物中有地球的和非地球的，仅地球的就够大了。地球的范围中有人类的和动物的，仅人类的就够大了。依笔者之见，符号学研究的范围应限于人类。属于动物的让动物学家去研究。非地球范围的由天文学家去研究。无机物由物理学家、无机化学家等去研究。当然，不幸地被我废除的这些范围内也有信息的传播，或者说也有符号的使用，但人的精力毕竟有限。一个符号学家的知识不可能渊博到上知天文，下知地理，天上的飞鸟，地上的走兽，水中的鱼虾，地底的矿藏，无所不知。况且，人的生命有限，不等他研究这么多内容，就该休息了。即使符号学家真能研究这么多东西，一个读者也学不了这么多东西。

二、目前符号学有两大流派：索绪尔的所谓"语言符号学派"和皮尔斯的所谓"哲学符号学派"

虽然索绪尔的理论不多，但相对地讲，应用范围比较广。譬如，列维-斯特劳斯把结构主义语言学应用于人类学的研究，巴特把这个学说用于对符号学和社会文化的研究，雅各布逊把符号学用于诗学的研究等（索绪尔的语言学理论和符号学理论在很多地方是重叠的）。另一方面，皮尔斯、莫里斯、西比奥克等所谓的"哲学学派"的理论涉及的范围很广，在符号的分类和定义上非常细致，但非常费解。Robert Scholes 在《符号学与解释》一书中写道："皮尔斯像上了鸦片瘾一样，耽溺于术语，发表了许多大多数人难以理解的理论。"Floyd Merrell 在"我们真正需要皮尔斯的符号规则吗？"一文中为皮尔斯辩护，但又很心虚，他说："皮尔斯的符号概念在很大程度上被多数哲学家所忽视，而一些坚定的社会科学家只在口头上支持，多数人文学者则被这种概念的令人反感的和表面上看来令人无法了解的性质所吓倒。我这样说有点像为我的故弄玄虚的嗜好辩护。"（Semiotica Vol. 122—3/4/1998）以上评论说明皮尔斯使用的术语和对符号的分类确实令人费解。即使最终能理解，也要花费很长时间，在应用上必然非常困难。皮尔斯是美国的实用主义哲学家，据说他的符号学理论来自康德的先验论，但他的哲学思想体现在他的符号学的什么地方呢？他的符号学有哪些应用的成果？我还未见到有人作具体的介绍和解释。相反地，被称为语言学符号学派的理论似乎有些哲学味道，他们讲的是结构主义，但据说"结构主义又不能称为哲学，只能叫作'方法论'，因为结构主义不属于一个哲学体系，各个哲学体系的学者都可以应用这个方法。然而结构主义原理却有效地应用于自然科学和社会科学的许多领域。它强调从整体研究事物；认为研究事物的重点不在事物本身而在于事物之间的关系；它以二元对立来说明事物的结构，等等。事实上，许多结构主义者同时是马克思主义者，甚至有学者称结构主义是马克思主义的一部分。"（皮亚杰《结构主义》，1984：87）

马克思主义的辩证唯物主义讲的是对立统一，与结构主义的二元对立非常接近。但到头来结构主义并不是一种哲学思想。这些问题的确令人费解，有待学者们指教。

此外，这两个流派的符号学理论有哪些共同的地方？有哪些矛盾的地方？有哪些可以互相补充的地方？很少学者评论。

三、在理论联系实际方面停滞不前

理论来自实践，又反过来指导实践。如果理论不联系实际，就是无意义的空谈，学了没用，学起来也没兴趣。如上所述，罗兰·巴特将语言学原理用于符号学和社会文化的研究，列维-斯特劳斯将它应用于人类学的研究，雅各布逊将符号学应用于诗学和艺术的研究等等。但近年来，很少见这方面有所发展。笔者认为，应转变学风，提倡理论联系实际。在著述中，多研究符号学理论的实际应用，多举实际例子，不要空谈理论，少在名词、术语、分类上做文章。

为了克服"符号学的危机"，笔者认为有必要认真研究符号学的对象、范围和方法。笔者在这方面提出自己的看法，供学者们参考和批评：

1. 符号学的性质

随着认知语言学的诞生和发展以及符号学在文化领域的应用，人们认识到：符号不仅仅是人类传递信息的工具，而且是认知和思维的工具，因此符号学也应该是研究符号在人类认知、思维和传递信息中的作用的一门科学。

2. 符号学研究的范围

为了避免符号学研究的范围过广以至于不能深入，甚至引起混乱，笔者认为，在意指符号和非意指符号中，符号学应该研究意指符号。在意指符号中，也应该有重点。总的来说，符号学研究自然科学、社会科学以人文科学领域中使用的符号，但应以人文科学中的符号为主，因为自然科学中使用的符号涉及动物、植物和无机物，范围过广，政治学、经济学、法律学之类的社会科学也比较接近自然科学。另外，从符号学的发展历史上看，符号学始终和哲学的发展分不开或是哲学的一部分。在亚里士多德以前，哲学是一个总的学科，包含自然科学和社会科学的各个学科。亚里士多德对科学进行分类，把数学、物理学、化学、逻辑学、修辞学等从哲学中分离出来，符号学也逐渐获得了独立的地位，但符号学始终与哲学保持着密切联系。另一方面，符号学与自然科学的关系越来越疏远，却越来越多地用于社会人文科学中的分析。因为在自然科学中，能指与所指之间的关系很明确，例如数学、物理、化学的情况就是如此。因此，这些学科中的符号问题应由这些学科自己去研究，无须专门的符号学。相反地，符号学却与人文科学的关系越来越密切，因为在人文科学中，能指与所指之间的关系不明确，正需要符号学这个分析手段。这也是为什么在人文科学中符号学应用的成果较多的原因。

3. 符号学研究的方法

既然符号学研究符号在人类认知、思维和传递信息中的作用，它的重点是人文科学中的符号，符号学就应当以与人类认知、思维和信息传递以及与社会文化有密切关系的哲学或方法论为指导。笔者认为，结构主义、辩证唯物主义、索绪尔的符号学和语言学理论以及皮尔斯的符号学理论，尤其是皮尔斯的符号的三个组成部分（代表物、对象和解释）和三种符号（图像、标志和象征）应该作为主要的理论基础。以上这些理论应该相互联系、相互补充、融会贯通，逐渐形成统一和系统的理论。

为了使更多人学习和研究符号学，使符号学能广泛应用于各个领域，在理论讲解上应该简明扼要，不要搞繁琐哲学，论述中要多举实例，要理论联系实际，多研究符号学的实际应用。

正如中国语言与符号学研究会第三届研究会（1998年9月29日）"会议纪要"指出的那样，"通过发言和讨论，全体代表一致认为语言与符号学研究有其广阔的空间，需要创新、发展和完善，是一项方兴未艾的事业。该领域同其他学科领域一样，有其自身的规律特征，又有互相联系的要素，具有普遍性的基本规律。那种适用于语言与符号学理论研究的'万能'或'唯一'的方法与模式是不存在的，理应从哲学的高度、用辩证唯物主义思想为指导，进行跨学科的系统研究，如文艺学研究途径、语言学研究途径、交际学研究途径、心理学研究途径、美学研究途径等，力求全面地阐述语言与符号学理论中具有共性的一般性质、方法和模式，我们才可以建立起一套完整的理论和实践并重的系统而科学的语言与符号学理论。"

另外，我在这里还引用陈治安、梁爽的文章"论哲学的符号维度"（《语言与符号学在中国的进展》第32页）中的一段话："符号在经济学、认知科学、人工智能等领域的萌生，在哲学、美学、语言学、人类学、社会学、文化学等领域的继续开拓，向我们展示了符号学发展的美好图景。但是，我们也应看到符号学的局限以及泛符号化的错误倾向。如果过分推崇符号的形式而忽略其哲学内容的本质，或脱离历史的大背景和生活的基础，哲学讨论的结果只是空洞的、形而上学的模式。我们还是相信，符号毕竟不是整个世界，而是其中一个非常独特的空间。"

最后，我想以艾赫巴特的三点建议（李幼蒸，1999：92）来结束这篇文章。我认为他的这三点建议针对性非常强，非常中肯。

（1）发展一门基本的、批评符号理论。

（2）发展作为一种运用中的社会性的符号理论。

（3）发展一门历史的符号理论，它认识自己的根源、成就和错误。

我认为，第一点指：建立一个基本的符号学体系，但并不要求意见完全一致，重要的在于各种不同意见要交锋。第二点指：符号学理论要联系实际，要研究社会文化中的实际问题。第三点可以解释为：在符号学的性质、范围和方法等问题上，不要主观想象，而要根据它的历史和现状来确定或规定一个大致的范围。

最后我还要加上一条我个人的建议：为我国符号学初学者和感兴趣的人，编写一本入门书和开一门课，它的目的是：把符号学的最本质的、最基本的内容系统地、清楚地教给读者，使他们能真正理解符号学的基本理论，能初步运用，感觉它有用处，有兴趣，愿意继续深入研究。

参考文献

陈治安、刘家荣主编：《语言与符号学在中国的进展》，成都：四川科学技术出版社，
　　1999年。

罗兰·巴特著：《符号学原理》，黄天源译，南宁：广西民族出版社，1992年。

李幼蒸：《理论符号学导论》，北京：中国社会科学出版社，1993年。

皮亚杰：《结构主义》，倪连生、王琳译，北京：商务印书馆，1984年。

王德胜等：《科学符号学》，沈阳：辽宁大学出版社，1992年。

周晓风：《现代诗歌符号美学》，成都：成都出版社，1995年。

第三编

符号学的基础理论:皮尔斯认知符号学和索绪尔语言符号学

索绪尔的语言符号任意性原则是否成立?
——与王寅教授商榷

摘　要　王寅教授在《论语言符号象似性——对索绪尔任意说的挑战与补充》一书中，对索绪尔的任意说提出了挑战。他引用了一些著名学者的论述并举了许多例子，说明象似性在语言符号中普遍存在，并总结了好几个方面的象似性，从而对索绪尔的语言符号任意说提出了挑战。笔者认为，王寅教授所说的象似性确实存在，但关键在于象似性普遍存在于符号组合（语言结构）中，而不在（单个）符号中。因为，符号组合是编码，编码是有意识的行为，是有理据的，而理据性是象似性的基础。另外，从索绪尔的另一基本原则——符号的线性——以及人类的认知、思维也能说明这个问题。笔者坚持索绪尔的两大特性：任意性和线性，是符号系统的本质特征，是结构主义符号学和语言学的支柱。到目前为止，还没有事实能证明语言符号任意性原则不成立。

王寅教授在1999年6月召开的首届全国文体学研讨会上，发表了关于语言象似性的文章，同一段时间中撰写出版了《论语言符号象似性——对索绪尔任意说的挑战与补充》一书。笔者有幸得到了他的赠书，得以拜读。笔者仔细地阅读了这本书，思考了许多问题，得到了许多启发，受益匪浅。同时也产生了一个疑问：索绪尔的语言符号任意性原则是否还成立？

王寅教授引用了一些语言学名家有关象似性的理论，自己也提出了这方面的一些观点，还举了许多例子，说明在语言中普遍存在象似现象，同时对索绪尔的语言符号任意性原则提出了质疑。经过仔细阅读、认真思考以后，笔者认为，正如王寅教授所说，象似现象的确在语言中普遍存在，但王寅教授忽略了一点：没有把符号与代码（符号组合）分开。对符号组合（语言结构）来讲，理据性和象似性的确是普遍存在的，但就单个符号而言，任意性是普遍的。现在，笔者就这个问题，陈述自己的理由，与王寅教授探讨。

一、王寅教授的象似性理论

王寅教授在书中写道：

> 语言符号象似说是对流行了一个世纪之久的索绪尔"任意说"最大的挑战，同时也是一个有力的补充。
>
> ……索绪尔过分强调了语言符号的内部关系，夸大了语言符号的任意性，而忽视了语言形式和客观外界、思维之间的种种理据关系，力主唯名观点：符号的形式与所指之间并没有什么内在联系，是约定俗成的结果。
>
> 语言中的象似性现象不仅确确实实地存在，而且还是一个主要现象，语言中象似性程度大于任意性。
>
> 索绪尔用的同义语有"不可论证性"、"自由选择"、"约定俗成"、"契约的"，索绪尔还说"语言符号是任意的"，"头等重要的第一个原则，支配着整个语言的语言学"、"没人反对的"、"整个语言系统的基础"。（第9—10页、78页）

王寅教授还引用了一些名家的说法：

我国著名语言学家许国璋在《外语教学与研究》1988年第3

期上发表了题为"语言符号的任意性问题"的论文，对语言符号的任意性做出了尖锐的批评："语言是理性行为，任意性到底存在哪里？"（第20页）

季国清在《外语学刊》1998年第3期上发表的"语言的本质在'遥远的目光'中澄明"一文中指出："索绪尔任意性把能指的作用降为零，制造了语言透明的神话，这实实在在遮蔽了语言的本质，即语言是我们存在的中介。……象似性的研究和语言中的词汇以隐语、象征的方式产生新的意义，这些现象都告诉我们语言必须向能指倒退。（第21页）

语言的任意性在语言学界在较长时间内占主导地位。今天，人们更多地强调语言的非任意性。（胡壮麟，1998，第24页）

王寅教授在他的书中总结了六种句法象似性：距离象似性、数量象似性、顺序象似性、标记象似性、话题象似性和句式象似性。（第86—182页）

以上这些现象总结得很好，但我认为，王寅教授不应以此否定语言符号任意性原则，因为索绪尔的语言符号任意性指的是（单个）语言符号中能指与所指之间的任意关系，而不是代码（语言结构）与所指事物或意义之间的关系。其实，王寅教授自己总结的象似性现象也属于代码（语言结构）范畴。王寅教授在他的书中提出的许多象似性说法也明显地属于语言结构范畴，例如：

每种语言的句法借助约定俗成的规则，都具有合乎逻辑的象似性。（皮尔斯，第2页）

语言中的象似性现象主要表现在句法象似性上。（皮尔斯，第14页）

语言结构在组合关系上存在象似现象：复句中两个分句的排列顺序映照它们表达的两个事件实际发生的先后顺序。（雅可布逊，第14页）

语言结构常常与我们非语言性的思维图式相似。（海曼，1980，

1983，第 16 页）

……关系象似指语言结构在某一方面反映了现实或概念结构的现象，强调的是关系，研究在认知符号组合时的推理过程。（第 19 页）

类似的例子很多，不一一列举。

二、语言符号的任意性

索绪尔在《普通语言学教程》（第 68—69 页）中把符号任意性作为第一原则提出来：能指与所指之间的联系是任意的。既然我所说的符号指能指与所指联系起来产生的全部结果，我可以简单地说：语言符号是任意性的。

"sister"一词的意义与法语词的能指"s-o-s"之间并没有内在联系；这个意义在不同的语言中有不同的表达方式，并且在不同的语言中也都有一个方式表达这个意义；"ox"一词在边界的一侧用"b-o-f"表达，而在边界的另一侧则用"o-k-s"来表达。

没有人怀疑符号任意性原则，但是发现一个真理往往比把它放在一个适当位置容易；它引起的后果是无法估量的。这些后果的确不是一眼就能看清的；只有在经过一些曲折以后才能发现它们，并看清这个原则的重要性。

这里顺便讲一下，将来符号学成为一门科学时，会出现一个问题：这个原理是否适用于诸如手势之类的完全自然符号的表达方式。如果这门新学科采纳这个原则，我们关心的仍然是，语言的全部系统都建立在语言符号任意性上。事实上，社会上每一种表达方式原则上都建立在集体行为的基础上，或者说都建立在社会契约上。完全任意性的符号比其他符号能更好地实现符号过程，正是这个原因，语言这个所有表达系统中最复杂、最广泛的系统在这方面最具有特点。在这个意义上，虽然语言只是符号系统中的一个，但它是符号学包含的所有学科中的典型学科。

"象征"（symbol）这个词被用来指语言符号，更具体地讲，指"能指"。任意性这个第一原则特别反对这种做法。"象征"的特点之一是，它并不是任意的；它不是空的，在它的里面还有能指与所指之间的自然联系的残余。"公正"这个意思的象征是一副天平，它不能用任何其他符号，如一辆马车，来代替。

"任意"这个词也是需要解释的。这个词的意思并不是，能指完全由说话人来选择（我们在下面将谈到，符号一旦在语言社团中建立，任何个人都不能改变。）我的意思是说，它具有非理据性或任意性，能指与所指之间没有自然联系。

索绪尔还指出，拟声词和感叹词是例外，但拟声词数目很少，而且不是语言系统的有机组成部分，多数感叹词的能指与所指之间并没有固定的联系。

索绪尔关于符号任意性的理论可以概括为以下几点：

（1）符号任意性是符号学和语言学的普遍现象，是符号学和语言学的第一原则。任意性并不是任意选择，而是说符号具有非理据性或社会契约性。

（2）语言之所以能成为符号系统中最重要的一个分支，正是因为语言符号的完全任意性。

（3）即使某些符号具有理据性，但就整个符号系统来讲，仍然是任意性的。

在这里要特别地指出的是：

（1）索绪尔所说的任意性是单词（sister，ox）的能指与所指之间的任意性；

（2）而且这种任意性存在于两个语言系统（英语与法语）之间；

（3）当他谈到例外情况时，他指的是也是单词（拟声词和感叹词）。

总之，索绪尔谈的语言符号的任意性是单个符号中能指与所指之间的任意性，而不是符号组合（语言结构）与所指对象之间的任意性。此外，当我们谈到任意性时，我们一定要从语言符号系统之间的关系看问题。

三、语言符号的象似性

Winfried Noth 在《符号学手册》(*Handbook of Semiotics*，1990：121—127，245) 中对象似符号作了概括的说明。由于这本书是手册，我相信它介绍的情况是全面的。现在简单介绍如下：

象似性不仅存在于视觉通讯中，还包括在符号学的一切领域中，包括语言在内。一般说来，象似性指能指与所指之间的相似关系。

皮尔斯给象似符号下的定义是："由于与某物相似而代表某物的符号就是象似符号"。这种符号"具有其所指对象的某些特点"，或者"这个符号的特性与所指对象的特性相似而在人的头脑中激起类比和相似的感觉。"他举的例子包括：肖像、图画、照片、象形文字、隐喻、图表、逻辑符号，甚至代数公式。他举出的许多象似符号不是一般意义上的符号，包括表示抽象关系之间的相似和结构上相似的符号，甚至包括不存在的虚构事物之间相似的符号。皮尔斯提出了三种符号：第一种是图像，最简单、直接的象似性符号，例如，彩色图画；第二类是图表，一种建立在标志符号和社会契约关系上的象似性；第三类是建立在两个象征符号所指对象之间的相似性上，即建立在喻体和喻本之间的关系上的隐喻。

莫里斯把象似性归纳为两个事物之间的共有特征。这种共有特征有数量上的差别，因此可以对象似性进行量化。他认为，一个符号与所指对象之间的象似程度可以达到与所指对象相等的程度。

Wallis 认为，象似性存在于无和有的两极之间的各个阶段之中，象似性无所不在。

在语言的单词中，有拟声词、联觉音组 (phonaesthemes)、联觉对应 (synaesthetic correspondence) 等声音象征现象。在语言结构方面，语言结构与所指物之间有同形关系。这种同形关系存在于文本中和语言系统中。在文本中，词序和事件的叙述顺序形成对应关系。在语法结构上，也存在同形关系。在数量上，有比较关系（high，higher and highest）和复数形式（girl—girls，child—children）中音素数目增加与所指物数目增加之间的对应关系。在质量上，有表示时间、位置远近的成对的词之间的声音与意义之间的对应关系。如英语中，here—there, this—that, freeze—froze, see—saw 等成对的词中，前者舌位高，后者舌位低。

另外，索绪尔指出，语言的词的组合（word formation）中有相对象似性。单词，如 ten, sheep, apple 具有绝对的任意性，但它们的合成形式：fifteen, shepherd, apple-tree 却有相对的象似性，因为它们的结构是简单的形式的合成。

从以上资料中可看出，象似性普遍存在于语言中，而且是一个笼统的概念。但如果我们进一步分析，就可以发现，这些象似现象无非是两种东西构成的，一是象似符号，如象形文字、拟声词、感叹词、联觉音组词、联觉对应词等，这些象似符号在语言中是极少数的、甚至是想象的，不构成语言系统的有机组成部分。除这些象似符号以外，其他的可以说是符号组合体，或称之为语言结构，如肖像、图画、图表、代数公式等，都可以看作符号的组合体（在下文中，将进一步讨论）。一个句子，一段文字，更明显是语言结构。因此，笔者认为，从这些材料中可看出，（单个）象似符号在语言系统中占极少数，而在符号组合中，或语言结构中，象似现象则是普遍的。

李幼蒸引用著名意大利语言学家艾柯的话说：

> 艾柯反复强调，肖似性（即本文所说的象似性——笔者）作用不是存在于肖似性记号（此处"记号"即"符号"——笔者）和对象物理特性之间，而是基于一种文化习惯。于是在某种情况下，即使肖似性记号形状与对象不同也可以起象似性作用。重要的乃是肖似印象之"构成条件"。造成肖似性印象的条件是一种相当于文本（若干语句的组合体）的东西，而不是相当于记号（字词一类实体）的东西。这个条件即肖像代码。这样，一个马的肖似性表现不对应于作为单词的"马"，而对应于作为短语的"跑着的马"或作为句子的"此马在跑着"。或者它相当于一个言语行为句——"看，多漂亮的马"。艾柯说："构成一个肖似文本的单元被一语境所确定。

离开了语境,记号就不再是记号了。因为它们既未被编码,又不具备与任何东西的肖似性。肖似文本是一种建立代码的行为。"(艾柯,1976:216)、(李幼蒸,1991:500)

笔者在这里要提请读者注意的是:"造成肖似性印象的条件是一种相当于文本(若干语句的组合体)的东西","肖似文本是一种建立代码的行为"。

艾柯在《符号学原理》(A Theory of Semiotics,1976:213—216)中说道(大意):图像表达一定的内容。如果我们把图像表达的内容转换为文字,就可以看出它是由许多语义单位构成的。象似符号必须是一个可见的文本,但它不能再切分为符号或符号素。象似符号的确是一个文本,因为与它对应的不是一个词,而是一个词组或一个故事。但图像的切分与文字的切分不一样,人们无法预料有多少种画法,也就是有多少种切分方式,但任何画法人们都看得懂。图像没有固定的切分方式,而且在不同的语境中,代表不同的意义。构成象似文本的单位是由语境建立的。没有语境就不成其符号,就没有编码,也就不具有任何象似性。

从这段话中,我们可以得到启发:对象似符号要具体分析,多数象似符号,如肖像、图画、图表、代数公式等,实际上是符号组合,是语言结构,因为如果我们把它们转换为文字,就要用一段话或一个文本。

四、对产生上述现象的原因的探讨

从以上分析似乎可以得出这样的结论:象似现象,即符号的能指与所指之间的自然联系,在单个符号中是少量的、偶然的,从整个语言系统来看,这种象似符号不构成语言系统的有机组成部分;而符号组合(语言结构)与所指意义之间的自然联系,即象似性,则是普遍存在的。产生这种现象的原因,笔者作如下分析:

1. 语言符号的任意性和线性

索绪尔提出语言的两个原则:任意性与线性。任意性前面已经谈过,现在谈一谈线性原则。索绪尔在《普通语言学教程》中写道:

听觉能指符号在时间中展开，因此它产生两个特点：1）它代表一段时间，2）这段时间只能从一个维度去测量；这样就形成了一条直线。虽然这条原则是显而易见的，但语言学家们总是忽略了它，无疑地是因为他们发现这条原则太简单；然而，这条原则是基本的，它产生的后果是无法估量的。这条原则与第一条原则具有同等重要性；它是整个语言机制的支柱。与能同时从几个维度上组合的视觉能指符号（航海信号等）相对照，听觉能指符号只能在一个维度上组合。它的组合成分依次出现，形成一条链子。这种现象在书写中特别明显，文字符占据的空间线段代替了时间序列。（Wade Baskin，1959：70）

符号任意性和线性原理是索绪尔结构主义语言学的最基本的原理，是符号系统的生成原理。这两条原理说明了符号组合的两种关系：纵向选择关系和横向结合关系。纵向选择关系是由各种符号系统构成的，人们可以在特定的系统中或各个系统之间进行选择，这就是语言的任意性；横向结合关系是一种邻近的关系，也就是线性的关系。这种关系体现在语言上就是词的排列顺序，这种顺序的合理排列构成语言的篇章性（textuality），使语言顺理成章。语言结构的象似性绝大部分体现在词的顺序上，也就在线性上。单独的词只能形成孤立的点，不能构成线。这就是象似性产生在词的组合中（语言结构中）的根本原因。任意性与线性是一切符号系统最本质的特征。任意性越大、越彻底，符号系统的效率就越高，功能就越强大。以各种明电码和密电码为例，它们使用的符号是一些点和线，或一套阿拉伯数字，通过线性，也就是符号的各种排列组合，构成各种词、词组、句子、文本，表达一切意义。任何语言系统都必须具备任意性和线性这两个基本特性。在原始时代，人类还没有文字。他们用实物作为符号来记事，如石头、锯齿形的棒子、绳结、贝壳等。这些早期的符号有不同程度的象似性，但如果要把这些符号用于社会交际中，就必须是社会约定的。从这一点看来，文字符号从最早时开始就有象征性和社会约定性的特点。在文字出现以前，最早的符号是象似性的或象征性的。这些符号表示特定词汇的单独概念或以一幅图画说明当时的社会生活情景。这些符号传达的信息都还不能系统地与口头语言相对应,要么太具体,要么太笼统。后来,这些图像符号渐渐地分解成字符。人类语言发展的总趋势是,从原始的图像符号向字符逐渐演变。从以上情况可以看出,符号发展的趋势是从象似性到任意性。

2. 符号的编码与意指作用

符号内部能指与所指之间的关系是任意性的,但符号的编码却是有意识的,有动因的,也就是说,人们按照自己要表达的意思来进行编码。因此,如果我们把象似性看作符号内部能指与所指之间的自然联系,那么这种象似性只能是语言中的偶然现象;如果我们把象似性看作整个符号(更确切地说,符号组合或代码)与所指意义之间的相似关系,这种象似性只能在编码中产生,即按照要表达的意义安排符号的顺序。这就是为什么象似性在单个符号中是偶然、少量发生的(如拟声词、感叹词、联觉音组、联觉对应等),而在合成词、词组、句子、篇章中,总之在语言结构中,是普遍、大量存在的。

3. 符号在认知、思维中的作用

从认知语言学的角度来看,象似性是人类的观念结构与语言形式之间的相似关系。与观念结构相对应的语言形式必然是语言结构而不是单个符号。从这一点也能说明,象似性普遍存在于语言结构中,而在(单个)符号中只是少量的偶然现象。Elzbieta Tabakowska 在"感知关系的语言表达——作为文本组织原则的象似性"(Linguistic Expression of Perceptual Relationships—Iconicity as a Principle of Text Organization, *Form Miming Meaning*,1999:410)一文中写道:"语言结构不是现实世界的反映,而是感知的人类的感觉世界的反映。这个假定构成以下象似性定义的基础:人类感觉到的观念结构与语言形式之间的相似性。"

五、结论

索绪尔提出了符号任意性原则。他对象似性的论述甚少。皮尔斯提出了关于象似性的最完备的理论。但是,他并不反对索绪尔关于符号任意性的理论。"皮尔斯认为象征符号(symbol)(这里'象征符号'指的是任意性符号，即王寅教授指的'代码符'——笔者）是一种主要的符号形式，社会规约性是符号赖以存立的基础。这表明，皮尔斯对符号的某些根本原理的看法与索绪尔有相当的一致之处。"（周晓风，1995：180）相反地，皮尔斯对索绪尔的符号理论作了有力的补充。"法国语言学家本维尼斯特不完全同意索绪尔的符号说法：任意性所反映的只是能指与所指之间的关系，如'牛'这个词与作为牲畜的牛之间的关系，而声音与心理表象之间的联系却是集体训练的结果，不可能是任意性的。本维尼斯特实际上在这里提出了两种关系，一是符号内部能指与所指的关系；二是作为整体的符号与其代表的事物之间的关系。索绪尔显然是在前一种关系的意义上来谈任意性的，即语言符号内部能指和所指的关系是任意性的。至于第二种关系，索绪尔并未给予论述，而且从他的学术立场出发正是要避免从这样的角度来谈问题。但是符号与其代表物之间的关系不仅客观存在，而且对于符号的能指与所指之间的关系大有关联。索绪尔忽略了这一面，正是由美国符号学家皮尔斯给予了充分的论述。"（同上：179）

实际上，语言符号任意性和象似性的问题已引起了语言学界的关注。现在引用"论语言符号的拟象性"一文（陈治安、刘家荣主编《语言与符号学在中国的进展》）的结论：

语言的拟象性研究在结构主义语言学盛行时期未引起人们的重视，那主要是由于索绪尔的任意性原则主宰当时的语言学界。然而，从80年代中期以来，欧美一些语言学家对任意性原则提出了质疑。他们以皮尔斯的拟象论为武器，对语言符号及其结构进行了大量的分析和研究。认为语言结构在某种程度上反映人们经验的世界结构，具有拟象性。但皮尔斯的拟象论是以符号与对象之间的相似性出发而立论的，因此用它来解释语言结构的拟象性就暴露出了致命的弱点。随着当代认知语言学的兴起，皮尔斯的拟象论得到了发展与完善。拟象性被视为符号与对象的范畴和认知模型之间的相似性。这不但克服了传统观点的缺陷，而且也使拟象性原则具有更大的解释力和说服力。

总之，本文试图做以下几件事：1. 肯定（单个）语言符号的能指与所指之间的任意性关系，即社会约定性关系；2. 象似性普遍存在于符号组合（语言结构）与它所指的意义之间的关系上；3. 造成以上现象的原因是：1) 语言符号的线性；2) 编码和意指作用；3) 符号在认知、思维中的作用。但分析得不深入，有可能还不正确。另外，从艾柯和本维尼斯特的说法中可看出，与象似性有关的还有许多问题值得研究，如符号与语境、文化之间的关系，符号与认知的关系等。最后，再一次感谢王寅教授，他对索绪尔任意说的挑战给笔者很大的启发，相信同行们也会有同样的感受。王寅教授的挑战有助于对符号任意性和象似性问题的深入研究。

参考文献

Eco, Umberto, 1976, *A Theory of Semiotics*, Bloomington: Indiana University Press.

Ferdinand Saussure, 1960, *Course in General Linguistics*, Translated from French by Wade Baskin, London: Peter Owen Limited.

Tabakowska Elzbieta, 1999, "Linguistic Expression of Perceptual Relationships—Iconicity as a Principle of Text Organization, from *Form Miming Meaning: Iconicity in Language and Literature*, Edited by Max Nanny and Olga Fischer, Amsterdam/Philadelphia: John Benjamins Publishing Company.

Winfried Noth, 1990, *Handbook of Semiotics*, Bloomington and Indianapolis: Indiana University Press.

陈治安、刘家荣主编：《语言与符号学在中国的进展》，成都：四川科学技术出版社，1999年。

李幼蒸：《理论符号学导论》，北京：中国社会科学出版社，1993年。

王　寅：《论语言符号象似性——对索绪尔任意说的挑战与补充》，北京：新华出版社，1999年。

周晓风：《现代诗歌符号美学》，成都：成都出版社，1995年。

索绪尔语言符号学与皮尔斯符号学两大理论系统的要点
——兼论对语言符号任意性的置疑和对索绪尔的挑战

摘 要 长期以来,语言符号任意性问题一直是国内外学术界争论的问题。在我国,尤其在1999年王寅教授发表了有关语言符号象似性和向索绪尔挑战的文章和著作《论语言符号象似性——对索绪尔任意说的挑战与补充》以来,我国学术界展开了大论战。与此同时,索绪尔的语言符号任意性受到了置疑,他的语言符号学理论受到了挑战。索绪尔的理论是现代语言学的基础,而语言符号任意性又是这个理论的支柱之一。因此,上述争论意义极为重大。笔者认为,索绪尔语言符号学和皮尔斯符号学是两个完全不同的理论体系,它们各自的符号和象似性符号有着不同的概念,因此,不能用皮尔斯的象似性概念来评论索绪尔的理论,否则争论永无休止,而且会把思想搞乱。要解决这个争论,必需彻底搞清这两大理论系统和它们各自的象似性符号和任意性语言符号的概念。

长期以来,学术界中存在着争论:语言符号是任意性的还是象似性的?尤其在1999年王寅教授发表了有关语言符号象似性和向索绪尔挑战的文章和著作《论语言符号象似性——对索绪尔任意说的挑战与补充》以后，我国学术界展开了大论战。近来论战似乎渐趋沉寂，但问题并未解决。与此同时，索绪尔的语言符号学理论也受到批判。尤其在认知语言学走红以后，从因特网上可以看到，在索绪尔语言符号学与皮尔斯符号学之间，绝大多数批评是针对前者的。索绪尔被誉为现代语言学之父，现代语言学各流派和各学科的理论在不同程度上受索绪尔理论的影响，或以此理论为基础，而语言符号任意性是索绪尔理论基础之一，因此，上述问题是学术上的"大是大非"问题，必须解决。

笔者认为，索绪尔语言符号学和皮尔斯符号学是两个不同的理论体系，它们各自的"符号"有不同的概念，它们各自的"象似性符号"也有不同的概念，所以不能把皮尔斯的象似性概念用来批评索绪尔理论，否则争论永无休止，而且会把思想搞乱。要解决问题必需彻底搞清这两大理论系统的要点和它们各自的"符号"和"象似性符号"的不同概念。搞清两大理论系统的要点有助于对语言任意性问题的澄清，问题的澄清反过来又有助于对两大理论系统的深入认识和理解。文章分三部分：索绪尔语言符号学与皮尔斯符号学理论的要点，关于语言符号的任意性和象似性的争论，两大理论系统之间的关系。

一、索绪尔语言符号学的要点

索绪尔语言符号学有两大原则：语言符号的任意性（arbitrariness）和语言符号的线性（linearity）。笔者认为还应包括切分（articulation）的理论。现分别讨论如下。

1. 语言符号的任意性

索绪尔在《普通语言学教程》（1960：68—69）中把符号任意性作为第一原则提出来；其理论可以概括为以下几点：

1）符号任意性是语言符号的普遍现象，是语言符号学的第一原则；

2）任意性并不是任意选择，而是说符号的能指与所指之间的关系具有社会契约性而不具有理据性；

3）语言之所以能成为符号系统中最重要的一个分支，正因为语言符号是完全任意性的；

4）即使某些符号具有理据性，但就整个符号系统来讲，仍然是任意性的。

在这里要特别地指出的是：

1）索绪尔所说的任意性是单词（sister, ox）的能指与所指之间关系的任意性；

2）这种任意性存在于不同语言系统（英语与法语）之间；

3）当他谈到例外情况时，他指的是也是单词（拟声词和感叹词）；

4）索绪尔当时已预见到，符号学建立后，将发生关于语言符号任意性的争论。

2. 语言符号的线性

索绪尔在《普通语言学教程》中谈到能指的线性问题（Wade Baskin, 1959：70）

正如索绪尔指出的那样，"这条原则（能指的线性原则）是基本的，它产生的后果是无法限量的。这条原则与第一条原则具有同等重要性；它是整个语言机制的支柱"。据笔者所见，人们在讨论语言符号的任意性问题时从来不提这一原则，似乎它与争论中的问题毫无关系。其实，它非常重要，它是语言机制的支柱之一，是语言结构的基础，要解决争论的问题必需讨论它。线性就是次序，就是语言符号结合的两大规则（纵向选择关系和横向结合关系）中的一个原则（横向结合关系）。在绝大多数情况下，人类使用语言不可能使用单个语言符号，他们必需根据线性原则把符号组合成代码，因此线性是语言结构的基础。

3. 语言的分节（articulation）

Daniel Chandler 在 *Semiotics for Beginners* 中写道：

具有"双重分节"（double articulation）的符号编码有两个结构层：高一层次的叫"第一分节层"，低一层次的叫"第二分节层"。

在第一分节层上，符号系统是由最小的意义单位组成的（如语言中的词素或单词）。这些意义单位都是完全的符号，每个符号都是由能指与所指构成的。这些在编码中反复出现的意义单位构成第一分节层。从

第二分节看，这些符号则由第二分节的成分构成。在第二分节层面上，符号分成最小的功能单位，它们本身没有意义（例如口语中的音素和笔语中的词素）。这些纯区别性的结构单位（叶尔姆斯列夫称之为"符号素"）在符号编码中反复出现，但它们本身不是符号（符号编码必须有第一分节层，这些低一级的单位才能结合成有意义的符号。）这些低一级的单位是非意指性的符号成分。在具有这两个层次的编码中（双重分节的符号系统中），这些低一级单位的功能纯粹是区分这些最小意义的单位。例如，在语言中，/b/，/p/和/t/是第二分节层的，它们的功能是区别语言的第一分节层的单词 bin, pin 和 tin ……。传统的说法把双重分节归于人类的语言，作为一种"设计的特征"（design feature）。双重分节使人类能用少数几个低一层次的单位，构成无限个意义结合体（既经济又有效力）。英语只有 40 个到 50 个第二分节成分，但这些有限的成分能产生几十万个语言符号。而双重分节似乎不出现在人类以外的动物的自然信息传播系统中。……一些编码只有第一分节。这些符号系统是由符号组成的——系统的和互相关联的意义成分——但是没有第二分节把这些符号分成最小的无意义的成分。在编码中反复出现的这些最小结构单位具有意义的时候，编码只有第一分节。许多符号学家认为，非语言交际和动物传递信息的各种系统中，只有第一分节。虽然鸟类的鸣叫声使用这些基本单位，而且它们都是完整的信息，但鸟鸣只有第一分节，只能传达有限的意义。

笔者认为，以上所谈符号的任意性、线性和分节是语言符号的几个最基本的特征，它们说明了语言的社会性、结构性和人类与禽兽和其他动物之间的重要区别，索绪尔正是根据这些原则建立了它的语言学和符号学理论。

任意性是语言符号的最本质的特征。所谓"本质"是指除去次要的和现象的最重要和实质性的东西。因为，从根本上讲，符号是人类社会传达意义的工具，必须是约定俗成的。即使某些符号的能指与所指之间有理据性、象似性，这些符号的使用也必须交流双方认可。另外，事实证明，完全任意性符号是最有效的符号，如语言符号、电码、计算机的二进制符号等。

线性是空间和时间的次序,是形成万物的结构的基础。人类使用的符号不是单个符号,而是符号的组合,是符号结构。索绪尔语言符号学的意指过程是:从语言系统中选择适当的词(纵向选择关系),按线性原则(横向组合关系)组合成代码,也就是各层次的语言结构,以表达世界上的一切意义。

分节(第二分节)是符号和非符号的分水岭,是人类使用的符号和动物使用的信号的区别性特征。另外,分节是语言符号结构的基础,人类使用的语言符号有分节才有层次,如语言可以分为词、词组、句子、篇章,因此能表达各种意义,小到词句,大至思想、概念。而鸟兽的鸣叫声虽然千奇百怪、多种多样,但不能分节,只能传达有限的意义。

人类正是用这样的语言符号系统进行思维、认知和交流,认识世界、改造世界和创造人类的文明。

二、皮尔斯符号学理论要点

1. 皮尔斯符号学是在实用主义哲学基础上的范畴论和逻辑学。它的应用范围不限于语言,它是研究一切事物的意指作用的科学。

2. 皮尔斯的符号的分类就是皮尔斯的范畴论的应用,符号活动(符号产生的过程)就是他的逻辑学的应用。他把符号分为第一性符号、第二性符号和第三性符号。这种分类实际上就是符号活动过程(符号产生的过程),从"符号代表物"(representamen)到"对象"(object),再到"解释"(interpretant),每个阶段都是一个符号。符号代表的对象经过解释后,还可以再解释。也就是说,符号活动过程永无止境,人类的认识永无止境。因此,皮尔斯的符号只在"某方面或某种程度上代表某物",并且要不断进行"解释",这说明一个人在某时对某事物的认识总是有限的,有待不断深化。

3. 皮尔斯的三种三分法分别说明符号活动(也就是人类认知)的三个方面:过程、方式和结果。

过程:从代表性质(quality)的 qualisign 到代表事实(fact)的

sinsign，再到代表法则（law）的 legisign。其实，法则指的是事物性质和事物发展的规律，也就是人类对世界的认识。

方式：皮尔斯根据"符号代表物"与"对象"之间的关系，把符号分为具有相同性质的图像符号（icon），具有存在上的依赖关系（即因果关系）的标志符号（index）和具有社会约定性的象征符号（symbol）。既然符号活动（符号产生）是一个过程，从"符号代表物"到"对象"再到"解释"，就可以把这个过程看作认知方式。图像符号代表人类通过事物之间的共性认识事物，标志符号代表通过事物之间的依存（因果）关系认识事物，而象征符号通过社会约定（社会常规或皮尔斯所说的 habit）认识事物。

结果：符号活动的结果就是人类认知活动的效果，也就是皮尔斯所说的意指效果（sigificate effect）。他把这种效果分为三个等级：rheme，dicisign 和 argument。rheme 是一种可能性（possibility），dicisign 是一个事实（fact），argument 是理性（reason）。皮尔斯还把"解释"分为"感情的解释"（emotional interpretant），"有力的解释"或"心智的努力"（energetic interpretant or mental effort）和"逻辑的解释"（logic interpretant）。(*Peirce's Theory of Signs*, 2.228)，("A Short Organon on Signs" from *Tobin Nellhaus*)

笔者认为，"感情的解释"是一种纯感情的、自然感受，而"有力的解释"或"心智努力"指一种有意识的认知活动，而"逻辑解释"是一种理性认识。总之，人的认识是从感性认识到理性认识，再到更深的理性认识，如此永无止境。

4. 皮尔斯符号学中，进行认知活动的人是生物的人，不是社会的人。他讲的符号活动是作为生物的人的思维、认识和交流的过程。他的符号学不是以语言中的词为基础的，而是以命题为基础的。如果应用在语言中，他的符号相当于语言的一个语篇。

三、关于索绪尔语言符号的任意性和象似性的争论

如上所述，索绪尔语言符号学和皮尔斯符号学是两个不同的理论系

统。索绪尔语言符号学是以先验论哲学和结构主义思想为基础的，它属于社会心理学范畴，它研究的范围是语言符号，并进而应用到其他社会人文科学，它突出的特点是研究语言的社会性和结构性。而皮尔斯符号学是以实用主义哲学（科学实证主义哲学）、范畴论和逻辑学为基础的，它是一种"泛符号论"但具有自然科学倾向，它研究的范围不限于语言而包括世界上一切事物的意指作用，它突出的特点是研究符号活动，也就是研究作为生物的人的认知过程，从经验产生的感情到逻辑思维，从感性认识到理性认识。

这两个理论系统的符号也有不同的概念。索绪尔的符号，从宏观上讲，符号的能指是整个符号系统，符号的所指是符号系统代表的意义系统。从语言的具体使用上讲，符号是语言系统中的一个单词，更深入地讲，符号的实质是语言系统中的一个音位，一个有区别性功能的特征。而皮尔斯的符号是代表世界上任何事物的各种命题，它是人类思维和认知的媒介。随着人类对世界的认识的发展，符号在不断发展变化中和产生中，从感情符号到逻辑符号，从现有符号到新符号。也就是说，索绪尔语言符号的意指过程是：符号的能指和所指结合产生意义（对某一事物的命名，这是任意性的），然后根据语言使用者的意图，按符号的纵向选择关系和横向结合关系对符号进行编码，构成不同层次的语言结构，以表达世界上的一切意义。而皮尔斯符号学的符号本身是一个整体，是一个命题，它的意指过程就是符号活动过程：符号不断发展变化，不断产生新符号，从感情符号到逻辑符号，从逻辑符号到理性符号，永无止境。符号活动过程代表人类的认知过程。

至于皮尔斯的图像符号，它指符号代表物与对象间有相似关系的符号，也属于命题范畴；另外还指人类认知的一种方式，即通过事物之间的相似关系认识新事物。另一方面，索绪尔本人似乎并没有谈到过语言符号的能指与所指之间的象似关系。他只谈到过 symbol，他说 symbol 是和语言符号任意性对立的概念。他举了个例子：天平代表司法公正，绝不能用一辆马车来代替天平说明公正。他谈得更多的是语言符号能指与所指之间的任意性或非理据性。具体地讲，不同语言（如英语与法语）的词的能指和所指之间的关系是任意的或非理据的，但复合词的构成是有理据的。(Wade Baskin, 1960: 68—69)

既然索绪尔语言符号学和皮尔斯符号学两大理论系统的符号有不同的概念，怎么能把皮尔斯的图像符号用在索绪尔语言符号系统中呢？而对索绪尔语言符号任意说提出质疑的人正是这样做的。他们把语言结构（复合词、短语、句子、语篇）和它们代表的意义之间关系的理据性说成"语言符号的象似性"，并企图以此推翻索绪尔的语言符号任意说，甚至还有人企图据此推翻索绪尔的整个理论系统。笔者认为，语言系统中的单词的能指与所指关系的任意性或理据性是普遍的，象似性是个别的，而语言结构和它代表的意义之间的理据性或象似性则是普遍的。Paul J. Thibault 指出："当任意性原则被错误地从语言这个理论领域中取出，重新放进言语时，误解就发生了。"（1997: 293）笔者认为，这种说法支持了自己的论点，因为使用语言时必然要把单个语言符号（单词）编码成为语言结构，编码就是按照使用语言的人的意图把语言符号组合起来，因此，语言结构与其所指之间的关系当然是理据性的或象似性的。Leroy F. Searle 指出，皮尔斯符号学中的符号是一个命题，而索绪尔语言符号学中的符号是一个单词，这是皮尔斯符号学与索绪尔语言符号学两个理论系统的基本区别。

对语言符号任意性的质疑者中，有的以中国的象形文字来否定语言符号（单词）的任意性。这似乎是一个"有力的论据"。但这个论据并不成立。世界的各种语言中，象形文字语言是极个别的。象似性是语言初生时期发生的，那时人类"结绳记事"。随着人类文明发展，词的象似性逐渐消失，但在汉语中保存很长时间。目前只在个别语言（汉语和日语中的汉字）中存在，而且也在消失中。其实，皮尔斯也持这种看法。他指出：象征符号（symbol）（笔者——指任意性符号）在生长。它们是从别的符号中生长出来的，特别是从图像符号，或从具有图像符号和象征符号混合性质的符号中生长出来的。我们只能用符号来思维。这些心智符号是混合型的。象征符号的各部件就是一些概念。(Peirce's Theory of Signs, 2.300)

目前世界上讲得最多的有 19 种主要语言，包括汉语、英语、印度语、西班牙语、俄语、阿拉伯语、孟加拉语、葡萄牙语、马来西亚语、印度尼西亚语、日语、乌尔都语、旁遮普语、韩语、泰卢固语、意大利语、泰米尔语、马拉地语和广东话。其中只有汉语中有许多象形文字，日语中有汉字但有日语字母表，其他 17 种文字都是拼音文字（有字母表）。汉语论人口是世界上最大的语言，有十多亿人以汉语为母语。汉字有长达三千多年的连续发展史，中华文明史也有连续至今的文字记载。可以想象，一开始的象形文字工作得不错。可是随着汉语的不断丰富，有些语言不能用形象表达了。于是形声字、会意字、表音字和通假字也不同程度地出现在汉语中。

苏美尔人最早的文字也是图形符号，一符一义。以后发展为表音符号和指意符号，一起组成词组。

到了公元前一千年时，腓尼基文字传入希腊，他们马上放弃了原有的文字，并且又在此基础上进一步发明了元音字母，世界上第一套完整的拼音文字终于诞生了，对人类文明做出了重大贡献。拼音文字的优点在于它的普及性。一般来讲，学会二三十个字母，就能见字读音。文字越复杂，掌握的人就越少，这对于社会文明的进步非常不利。就文字的复杂程度而言，以象形文字为最，其次为表意文字，形声字又次之，拼音文字最简单。文字的简化有利于它的普及，从而促进文明的进步。

四、两大理论系统间的关系

索绪尔语言符号学和皮尔斯符号学是现代各符号学和语言学学派和各语言学科的理论基础。索绪尔在《普通语言学》中说：符号学使语言学成为科学。实践证明这句话是正确的，有预见性的（郭鸿，1998）。事实上索绪尔的思想已为现代语言学各主要流派所接受，并应用在语言学各学科的研究中。例如以波斯（Boss）、萨丕尔（Sapir）、霍尔（Whorl）以及后来的布隆菲尔德（Bloomfield）为代表的描述语言学派（descriptive linguistic school），以及尼科莱·特伯茨科伊（Nikolay Trbertskoy）、罗曼·雅各布逊（Roman Jacobson）为代表的功能学派

(functional school)(即布拉格学派),以及以路易斯·耶尔姆斯列夫(Louis Hjemslev)为代表的语符学派(glossematic school)都是20世纪结构主义型的语言学派。以福斯(Firth)和韩礼德(Halliday)为代表的伦敦学派(London School)可以说是布拉格学派的继承者。布拉格学派的特点是,认为语言是一个严密的结构,而不是一堆分离的东西,以及语言行使各种社会功能。结构主义思想对语言学的各学科有广泛的影响。音位学首先接受了结构主义思想,也可以说是结构主义思想的产儿。乔姆斯基(Chomsky)是在罗曼·雅各布逊的影响下成为成熟的语言学家。(郭鸿,1998:5)其他社会人文科学,如克劳斯(Claus Levi-Strauss)的人类学,也受到索绪尔结构主义思想的影响。由于结构主义语言学突出语言的社会性和结构性,它特别适合语篇分析、语义结构分析,已系统地应用于社会语言学、语义学、文体学、语篇分析等学科中。但它也有其局限性,最突出的是它的静态结构观,这种观点使这种理论不能生动地描写和解释语言生成和运用的实际情况。巴特在这方面做了些补救,提出了本义和转义(denotation and connotation)的理论,使第二性符号系统能从语言结构以外的社会文化背景中得到新的意义。其他结构主义学派的学者,巴赫金提出了"对话"(dialogue)理论,克里斯蒂娜提出"互文性"(intertextuality)理论,以及洛特曼提出"文化符号学"(cultural semiology)理论都在索绪尔理论的"静态"和"结构内部封闭"上做了补救。

皮尔斯符号学过去在各语言学科中应用较少,但笔者认为,巴赫金、克里斯蒂娃、洛特曼等人的有关语言的动态性和相互作用的理论都受到皮尔斯的影响。Koll(1977:73)指出,我们在研究文本的性质时得到皮尔斯的重要启示,他说:"语言符号没有一个静态结构,语言符号形成一个动态事件,因此语言不能从系统的观点得到充分研究,而只能从过程的观点得到充分研究。"(Winfried Noth,1990:46)笔者认为,近年来在认知语言学的产生和发展上,皮尔斯的符号学也起了突出作用。它的"符号活动是认知的过程"以及符号的"解释项"理论就是认知语言学的重要理论基础,因为它说明在"符号代表物"和"对象"

之外还有个"解释"项,也就是说,除了意识是世界的客观反映外还有人的认知作用,还需要人的解释。认知者从人与客观世界的互动中得到"感情的解释"(emotional interpretant)、"有力的解释"(energetic interpretant)和"逻辑的解释"(logic interpretant)(见上文)。因此可见皮尔斯符号学理论的威力。

总之,索绪尔语言符号学和皮尔斯符号学是当代的两大符号学和语言学理论系统,是从两个不同的角度来研究符号和语言。它们都有各自的优势和局限性,它们之间的关系不是排斥而是互补。它们还在发展中,需要我们的批评和研讨来促进它们的发展。

参考文献

郭　鸿:《索绪尔的语言符号任意性原则是否成立?——与王寅教授商榷》,《外语研究》2001年第1期。

郭　鸿:《符号学使语言学成为一门科学》,《外语研究》1998年第3期。

郭　鸿:《英语文体分析》,北京:军事谊文出版社,1998年。

索绪尔:《普通语言学教程》,高名凯译,北京:商务印书馆,1980年。

王　寅:《论语言符号象似性——对索绪尔任意说的挑战与补充》,北京:新华出版社,1999年。

Paul J. Thibaault, 1997, "Chapter 12 Arbitrariness and motivation in the sign" of *Rereading Saussure—the Dynamics of Signs in Social Life*, New York: Routledge.

Winfried Noth, 1990, *Handbook of Semiotics*, Bloomington and Indianapolis: Indiana University Press.

Jay Zeman, *Peirce's Theory of Sign* from Standford Encyclopedia of Philosophy.

A Short Organon on Signs from "Tobin Nellhaus", http://archives.econ.utah.edu/archives/bhaskar/1996-12-14.144/msg00067.htm.

第四编
研究符号学的哲学指导思想

从《矛盾论》看皮尔斯符号学

摘　要　皮尔斯符号学是以实用主义哲学为基础的,是一种经验理论,一种认知理论。它认为:人的所有思想和经验都借助于符号,检验经验的最后标准就是实践效果。符号与符号之间始终处于互动中,使符号不断变化、更新,使人对事物的认识不断扩大、深化,逐渐接近真理。皮尔斯的符号由"符号代表物""对象"和"解释项"三个关联物构成,说明人类用符号进行抽象思维,认识客观世界,但这种认识还必须经过作为认知主体的人的经验的检验。因此,"解释项"是皮尔斯符号学和认知语言学的核心。虽然目前皮尔斯符号学在语言学中的应用不多,但它为语言学科的研究和发展提供了强大的动力。这种动力就是符号活动的两个矛盾方面的对立统一。

符号活动的两个矛盾方面就是认知主体与认知客体,它们始终处于对立统一中,也就是俗话说的"互动"之中,对立统一推动认知向广度和深度发展。人类不断探索,逐渐认识他们生存的世界。

人类认识世界,除了与客观世界互动以外,还需要人与人之间的互动:互通信息,交流认识。这样符号活动就从认知范畴跨入了交流范畴；研究生物体的心理活动和生理活动的认知性语言学，就和研究生物体之间的交流性的语言学联系起来了。

《矛盾论》是唯物辩证法的经典，最能说明符号学和认知语言学中的对立统一（互动），故作此文。

皮尔斯符号学最突出的特点是讲符号之间的互动（对立统一）和互动推动人类认知向广度和深度发展。《矛盾论》的第一句话就是："事物的矛盾法则，即对立统一的法则，是唯物辩证法的最根本的法则。"因此，用《矛盾论》的观点来讨论皮尔斯符号学有很强的针对性。

一、皮尔斯符号学的哲学基础

皮尔斯符号学属于现代西方哲学的科学主义思潮。科学主义思潮最早表现为实证主义思潮。实证主义坚持把知识限于经验范围；推行科学主义，主张把自然科学的方法，特别是现代数学和物理学方法推广于一切科学领域，使人文科学自然化；把哲学等同于语言哲学，它的人工语言学派把哲学等同于人工语言哲学，日常语言学派则把哲学等同于日常语言哲学。这就是所谓的哲学的"语言学转向"。

皮尔斯符号学的创始人皮尔斯，是美国哲学家、逻辑学家，是美国实用主义哲学创始人之一。他主张的实用主义（pragmatism）也称为实效主义（pragmaticism）。他采用实效主义这个名称的原因，一是区别于其他以实用主义为名的哲学思想，一是更加强调效果。实用主义是实证主义思潮中的一个流派。它的主要观点如下：

1. 物是经验的效果

皮尔斯的理论的出发点类似主观经验主义。他否定物质世界的客观存在。他认为"事物就是效果"。其实质与传统的主观经验主义一样，把整个客观世界和个人的认识过程经验主义化。

2. 生物行为主义

皮尔斯把人的认识活动等同于生物适应环境的本能的活动。人的行动信念不是建立在对客观规律和必然性的认识上，它仅仅是一种生物本能。皮尔斯理论的继承人莫里斯的生物行为主义思想更加突出，他创建了生物行为主义理论。

3. 效果的意义理论

皮尔斯提出了实用主义的意义理论：概念的意义不是由它反映的意义决定的，而是由它引起的行动的效果决定的。

4. 现代逻辑理论

在皮尔斯看来，符号学是"扩展了的逻辑学"，在一定意义上，逻辑学不过是符号学的别名。

（夏基松，1998）

二、从《矛盾论》看皮尔斯符号学

1. 在人类符号活动的认知、思维与表达、交流两方面，皮尔斯符号学侧重研究认知思维方面（在符号活动的两个矛盾方面，认知、思维与表达、交流，皮尔斯符号学阐述的是认知、思维方面）

皮尔斯符号学是以实用主义哲学为基础的，是一种经验理论，一种感觉理论，一种认知理论。它认为：人的所有思想和经验都借助于符号，检验经验的最后标准就是实践效果。人类符号活动有两个矛盾方面：认知、思维与表达、交流。皮尔斯符号学研究的主要矛盾方面是认知、思维。主要矛盾方面决定事物的性质，因此，皮尔斯符号学的性质是认知、思维性的。另一方面，索绪尔语言符号学研究的主要矛盾方面是表达、交流，它的性质是表达、交流。语言学研究的整体，就是这两个矛盾方面的对立统一——认知、思维与表达、交流的对立统一。

（皮尔斯符号学）是一门开放的、具有内在的可修改性的和彻底经验性的科学（of science as open, as intrinsically revisable, as radically empirical）。皮尔斯符号学不是他的哲学的一个分离的、独立的部分，而是贯穿他整个思想或被他整个思想所贯穿的一门学科。皮尔斯认为，所有的思想，所有的经验，都借助于符号，因此他的符号理论是一门经验的理论，一门感觉的理论。（*Peirce's Theory of Signs*）

皮尔斯的三角符号也是他称为实用主义的认识论的支持，这种认识论强调检验知识的最后标准就是实践经验。皮尔斯用他的实用主义格言来概括这种认识论:"当我们考虑对象形成的概念时,我们只考虑它的效果,产生实际影响的效果。这样,从这些效果得到的概念就是我们从对象得到的全部概念"。(*Semiotic in Education*)

2. 泛符号论(矛盾的普遍性和绝对性)

皮尔斯符号学是泛符号论,它认为:人类的一切思维都是用符号进行的,都借助于推理。如果不能说世界充满了符号,至少可以说人类生活在符号之中。

符号与符号之间始终处于对立统一(互动)中,符号不断变化、更新,说明人对事物的认识不断扩大、深化,逐渐接近真理。

皮尔斯认为,所有的思想,所有的经验,都借助于符号,因此他的符号理论是一门经验的理论,一门感觉的理论。(*Peirce's Theory of Signs*)

任何一个解释项都能成为下一个符号活动的对象——下一个符号活动就是一个标准。用心理学解释,这意味着,我们生活在一个符号不断活动的世界上;我们反思过去,把模糊感觉变成成熟概念,这样无止境地进行下去。

此外,如果我们追溯以往的符号活动,就会碰到较为不发达的符号,但永远也碰不到一个没有解释项的对象。因此,原则上,无止境的符号活动是双向进行的。但我们注意到,皮尔斯所持的是"渐进"观点,也就是说,人们逐渐接近真理。

(*A Short Organon on Signs* from:"Tobin Nellhaus")

3. 符号的定义

皮尔斯符号学的符号是人类抽象思维的工具。它具有以下特点:

1)符号主要起认知作用,人类对事物的认识不断深化,因此"符号对某人来讲,在某方面或某种程度上代表某物"。

符号对某人来讲,是在某方面或某种程度上代表某物的东西。它向某人说明,也就是在那个人的头脑里创造一个对等的符号,或一个扩展了的符号。(*Peirce's Theory of Signs*)

2）在索绪尔语言符号学中，符号是语言中的一个单词，而皮尔斯符号学的符号代表世界上的一切事物，包括人本身在内，它代表一个概念、一个命题。

皮尔斯符号学不是以作为符号的词为基础的，而是以感觉联系起来构成可理解性或理解（intelligibility or comprehension）的命题（proposition）为基础的。在这个意义上，皮尔斯符号学不是一种语言理论，而是一种意义产生的理论。因为，"解释"（interpretant）这种对可理解性的经验本身并不是"所指"（signified），而是意指行为（an act of signification）的结果。（Peirce, *Charles Sanders* by Leroy F. Searle）

皮尔斯符号学并不是和一个单词以及与诸如交通信号灯等简单信号相联系；一个符号可以有任何大小和复杂程度。命题、论点、三联图画、爵士乐即兴重复段、剧本、仪式都是符号。（Semiotic in Education）

尽管皮尔斯的符号学（semiotics）与索绪尔符号学（semiology）似乎很相似，但不容忽视的是：这两种理论的第一个基本区别就是，皮尔斯符号学不是以作为符号的词为基础的，而是以感觉联系起来构成可理解性或理解（intelligibility or comprehension）的命题（proposition）为基础的。（Peirce, *Charles Sanders* by Leroy F. Searle）

4. 符号由三个关联物构成：符号代表物（representamen）—>对象（object）—>解释项（interpretant）（矛盾的总体，三个关联物之间依次形成两个矛盾方面）。

这个由三个关联物构成的符号基本模式是矛盾的总体，说明在认知中有三个不可缺少的、互相关联的因素：（人类进行抽象思维的）符号（"符号代表物"），认知的客体——客观世界（"对象"）以及认知主体——人（"解释项"）。"解释项"是皮尔斯符号学和认知语言学的核心，也是它们与索绪尔语言符号学的分水岭（索绪尔的符号模式是："能指"＋"所指"，没有"解释项"，这个模式主要说明表达和交流）。

1) 每一个关联物都是一个符号，它们合起来构成符号活动的基本模式。

构成符号的三个关联物本身也是符号，它们之间的作用是双向进行的（互动的，对立统一的）。"符号代表物"与"对象"的对立统一（互动）产生意义，这种意义又与"解释项"（心智）对立统一（互动）产生人头脑中的一个对等的符号（一种认识），一个变化或扩大了的符号（一种扩大或深化的认识）。这个符号还可以和"解释项"（心智）再次作用，产生更新的符号，符号始终在更新和变化中，说明人的认知不断扩大和深化，逐渐接近真理。此外，不同的人有不同的心智，对"符号代表物"代表的意义有不同的解释。"解释项"始终是主要矛盾方面。

皮尔斯把这种关系看作符号活动——从符号到对象，到解释。（*Semiotic in Education*）

符号活动的描述给予我们观察活动中的符号的三重观点：本身起符号作用的符号，作为符号活动对象的符号，以及作为符号活动的效果的符号（解释）。（*Peirce's Theory of Signs*）

符号是对某人来讲，在某方面或某种程度上代表某物的东西。它向某人说明，也就是在那个人的头脑里创造一个对等的符号，或一个扩展了的符号。（*Peirce's Theory of Signs*）

如果我们追溯以往的符号活动，就会碰到较为不发达的符号，但永远也碰不到一个没有解释项的对象。因此，原则上，无止境的符号活动是双向进行的。但我们注意到，皮尔斯所持的"渐进"观点，也就是说，人们逐渐接近真理。（*A Short Organon on Signs from*："Tobin Nellhaus"）

2) 符号（"符号代表物""对象"和"解释项"）中的"解释项"（认知主体）起主要作用，因为认知就是认知主体与客观世界间的互动，"解释项"不是"所指"而是"意指行为的结果"，它起解释作用，而且这种解释作用永无止境。（在认知主体和认知客体之间，认知主体始终是矛盾的主要方面）

通过第三项，即解释项，皮尔斯确认了人类经验在符号制作活动中的重要性。在新三角符号中，解释项变成了对象，产生一连串的符号意义。在皮尔斯理论中，解释项是新三角符号的支点，使意指过程中人类经验的作用能得到解释而使解释过程的最后终结成为不可能。

"任何一个解释项都能成为下一个符号活动的对象"，"我们生活在一个符号不断活动的世界上；我们反思过去，把模糊感觉变成成熟概念，这样无止境地进行下去。""如果我们追溯以往的符号活动，就会碰到较为不发达的符号，但永远也碰不到一个没有解释项的对象。因此，原则上，无止境的符号活动是双向进行的。但我们注意到，皮尔斯所持的'渐进'观点，就是，人们逐渐接近真理。""所有的经验都是符号，事实上，产生经验的自我和世界间的相互作用也产生符号。自我就是一个符号。"（Submitted Proposal, Paper and Other Format Session，SIG：*Semiotic in Education*）

5. 符号的三种主要分类（矛盾的特殊性，三种不同性质的矛盾）说明符号活动的三个方面：符号活动的过程、方式和结果：

《矛盾论》指出：

> 为要暴露事物发展过程中的矛盾在其总体上、在其相互联结上的特殊性，就是说暴露事物发展过程的本质，就必须暴露过程中矛盾的各方面的特殊性，否则暴露过程的本质成为不可能，这也是我们作研究工作时必须十分注意的。（《毛选》299页）
>
> 由此看来，不论研究何种矛盾的特性——各个物质运动形式的矛盾，各个运动形式在各个发展过程中的矛盾，各个发展过程的矛盾的各方面，各个发展过程在其各个发展阶段上的矛盾以及各个发展阶段上的矛盾的各方面，研究所有这些矛盾的特性，都不能带主观随意性，必须对它们实行具体的分析。离开具体的分析，就不能认识任何矛盾的特性。……（《毛选》305页）

前面我们已讨论了符号的基本模式，"符号代表物"—>"对象"—>"解释项",它是皮尔斯符号学总体上的矛盾。除此之外,我们还要研究皮尔斯符号学理论的矛盾的各个方面以及它们的特殊性。皮尔斯符号有三种三分法:

1)按符号活动过程(认知过程)划分的符号:

代表可能性的符号(qualisign)—>代表事实的符号(sinsign)—>代表事物发展规律的符号(legisign)。人类在认知中,首先认识事物的性质,然后肯定该事物是事实,最后了解该事物的规律。

2)按"符号代表物"与"对象"之间的关系划分的符号(三对不同性质的矛盾——三种不同的认知方式):

象似符号(icon):"符号代表物"与"对象"之间有共同性;

标志符号(index):"符号代表物"与"对象"之间有因果/依存关系;

象征符号(symbol):"符号代表物"与"对象"之间有社会共识性。

总之,有三种不同的认知方式:分别通过事物之间的共同点、因果关系或社会共识认识新事物。

3)按符号活动的意指效果划分的符号:

Rheme:一种可能性的符号(a sign of possibility)

Dicisign:一种事实的符号(a sign of fact)

Argument:一种理性的符号(a sign of reason)

意指效果(significate effect)的三个等级:

感情的解释(emotional interpretant)

有力的解释(energetic interpretant)或心智的努力(mental effort)

逻辑的解释(logic interpretant)

从认知的效果讲,首先认识事物的可能性,然后肯定该事物是事实,最后从理性上认识该事物。"感情的解释"是一种纯感情的、自然的感受,而"有力的解释"或"心智努力"指一种有意识的认知活动,而"逻辑解释"是一种理性认识。人的认识是从（无意识的）感性认识，到有意识的认识，再到理性认识。

大约在1903年，皮尔斯告诉我们三种三分法，第一、符号本身是一种性质（quality），一种实际存在（actual existence），或一种普遍的规律（general law）；第二、符号具有对象的某种特性（character），符号与对象之间有一种存在关系（existential relation），或与"解释"（interpretant）有某种关系；第三、"解释"代表一个可能性符号（a sign of possibility），一个事实符号（a sign of fact），或一种理性符号（a sign of reason）。（*Peirce's Theory of Signs*，2.243）。

……皮尔斯把这种关系看作符号活动——从符号到对象，到解释，并把这种关系看作对符号的三种三分法：第一种三分法为：qualisigns，Sinsigns 和 Legisigns（同上2.244）；第二种三分法为：图像（icon）、标志（index）和象征（symbol）；第三种三分法为：Remes，Dicisigns 和 Argument（同上2.250）。

皮尔斯喜欢称它为一种"意指效果"（significant effect）……这就导致不同种类的解释项……但讲得最好的是三种解释项——"可能的"（possible），因为在第一个解释项以后还不能确定有没有更发达的解释项产生。开始的解释项是"感情的"（emotional）。……下一个是"有力的"（energetic）解释项，它是一种行动，可能是身体的行动（对指令的反应），但更像一种心智的努力……最后是"逻辑的"解释项。（*A Short Organon on Signs* from："Tobin Nellhaus"）

三、皮尔斯符号学为社会人文科学（语言学）提供科学动力

虽然皮尔斯符号学目前在语言学中的应用不多。笔者仅发现它在语用学和认知语言学中的应用。但正如自然科学的原理应用于社会科学研究中一样，皮尔斯符号学为语言学科的发展提供了强大的科学动力。

总的来说，这种动力是语言的两个矛盾方面的对立和统一产生的，也就是人们经常讲的"互动"。在三个关联物构成的皮尔斯符号模式中，主要矛盾方面是作为认知主体的"解释项"。在认知主体与认知客体两个矛盾方面，认知主体是主要矛盾方面。"符号代表物"并不一定代表事物的意义，它代表的意义必须经过认知者的经验的检验，检验结果就是认知者的认识。不同的人对同一事物有不同的认识，同一个人在不同的认知阶段（时间）对同一事物也有不同的认识，都是因为决定认识的主要因素是作为认知主体的人。

认知主体与认知客体是矛盾的两个方面，它们之间始终存在着对立统一，也就是两者之间的互动，对立统一推动认知向广度和深度发展。人类不断努力探索，逐渐认识他们生存的世界。这就是人类文明进步发展的历史。

人类认识世界，除了与客观世界互动以外，还需要人类之间的互动。他们之间的互动就是互通信息，交流认识。这样，符号活动就从认知、思维的范畴跨入了表达、交流的范畴，就从研究生物个体的人的认知、思维的自然科学范畴跨入了研究作为生物体之间的表达、交流的社会科学的范畴。这样，"互动"概念就成了研究社会交流的语言学科的动力。例如韩礼德的系统功能语言学的语言形式（结构）与语言情景、社会、文化语境之间的互动；语言各层次（语义、词汇语法和语音）之间的实现关系，就是这些层次之间的互动关系；语域的各方面（语场、语旨和语式）与各语义成分（功能）之间的激发关系，就是它们之间的互动。巴赫金（Bakhtin）的"对话"理论，说明使用语言不是单向信息传输，而是双向交流，也就是发话者与受话者之间的互动。他的理论还说明，任何人讲话或写作都不是无的放矢，也不是单向行动，而是互动，要么针对别人说的话，要么针对别人以往说过的话或将来可能说的话。这样就构成了对话的"多声性"和"多义性"。

除了认知主体与认知客体以及认知主体之间的互动外，还有知识与知识之间的互动。这种互动也会产生新知识。克里斯蒂娃（Kristeva）的互文性理论（intertextuality）就是一个例子。"互文性"理论来自

"对话"（dialogue）理论。"对话"是人与人之间的互动，"互文性"就是文本与文本之间的互动。文本是信息单位，也是知识单位。所以"互文性"是知识之间互动的理论。

皮尔斯符号学在语言学中最直接的应用学科是认知语言学和语用学。在这两门学科中，最核心的问题仍然是"互动"。认知语言学是在心理语境中，作为认知主体的"解释项"与"符号代表物"和"对象"互动产生的意义之间互动，目的是对语言结构（形式）和意义的成因和心理过程做出解释（一种溯因分析），或者是听话人根据自己的心理语境（心智）对说话人讲的话的意义做出解释。而语用学是在具体（物理）语境中，作为认知主体的"解释项"与"符号代表物"和"对象"互动产生的意义之间的互动，目的是对说话人说话的真实意图做出解释。笔者相信，我们对皮尔斯符号学继续深入研究，一定会有更多的新发现。

参考文献

毛泽东：《矛盾论》，《毛泽东选集》（一卷本），北京：人民出版社，1966年。

夏基松：《现代西方哲学教程新编》（上、下册），北京：高等教育出版社，1998年。

Jay Zeman, *Peirce's Theory of Sign* from Standford Encyclopedia of Philosophy.

Semiotic in Education，http：//edtech. connect. msu. edu/Searchaera2002/viewproposal-text. asp？propID＝6838.

A Short Organon on Signs from "Tobin Nellhaus"，http：//archives. econ. utah. edu/archives/bhaskar/1996－12－14. 144/msg00067. htm.

从《矛盾论》看现代西文语言学的发展

摘　要　现代西方哲学两大思潮（科学主义思潮和人本主义思潮）的语言学转向与合流趋势，是研究现代西方符号学和语言学中要解决的主要矛盾。两大思潮形成现代西方哲学的两个主要矛盾方面。它们之间的对立统一，体现为两大哲学流派（英美分析哲学和欧洲大陆哲学）、两大符号学派（皮尔斯符号学和索绪尔语言符号学）和两大类语言学（从生物体内部角度研究语言的心理活动和生理活动的语言学，和从生物体之间的角度研究语言的社会属性的语言学）之间的对立统一。不同类语言学和同类语言学中各学科的对立统一（互动）推动语言学科向前发展。同类语言学各学科间的交流和融合，由于具有必要条件，呈自然趋势。不同类语言学的学科之间，由于缺乏必要条件，不能形成新的对立统一，只能在某些分析方法上借用。但两类语言学，可以在更高层次上，在语言整体的层次上，形成新的对立统一。

《矛盾论》（1937 年 8 月）这篇哲学论文，是毛泽东继《实践论》之后，为了同一的目的，即为了克服存在于党内的严重的教条主义思想而写的。它是马克思主义唯物论辩证法的经典。我们将在这篇文章中，从《矛盾论》的观点来讨论现代西方语言学的发展。

一、现代西方哲学两大思潮的语言学转向和合流趋势，是当今西方现代符号学和语言学中的主要矛盾

如果1915年索绪尔的学生为他整理出版《普通语言学教程》标志现代西方语言学诞生，现代语言学将近有一百年的历史。在这漫长的岁月里，诞生了许多语言学派和学科，形成一幅纷繁复杂的图画。我们究竟怎么样划分语言学科的类别？如何搞清各语言学科的性质、范围和方法、它们之间的关系以及它们今后的发展？这是一个非常复杂的问题，矛盾重重！

《矛盾论》指出：

……任何过程如果有多数矛盾的话，其中必定有一种是主要的，起着领导的、决定的作用，其他则处于次要和服从的地位。因此，研究任何过程，如果是存在着两个以上矛盾的复杂过程的话，就要用全力找出它的主要矛盾。(《毛选》310页)

研究语言学，一定要研究符号学，因为符号学是语言学科的科学。符号学曾经是哲学的一部分，现在仍然以哲学为基础，是语言学与哲学之间的桥梁。所以，研究语言学，一定要通过这个桥梁，研究哲学。现代西方哲学两大思潮的语言学转向与合流趋势，是现代西方哲学的概括和总动向（夏基松，1998：1—11），它必然反映在符号学和语言学上（见另文"当今语言学与符号学的一个重大课题"）。因此，现代西方哲学两大思潮的语言学转向和合流趋势，是当今现代西方符号学和语言学中的主要矛盾，在研究符号学和语言学中起领导作用，起决定作用。我们要紧紧抓住这个主要矛盾。

二、现代西方哲学两大思潮科学主义思潮和人本主义思潮的形成 (现代西方哲学的两个主要矛盾方面的出现)

《矛盾论》指出：

矛盾是普遍的、绝对的，存在于事物发展的一切过程中，又贯

串于一切过程的始终。(《毛选》295页)

无论什么事物的运动都采取两种状态，相对地静止的状态和显著地变动的状态。两种状态的运动都是由事物内部包含的两个矛盾着的因素互相斗争所引起的。当着事物的运动在第一种状态的时候，它只有数量的变化，没有性质的变化，所以显出好似静止的面貌。当着事物的运动在第二种状态的时候，它已由第一种状态中的数量的变化达到了某一个最高点，引起了统一物的分解，发生了性质的变化，所以显出显著地变化的面貌。(《毛选》320页)

新过程的发生是什么呢？这是旧的统一和组成此统一的对立成分让位于新的统一和组成此统一的对立成分，于是新过程就代替旧过程而发生。旧过程完结了，新过程发生了。新过程又包含着新矛盾，开始它自己的矛盾发展史。(《毛选》295页)

西方古代哲学是本体论哲学，即研究世界上的事物的本身。西方近代哲学是认识论，即研究人对世界的认识，而西方现代哲学是语言哲学，即研究人使用的语言。近代哲学有两个组成部分：经验主义和理性主义。经验主义认为："一切知识都来自经验，普遍必然的知识只有在经验的基础上才可能；而理性主义认为：普遍必然知识起源于心中固有或与生俱来的天赋观念"（周晓亮）。

这样就形成了"一定的必要的条件具备了，事物发展的过程就发生一定的矛盾，而且这种或这些矛盾互相依存，又互相转化，否则，一切都不可能。"(《毛选》320页)

促使西方近代哲学的旧的统一哲学思想的两个矛盾方面。当初这两种哲学思想尚能共存，成为近代哲学思想的两个对立统一方面。但后来这两种思想绝对化了，不能为人们所接受，于是产生了怀疑主义和武断主义。前者怀疑哲学存在的必要性，后者按照自己的想法毫无根据地解释哲学问题。这时近代哲学中的两大矛盾方面已由上述第一种状态进入了第二种状态，引起了统一物的分解，旧的统一和组成此统一的对立成分让位于新的统一和组成此统一的对立成分。旧的统一物和组成此统一物的对立成分就是经验主义和理性主义，新的统一物和组成此统一物的对立成分就是现代西方哲学的科学主义思潮和人本主义思潮。

《矛盾论》指出：

和组成此统一的经验主义和理性主义让位于新的统一和组成此统一的科学主义思潮和人本主义思潮的"一定必要条件"就是德国哲学家康德的先验主义哲学。"康德在哲学上出身莱布尼茨—沃尔夫学派，最初也持理性论的观点……但是在牛顿自然科学的影响下，康德开始偏离唯理论的观点逐渐转向经验论……"（杨祖陶等，2001：7）。代表人本主义的卢梭也给了康德巨大影响和启发，"使康德的人生观和价值观发生了根本的转变，从而改变了他的学术研究的方向……"（同上：6）。"的确，20世纪西方哲学中的所谓科学主义和人本主义两大思潮，都可以看作是从康德的思想中引发出来的"（同上：5）。康德提出了三大批判："纯理性的批判""理性实践的批判"和"判断的批判"。"纯理性的批判"就是批判纯理性。"理性实践的批判"就是，哲学必须能付诸社会实践，这样就涉及人与人之间的关系，从而产生了道德问题。社会实践必然涉及世界上各种事物，涉及"真""善""美"等问题，"判断的批判"就是对这些判断的批判"（同上：19—62）。他批判纯理性，同时批判纯经验，提出哲学上的"先验主义"。这种先验主要体现在"先验范畴"和"先验统觉"上（即先验的"范畴"和"形式"上）。研究事物的目的就是要达到"先验综合"。也就是说，通过先验提出范畴或形式，然后以经验充实其内容。这样得出的结论既来自理性，又能通过经验加以验证。所以，实际上，康德的先验主义是经验主义和理性主义的折中。"纯理性的批判""理性实践的批判"和"判断的批判"，为经验主义和理性主义两大对立哲学转化，为两大对立哲学思潮（科学主义思潮和人本主义思潮）产生提供了条件，使它们成为现代西方哲学的两个主要矛盾方面。

三、现代西方两大哲学思潮的对立统一，体现为两大哲学流派、两大符号学派和两大类语言学之间的对立统一（详情见另文"当今语言学与符号学的一个重大课题"）（现代西方哲学思潮、哲学、符号学和语言学的两个主要矛盾方面）

《矛盾论》指出：

> 为要暴露事物发展过程中的矛盾在其总体上、在其相互联结上的特殊性，就是说暴露事物发展过程的本质，就必须暴露过程中矛盾的各方面的特殊性，否则暴露过程的本质成为不可能，这也是我们作研究工作时必须十分注意的。（《毛选》299页）

科学主义思潮的主要特征是：(1)坚持实证主义原则，把知识局限于经验范围；(2)推行科学主义，主张把自然科学的方法，特别是现代数学和物理学的方法推广于一切科学知识领域，使人文科学自然科学化；(3)把哲学等同于语言哲学。

人本主义思潮的主要特征是：(1)坚持哲学的主要对象是人（自我意识）；(2)反对把哲学的方法归结为观察、实验、逻辑分析等自然科学方法，主张哲学的方法是通过内心体验或现象学直观，以洞察、把握人的自我价值与人生意义的非理性主义方法。（夏基松，1998：2，5—6）

英美分析哲学以科学语言为典范，以研究表达自然界的自然语言为主要内容。

欧洲大陆语言哲学则以文学艺术语言为典范，以研究、理解人（自我）的内心体验的语言为主要内容。（夏基松，1998：6）

皮尔斯符号学的主要特征是：在认知、思维与表达、交流两方面，侧重研究认知、思维；具有科学主义倾向，应用于自然科学和有自然科学倾向的语言学科，如语用学和认知语言学；研究作为生物个体的人使用的语言；强调认知主体的作用、语言的动态性和互动性。

索绪尔语言符号学的特征：在认知、思维与表达、交流两方面，侧重研究表达、交流；有人本主义倾向，应用于语言学和其他社会人文科学；强调语言的社会性、结构（系统）性。（详情见另文"索绪尔语言符号学与皮尔斯符号学两大理论系统的要点——兼论对语言符号任意性的置疑和对索绪尔的挑战"）。

从生物内部角度研究语言的心理活动和生理活动的语言学（此后简称第一类语言学）。

从生物体之间的角度研究语言的社会属性（社会交流）（此后简称第二类语言学）。

（胡壮麟等，1989：9；张德禄，2004）。

从以上两个系列（科学主义思潮——英美分析哲学——皮尔斯符号学——第一类语言学；人本主义思潮——欧洲大陆哲学——索绪尔语言符号学——第二类语言学）的对比可以看出：矛盾的总体是两大哲学思潮、两大哲学流派、两大符号学派和两类语言学。从组成这两个系列的各部分的特征可看出各部分之间的联系和变化（两个系列之间的对立统一），从而对两类语言学科的性质、范围和方法有本质上的认识。第一类语言学：具有自然科学倾向，主要研究语言的认知、思维方面，研究个体的人使用的语言，强调认知主体的作用、语言的动态性和互动性。第二类语言学：具有社会人文科学倾向，主要研究语言的表达、交流方面，研究社会群体使用的语言，强调语言的社会性、结构（系统）性。

四、现代西方哲学两大思潮的语言学转向与合流趋势，体现在两大符号学派和两类语言学的交流和融合趋势上（旧的对立统一让位于新的对立统一）

《矛盾论》指出：

......旧的统一和组成此统一的对立成分让位于新的统一和组成此统一的对立成分，于是新过程就代替旧过程而发生。旧过程完结了，新过程发生了。新过程又包含着新矛盾，开始它自己的矛盾发展史。（《毛选》295页）

客观事物中矛盾着的诸方面的统一或同一性，本来不是死的、凝固的，而是生动的、有条件的、可变动的、暂时的、相对的东西，

一切矛盾都依一定条件向它们的反面转化着。(《毛选》318 页)

主要在康德的批判先验主义引发下,近代西方哲学的统一和组成此统一的经验主义和理性主义向新的统一和组成此统一的科学主义思潮和人本主义思潮转化。科学主义思潮和人本主义思潮又在 20 世纪初期,在一定条件下,向各自的反面转化,形成两大思潮在语言学上转向与合流趋势。

两股思潮向各自的相反方向转化的原因是这两股思潮内部包含着矛盾。

1. 科学主义思潮的逻辑实证主义内部矛盾的激化与事物性质的变化(矛盾一方内部矛盾的激化和性质的变化)

《矛盾论》指出:

> 矛盾着的两方面中,必有一方面是主要的,他方面是次要的。其主要的方面,即所谓矛盾起主导作用的方面。事物的性质,主要地是由取得支配地位的矛盾的主要方面所规定的。(《毛选》310 页)
>
> ……矛盾的主要和非主要的方面互相转化着,事物的性质也就随着起变化。(《毛选》310 页) 由此可见,事物的性质主要地是由取得支配地位的矛盾的主要方面所规定的。取得支配地位的矛盾的主要方面起了变化,事物的性质也就随着起变化。(《毛选》311 页)

科学主义思潮的实证主义内部发生了矛盾,分裂为人工语言学派和日常语言学派。前者主张:哲学中的一切争论都产生于语言表达上的错误,因此有必要建立一种高度逻辑化的人工语言。后者主张:表达上的错误的原因不在于语言本身,而在于不能正确地使用日常语言,因此解决问题的办法不在于建立人工语言,而在于研究和掌握运用语言的规律。本来人工语言学派在科学主义思潮内占支配地位,是主要矛盾方面,但由于实行起来十分困难而成为泡影。另一方面,日常语言学派的思想比较符合实际而占了上风,成了主要矛盾方面。因此改变了科学主义思潮的性质。

2. 人本主义思潮的大陆哲学(主要是解释学)内部的矛盾激化与

事物性质的变化（矛盾另一方内部矛盾的激化和性质的变化）

人本主义思潮的欧洲大陆哲学（主要是解释学）也发生了矛盾。最早把人本主义解释学化的是狄尔泰，他把解释学说成是一切人文科学的普遍方法，而与自然科学的方法对立起来。当初狄尔泰的解释学是人本主义思潮的主要矛盾方面。后来海德格尔等人接受了日常语言哲学家维根斯坦的观点，认为文本或语句的意义并不是客观的，而是不确定的，随人们对它们的使用情况的变化而变化。他们的观点占了上风。这样，人本主义思潮的客观主义解释学就转化为相对主义的解释学，成为人本主义思潮的主要矛盾方面。

3. 科学主义思潮与人本主义思潮的接近（矛盾双方产生同一性或联接性）

前面已提到，矛盾双方依一定条件向各自的对立面转化。这个条件就是科学主义思潮和人本主义思潮的内部变化。科学主义思潮中占主导地位的日常语言哲学派与人本主义思潮中占主导地位的相对主义解释学之间形成了同一性或联接性。这就是两大哲学思潮互相融合的趋势。

4. 两大哲学思潮、两大符号学派和两类语言学的对立统一成为现代符号学和语言学的两个主要矛盾方面与发展动力（矛盾双方的对立统一成为事物发展的动力）

《矛盾论》指出：

> 恩格斯说："运动本身就是矛盾。"……。一切事物中包含的矛盾方面的相互依赖和相互斗争，决定一切事物的生命，推动一切事物的发展。没有什么事物是不包含矛盾的，没有矛盾就没有世界。
>
> 矛盾是简单的运动形式（例如机械性的运动）的基础，更是复杂的运动形式的基础。（《毛选》293 页）

两大思潮的融合趋势必然反映在两大符号学派和两类语言学之间的融合趋势，但在融合趋势发生的同时，它们之间仍然存在着对立的一面。这种对立统一反映在两类语言学之间和两类语言学内部各学科之间的对立统一，也就是俗话说的"互动"。两类语言学之间和两类语言学内部各学科之间的对立统一（互动）推动语言学科向前发展。

五、两大类语言学的交流和融合趋势

第一类语言学属于科学主义思潮、英美分析哲学和皮尔斯符号学。它从生物体内部角度研究语言的心理活动和生理活动，它包括语用学、认知语言学、神经语言学、神经心理学等。第二类语言学属于人本主义思潮、欧洲大陆哲学、索绪尔语言符号学。它从生物体之间的角度，研究语言的社会属性（社会交流），它包括结构主义语言学、文体学、系统功能语言学、社会语言学、语篇分析等。这两类语言学之间和同类语言学中各学科之间形成对立统一（互动），产生许多新的对立统一体，体现在语言学科之间不同程度、不同方式的交流和融合。这种交流和融合大体上可分为以下几类。

1. 同类语言学科的交流和融合（矛盾双方在一定条件下向着相反方向转化形成同一性）

《矛盾论》指出：

> 同一性、统一性、一致性、互相渗透、互相贯通、互相依赖（或依存）、互相联结或互相合作，这些不同的名词都是一个意思，说的是如下两种情况：第一、事物发展过程中的每一个矛盾的两个方面，各以和它对立着的方面为自己存在的前提，双方共处于一个统一体中；第二、矛盾着的双方，依据一定的条件，各向着其相反的方面转化。这些就是所谓同一性。（《毛选》315 页）

同类语言学的各学科之间，由于它们属于同一哲学思潮、哲学流派、符号学派，具有相同性质，相同性质构成了它们形成新对立统一关系的条件，因此它们之间的交流、融合显得十分自然，甚至是其中某一学科的不同发展阶段。例如，属于第二类语言学的现代文体学，随着各语言学科的发展而发展，不断把它们的研究新成果应用于文体分析。它与以结构主义语言学为基础的一些学科之间的交流和融合显得很自然，如与系统功能语言学、社会语言学等。现在系统功能语言学已成为文体学的主要内容和分析手段之一。它的理论和方法已普遍、有效地应用于各功能语体的分析，也应用于文学作品的分析（详情见本人编著的《英语文体分析》）。社会语言学研究的社会方言已成为文体学研究的社会变体。又如，系统功能语言学与文体学、社会语言学、语篇语言学（text linguistics）、批评语言学等同类学科，自然结合成为语篇分析的基本内容。这种发展过程甚至可以看作语篇分析的几个发展阶段：语篇结构分析—＞语篇与社会文化结合的分析—＞语篇与意识形态相结合的分析。（详情见另文"当今语言学与符号学的一个重大课题"和"语篇分析符号学分析"）

2. 不同类语言学的交流和融合（矛盾双方在不具备条件的情况下无法形成新对立统一）

不同类语言学科之间，它们的不同性质使它们不具备一定条件，不能形成新对立统一。它们只能在分析方法上借用，而且这种交流并不能改变学科的主流方向。例如，文体学与不同类学科的语用学、认知语言学等之间仅限于分析方法的借用，如语用学可用于文体学分析中某具体语境中对话语的真实意义或意图的分析，而无法运用于其社会文化语境中的分析。Elena Semino 和 Jonathan Culpeper 编辑的《认知文体学——语篇分析中的语言和认知》一书代表当前认知文体学的最新发展。但笔者注意到，该书中认知语言学理论最有效的应用是对"思维方式"（mind style）的分析。这种分析基本上属于语言成因的心理活动分析。对诗歌的分析也属同样性质。它并不能解决文学文体学的主要任务之一：对各层次语言的语言特征与美学效果之间关系做出解释。文体学与语用学、认知语言学的交流中，文体学仍然保持自己的结构主义语言学的独立体系，只利用它们的一些分析手段，而且这种利用是有限的。

系统功能语言学与语用学的结合非常困难。朱永生教授认为，它们之间有很大的互补性和多方面结合的基础。但笔者不同意这种看法，因为它们属于完全不同性质的两类语言学，不具备形成新对立统一的条件。

朱永生在"系统功能语言学与语用学的互补性"一文中写道："在

过去三十年中，系统功能语言学和语用学都取得了长足的发展，很多事实表明，尽管这两种理论长期以来缺少沟通，但彼此之间存在不少互补之处。"接着他谈到两种理论互补的基础是："都重视语言功能、语境和语篇语义，因此它们在以下具体方面可以互补：系统功能语言学至少可以在语言符号观、功能思想、语域理论以及话语结构的研究等四个方面对语用学理论的丰富发挥一定的积极作用。而语用学，尤其在会话含义和关联理论等方面的研究成果，也能对系统功能语言学的进一步发挥产生积极的影响。"

笔者认为，这两种理论长期以来缺少沟通，不是因为这两派语言学家之间有个人恩怨，而是他们以完全不同的观点研究语言学。在"互补基础方面"，系统功能语言学的功能是社会功能，语境是社会文化语境，语篇意义是在表达（交流）中的、与社会文化相联系的语篇意义。而语用学的功能是认知功能，即听话人根据具体（物理）语境推断说话人讲的话的真实意义和意图的功能；语境是说话人所处的具体语境，不是社会文化语境；会话结构分析也是认知性的，是对语篇的解读，是为了理解说话人说话的真实意义和意图。至于"互补方面"，由于在以上各方面不具备共同性，而无法互补，只能在具体方法上有少许借用。

语用学在语篇分析中的运用也是有限的。《话语分析》一书的"第二章 语境的作用"指出理解语境的几个基本方法：预设（reference）、会话含义（implicature）和推理（inference）。此章还探讨了情境语景、语境特征、话语的上下文、扩展语境（the expanding context）等问题。在"第七章 话语理解中的连贯"中，应用了语用学中的言语行为的理论。最后一章还应用了语用学中的推理，提出了一个概念"沟通假设"（bridging assumption）（杨信彰，2000）。笔者认为，上面讲的语境都是语言使用者个人所处的具体语境，不是社会文化语境；理解语境的几种方法都是个人根据自己所处具体语境进行的逻辑推理；话语理解中应用言语行为理论只说明：理解话语要分析说话人个人意图。这些分析都是在个人语境或个人意图的基础上进行的，因此语用学在分析语篇的社会文化、意识形态语境中是无能为力的。

3. 两类语言学在理念上的交流和融合（矛盾双方在高一层次上形成新的对立统一）

虽然不同类的语言学科之间的交流，由于缺乏必要条件，不能在同一层次上（语言学各学科之间）构成新对立统一，学科间不能直接融合，但它们各自的理念可以在更高层次上（语言学的整体上）构成新的对立统一。如上所述，语言功能有两个侧面，一面是认知、思维，另一面是表达、交流。两类语言学的理念可以在语言整体功能上构成对立统一，因为认知、思维与表达、交流是语言整体功能的两个矛盾方面。例如，近年来，系统功能语言学开始从认知角度研究语言学，即从系统功能学的角度来研究人类大脑的认知特性。（张德禄，2004）系统功能语言学试图以自己的观点解释认知。Halliday 和 Matthiessen 于 1999 年出版了《通过意义解释体验：认知的语言分析》(*Construing Experience Through Meaning: A Language-based Approach to Cognition*)。这是一本描述人类怎样解释自己对世界的体验的系统功能语言学著作，是关于认知方面的理论与描述相结合的著作。该书不是把人类对世界的体验看作是知识，而是当作"意义"；在作者看来，对人类体验这项任务应由一个语义系统来完成。这本书代表着韩礼德系统功能语言学的最新思想。此外，系统功能语言学理论还用于计算机语言学研究。（黄国文，2000）

更突出的例子是洛特曼文化符号学。洛特曼文化符号学继承了索绪尔语言符号学传统，但对结构主义提出了质疑，在吸取了同一传统的巴赫金和克里斯蒂娃的有关理论外，同时吸取了皮尔斯的有关符号学理论，因此我们可以把洛特曼文化符号学看作索绪尔语言符号学和皮尔斯符号学的交融，以及现代西方哲学的科学主义和人本主义两大思潮在语言学上的转向和融合趋向的一个典型例子。索绪尔语言符号学重点研究语言符号在社会交流中的作用，而皮尔斯符号学重点研究符号在作为生物个体的人的认知中的作用。而文化符号学把交流和认知结合起来，把交流的社会性与认知的个人心理活动结合起来，把文化交流看作为一种社会性的交流和社会性的认知活动。（详情见另文"文化符号学评介——文化符号学的符号学分析"）

参考文献

郭　鸿：《英语文体分析》，北京：军事谊文出版社，1998年。

郭　鸿：《语篇分析符号学分析》，《外语研究》2007年第3期。

郭　鸿：《文化符号学评介——文化符号学的符号学分析》，《山东外语教学》2006年第3期。

郭　鸿：《当今语言学与符号学的一个重大课题》，《中国外语》2006年第5期。

胡壮麟、朱永生、张德录：《系统功能语法概论》，长沙：湖南教育出版社，1989年。

夏基松：《现代西方哲学教程新编》（上、下册），北京：高等教育出版社，1998年。

毛泽东：《矛盾论》，《毛泽东选集》（一卷本），北京：人民出版社，1966年。

杨祖陶、邓晓芒：《康德〈纯粹理性批判〉指要》，北京：人民出版社，2001年。

James Paul Gee：《语篇分析入门：理论与方法》，杨信彰译，北京：外语教学与研究出版社，2000年。

张德禄：《系统功能语言学的新发展》，《当代语言学》2004年第1期。

朱永生：《系统功能语言学与语用学的互补性》，《外语教学与研究》1996年第1期。

周晓亮："西方近代认识论论纲：理性主义与经验主义"，http//philosophy.cass.cn/zxyj/yjgqml/03/0310/08htm。

第五编
符号学的应用

发展一种应用的社会性符号学理论

摘　要　到目前为止，符号学界在符号学的性质、范围和方法等重大问题上没有一致的看法，因此在它的应用上也没有一致的做法。文章认为，符号学曾经是哲学的一部分，现在仍然是以哲学为基础的跨学科方法论，因此它应该从哲学的高度、从符号学的高度关注社会人文学科，尤其是各语言学科和当前语言学科中争论的重大问题，而不应去讨论诸如广告、课堂教学、装潢中的具体事例。我们应该努力发展一种应用的社会性符号学理论。

一、符号学应用的现状

Daniel Chandler 在《符号学入门》（*Semiotics for Beginners*）中写道：

除了符号学是对符号的研究这一点以外，符号学家们在符号学研究的范围、方法问题上很少有一致看法。虽然索绪尔曾经期望符号学会成为社会科学的一部分，符号学仍然是一种比较松散的评论实践，而不是一种统一的、充分发展的分析方法或理论。最坏的说法是，能称得上"符号学分析"的只不过是在文学范围之外和仅仅基于主观解释和大言不惭的武断的自命不凡的文学批评形式。这种对符号学的滥用已经在某些范围内蒙受学术欺骗的最后庇护所的不光彩名誉。

符号学经常被人批评为"帝国主义",因为有些符号学家似乎认为符号学跨越几乎每一个学科,与任何事情和每件事都有关系、都用得上。John Sturrock 是这样评论的:符号学涉及领域之宽广是戏剧性的,它涵盖整个文化领域,因此被怀疑它的人看作知识界的恐怖主义,使意义充塞了我们的生活。(Sturrock, 1986: 89)

符号学家不是始终能说明他们的技术的局限性,他们把符号学不加区别地说成一种万能工具。的确,在某些情况下,符号学分析似乎等同于通过滥用行话,炫耀自己,把多数人排除在外。很少符号学家能把他们使用的分析手段说清楚,以便于别人能应用于他们举的例子或别的其他例子中。有的符号学分析被别人批评为仅仅是充满各种分类的"无结果的形式主义"(arid formalism)。

笔者认为,以上评论概括了符号学的现状。目前在国内,我们看到的符号学文章绝大多数谈理论,很少联系实际,好像符号学本来就是一门玄学,不需要联系实际。当然,联系实际的也有,但非常少。好的也有,例如在第一届全国语言符号学研讨会上发表的一篇用符号学分析中国的易经的文章,后来在因特网上也看到类似的文章,它们给人以深刻印象。少数应用型文章都是用符号学分析广告、装潢设计,甚至课堂教学。但这些分析显然不是为了加深读者对广告的理解,也不是为了提高装潢设计或课堂教学的能力,而是以这些语言材料来证明他们掌握的符号学原理,结果用了许多符号学术语,不但没有说明问题,反而把问题搞复杂了,弄得人莫明其妙。笔者最近查了因特网,盼望能看到一些高明的分析,结果大失所望,比平常在国内看到的情况好不了许多。因特网上的"符号学应用"(application of semiotics)一栏中有 22300 个查询项目。仔细阅读了约 100 项,大多数是讲理论的,少数是分析性文章,个别的有道理,如 Radu Surdulescu 写的"文学文本的符号学分析"(The Semiotic Analysis of the Literary Text)。其他几篇是分析广告和新闻媒体的。分析的方法也并不高明,与国内看到的差不多,正像 Daniel Chandler 批评的那样。在这里举几个例子:Helen Gambles 写的 *A Semiotic Analysis of a Newspaper Story*,Rikke Bjerg Jensen 写的

Illustrate and Critically Discuss the Workings of Intertextuality in a Detailed Analysis of an Extended Series of Magazine and Poster Ads for Smmirnoff Vodka，Ruth McKeown 写的 *Le Parfum de Washing Up — A Semiotic Analysis of Two Ads for Persil Liquid* 以及 Daniel Chandler 在《符号学入门》中引用的一篇香烟广告的分析。第一篇与一般语言分析无异，太简单。以下三篇太复杂，用了许多符号学术语，讲了许多"道理"，弄得人莫名其妙，只是说明广告人为了逃避检查，使用了许多象征手段，暗示广告中的男人和女人的生殖器。不幸的是，这种事竟出在批评者 Daniel Chandler 自己的文章中。

看来这是普遍现象。出现这种现象的根本原因是 Daniel Chandler 指出的"符号学家们在符号学研究的范围、方法问题上很少有一致看法，符号学仍然是一种比较松散的评论实践，而不是一种统一的、充分发展的分析方法或理论"，"符号学经常被人批评为'帝国主义'"和"知识界的恐怖主义"。一句话，符号学的性质、范围和方法问题还没有解决，符号学还受到泛符号论的危害。

二、符号学应用的途径

Daniel Chandler 在同一本书中指出：

> Robert Hodge 和 Gunther Kress 认为，符号学与其他学科不一样，我们能指望它对各种交际现象提供系统、全面和连贯的研究，而不是研究这些现象的一些事例。（Hodge & Kress，1988：1）

符号学给我们提供一种潜在的、统一概念框架和用于意指实践全范围的一套方法和术语，这个范围包括手势、姿态、服装、书写、话语、摄影、电影、电视和广播等。符号学本身可能称不上一门学科，但它至少是一种探索焦点，它关注的中心问题是产生意义的各种实践，而常规学科只把这些实践当作边沿问题来处理。正如 David Sless 所说的那样，我们研究语言学时，请教语言学家；研究绘画时，请教艺术历史学家和艺术评论家；在研究生活在不同社会中的人如何通过手势、服装或装饰来传递信息时，请教人类学家。但是如果我们想知道所有这些不同的事物有哪些共同点，我们就需要请教有符号学观点的某些人，因为他们站在一个有利的地位观察我们的世界（Sless，1986：1）。

对隐藏在"明显"事物后面的事物的探索会产生富有成果的洞察力。符号学很适合探索转义（connotation）。社会符号学提醒我们，同一文本会对不同读者产生不同意义。符号学也能帮助我们认识，对我们来讲似乎是"明显""自然"、普遍、特定、永恒和无可争议的任何断言，都是我们的话语社团中操作的符号系统产生的。……这样，符号学就能显示意识形态的活动，并且说明"现实"是可以挑战的。

Pierre Guiraud 在更广泛的意义上说，"毫无疑问，符号学的主要任务之一是在看起来无系统的各种意指方式中建立系统"（Guiraud，1975）。

以上论述对我们认识符号学的性质、范围和方法上提供一些启示。符号学"对各种交际现象提供系统、全面和连贯的研究，而不是研究这些现象的一些事例"。学习和研究符号学会使我们"产生富有成果的洞察力"。"符号学的主要任务之一是在看起来无系统的各种意指方式中建立系统"。总之，符号学提供一种观点，一种洞察力，它的研究方式是宏观的、系统的、本质的，用普通人的话讲就是"高屋建瓴"。根据以上观点，我们无法用符号学来研究广告、新闻和装潢设计中的一些具体细节。

其实我们有许多卓越的应用符号学的例子，包含在各名家的理论中。这些应用能把很复杂的理论问题，用简单明了的语言，说得清楚透彻，形象易懂。

索绪尔对语言符号的定义就是一个例子。符号由一个能指和一个所指构成。能指是一个声音形象，所指是一个概念，能指与所指相结合产生意义。这样一个简单的定义包含了非常广泛深刻的道理。从整体上讲，能指就是整个世界，一个物质系统；所指就是这个世界代表的意义，一个概念系统。从单个符号来讲，能指是一个声音形象，所指是它代表的一个概念。能指与所指之间的关系是任意性的、是社会规约决定的。这就清楚地说明了索绪尔语言符号学所强调的符号的系统性和社会性。

皮尔斯符号学的符号由符号代表物（representamen）、所指对象（object）和解释项（interpretant）构成。符号的构成本身就是符号活动或符号化过程：由第一性的符号代表物，到第二性的所指对象，再到第三性的解释项，说明人类通过符号来认识世界，但符号并不完全代表世界的意义，还要通过人对世界的解释，也就是人与客观世界之间的互动。这就清楚地说明了皮尔斯符号学强调的符号的认知性、动态性和互动性。

莫里斯（Morris）对符号学的应用也很精彩。莫里斯说，符号学包括三个部分，第一个部分研究符号与符号（能指与能指）间的关系，这就是语法（句法）学；第二部分研究符号与它代表的意义（能指与所指）间的关系，这就是语义学；第三部分研究符号与符号使用者之间的关系，这就是语用学。这种解释多么简单明了！

符号学把翻译过程解释为：把源语言（source language）的表层结构转换为深层结构，然后把这个深层结构再转换为目的语（target language）的表层结构。这个解释也很精辟。

Halliday 把"隐喻"解释为"一个能指有几个所指"，也就是说，用一个能指（一个隐喻）能说明几个在意义上有联系的事物。他把"语法隐喻"（grammatical metaphor）解释为"一个所指同时有几个能指"，也就是说，一件事物可以用几种不同结构的语言来表达（即用一致性结构以外的几个隐喻性结构来表达，或用几个不含情态动词的句子来表达情态动词的意义）。

Dolezel & Kraus 把文体定义为："研究同一内容（或接近同一内容）可以相互替换的表达方式"（1972：37）。也就是说，文体学研究表达同一意义的几个文体变体（style variants）。Barthes 把文体定义为："对（编码）常规的（信息）偏离"，也就是说，文学语言的文体表达的意义是偏离常规的语言表达的意义（deviation from the norm）。

一般人看不出日常生活中事物的系统性和它们的交际功能。Barthes 把语言学中的纵向选择关系和横向结合关系应用于日常生活中的事物（如食品、服装）的分析中，说明这些事物构成不同的系统并具有不同的交际功能。（详情见另文"服装和食品的语言符号属性与交际功能"）

此外，笔者认为，符号学要首先关注各语言学科的发展，尤其是当前一些重大学术问题的争论。这是理论联系实际的一个重要方面，一个最好方法。

例如，语言符号是任意性的还是象似性的，这个问题长期以来一直是国内外语言学和符号学界争论的问题，在我国持续了五六年之久，到目前为止，尚未解决。这个问题是"大是大非问题"，因为它有关索绪尔语言符号学是否成立的问题，有关如何解释以结构主义语言学为基础的（或为主流的）现代语言学的历史的问题。笔者认为，这个问题长期以来得不到解决的原因，就是没有搞清楚符号学两大流派（索绪尔语言符号学和皮尔斯符号学）的基本理论。在现代西方哲学思潮中，索绪尔语言符号学属于人本主义思潮，皮尔斯符号学属于科学主义思潮。在人类的认知、思维和表达、交流中，索绪尔语言符号学着重研究表达、交流，它的特点是社会性和结构（系统）；皮尔斯符号学着重研究认知、思维，它的特点是科学性和认知性。索绪尔语言符号学的符号是一个单词，皮尔斯符号学的符号是一个命题（相当于一个语篇）。索绪尔语言符号学的符号任意性指单个符号（一个词）的能指和所指关系的非理据性和社会约定性；皮尔斯符号学的象似性符号指一个符号（一个语篇）中的代表物与所指对象间的相似性。企图否定索绪尔语言符号任意性的人把皮尔斯符号学的象似性符号（一个语篇）和索绪尔语言符号学的符号（一个词）相比，混淆两个理论系统、两种符号概念和符号（任意性符号和象似性符号）的不同所指，然后否定索绪尔的任意性符号，甚至否定索绪尔语言符号学。（详情见另文"索绪尔语言符号学和皮尔斯符号学两大理论系统的要点——兼论对语言符号任意性的置疑和对索绪尔的挑战"）

认知语言学走红以来，国内外掀起了一股否定索绪尔的浪潮。笔者认为，其根本原因还是没有搞清楚两大符号学派的基本理论，因为认知语言学在理论上属于皮尔斯符号学系统，某些持认知观点的人用皮尔斯符号学理论否定索绪尔语言符号学理论。实际上，上述两大派符号学是从不同角度（一个从个人认知的角度，另一个从社会交流的角度）研究语言和符号，它们不但不矛盾，而且互相补充。（详情见上文和另文"索绪尔符号学与皮尔斯符号学的比较"）

笔者在参加上述语言符号学问题的辩论中，深深地体会到，符号学是哲学和语言学之间的桥梁，是语言学科的元语言，它既有哲学的深刻哲理，又有语言学科的可操作性。研究语言学的人不研究哲学和符号学就不可能深入，甚至会迷失方向。如果我们了解每一门语言学科所属的符号学派和现代西方哲学的思潮以及这些符号学派和哲学思潮的内容和特点，我们就能准确地掌握每一门语言学科的性质、范围和方法，它与其他语言学科之间的关系以及它的发展方向。（详情见另文"当今语言学与符号学的一个重大课题"）

语言学是符号学的一个分支。它是符号学各分支中是最典型的一支，任意性最突出的一支，研究得最深入的一支，最具体的和最容易理解的一支。非语言符号的研究要借鉴语言学，语言学是非语言学科的元语言。总之，符号学首先要关照语言学科，彻底搞清语言符号学理论以后，才能深入地研究非语言符号。当今语言学和符号学的重要课题是搞清符号学的基本理论，以符号学研究带动语言学科的研究。（详情见上文）

三、发展一种应用的社会性的符号理论

正如 Daniel Handler 指出的那样，符号学的应用不是一个孤立的问题，目前"符号学家们在符号学研究的范围、方法问题上很少有一致看法，符号学仍然是一种比较松散的评论实践，而不是一种统一的、充分发展的分析方法或理论"。德国符号学家艾施巴赫有类似的看法，他在"符号学危机"（载于 1987《为文化符号学辩护》）一文中说，尽管近年来国际符号学活动频繁，成果累累，实际上"符号学处于危机状态"。他提出了三点建议（李幼蒸，1999：92），笔者认为非常中肯。

(1) 发展一门基本的、批评的符号理论。

(2) 发展作为一种应用的社会性的符号理论。

(3) 发展一门历史的符号理论，它认识自己的根源、成就和错误。

笔者认为，第一点指：建立一个基本的符号学体系，但并不要求意见完全一致，重要的是各种不同意见要交锋，要把各自的观点搞清楚。第二点指：符号学理论要联系实际，研究社会文化中的实际问题。第三点可以解释为：在研究符号学的性质、范围和方法等问题上，不要主观想象，要通过对它历史的研究来取得一致的看法。

本文讨论的是符号学的应用问题，但上述三点是互相联系的。不掌握符号学的基本理论，不了解符号学的历史，不明确符号学的性质、范围和方法，就不可能正确地应用符号学。当然要做到这三点不是指日可待的事。但作为一个符号学的学习者、研究者和教师，我们应该朝着这个方向去努力。我们应该研究现代西方哲学；研究现代符号学的发展史；研究符号学主要流派（索绪尔语言符号学和皮尔斯符号学）的哲学基础、基本理论和方法，弄清它们的异同、各自的优势和局限性以及它们在各学科（特别是语言学科）中的应用；关注当前语言和符号学上重大争议问题并提出自己的看法。符号学要和一般语言学科有区别，应宏观地、系统地、本质地从哲学和符号学的高度去研究社会文化问题，特别是语言学科的问题，不搞诸如广告、装潢设计、课堂教学中的具体事例分析。

参考文献

李幼蒸：《理论符号学导论》，北京：社会科学文献出版社，1999年。

郭　鸿：《服装和食品的语言符号属性与交际功能》，第二届全国语言与符号学研究会论文。

郭　鸿：《索绪尔的语言符号任意说是否还成立？——与王寅教授商榷》，《外语研究》2001年第1期。

郭　鸿：《对符号学的回顾和展望：论符号学的性质、范围和方法》，《外语与外语教学》2003年第5期。

郭　鸿：《索绪尔语言符号学与皮尔斯符号学两大理论系统的要点——兼论对语言符号

任意性的置疑和对索绪尔的挑战》,《外语研究》2004 年第 4 期。

郭　鸿:《索绪尔符号学与皮尔斯符号学的比较》,《中国外语》2004 年第 2 期。

郭　鸿:《认知语言学的符号学分析》,《外语教学》2005 年第 4 期。

郭　鸿:《语用学的符号学分析》,《外语研究》2005 年第 5 期。

郭　鸿:《当前语言学和符号学研究中的一个重要课题》,《中国外语》2006 年第 2 期。

"Form, Structure, and Structurality in Critical Theory", www. unibuc. ro/eBooks/Filologie. htm-18k.

Daniel Chandler, "Semiotics for Beginners", www. aber. ac. uk/media/Documents/S4B/semiotic. html-33k.

"The Semiotic Analysis of the Literary Text", www. unibuc. ro/eBooks/lls/RaduSurdulescu-FormStructuality/Thesemioticanalysisoftheliterarytext. httm-26k.

Helen Gambles, "A Semiotic Analysis of a Newspaper Story", www. aber. ac. uk/media/Students/hlg9501. html-15k.

Rikke Bjerg Jensen, "Analysis of an Extended Series of Magazine and Poster Ads for Smmirnoff Vodka", www. aber. ac. uk/media/Students/rbj0002. doc.

Ruth McKeown, "Le Parfum de Washing Up — A Semiotic Analysis of Two Ads for Persil Liquid", McKeownhttp：//www. aber. ac. uk/media/Students/rum9501. html.

服装和食品的语言符号属性与交际功能

摘 要 文化是一整套符号系统，交际活动是人类的符号活动。服装和食品是文化的重要组成部分，是最重要的非语言符号系统。和语言一样，服装和食品具有交际功能。服装和食品是符号学研究的重要对象，也是社会科学者研究人类文化、社会变迁不可缺少的内容。

语言是人类的交际工具。人们用语言来说明自己的观点和表白自己，用语言谈判、谈生意、拉关系、撒谎、欺骗等等。但是人们往往忽视了语言以外千千万万事物的交际功能。人们难以想象，如何以服装和食品来说明自己的观点、表白自己、谈判、拉关系、撒谎、欺骗等等。其实，食品、服装和千千万万事物都是表达意义的符号系统，它们生动地表达了万千世界的丰富内容。忽视这些重要交际工具的原因是，人们往往只注意千千万万事物的物质性能，而忽视了它们的社会属性，它们说明社会上人与人之间的关系的功能。人们所忽视的这一部分正是符号学研究的重要内容之一。

一、文化是一整套符号系统，交际活动是人类的符号活动

符号是代表意义的基本单位。世界上任何事物，包括人类本身，都是符号系统，都代表某种意义。这些系统的总和就是文化。人类的交际活动实质上是人类的符号活动。符号活动具有社会性并且必须借助于物质实体。

世界是一个结构体系。事物的意义主要不是由能指与所指之间的关系决定的，而是由事物之间的关系决定的。事物之间的关系决定意义，但意义是抽象的，必须由某种符号来表达。既然世界上的事物构成一个结构体系，体现这个结构体系的意义的符号也必然是一个结构体系。文化就是这两个结构体系的结合。

人是社会的人，人在群体中生活，必须互相配合，互相帮助。因此，人类必须互相交流信息，表达他们对周围事物的观点、意见和对彼此的要求等等。这就是人类的交际活动。既然意义是符号表达的，人类的交际活动实质上就是人类的符号活动，也就是用符号表达他们的意义。表达意义的符号的种类很多，有语言的，有非语言的。语言符号系统只是众多符号系统之一。

既然人类的交际活动是社会成员间的信息交流，那么他们使用的，包括语言和非语言符号，必须为社会成员所公认。这就是符号活动的社会性。人初生时还不是一个社会的人，他并不理解他碰到的符号对周围的成年人表达什么意义。只有他在一系列的情境中接触一系列符号以后，他才逐渐理解这些符号对他表达什么意义。这就是一个人的社会化的过程，也就是他进入他所处的群体的文化的过程。文化决定符号的意义，同时文化也靠符号世代相传、延续和发展。

如上所述，虽然意义决定于事物之间的关系，但仅仅有这种关系中存在的意义，人类仍然不能进行交际活动。他们必须借助于符号。符号是物质实体。通过语言符号进行交际活动，人们借助于物质的物理属性。口头交际借助于声音和听力，书面交际借助于文字图像和视力。通过非语言符号进行交际，人们借助于物质的物理性能以及物质本身。

让我们以下面几段话来总结以上论述的要点:"文化的定义是一整套符号系统,或一整套象征和意义的代码。交际活动是人类的符号活动。符号学研究符号和符号系统"(*Semiotic Theory and Communication Theory*,p. 17)。"我们可以看到,交际实质上是一个过程,而不是没有具体化的意义交流。意义的产生和再现在特定的社会条件下,以特定的物质形式和机构进行。意义存在于具体事物的关系中,但仅仅用事物间的关系无法说明意义。"(Hodge and Kress,1988:vii)

二、服装和食品是文化的重要组成部分,是最重要的非语言符号系统

如上所述,虽然意义存在于事物间的关系中,但意义必须通过具体事物来表达。食品和服装就是最重要的事物之一。衣、食、住、行是人类生活的四大要素,而以衣、食最为重要。人类不能一日无食,也不能不穿衣服。因此,食品与服装是人类文化中最重要的非语言符号系统。由于不同社会阶层的人、不同地域的人、不同民族的人、不同宗教信仰的人、不同年龄的人、不同性别的人,都有各自不同的衣食习惯和规矩,因此,一个人吃什么、穿什么就成了他的社会标志。也就是说,衣食传递了有关人类的社会阶层、民族、宗教、年龄、性别等方面的信息。所以,人类学家和社会学家研究人类和人类社会时,必须研究人类的服装和食品。

服装和食品除了有传递信息的功能外,也就是表达人类各种社会关系的功能外,还有满足人类生活需要的物质属性。在这一点上,服装、食品和语言是有区别的。后者只有表达意义的社会属性,而没有满足人类生活需要的物质属性。就服装和食品的两大属性,物质属性和社会属性而言,两者都是表达意义的重要手段。由于服装和食品是生活必需品,人类往往以赠送服装和食品作为表达感情、建立友谊的手段。逢年过节或发生重大事件时,人们互赠食品和服装已成习俗。当一个国家遭受灾荒,另一个国家也往往以赠送食品、服装表示慰问或给予实际支持。有时食品和服装还被一个国家用作对另一个国家施加政治压力的工

具。这就是食品和服装的物质属性表达意义的作用。但我们要着重研究的是服装和食品的另一方面，即它们的社会属性。

吃什么、穿什么，虽然各有各的爱好和习惯，但这并不是任意的，是一个人的经济收入、职业、宗教信仰、性别、所属民族等社会条件决定的。因此，它是每个社会成员的社会标志。同样，各社会阶层、各种宗教信仰、各民族、不同性别的人都有不同的衣食习惯和规矩，因此，衣食也是群体的社会标志。例如，制服是相同职业的人的标志，民族服装是同一民族的人的标志，男装女装是不同性别的人的标志，戏装是扮演社会上各种角色的人的标志。正如《符号学原理与交际原理》（Semiotic Theory and Communication Theory）一书所说："我们可以毫不夸张地说，服装构成一幅真实的标志世界文化的地图"。"服装是个体和群体的标志。服装是识别一个人的根据，它说明一个人在社会上所处的地位和身份。衣着是人与群体间的中介。通过服装这种外部符号，人们取得了社会意义"，"服装成了一种语言符号，一种识别人的词汇表，一种卢象学，只有傻瓜才会忽视对它的研究"。食品也是如此，不同社会阶级，不同国籍，不同民族，不同职业，甚至不同性别和年龄的人，都有不同的饮食习惯。因此，食品也是个人和群体的社会标志。

食物是人类和动物赖以生存的物质，因此它既能传递人类社会的信息，又能传递动物界的信息。例如，我们在某地发现某种动物所喜爱的食物，就能判断这是这种动物经常出没的场所。人类的食物标志是熟食，人类对采用的食物进行加工和烹调，而动物吃生食，因此熟食和生食是区别人类和动物的标志。随着人类社会生产力的发展和生活水平的提高，食品已能满足人类基本生活需要，这时人们对食品的物质性能的兴趣淡薄了，食品的社会功能就突出了。例如，有时请客吃饭不在乎吃什么，而在乎宴请的餐馆的档次，在乎这个餐馆是些什么人去，在乎同餐的人的身份和地位等等。上一道昂贵的名菜，更主要的是显示主人的财富和对客人的尊重，而不是满足客人的食欲和生存需要。总之，食品的社会属性，即标志人们社会地位和人与人的关系的作用，更加突出了。

服装是人类所独有的，因此它是区别人类与动物的又一标志。服装与食物不同，吃什么可以不让人看见，而穿什么不能不给人看。因此，服装是人类外观的重要组成部分。往往从一个人的服装可以看出这个人的出身、职业、宗教、性别、年龄等。服装又是人们不可避免的外观，因为人不可不穿衣服。就像皮肤标志一个人所属的种族，衣服说明人在社会上担任的角色和所处的地位。因此，服装可称为"人类的第二皮肤"。当一个人被引见的时候，在他开口讲话以前，人们就能从他的服装得到许多信息，对他的出身、职业、性别、年龄，甚至对他的性格、情趣做出估计。因此，人们非常注意自己的服装。人们往往在服装上比在食品上投入更多资金。和食品一样，随着人们生活水平的提高，服装已能基本满足身体不受自然侵袭的需要，这时人们更加注意服装的社会功能。人们穿衣服往往更主要的是显示自己的财富和社会地位。在高档服装店里买一套西装，花上几千元上万元，买一条领带上千元，一双皮鞋也值几千元。这些价格并不体现商品的使用价值，而体现它的社会价值。因为这些商品能向人们传递有关他的财富和社会地位的信息。在这方面，服装的作用比其他商品更加突出。

三、服装和食品的语言符号属性

语言是人类的交际工具，具有表达意义的功能，而意义是在一定社会情境中实现的。语言不是单个的词，而是词的组合。语言是抽象的系统，是意义潜势。人们使用语言时，将这个抽象系统具体化，并将潜势变成现实。语言是通过纵向选择关系和横向结合关系形成的。以上这些语言符号的属性也体现在服装和食品符号系统中。对这个问题的讨论，有助于我们更深刻地领会语言的符号本质，和深刻地理解语言以外的符号系统的交际功能。"符号不会单独产生，符号成套地产生。符号学家称一组或一套符号为一个代码。……代码是系统、模式、网络的同义语。……意义不会单独产生，甚至不是主要地由能指和所指之间的关系产生，而是由符号间的关系产生的。"（*Semiotic Theory and Communication Theory*, p. 51）。服装和食品在表达意义方面有同样特点。一套服装中的每一件东西：衣、帽、鞋、袜、领带、装饰品等，都是单个符号，每一件东西的款式、色彩、质地又都是单个符号。单个符号表达的意义不大。实际上，人们必须成套地穿戴，不可能穿带其中的一样或几样东西。一套选择得当、搭配相宜的服装才能体现穿戴者的地位、气质和风度。食品也一样。例如一桌酒席中，上一道价值千元以上的澳大利亚龙虾，固然能显示菜肴的名贵和主人的阔绰，但这道名贵的菜还必须其他菜肴来搭配。总之，服装和食品中的每件东西都是符号，但使用服装和食品时，必须一件件东西配合起来，组成表达意义的代码。语言的意义在语境中才能实现。大至文化语境，其次是情景语境，再次是上下文。离开语境，语言的意义难以确定。服装和食品表达的意义也一样。它们不仅仅是物品的组合和搭配，而且要在一定社会情景中使用。例如，在什么地方就餐。在星级饭店和在普通饭馆中吃同一道菜，价格相差几倍。上菜的方式也不同，自助餐还是服务员上菜。还有，一同就餐的人是普通老百姓还是达官贵人。以上不同情景就是使用作为符号的食品的社会情景。不同情景中的食品表达不同的意义，体现就餐者的不同社会地位。

一种语言是操这种语言的千千万万的人在各种场合使用的词句的总和，是个抽象概念。当一个人在某个场合使用语言时，他只能选择词句中的一部分。选择的这一部分就是概念的具体化。选择的过程就是实现语言潜势的过程。服装和食品也是系统，是各种服装和食品的总和。对一个人来讲，他无法了解究竟有多少件服装或食品。这些服装和食品只是存在他头脑中的一个抽象概念。当他使用服装或食品时，按照实际可能和需要，从这个抽象概念中做出选择。

人们使用语言时，从语言系统这个意义潜势中，按照使用语言时的社会情景选择意义。而这个意义的体现是按纵向选择关系和横向结合关系进行的。从纵向语符系列中选择一些词，然后按横向语符系列的基本结构：主语－谓语－宾语，的模式结合成句子。人们使用服装或食品时也一样，他们从记忆中选择一些喜爱的服装或食品，然后再按服装或食品的一般模式搭配，构成一套服装（包括衣、帽、鞋、袜、领带、首饰等）或食品（包括各种菜肴、各种主食、各种酒水、甜食、水果等）。

人们使用语言时，有时会犯语法或文体上的错误。穿衣吃饭也如此，毛线衣可能穿错了正反面，袜子可能穿错了左右脚。这就是"语法错误"。如果衣服的各个部件的款式颜色不协调，这就是"文体错误"。人们在使用语言时，为了吸引读者或听众的注意力或使语言产生艺术效果，往往采取"偏离常规"的方法，故意使用不合常规的词和句，以产生新奇感，或使语言机智，或具有更深的含义。人们的穿着打扮也如此。有些人喜欢奇装异服，吸引人的注意，或达到其他目的。其实，一种时装开始时是奇装异服，是少数人标新立异的结果，后来为多数人所接受和使用，就成为一种时尚。总之，服装和食品与语言一样，都是符号系统，都是人们传递信息的工具，因此具有类似的功能和结构。

四、服装和食品的交际功能

我们用语言说明自己的观点，表示对别人的态度，办理各种交涉，建立各种社会关系，塑造自己的社会形象，甚至撒谎、欺骗等等。

新加坡前总理李光耀穿白衣白裤，不打领带，并规定白上衣为公务员的制服，以表示廉洁。巴勒斯坦解放组织前领导人阿拉法特以独特的头巾为世人所触目。多少年来他一直以这种服装在公众场合出现，以表示他争取巴勒斯坦独立矢志不渝的决心。我国过去革命战争年代，指挥员和战士同吃同住，穿同样的衣服，以表示官兵平等，同甘苦共患难。改革开放以前，"吃大锅饭"的含义已大大超过饮食范围。它比喻在一切生活领域中的平均主义或不求上进的精神状态。

服装和食品也是表达人们对人和事物的态度的符号。结婚时，新娘穿大红旗袍表示喜庆。新娘与新郎合影时，新娘戴白色长纱表示纯洁的爱情与世长存。我国办丧事穿白色孝服，西方则着黑色衣服，以表示对死者的哀悼。外交场合更加注意衣着。它已成为外交礼仪的重要组成部分。被邀请参加外交活动的人往往被通知穿什么衣服。什么场合穿什么衣服已成为外交惯例。违反惯例就会被认为对主人不尊重。美国和苏联的外交官曾试图打破常规以显示它们的民主精神，而终未能为国际社会所接受而失败。英国女皇曾拒绝在皇宫接见不着礼服的美国和苏联的外交官，并称这是对女皇陛下的不敬。外交宴会上，食品是否丰盛，场面是否隆重，高级官员是否出席，往往被看作对当事国的态度的重要标志。在当前的改革开放时代，商界人士以宴请方式谈生意，往往一席酒菜后，生意就谈成了。

服装和食品也是人们塑造自己的社会形象的手段。价值几千元的一双皮鞋，上千元一条的领带，为常人所不理解。其实，这些商品的价值不仅限于它们的使用价值，更重要的是它们的社会价值。大款们购买这些昂贵商品来向社会显示他们的财富和经济实力，以图在贸易中产生良好的信誉和吸引力。上万元一桌的酒席，也并不是因为它有多大的营养价值或多么美味可口，主要目的是显示金钱的力量。

服装和商品能用来显示财富，也能用来造成富裕的假象，以掩盖捉巾见肘的穷相。服装是人们最表层的外观，难以掩盖，而饭在家里吃，不为外人所见。因此，好虚荣的人或故意塑造虚假形象的人，在家里吃白菜萝卜，出门西装笔挺。人们在服装上的投资往往大于在食品上的投资，正是因为服装能塑造良好的社会形象。破产的资本家往往保持他们富豪的外表和一掷千金的潇洒风度。穷推销员往往西装革履，油头粉面。这就是乔装打扮，以服装或食品来"撒谎"或"欺骗"。当今社会上有些人一味追求高档商品可能就出于这种目的和心态。

作为文化的主要组成部分，服装和食品有很大的惯性，也可解释为受习惯力量的影响。它们很难改变。而一旦改变，往往标志一种社会思潮，一种新的价值观念，一种新的政治观点。例如，在我国，每逢中秋佳节，人们总要吃月饼，或以月饼馈赠。其实，许多人早已觉得月饼太甜太腻，并不好吃。但因为月饼富有文化含义，它是家人亲友团聚、家庭幸福的象征。既然每年中秋都吃月饼，今年过节就不能没有它。西方国家，感恩节少不了火鸡。其实，火鸡肉质粗糙，并不好吃，但因为过去感恩节一直有火鸡，现在不能没有。"文化大革命"期间，绿军装成了最时髦的服装。许多年轻人都有一个愿望，想穿上一套军装。这是因为当时全国学解放军，军队参加"三支两军"（支工、支农、支学，和军管、军训),军队在我国享有崇高的威信,穿军装象征着革命。改革开放以前,大家都穿清一色蓝制服或绿军装,不分男女老幼。这种现象一方面反映当时我国人民的较低的生活水平和艰苦奋斗、勤俭节约的精神。另一方面,也反映人们的平均主义思想和保守的心态。改革开放以来,我国人民的衣食发生了很大变化。吃要美味可口、营养丰富,穿要多样化、款式新颖、舒适大方、适合不同年龄和性别的人的需要。这种现象说明我国经济蓬勃发展,人们生活水平逐渐提高,同时也说明我国人民的观念起了变化:要求发展经济、改革创新。

　　正因为服装和食品是两个重要符号系统,是人的社会属性的标志,衣着和饮食方式的改变反映人民的经济地位、政治观念、价值观念、人际关系和生活方式的改变。因此,服装和食品是符号学研究的重要对象,也是社会科学者研究人类文化、社会变迁不可缺少的内容。

参考文献

A. Eschback, "Functions of Semiotics" from Semiotical Investigation or Topics Pertaining to the General Theory of Signs.

Emile Benvenist, "The Semiology of Language" from Semiotics—An Introductory Reader, Edited by Robert E. Innis.

Ferdinand de Saussure, "The Linguistic Sign" from Course in General Linguistics, Edited by Charles Bally and Albert Sechehay, Translated by Wade Baskin. New York: Philosophical Library.

Hodge, Robert & Gunther Kress, 1988, *Social Semiotics*. Cambridge: Polity.

Leeds-Hurwitz, "Semiotic Theory and Communication Theory" from Semiotics and Communication-Signs, Codes, Cultures.

M. A. K. Halliday, 1978, *Language as Social Semiotics*, London: Edward Arnold.

Pierre Guiraud, Routledge and Kegan Paul, 1975, Translated by George Gross, *Semiology*, London and Boston: Routledge.

Thomas A. Sobeot, "Zoosemiotic Components of Human Communication" from Semiotics—An introductory Reader.

第六编
文体学

英语文体分析的途径与方法（上）

文体学是一门实用性很强的学科。它以现代语言学观点研究不同社会环境中使用的各类语言。在社会交往中，人们利用文体学知识使自己使用的语言适合不同的社会场合和身份，并通过语域的混用来表达言外之意。在研究文学作品中，人们利用文体学解释语言与艺术功能的关系，了解作者为什么要采用某一特定的表达形式以及如何通过语言来达到某种美学效果。在翻译中，适当运用文体学知识就能保持原作的风格，达到"神似"的目的。总之，文体学可以应用于使用语言的各方面以提高其功效。

近三十年来，现代语言学有了很大的发展，许多新理论应运而生，如 Chomsky 的生成转换语法、Halliday 的语言功能学说、Searle 有关语言行为的理论、Grice 有关对话中的言外之意（conversational implicature）的论述、欧洲的结构主义等。这些理论都在一定程度上应用在文体分析上。但各派各树一帜，在理论上争论不休，在方法上五花八门，往往使学习文体学的人无所适从，难于掌握适当的方法进行文体分析。令人欣慰的是，英国兰开斯特大学语言学和现代语言学教授 Geoffrey N. Leech 和 Michael H. Short 在他们合著的 *Style in Fiction* 一书中提出了关于语言的形式与内容的三种理论（一元论、二元论、多元论）为基础的分析文体的观点和方法。笔者试图按照此纲领，做一点整理介绍工作。

文体不属于语言而属于言语范畴（说话人或作者在某一场合使用的语言），是人们从语言系统（repertoire of the language）中选择的表达形式。文体有时指一种体裁，有时指某一作家的语言习惯，有时指某一时代的作家或某一写作流派的语言表达形式，或以上数者的综合。但最简单的说法是：文体是语言片段的语言特征，是语段中一再出现的语言形式所构成的属于整个语段的一种模式。

在文体（形式）与内容问题上，有一元论（monism）、二元论（dualism）和多元论（pluralism）之分。一元论认为：语言的形式与内容不可分，在诗歌上表现最明显，因为诗歌的意义几乎是不可解释的。二元论认为：语言的形式与内容可分，同一内容可用不同形式表达，这些不同形式称为文体变体（style variants），具有不同文体价值（style values）。多元论者则认为：语言有多种功能，任何语言片段都是在不同功能层次上选择的语言。目前有三种较流行的划分语言功能的方法。最早的是 I. A. Richard 在 1929 年提出的表达意思、情感、语气和意图的四种功能。较晚的是 Jacobson 1961 年提出的较系统的理论：语言有六种功能——指示功能、表达情感的功能、意动功能、社交寒暄功能、诗的功能和解释语言的功能，以上功能中的每一种都与话语环境中的一个主要方向相对应。最近的是 Halliday 提出的语言的三大功能：表意功能、人际功能和篇章功能；作者根据他的作品所要具有的功能来选择语言表达形式。

一般来讲，以二元论为基础的文体分析方法适用于透明文体，如散文等；而以一元论为基础的文体分析方法适用于非透明文体，如诗歌和文艺色彩较浓的文章。虽然二元论及其相应的文体分析方法广泛应用于散文分析，但仍有其不足之处，如它无法解释思维风格（mind style）和语域（register）。这时就不得不求助于多元论。总之，以一元论、二元论、多元论为基础的各种分析文体的途径和方法，互相配合，互相补充，形成一个系统，基本上能解决各类文章的分析问题。

一、以二元论为基础的文体分析方法

二元论的理论基础是 Chomsky 的生成转换语法：语言有深层结构和表层结构；内容是深层结构，形式（文体）是表层结构。同一含义的语言片段可以用不同形式（文体）的语言来表达。这些不同形式的语言就是文体变体。

1. 文体寓于不同的词或不同组合形式的词构成的变体中

同一含义的语言片段可以用不同形式的语言（文体）来表达。也就是说，文体寓于不同的词或不同组合形式的词构成的变体之中。现以 Katherine Mansfield 的小说 *A Cup of Tea* 中的一个短句来说明。该故事描写富有的女主人公从伦敦西区的一家高级商店走出来时的情况：

The discreet door closed with a click. （1）

我们可以用以下不同的词和不同组合形式的词来表达以上内容：

There was a click as the discreet door shut. （2）
The discreet door was shut with a click. （3）
The door discreetly shut with a click. （4）

作者在（1）中描写这家高级商店的门是自动关闭的（"close"是不及物动词），而且环境安静幽雅，连关门的动作都是"谨慎"的。（2）的意思略有不同：虽说闭门声"卡塔"与关闭动作同时发生，但毕竟是分开的。（3）采用被动语态（"was shut"），暗示门不是自动关闭的，而是被人关上的。（4）中的副词"discreetly"暗示施动者是门本身，这样，就把门人格化了。总之，以上几种变体的含义基本相同，但由于用了不同的词或结构，使句子含义有细微差别，产生了不同的艺术效果。

有时词不变，仅仅改变词的组合方式也能构成具有不同文体价值的变体。例如，某些句子成分可以摆在句中的不同位置上，构成各种文体变体：

The sorrowful mother laid her darling child on the doorstep. (1)

The sorrowful mother laid on the doorstep her darling child. (2)

On the doorstep the sorrowful mother laid her darling child. (3)

以上句子意思基本相同，但包含的信息的重点不一。根据末尾重点原则（principle of end focus），新信息在句尾。另外，有时置于句首的成分也较突出，因此以上句子是以下句子的答案：

Where did she lay the child? (1)

What did she lay on the doorstep? (2)

Where and what did she lay? (3)

在一个句子中，把从句或其他修饰成分置于主句之前、之后、之中叫作句子的左延伸（left-branching），右延伸（right-branching）和中延伸（middle-branching）。右延伸句读起来轻松自然，因为它符合人们的记忆习惯：首先抓住中心大意，然后逐渐了解细节，这样不致形成对记忆的负担。例如：

My father endured the night shift for the thirteen years, hating the invasion of his life, lamenting always the loss of good daylight hours necessarily given over to sleep, missing the company of his children, for we were off to school very shortly after he got home in the morning and off to bed an hour or more before he left the house at night.

这个句子虽长，但一开始就说明了句子的中心意思（My father endured the night shift for the thirteen years），后面跟着一长串细节来具体说明"endured"的意义，包括"hating"，"lamenting"和"missing"。因此，右延伸占优势的语段往往具有轻松自然的文体。

现在我们把同一句子从右延伸变为左延伸：

Hating the invasion of his life, lamenting always the loss of good daylight hours necessarily given over to sleep, missing the company of his children for we were off to school very shortly after he got home in the morning and off to bed an hour or more before he left the house at nignt, my father endured the night shift for the thirteen years.

我们读这个句子时，开始并不知道这一长串分词短语要说明什么问题，因此必须强记这些事的细节并耐心等待结局，直到最后语句（my father endured the night shift for the thirteen years）出现才豁然开朗，明白全句说明什么问题。因此，左延伸句占优势的语段往往听起来很吃力。在阅读中可返回来重读不明白或未记清的地方，而访谈中则不可能。因此，左延伸句多用于书面语言中，而右延伸句多用于口语中。

有的句子既有左延伸成分，又有右延伸成分，还有中延伸成分。这种成分占优势的语段往往有一种辞藻华丽或浮华俗气的文体。

因此，人们写文章时往往无意识地把以上各种句子配搭使用，使文章具有优美而和谐的节奏感。

2. 文体寓于不同语言环境决定的各种文体变体中

语言环境包括许多因素，主要因素之一是：语言活动的参加者，包括说话人和听话人。说话与听话人之间的关系有亲疏。一般来说，关系越亲密，相互间的共同知识（shared knowledge）愈多，说话就不必太清楚，可使用不完全句和较含糊的词汇等。相反的，关系愈疏远，共同知识愈少，使用的语言必须清楚。另外，说话人的目的也影响他使用的语言。劝说、威胁、指示、诈骗使用截然不同的语言。更加重要的是说话人与听话人的相对地位：说话人的社会地位高于、低于或等于听话人的社会地位。还有说话人是男人还是女人，是青年人还是老年人等等。以上这些因素都影响说话人使用的语言。譬如请人关门时有以下不同说法：

Door!
Shut the door, will you? (please)
I could do without the draught from the door.
Would you mind closing the door (please)?

I wonder if you would mind closing the door.

I'm sorry to trouble you, but could I ask you to close the door for me, please?

以上几种说法是按照说话对象的相对地位，从低到高的顺序排列的。

另一种重要因素是说话的环境（setting），包括场合（occasion）和地点（place）。从以下话语中，我们也可以判断说话的不同场合：

I name the ship *Morning Star*. May God bless her and all who sail in her. （下水典礼）

I now pronounce you man and wife. （结婚典礼）

Move to the left in three. Left turn! （操场）

I see a tall, dark stranger entering your life. （文学作品）

3. 文体寓于作者在作品中担任的角色和采用的语气构成的文体变体之中

作者在作品中担任不同角色，如通知者、教导者、争论者（the informant, the instructor, the disputant）等。不同角色讲话的方式不同。

此外，作者还采用不同的语气（tone）。经常地变换语气使读者感觉到作者就在眼前。单一语气的作品就像不变换色彩的油画一样。

语段中有许多语气标志（tone marker）。它们总起来说明作者对读者和主题的态度。例如，在称呼读者时使用人称代词"you"会使语气随便，"we"表示作者与读者间有合作关系，使用"one"就比较正式，而使用"the reader"就更正式。学术著作一般避免使用"I"和"you"，因为学者的论述应该是客观的、不以个人好恶为出发点。

句子从主动语态变为被动语态可以转移信息的重点。例如，"The government suffered a *defeat*. 强调的是 defeat，而 "A defeat was suffered by the *government*." 强调的是"government"。

被动语态的另一个作用是使说话人的态度冷淡，语气正式。试比较以下两个句段：

（1）You can make a man fit seatbelt on his car, but you can't make him wear one. The police can't (as yet) prosecute him. Safety councils and other bodies may advise him, but that's all. You can never pass laws to make people behave prudently.

（2）Though a seatbelt may be compulsorily fitted in motor vehicles, no driver can be compelled to wear one. He cannot (as yet) be prosecuted by the police. He may be advised, but no more than that, by safety councils and other bodies. Prudent behaviour can never be enforced by law.

第二段话文体正式，是事先准备好的一段辩论词，不是即席议论。

普遍使用并列句的语段和普遍使用主从句的语段，在语气上也形成鲜明对照。前者给人以直截了当、简单甚至天真的感觉，而后者给人以迂回、冗长、世故，甚至浮夸和不真诚的感觉。

语段中的不同连接手段（cohesive devices）也能表示不同的文体。如列举词（enumerative expressions）"to start with"，"for another thing"，"what it all comes to" 不如 "firstly"，"secondly"，"finally" 正式和语气上比较随便。"in addition"，"furthermore"，不如 "on top of that"，"as well" 口语化。"what you might call" 比 "so to speak" 随便和口语化等等。

文体（语气）也表现在词汇的来源上。希腊语构成的词多是学术或技术词汇。拉丁词一般较正式、抽象。英语中来自法语的词汇一般比来自德语的词汇能显示说话人的地位。

隐喻一般起减少语气正式程度的作用。因此，正式文体中一般不使用隐喻。

二、以多元论为基础的文体分析方法

1. I. A. Richard 的四种语言功能及相应的文体分析方法

Richard 认为，语言有表达意思、感情、语气和意图（sense, feeling, tone, intention）的功能。其中表达感情的功能只在分析诗歌中起作用，因此，分析散文时一般着重研究表达意思、语气和意图的功能。"意思"指语段的中心意义。这是首先必须了解的，因为在不了解中心意义前无法作文体分析。"语气"反映作者对主题和读者的态度。文章的措辞、结构、语序等都能表达这种态度。"意图"是作品要达到的目的。作者的目的可以是传递信息，也可以是激起某种感情，可以是提出某种看法，还可以有所有这些目的或其中某些目的。

文体分析分三个阶段：接收、分析和判断（reception, analysis and final judgement）。"接收"指通读全文，了解其大意并对其文体做出初步反应。在分析阶段中，首先领会文章的意思，辨认其语气和意图，识别其文章类别、体裁，了解其历史背景等，然后进一步研究文章的措辞、比喻、节奏等。在判断阶段中，把客观分析的结果和主观印象结合起来，最后以作者在多大程度上实现了他的写作意图对文体做出最后评价。

2. Roman Jacobson 的语言功能学说及相应的文体分析方法

Jacobson 认为，任何语言活动都包含六个因素：说话人、听话人、信息、主题、代码和交际渠道（the addresser, the addressee, the message, the subject matter, the code and the channel of communication）。语言功能与以上各因素相对应。与主题对应的是语言的指示功能（referential function），也就是说，许多信息同时指向同一主题。这种功能主要是传递信息。与说话人对应的是表达情感的功能（emotive function），即说话人对所谈事物的态度。这种态度通过感叹词或特殊的语调来表达。与听话人对应的是意动功能（conative function），即说话人试图用语言影响听话人的行为或态度的功能。这种功能主要通过呼语和祈使语来行使。与交际渠道对应的是交际寒暄功能（phatic function），即说话人和听话人间通过交换信息来建立、保持或中断交往，或检验交际渠道是否畅通。与代码对应的是解释语言的功能（metalinguistic function），即检验说话人和听话人是否使用同一代码进行交际。这种功能主要体现在教与学的过程中。与信息本身对应的是诗的功能（poetic function）。诗的功能不仅包含在诗歌中，而且包括在一切有意识地通过语言给予听话人以欢乐与激情的语言中（如双关语、具有简单韵律的广告和打油诗等）。

任何话语都同时具有多种功能，但只有其中之一是支配性的，其余是从属的。某些社会活动与某些功能有直接联系。如随便交谈的主要目的在于保持相互间的关系，因此它与语言的交际寒暄功能相联系。科技文章的目的是提供信息和说明问题，因此它的功能主要是指示性的。报刊的目的是提供信息和影响社会舆论，因此它有指示功能和意动功能。广告的目的是劝说顾客购买商品，因此它有意动功能。

语言的功能影响语言的形式。如商品广告为了吸引顾客，在措辞上力求优美动听，甚至带有一定的欺骗性。例如：

"DENTU-CRÈME is ideal for cleansing artificial dentures."（似乎可译为："美加净"牙膏是净化人造牙齿之理想佳品。）如果用另一种文体："DENTU-CRÈME should be used in cleaning your false teeth"（此牙膏应该用来刷假牙），其招徕顾客的效果将大为减小。

英国乡村婚姻登记往往采用庄重的、带宗教色彩的文体："Thomas Lincoln and Nancy Hanks have been joined together in the Holy Estate of Methodist Episcopal Church."

英语文体分析的途径与方法（下）

3. Halliday 认为语言有三大功能：表意功能、人际功能和篇章功能（ideational, interpersonal and textual functions）。表意功能指：语言必须能使说话人向听话人传递有关他经历的"现实"（reality）的信息。人际功能指：语言必须适合语言环境以及说话人与听话人之间的各种社会关系。篇章功能指：语言必须构成有组织的话语，以便听话人进行解码。三个功能是互相联系、互相依赖的。语段的文体价值是它具有的语言功能。

下面我们以这种学说在小说分析上的应用来说明这三种功能：

（1）表意功能

小说中描写的世界是人们理解的世界，而思维风格是人们理解世界或构成对世界的概念的方式。作家的思维风格是他认识和解释事物的习惯方式，是他叙述事物的观点。虽然思维风格主要是个语义问题，但它只能通过句法和词汇来体现，也就是说思维风格要通过语言的表意功能来体现。

因此，思维风格与语言形式是密切相关的：不同的语言形式体现不同的语言风格。*Style in Fiction*（192—196 页）比较了 Steinbeck 在 *The Grapes of Wrath* 中描写的 Tom Joad，James Joye 在 *Two Gallants*

中描写的 Lenchan 以及 Henry James 在 *The Birth Place* 中描写的一个人物。由于三位作者使用了不同的词汇和句子，使读者对这三段描写产生截然不同的印象，同时也体现了作者们的不同思维风格。第一段是对人物外貌的客观、如实的描写；第二段是对人物的活跃的情绪的描写；而第三段则是对人物的态度和社会地位的描写。小说作者还可以用异常的语言来表示异常的思维风格，以突出人物的特点。例如 Faulkner 的 *The Sound and Fury* 中的一位精神不正常的人物 Banjy 使用了一种简单的原始语言：句法简单（绝大多数是简单句和并列句）、词汇简单（所有词不超过两个音节，绝大多数是具体名词，只有少数几个表示形象的形容词，及物动词没有宾语等）而且语无伦次，说明他缺乏逻辑思维和抽象思维的能力。

（2）篇章功能

话语修辞是与语言的篇章功能相联系的，它包括产生线性、形象化和连贯的话语的原则。话语的主要属性是线性（linearity）：口语是按时间线性排列的，而笔语则模仿口语按空间作线性排列。线性有三个要素：切分、序列和突出（segmentation, sequence and salience），存在于句法层次、音位层次和字位层次中。话语中，一个语调单位构成一个信息。在相当大程度上说话人可任意切分其话语，但他的不同选择将产生不同的信息解码。切分引起序列和突出问题。组织一个复杂句时，把一个分句置于主要分句的位置上就是突出，把一个分句放在另一个分句之前或之后就是序列问题。作者表达复杂思想时用复合句，但有时为了达到某种特殊艺术效果也需要简单句。把新信息保留到语调单位末尾的原则叫末尾重点原则。虽然此原则属音位学范畴，但在句法中也有重要意义，它决定信息因素（elements of the massage）序列。圆周句就是把信息（语句）保留到句尾。句子的先行成分使句子产生悬念，先行成分越长，悬念越大。尾随成分压倒先行成分的句子称为松散结构。在解码过程中，由于减少了必须储存的信息，使句子容易讲也容易听，文体显得轻松、自然、随便。另外还有渐强修辞法原则：在一系列互相联系的语调音位中，末尾往往是信息的重点。文学语言的特点是形象化

（iconicity）。文学语言不仅有陈述功能而且有再现功能，例如使用象声词和美声系列词（phonaesthetic series）。但形象化主要表现在：词与词间的句法关系模仿这些词表达的事物间的关系。形象化不仅包括拟声和象征，而且包括通过节奏和句法模式来模仿或确定意义，所以形象化是利用一切可能性突出潜在的形式和意义间的联系。有两种主要的句法形象化方式：时间序列和并置（juxtaposition）。话语中的时间序列模仿实时（real time）。语言材料中靠近的给人以靠近或连接的感觉，因此并置也体现形象化。

与切分相对的是粘着（cohesion），即把语段的各部分联系起来构成连贯语言。联系的主要方式是互相参照（cross-reference）和连接（linkage）。互相参照指：用不同方式表示语段各部分中提到的同一事物，包括特指、替换、省略、同一形式的重复以及为修辞目的所做的变换（elegant variation）等。连接指：用明显的连接手段把句段的各部分连接起来，如用并列连接词、主从连接词和连接状语等。

(3) 人际功能

话语和话语环境（Discourse situation）是和语言的人际功能联系的。话语有以下要素：发话人、受话人、信息和话语环境。文学作品中的话语有其特殊性：作者（发话人）对读者（受话人）以及其所处的话语环境了解甚少。但作者与读者之间要有一致的观点，要达成默契（secret cmmunion），才能正确地解释、理解和评价作品。因此，小说的作者和读者是假想的作者和假想的读者（impied author and implied reader），即假定的作者和读者有共同的背景知识、共同的思想感情和共同的是非标准。此外，小说的语言环境中，除作者和读者外还有叙述者和人物，而叙述者中又有第一人称叙述者和第三人称叙述者。这样就构成了以下复杂的话语结构：

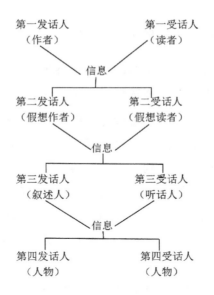

话语观点（discourse point of view）是通过话语结构表达的、假想作者或其他发话人与小说间的关系，即他们对小说的事件和人物的态度和评价。因此，它涉及反话、语气距离等问题。

作者对小说中的人物可以直接批评，也可以通过描写人物本身的言行暗示对他们的评论。作者、叙述者、人物对书中叙述的事物的评价很可能不一致，但总的来说，读者会相信作者的评价，这样在读者和作者之间才会有默契。反话建立在默契的基础上，是不同评价的对照引起的双重意义。它可以贯穿在全书中，也可以出现在词句中，如搭配词间的意义冲突（colocative clash）和非正规并置（unorthodox juxtaposition）等。作者的语气是他对读者和自己提供的信息所持的态度。作者与读者间有不同距离，因此作者对读者讲话的口气也不同，可以是公开的、正式的、严肃的，也可以是私下的、非正式的、亲昵的。另外，作者与题材间也有不同距离，也就是说：在知识上、感情上和道德准则上，假想的作者和他描写的人物和社会有差别。

然而，作者像向导和舞台监督一样，可以通过语言调整话语的观点、语气和距离，来控制读者对小说的反应，以达到预期的艺术效果。在这个意义上，小说的文体价值体现在话语的观点、语气和距离上。

三、以一元论为基础的文体分析方法

前面已提到,以一元论为基础的文体分析方法适用于诗歌和文艺色彩较浓的散文。现在着重讨论诗歌的文体分析。

诗歌语言的内容和形式不可分。诗歌的内容是它表达的意义,即诗歌语言的语义层。诗歌的形式是诗歌语言的句法层、音位层和字位层,概括地说,就是它的文字结构(词汇和语法结构)和语音模式(节律和音韵等)。诗歌的文字结构和语音模式与诗歌的意义是分不开的:通过文字结构和语音模式的重复达到强调与和谐的艺术效果,即通过形式的重复(诗歌的"格式")达到突出的艺术效果(schemes: foregrounded repetitions of expression)。

诗歌语言的另一特点是创造性地运用语言。在代码表示的限度内选择表达形式,构成不同的文体变体。但语言的创造性运用往往超过了这个限度而产生新意义和特殊效果。换言之,量的突出超过限度就成了质的突出,就改变了代码本身。量的突出属于言语范畴,作者赋予一种显得奇怪而无目的的语言现象以特殊意义。这就是意义的转变(transference of meaning),简称"转意"(tropes),也就是通过内容上的不规则现象达到的"突出"的艺术效果(tropes: foregrounded irregularities of content)。

文字结构的重复可分为词语自由重复和语法结构的重复:

O *my son* Absalom, *my son* Absalom! Would God I had died for thee, O Absalom, *my son*, *my son*! (*Authorized Version of Bible*)

Blessed are the poor in spirit: for theirs is
    Kingdom of heaven.
Blessed are they that mourn: *for* thy shall be:
    comforted.
Blessed are the meek: *for* they shall inherit
    the earth... (*Matthew*)

第一首诗是词语的重复。David 对儿子的死悲痛欲绝，连声呼唤他的名字，使我们看到他内心的悲痛之情不断冲出禁锢它的语言外壳。词语重复的不规则现象显示他发自内心的丰富感情。这一现象与第二首诗的语法结构的规律性重复形成鲜明对照。后者体现一种庄严肃穆的宗教气氛。文字结构的重复在形式与内容之间建立了一种特殊关系：信息的外形不仅表达了内在意义，而且模仿了意义的结构。

语音模式的重复表现在诗歌的节律和音韵上。诗歌的节奏是一种自觉的规律现象，与诗歌的意义有密切联系。节奏在激发诗的感情上起重大作用，节奏的规律性使读者更加易于感受诗歌暗示的思想、感情、态度和形象。不同的节奏往往激发不同的感情。题材严肃的诗如果采用轻快的节奏就不能达到预期的效果。例如：

  Death is here, and death is there,
  Death is everywhere,
  All around, within, beneath,
  Above, is death—and we are death.

        （Percy Bysshe Shelley, *Death*）

语音模式重复突出地表现在头韵和末韵上。首先我们把一个节奏单位分为两部分：A（开头的辅音群）和 B（节奏单位的其余部分）。（C＝辅音，V＝元音）

  C VC.. C VC.. C VC..
  |A| |B| |A| |B| |A| |B|

头韵是不断重复 A 和不断变换 B。而末韵是不断变换 A 和不断重复 B。

"I kissed thee ere I killed thee"（*Othello*）是一个押头韵的诗句。重复的"K"音把"kissed"和"killed"联系起来。"kissed"是与爱相联系的，而"killed"是与恨相联系的。这样，语音的重复表达了 Othello 既爱又恨的矛盾的嫉妒心情。

While I must work because I am old.
And the seed of the fire gets feeble and cold.
(W. G. Yeats, *The Song of the Old Mother*)

Oh dearest Bess

I like your dress;

Oh sweetest Liz

I like your phiz;

Oh dearest qu*een*

I've never s*een*

A face more like

A soup-tur*een*.

这两道诗中，通过末韵把 Liz 姑娘的衣着（dress）、脸形（phiz, like a soup-tureen）和高贵品格（queen）联系起来了。

形式（声音）与内容（意义）结合得最紧密的莫过于象声词，如 buzz, clatter, whisper, cuckoo 等，但在英语词汇中只占极小部分。此外，字母"s"这个清辅音也能使人联想到一些声音：

Calm was the day, and through the trembling air

Sweet-breathing Zephurs did softly play.

诗歌中的转义可分为：不合理的语言（the irrational in poetry）、荒谬的语言（absurdity in poetry）、象征语言（figurative laguage）以及被歪曲的意义（mispresentation of the truth）。

不合理的语言现象中有冗言、重言、迂说法（periphrasis）等。

诗中的冗言往往具有幽默感。现在举一个《圣经（旧约）传递书》中的例子：

I praised the dead which are already dead more than the living which are yet live.

诗人往往以重言暗示说话人的愚蠢迂腐，例如：

> For to define true madness,
> What is't but to be nothing else but mad?

迂说法在诗歌中多用于形象化描写：

> Night's candles are burnt out, and Jocund day
> Stands tiptoe on the misty mountain tops…
>
> （*Romeo and Juliet*）

（比较：Morning is come）

荒谬的语言中有矛盾修饰法和自相矛盾的话。

> Parting is such *sweet sorrow*.
>
> （*Romeo and Juliet*）

> To live a life half-dead, a living death.
>
> （Milton, *Samson Agonistes*）

以上两段自相矛盾的话，第一段可解释为，Orwell 批判当时的社会：政府愚弄人民，颠倒是非，企图使人民相信战争就是和平，奴役就是自由；或者批评人们愚昧无知，把战争看作和平，把受奴役看作享受自由。第二段可以解释为："benighted" 指精神上的黑暗（道德败坏）。而 "under the midday sun" 指 "光天化日之下"，也就是说 "心怀叵测的人在光天化日下干出卑鄙的勾当"。

象征语言包括：提喻、比喻、换喻等：

> When by thy scorn, O murd'ress, I am dead,
> And that thou think'st thee free
> From all solicitation from me,
> Then shall my ghost come to thy bed,
> And thee, feign'd vestal, in *worse arms* shall see…
>
> （Donne）

以上是一个提喻的例子。这里"worse arms"可理解为"the arms of a worse person"。

比喻（包括暗喻和明喻）是诗人使其语气具体生动的最主要手段，暗喻与明喻往往结合使用。例如：

My sound has grown deep like the rivers.

（T. E. Hulme）

换喻可以看作为了达到简练目的而采取的省略手段：

The sinless years
That breathed beneath the Syrian blue.

（*In Mcmoriam*）

（这里"sinless"指耶稣基督是无罪的。"the sinless years…"＝the years lived by Christ who was sinless, and he breathed…）

And all the pavement stream'd with massacre. (*The Last Tournament*)

（"with massacre"＝with the blood of masscre）

最后，本意歪曲包括夸张法、曲意法的反意法。夸张法是对原意的夸大，曲意是对原意的缩小，而反意法是说反话。

Hamlet跳进Ophelia的坟墓后，和她的兄弟Learrtes辩论时，以夸张法诉说他对Ophelia无比热烈的爱情：

I loved Ophelia：forty thousand brothers
Could not, with all their quantity of love,
Make up my sum. (*Hamlet*)

曲意法表面上是一种暧昧或隐晦的态度，但有时也像夸张法一样，表示一种强烈的感情。在*Romeo and Juliet*中Meroutio谈到他致命的伤口时说：

'Tis not so deep as a well, not so wide as
Church-door, but 'tis enough, 'twill serve.

而反话多用于讽刺，例如：

His designs were strictly honourable, as the saying is,
That is to rob a lady of her fortune by way of marriage.

(Fielding, *Tom Jones*)

以上不合理的语言、荒谬的语言、象征语言以及被歪曲的意义属于转义范围，都是诗人对语言的创造性运用。读者在理解和欣赏诗歌时，也要进行创造性的思维和运用丰富的想象力。

参考文献

Geoffrey N. 1981, Leech and Michael H. Short, *Style in Fiction*, London: Longman.
David Crystal and Derek Davy, 1969, *Investigating English Style*, London: Longman.
Walter Nash, 1980, *Design in Prose*, London: Longman.
Geoffrey N. Leech, 1969, *A Linguistic Guide to English Poery*, London: Longman.
O'Donnell, W. R., and Todd. L., 1980, *Variety in Contemporary Englsih*, London: George Allen and Unwin.

文体学学习与教学二十年
——回顾与展望

摘 要 文章概括地介绍了西方现代文体学的发展历史,并根据自己的学习和教授文体学的经验,对我国现代文体学的发展作了回顾和展望,认为:文体学是一门非常实用的学科,它对外语教学、文学教学、文学批评都有很大的帮助,但它不是一门独立的学科,它是现代语言学在文体分析中的应用,因此要发展文体学就要把语言学的新成果不断地、及时地应用于文体分析,并将现代文体学理论应用于汉语研究,逐渐发展一门中国的现代文体学。

James V. Catano 著 *Stylistics* 论述了现代文体的诞生和发展,大意如下:

最早的文体学可以追溯到 Demetrius 对文体的研究。但文体学作为有一定独立地位的学科则出现在现代。现代文体学与文学批评和语言学的发展有密切关系,它的特点是它已从修辞学的规定性转变为描述性。

19 世纪中叶,欧洲历史语言学日益增长的重要性促使现代语言的雏形——语言学描述的诞生。20 世纪初,历史语言学和普通语言学已确立,使文体学得以在科学的基础上进行描述和解释。现代文体学植根于 Charles Bally（1865—1947）和 Leo Spitzer（1887—1960）的理论。Bally 的著作 *Precis de stylistique*（1905）强调对文体特征的描述与解释，为文体分析提供了相对精确的方法，对文学文体学的形成起了重要作用。与 Bally 的理论相对照，Leo Spitzer 遵循历史语言学传统，将分析性描述与批评性解释结合起来。这样就产生了一般语言描述与不那么强调语言形式的社会文化解释两种途径之间的分裂。现代文体学最终出现在英国和美国，20 世纪中期与语言分析结合，后期与文学结构主义结合。在美国，Michael Rifftterre 把 Spitzer 的理论与现代结构主义语言学结合起来，采取了形式主义分析方法，这样就使文体学从描述解释转向一般语言学分析。Ferdinand de Saussure 和 Roman Jakobson 的结构主义语言学理论成为文体分析的重要组成部分。Nom Chomsky（*Syntactic Structures*，1957）的转换生成语法的问世标志着文体学成为一门有独立目的的学科。这种语法把重点放在句法和语言的深层结构、表层结构上，给语言使用者提供了更多的语言形式，提供了一种把浪漫的创造性和科学的语言分析相结合的方式。因此，Chomsky 对文体学的成长做出了重要贡献。《文体》（*Style*）杂志（1967）的诞生和《语言与文体》（*Language and Style*，1968）一书的出版标志着文体学作为一门学术科目在英国和美国出现。这个时期内发表了许多重要的文体学著作。Freeman 编辑的《现代文体学论文集》（*Essays in Modern Stylistics*，1975）第二版的出版巩固了转换生成语法在美国文体学中的地位。但到 1980 年左右它的地位就开始动摇了。与 Chomsky 的理论同时流行的还有许多理论。如 J. R. Firth 不仅研究语言结构，而且研究语篇特点和功能；M. A. K. Halliday 把语言学和文学批评结合起来；Richard W. Bailey 和 Lubomir Dolezel 的统计文体学等。尽管如此，形式主义语言学应用于文学语言研究是现代文体学的基础。更加普遍和有用的是以交际模式为基础的理论，如 Roman Jakobson 的语言学和诗学；关于文体是一个作家的习惯表达方式的理论；关于文体是从读者身上激发出来的感情反应的理论；关于文体是一种文化敏感性，一个历史时期中一个民族的情绪的理论；关于文体是一个特定的体裁或它与其他语域间的关系的理论等。在所有这些理论中，文体学的主要吸引力在于它的形式描述功能。但对它的指责是：为了科学效率，不顾解释上的复杂性。Stanley Fish 的文章 *What Is Stylistics And Why Are They Saying Such Terrible Things About It?* 指责文体学不仅误导了文体分析或做出了错误解释，而且损害了科学分析基础。这种指责实质上认为：除非通过批评者或读者的主观解释，从文本中感受到的特点不可能与批评分析联系起来；文体特征本身也是读者或批评者的主观解释。一句话，对语言不可能有语言学的科学分析。这种指责实质上针对 20 世纪兴起的作为学术学科的文体学。但这个问题到 80 年代被篇章语言学部分地解决了。篇章语言学把社会文化、语境分析与语言形式分析结合起来成为文体分析的科学基础。Roger Fowler，Halliday，Mary Louise Pratt 等人的著作都反映了这种倾向。最后，女权主义的影响与心理分析在语言学和文学批评上的应用也日益增强了。Robin Lakoff 和其他人的著作标志着在语言学和文体学上对语境讨论的新态度。所有这些倾向产生的结果是：从严格的形式主义发展为更加关注广泛的语境和功能，以及重新恢复对描述性和解释性分析的兴趣，成为文体学的特点。在 20 世纪初，坚持语言学方向是作为一个学科的文体学的主要决定因素，在 21 世纪初仍然是这样。文体学面临的主要问题是，离开这些特点，哪怕是一点点，不仅会失去自身的性质，而且会使整个文体学回到原来状态，甚至回到修辞学。文体学可以扩大到吸取一切有关领域的研究成果，但仍保持其自身的独立性。

  以上这段话概括了现代文体学发展历史。我觉得还可以说得更简单一些：现代文体学与文学批评和语言学的发展有密切关系，它的特点是它已从修辞学的规定性转变为描述性。20 世纪初，随着历史语言学和现代语言学的诞生，现代文体学诞生了。语言学理论一直不断地被应用于文学批评和文体分析。在这个过程中也出现过否定语言学分析的呼声。事实证明，现代文体学的发展过程就是不断把语言学的新成果应用于文体分析和文学批评。离开这条道路，文体学就会回到修辞学。

  笔者认为，以上这段话非常贴切地概括了现代文体学在我国的发展。现在笔者从自己二十年文体学学习和教学的经历，回顾这段历史并展望将来的发展。

1984年教育部外语教材编审委员会审定了《英语文体学引论》并制定英语文体学教学大纲，标志着现代文体学在中国的诞生。此后，英语文体学教学和研究逐渐在各高校中展开，成为英语教学和文学教学的有力手段。1999年召开了首届全国文体学研讨会，历经第二届、第三届，现在召开第四届，可以说是我国现代文体学研究进入了一个新阶段。

笔者学习英语文体学是从教授高级英语课程的需要出发的。1985年前后，笔者到北京师范大学向钱瑗老师请教，听她的课，使用她编写的教材：An Introduction to Stylistics for the Students of the English Language 很快在我们学院开设了此课程。此时，笔者曾翻译了一些文体学资料，寄给张志公老师。他在我的文稿上作了批示，热情地支持这一行动。大意是：汉语研究缺乏系统的科学理论，正需要西方文体学理论。笔者翻译的"使用语言的人和语言的种种用法"（The Users and Uses of Language，M. A. K. Halliday 著）刊登在上外语言研究所《语言学和外语教学资料》总第15号上。也就在这个时候，笔者阅读了《外语教学与研究》杂志1985年第2期刊登的钱佼汝教授的文章《英语文体学的范围、性质与方法》。这篇文章的主要观点是：一、"……文体学至少跨越语言学和文学研究两个领域，而且语言学在这里只是一种手段，文学欣赏、文学研究和文学批评才是目的……文体学在更大程度上是一种文学批评的方法。二、"它（文体学）的客观性就表现在说话要有证据这一点上。……文体研究的基本模式就是从文学作品的语言中寻找证据来证实主观判断过程。……它从根本上来说就是一种解释性活动。……要解释就不可避免地带入主观的意见。如果说主观性是语言学研究中力求排除的一种干扰的话，那么在文体学中它是不可缺少的。……经验告诉我们，在文体分析中，主观意见愈明确，想象愈丰富，分析往往愈深刻，效果也就愈好。"三、"……在某些文体分析中，为方法而方法的倾向相当突出，方法几乎成了文体学的全部内容。……

问题不是要不要解剖作品，而是解剖到什么程度。……当我们分析作品时，我们必须始终保护它的完整性，而不能把它肢解得残缺不全甚至荡然无存。"笔者对此持不同意见，在"评《英语文体学的范围、性质与方法》"的文章中，发表的意见可概括为："《英语文体学的范围、性质与方法》一文把文体学划入了文学批评的范围并把文体学仅仅作为文学批评的一种手段，并在某种程度上，把文学批评的两个组成部分语言学描述和文学鉴赏对立起来，轻语言学描述重文学鉴赏，因而过分强调了文体学的主观性，忽视了它的客观性。把文体学划入文学批评范围是传统文体学观点。目前尚有一些学者坚持这种观点，有人称之为狭义的文体学观点。所以本来是无可厚非的。但是把这种观点作为文体学的科学定义是不妥当的，因为它把文体学的某个发展阶段代替了文体学的现状，以部分代替了全体，而且降低了现代语言学和文体学的作用。这种观点与《高等院校英语文体学教学大纲》的提法也是大相径庭的。"1993年，为了在我院研究生中开设英语文体学课程，笔者用英语编写了《英语文体分析》(*The Stylistic Analysis of the English Language*)。1998年译成中文，由军事译文出版社出版。在编写中，以语言形式与功能关系的一元论、二元论和多元论理论以及Bally的自然效果（natural effect）和联系效果（evocative effect）的理论为纲，取材于Leech和Short的 *Style in Fiction*，Leech的 *A Linguistic Guide to English Poetry*，Nash的 *Design in Prose—A Study of Composition Problems and Method*，Halliday的 *Language as Social Semiotic—Social Interpretation of Language and Meaning* 等著作。我院的主要任务是培养军事外交干部，笔者把从事外事翻译工作十余年的经验和文体学理论结合起来，为我院学员开设了外交英语课程，用英语文体学的理论编写了《外交英语》一书，经国家教委审订作为我国高校教科书。这本书主要采用了Jacobson的语言的六种功能（referential，conative，expressive，phatic，poetic and metalinguistic function）对各种场合使用的外交语言进行分类，并以Halliday的情景因素（field of discourse，tenor of discourse and mode of discourse）对各种外交场合中使用的语言进行描述。这些书一直在我院本科生和研究生中使用，至今已十余年，效果良好，证明文体学理论对学习语言是有用的。《外交英语》在1999年修订再版。

Halliday在《功能语法》一书中提出了"语法隐喻"和"隐喻变体"理论。语法隐喻分为：概念隐喻（ideational metaphor）和人际隐喻（interpersonal metaphor）。在概念隐喻中，通过各种过程（processes）的相互转换可以产生各种隐喻变体，它们的基本意义相同，但产生了细微的意义差别或不同的强调重点。各种转换中最突出的是名词化（nominalization），它构成一种正式抽象的文体，广泛使用于科技语言中。概念隐喻理论同样可用于研究口语和笔语的差别上，笔语的复杂性体现在词汇的密集上，而将笔语转换为口语时，口语的复杂性就体现在句法上，需要许多各种不同结构的句子来表达。

笔者在第三届全国文体学研讨会上发表了题为"语法隐喻为文体分析开辟了新途径"的论文，主要说明：Halliday提出了"一致性"这个概念和两种语法隐喻：概念隐喻和人际隐喻，为文体分析开辟了新途径。在概念隐喻中，通过各种过程的转换产生各种隐喻变体，它们的基本意义相同，但产生了细微的意义差别或不同的强调重点。在人际隐喻中，有两种隐喻：语气隐喻和情态隐喻。通过语气转换，形成各种隐喻变体，可以使语言婉转技巧。用各种情态动词表达的意义，可以用陈述方式来表达，形成主观、客观、直爽、隐晦的各种文体。

笔者还注意到，厦门大学刘承宇教授在研讨会上发表的论文以及他后来在《现代外语》2003年第2期上发表的同名文章：《语法隐喻的文体价值》。文章指出：系统功能语言学主张在语法形式和所编码的意义之间存在着自然联系。作为对词汇语法"一致式"的系统偏离，语法隐喻体现有别于"一致式"的意义潜势。语法隐喻在语篇中的"失衡"和"失协"的分布模式构成语篇文体特征的一个方面，具有重要的文体价值。此文从功能文体学的角度，首先结合情景语境，统计分析概念隐喻、人际隐喻、语篇隐喻等在科技英语和新闻报道中的分布特征和文体价值，然后从种系发生、个体发生和言语发生学的角度讨论语法隐喻作为文体特征的一些特点，如相对性、动态性和模糊性等。

笔者认为，语法隐喻理论在文体分析中的应用导致的文体学的新发展。

近几年来，随着认知语言学的诞生和发展，认知语言学的新理论也开始应用于文体分析。不久前 John Benjamins 出版公司出版了 Elena Semino 和 Jonathan Culpeper 编辑的 *Cognitive Stylistics—Language and Cognition in Text Analysis*。它代表了当前认知文体学的最新发展。笔者将在另文中作较详细的介绍。

总之，文体学是一门非常实用的学科，它对外语教学、文学教学、文学批评都有很大的帮助，但它不是一门独立的学科，它是现代语言学在文体分析中的应用，因此要发展文体学就要把语言学研究的新成果不断地，及时地，应用于文体学研究和文体分析。另外，正如张志公老师指出的，西方语言学和文体学有较科学和系统的理论，作为中国的文体学研究者和教师，要努力将西方语言学和文体学理论应用于汉语研究，逐渐发展一门较科学和系统的汉语文体学。

参考文献

Elena Semino & Jonathan Culpeper（edited），2002，*Cognitive Stylistics — Language and Cognition in Text Analysis*，Amsterdam/Philadelphia：John Benjamins Publishing Company.

James V. Catano，1997，Stylistics，In John Hopkins' *Guide to Literary & Criticism*，Baltimore and London：The Johns Hopkins University Press.

钱佼汝：《英语文体学的范围、性质与方法》，《外语教学与研究》1985 年第 2 期。

郭　鸿：《评〈英语文体学的范围、性质与方法〉》，《外语研究》1988 年第 1 期。

郭　鸿：《外交英语》，北京：对外贸易教育出版社，1993 年。

郭　鸿：《语法隐喻为文体分析开辟了新途径》，第七届全国系统功能语言学研讨会论文。

刘承宇：《语法隐喻的文体价值》，《现代外语》2003 年第 2 期。

象似性与文体

摘 要 笔者首先对"象似性"和"文体"作了界定:象似性指符号内部能指与所指之间的相似关系,以及符号整体与所指对象之间的相似关系。前者是少量的、偶然的,不构成语言系统的基本特征,而后者在符号组合(语言结构)中普遍存在,因为符号组合是编码,编码是有意识的行为,是有理据的,而理据是象似性的基础。文体分广义的文体和文体学定义的文体,前者指语言片断(文本)的语言特征,而后者指文体学定义的文体:文体变体、功能语体和文学语体。本文所讨论的文体是文学语言的文体。文学语言中的象似性有三种:声音上的象似性、形态上的象似性和意义上的象似性。笔者分析了这三种象似性以及它们的文体价值。

一、对"象似性"和"文体"的界定

1. 象似性

王寅教授在《论语言符号象似性——对索绪尔任意说的挑战与补充》一书中(1999:12—13),对美国实用主义哲学家和符号学创始人之一皮尔斯(C. S. Peirce,1839—1914)的符号分类作了很好的概括,现引用如下:

(1) Icon 象似符：与所指在某种方式上相似于本身形式的符号。象似符所表示出的在符号与所指之间的图式关系叫 iconicity：象似性。

(2) index 标记符：与其所指之间在因果关系上联系的符号，如表示火的烟，表示危险的骷髅骨符号。标记所表示出的在符号和所指之间的因果关系就叫 indexicality：标记性。

(3) symbol 代码符：与其所指之间存在任意和规约关系的符号，没有理据可循的符号，就属这类符号。代码符所表示出的在符号和所指之间的任意性关系就叫作 symbolicity：代码性。

在这里要说明两点：

(1) 对象似符号要具体分析，有些是（单个）符号，有些是符号组合（代码），如巴特所举的例子：黑人士兵向法国国旗敬礼的图画，就是一个符号组合，或称为文本，因为它是由几个象似符（国旗、士兵、敬礼等）组成的，并且说明一个命题：法国士兵，不论何种肤色都热爱祖国。这种区分来源于索绪尔的两分法与皮尔斯的三分法之间的区别。前者指符号内部的能指与所指之间的关系，而后者指符号整体与所指对象之间的关系。本文讨论的象似性实际上是后一种关系：符号组合与所指意义之间的关系（详情见另文："索绪尔的语言符号任意性原则是否成立？——与王寅教授商榷"）。

(2) 能指与所指之间存在任意和约定关系的符号就是没有理据可循的符号。象似性符号是有理据的符号，但有理据的符号不都是象似性符号，即理据性不等于象似性。

2. 文体

文体的最通俗、最广泛的定义是一个语篇或任何一个语言片段的语言特征。但从传统意义上讲，文体学与文学语言有特殊关系，通常我们研究文体是为了对语言，特别是文学语言，做出某种解释；例如某种语言特征与它的艺术效果或语言功能有什么关系。本文所讲的文体属于后一种，即某种语言特征与它的艺术效果或功能之间的关系。笔者之所以这样做是因为，象似性在语言结构（代码）中普遍存在，因此泛泛地讲，没有意义，只有在文学语言中，产生某种艺术效果或功能的象似性才有价值。从这一点出发，我们可以从以下方面来谈文体：

（1）从结构上讲，按照乔姆斯基（Chomsky）的说法，人类生来就有语言能力，不但能辨认各种句子，而且能从各种句子中总结出语言规则，并用以生成各种句子。他把这些规则称之为转换生成语法（transformational-generative grammar）。他还认为语言有深层结构（deep structure）和表层结构（surface structure）。前者是由语言的基本意义构成的，后者是前者通过各种转换而构成的各种文体变体（style variants）。各种文体变体表达的意义基本相同，但有细微差别，这种差别就产生了不同的文体价值。这就是所谓的二元论（dualism）。

（2）从功能上讲，语言具有多种社会功能，文体是在各种功能层次上所做的选择。这种文体学理论称之为多元论（pluralism）。不久前，胡壮麟教授在"Congruent Grammar and Consonant Grammar"一文中介绍了 M. A. K. Halliday 的语法隐喻（grammatical metaphor）理论。隐喻的基本意义是转意（transference of meaning）。Halliday 扩大了这个概念，提出了语法隐喻，也就是说，语言可以在各功能层次以内或之间转换（transference within and between levels of language）。笔者认为，这种转换构成了不同功能的文体变体。这种理论对文体学做出了重大贡献。

（3）还有一种理论认为，语言的形式与内容二者不可分，就像灵魂和肉体不可分一样。从符号学的观点看，就是符号的能指与所指不可分，两者之间存在同一性，或者说在表达上，能指模仿所指。这就是文学语言的特点，尤其是诗歌。这类语言的文体特征体现在突出（foregrounding）和偏离常规（deviation from the norm）上。

从以上对象似性与文体的界定来看，本文将讨论的"象似性与文体"属于以下范围：文学语言中有艺术动因的语言（artistically motivated language）中，符号组合（语言结构）与所指对象或内容之间的象似关系。

二、象似性与文体

1. 文学（艺术）符号的特点

皮埃尔·吉罗将符号编码（代码）分成三类：逻辑编码、美学编码和社会编码。其中美学编码指文学、艺术符号。他将文学、艺术符号与逻辑符号作了很好的对比，现摘要介绍如下（1988：83—84）：

逻辑符号是任意的，美学符号是形象的和类比的。

艺术是现实的形象化方式，美学能指是可感的客体。美学能指的这种实质构成了雅各布森称之为"诗学功能"的基本特征。这是因为艺术是主观的，它影响主体，也就是说，艺术以印象或行动触动人们的器官或心理，而给予客体以结构。

科学意味着我们加与自然的一种秩序；艺术意味着我们面对自然所产生的情绪。因此美学符号是现实的意象。科学是及物的，而艺术是不及物的。我们用科学来说明世界，同时把世界限于我们的理智之内；我们用艺术来表现自己，同时把我们的心灵理解为对自然秩序的反映。

美学符号，由于其形象特征，与逻辑符号相比，是约定性很差的，因此也是编码和社会化较差的。当然，它也是约定的，而且有些符号的约定性程度还较高。但是，这种约定性从来不具有逻辑符号所要求的那种限制性、必要性和一般性。即言之，美学符号对于任何约定都是自由的，而意义则依附于表现。这种性质赋予了美学符号一种创造能力。

总之，文学艺术符号是一种表达感情的符号，一种形象的、类比的、意象的符号，一种任意性、社会约定性较差的符号。象似性是文学、艺术符号的主要特征之一。

2. 象似性在文体中的体现

如前所述，文学语言是一种表达感情的语言，一种形象的、意象的、隐喻的语言，一种任意性、社会规约性较弱的语言，象似性是文学语言的主要特征之一。象似性有三种：一种是声音上的相似，一种是形态上的相似，还有一种是意义上的相似。（Winfried Noth，1999：124）这三种象似都体现在文体中。

1) 声音上的象似

声音上的象似有拟声词（onomatopoeic words），如，cuckoo, whisper, bang 等；有联觉（synaesthesia）：由某个语音或某组语音而联想到某种意义，如由 fl-而联想到 flare（火焰）、flicker（闪烁）、flame（火舌）、flash（闪光）、flick（照见）、fleeting（一闪而过）等等。联想到的一系列词叫作联觉系列词（phonaesthetic series），如 clutch, cling, clamp, clog, clinch; gleam, glimmer, glitter, glare, glow, gloaming; 有联觉对应（synaesthetic correspondences），如长元音表示长，短元音表示短等；还有声音象征（sound symbolisms）。这些现象一般被认为是少量的或想象的，而且不是语言系统的组成部分，但在文学语言中被充分利用。

例 1.

My souls, how the wind did scream along! And every second or two there'd come a glare that lit up the white-caps for half a mile around, and you'd see the islands looking dusty through the rain, and the trees <u>thrashing</u> around in the wind, then comes a <u>h-whack-bum! bum! bumble-umble-umbum-bum-bum-bum</u> and the thunder would go <u>rumbling</u> and <u>grumbling</u> away, and quit — and then rip comes another <u>flash</u> and another sockdolager.

（Mark Twain, *The Advantures of Huckleberry Finn*）

在这段描写中，Mark Twain 用了一系列拟声词。

例 2.

The rusty spigot

sputters

utters

a splutter,

spatters a smattering of drops,

gashes wider;

slash,

splatters

scatter

spurts,

finally stops sputtering

and plash!

gushes rushes splashes

clear water dashes

（Eve Merriam）

这首诗运用了一系列拟声词，有声有色地描绘了水从一只生锈的水龙头中涌出的情况。

例 3.

BREAK，BREAK，BREAK

Break，Break，Break,

On the cold grey stones，O Sea!

And I would that my tongue could utter

The thoughts that arise in me.

O well for the fisherman's boy,

That he shouts with his sister at play!

O well for the sailor lad,

That he sings in his boat on the bay!

And the stately ships go on

To the haven under the hill;

But O for the touch of a vanish'd hand,

And the sound of a voice that is still!

Break, break, break,

At the foot of thy crags, O Sea!

But the tender grace of a day that is dead

Will never come back to me.

(Alfred Tennyson)

这是著名的"拍岸诗",以 BREAK,BREAK,BREAK 模拟海浪拍打岸边的声音,这种声音唤起了他对离去的恋人的怀念。

2) 形态上的象似

这种象似指语言结构与所指意义之间的象似。这里有两种情况,一是文学挖掘日常语言中的象似性,以取得它的美学效果,一是文学语言自身的象似性。现分别论述如下:

(1) 挖掘日常语言中的象似性以取得文学语言的美学效果

语言结构(符号组合)是编码的结果,具有理据性,因为编码是一种有意识的行动,是按照使用语言的人要表达的思想,选择和排列词汇,因此语言结构与表达内容之间有理据性,甚至有时有象似性。文学通常利用这种理据性语言,挖掘出其中的象似性,以取得美学效果。

例如 The lone ranger saddled his horse, mounted, and rode off into the sunset. 这句话是有理据的并像似事情发生的时间顺序。如果换一种说法:The lone ranger rode off into the sunset, mounted, and saddled his horse. 就不但失去了理据性和象似性,而且失去了逻辑性,成为一句没有意义的话。又如 Tom ran out of money, and had to find another job. 像似一种因果关系:因为他花光了钱,所以不得不去找一份工作。如果倒过来说:Tom had to find another job, and he ran out of money. 就同样失去了理据性、象似性和逻辑性。要保持它的逻辑性就必须用一个说明因果关系的连接词:Tom had to find another job, because he ran out of money。

另外,句子的结构也体现了理据性和象似性。例如,一个句子中,一般把主语放在宾语的前面,因为主语是施动者,而宾语是接受者。又如:A schooner manned by forty men sailed into Portsmouth harbour.

这个句子的结构像似实际情况：船上坐着 40 个人，驶进了港口。

总之，一般语言结构都有理据性、逻辑性，甚至象似性。文学语言只不过利用了这种特性。例如 She saw there an object. That object was the gallows. She was afraid of the gallows.（Conrad's *The Secret Agent*）就利用了这句话故有的理据性和象似性来描绘人物的心理过程：她看见一个东西，然后发觉这是一具绞架，于是她开始害怕起来，因为她知道自己犯了罪，有可能被判处死刑。又如：I came, I saw and I conquered.（Julius Caesar）也是利用了日常语言的理据性和象似性来描述恺撒大帝能征善战和骄横一世的心理。简练的语言像似他做事果断、干净利落。

文学语言中，有时以语言模仿内容的方式来达到幽默、讽刺的效果。例如：

<u>For in this long digression</u> which I was accidentally led into, as in all my digressions (one only excepted) <u>there is a masterstroke of digressive skill</u>, the merit of which has all along, I fear, been overlooked by my reader,—not for want of penetration in him,—but because 'tis an excellence seldom looked for, or expected indeed, in a digression,—<u>and it is this</u>: That though my digressions are all fair, as you observe,—and that I fly off from what I am about, as far and as often too as any writer in Great Britain; Yet I constantly take care to order affairs so that my main business does not stand still in my absence.

(Lawrence Sterne, *Tristram Shandy*, Vol 1, Ch 22)

这是一段典型的离题话。画线部分是句子的核心部分，其余都是离题话。作者用自己的离题话来说明自己的离题行为，以达到讽刺离题行为的效果。

还有一个比较典型的例子：

Bushspeak: Truncated Sentences. Chic.

By Maureen Dowd

New York Times Service

WASHINGTON-Before President, complete sentences. With president, no complete sentences. Talk funny. Getting funnier. Could go back to speech lessons. Media consultants. Hand gestures coach. Not going to do it. Wouldn't be prudent at this juncture. Not going to get into that overexposure thing. That would be ba-a-a-ad! Ba-a-a-ad!

....

In his State of the Union address, Mr. Bush asked: "Ambitious aims? Of course. Easy to do. Far from it."

Speaking to the Academy of Television Arts and Sciences in Los Angeles, he urged putting anti-drug messages into Saturday cartoons, "Twenty million kids. Impressionable. Just asking to be entertained.

The president's style of syntax-dropping the subject and sometimes the verb—has become chic among young Republicans in the capital, who call it "the clipped lip."

(*International Herald Tribune*, March 10—11, 1990)

这段话以省略主语和动词的句子来模仿布什总统省略主语和动词的说话方式,以讽刺效仿布什总统说话的时尚。

(2) 突出(偏离常规)

"突出"或偏离常规是文学、音乐、绘画中常用的术语。它指一种具有文学、艺术价值的东西的"前景化"(foregrounded)或从背景中突出的技巧。在语言中,被突出的特征是语言上的偏离,而背景是人们一致接受的语言系统。语言可看作必须遵守的一套规则,而"突出"是违反这套规则,是出于艺术目的的偏离。著名的布拉格语言学派通过语言代码的"突出"和"非自动化"(de-automation)说明语言的诗功能。

语言的美学运用，使读者惊奇而获得对语言媒介的新鲜感和敏感。这个文学、艺术上的技巧也可以运用在象似性上。上面已谈到，语言结构中存在理据性和潜在的象似性，作者有时通过违反语言成分的正常排列规则，强调语言结构中的某些成分，以突出象似性的效果。

例如：A schooner manned by forty men sailed into Portsmouth harbour. 是正常的排列。如果把语言成分的次序改变一下：A schooner sailed into Portsmouth harbour manned by forty men. 这样就把本来应该和 schooner 在一起的 manned by forty men 放在与 harbour 一起。这种违反常规可解释为遵循末尾重点原则（principle of end-focus），强调这艘船上坐了 40 个人，从而突出了这艘船"满载而归"的形象。

又如：There were six men with their hats on the backs of their heads eating fast at the table in the lunch room. 是一个正常排列的句子。如果改变一下顺序：There were six men at the table in the lunch room eating fast with their hats on the backs of their heads. 同样根据末尾重点原则强调了 eating fast with their hats on the backs of their heads，从而突出了"一群人在那里匆忙地吃着东西，甚至来不及把帽子戴正"的形象。

又如：He seized the nurse's hand and shook it showing all his uneven yellow teeth in a snarl. 这是一副咄咄逼人的憎恶面目，但文理通顺。如果改变一下：He seized the nurse's hand and shook it showing all his uneven yellow teeth in a smile. 这样就出乎读者的预料，把和蔼可亲的 smile 摆在咄咄逼人的情景之中，但这种不正常的排列可以产生一种形象：一个粗俗的人的善意行为。

（3）意义上的象似

意义上的象似主要表现在隐喻（metaphor）上。文学语言往往不直言其事，而用意义上相近的事物来比喻，在诗歌中尤为突出。

例如：Hold fast to dreams
For when dreams die
Life is a broken-winged bird
That cannot fly.

Hold fast to dreams
For when dreams go
Life is a barren field
Frozen with snow.
（Langston Hughes）

这里 a broken-winged bird 和 a barren field 分别被用来比喻没有希望和没有意义的人生，非常形象，内涵丰富，但意义含糊，可作多种解释。

又如：THE RAINY DAY
The day is cold, and dark, and dreary;
It rains, and the wind is never weary;
The vine still clings to the mouldering wall,
But at every gust the dead leaves fall,
And the day is dark and dreary.

My life is cold, and dark, and dreary;
It rains, and the wind is never weary;
My thoughts still cling to the mouldering Past,
But the hopes of youth fall thick in the blast,
And the days are dark and dreary.

Be still, sad heart! And cease repining;
Behind the clouds is the sun still shining;
Thy fate is the common fate of all,
Into each life some rain must fall,
Some days must be dark and dreary.

这首诗歌充满了隐喻：把人生的不幸和悲伤比作天气的阴暗和寒冷，把对往事的回忆比作断垣残壁上的枯藤，把希望的破灭比作阵风下的落叶纷飞，把苦难中的希望比作乌云后面的阳光，等等。这些都是两种意义的对比，一种意义像似另一种意义。

结 论

当我们讨论象似性和文体之间的关系时，必须首先对"象似性"和"文体"加以界定，因为它们所指的对象很含糊，不利于问题的讨论。如果对"象似性"不加分析，把索绪尔的能指与所指之间的"象似性"与皮尔斯的符号与所指对象之间的"象似性"混为一谈，就会以语言结构中普遍存在理据性和象似性为理由否定语言符号的任意性。如果对"文体"不加分析，就会把任何语言特征当作文体特征。这样"象似性与文体"就成了泛泛之谈，失去了讨论的目的和意义，也搞不清象似性与文体的关系。因此，要在界定"象似性"和"文体"的基础上，分析文学语言中产生艺术效果或功能的代码（语言结构）与所指对象之间的像似关系。本文讨论了文学语言中的三种象似性：声音上的象似性、形态上的象似性和意义上的象似性，以及它们产生的文体效果。

参考文献

Leech, Geoffrey N. & Short, Michael H., 1981, *Style in Fiction*, New York: Longman.

Winfried Noth, 1990, *Handbook of Semiotics*, Bloomington Indianapolis: Indiana University Press.

郭 鸿：《英语文体分析》，北京：军事谊文出版社，1998年。

皮埃尔·吉罗:《符号学概论》,怀宇译,成都:四川人民出版社,1988年。

王　寅:《论语言符号象似性——对索绪尔任意说的挑战与补充》,北京:新华出版社,1999年。

钱　瑗:《实用英语文体学》,北京:北京师范大学出版社,1991年。

隐喻变体——文体分析的新途径

摘　要　韩礼德在《功能语法》一书中提出了"语法隐喻"这个概念，同时提出了"隐喻变体"。笔者认为，这种提法为文体分析开辟了新途径，也就是为文体学研究开辟了一个新领域。韩礼德还提出了"一致性"这个概念和两种语法隐喻：概念隐喻和人际隐喻。在概念隐喻中，通过各种过程的转换产生各种隐喻变体，它们的基本意义相同，但产生了细微的意义差别或不同的强调重点。在人际隐喻中，有两种隐喻：语气隐喻和情态隐喻。通过语气转换，形成各种隐喻变体，可以使语言婉转技巧。用各种情态动词表达的意义，可以用陈述方式来表达，形成主观、客观、直爽、隐晦的各种文体。笔者较系统地阐述了上述理论，并举了一些实例，说明它的可行性。

一、隐喻变体——文体分析的新途径

韩礼德在《功能语法引论》（*An Introduction to Functional Grammar*）一书中提出了"语法隐喻"（grammatical metaphor）这个概念，同时提出"隐喻变体"（metaphorical variants）。笔者认为，这种提法为文体分析开辟了新途径。因为，文体分析归根到底就是研究语言变体，将各种变体加以比较，选择使用最得体的变体。过去在这方面最流行的是，乔姆斯基的转换生成语法所说的语言的深层结构和表层结构，深层结构是语言的基本意义，它可以转换为许多表层结构，这些表层结构就是文体变体（style variants）。这种理论属于形式主义和结构主义的语言学理论，有其局限性，只能用来研究独立于语言情景以外的句子，不能研究情景中的句子，不能研究句子的功能，不能研究文学语言。而语法隐喻和隐喻变体的理论，可以用来研究情景中的句子、句子的功能和文学语言。如诗歌中的转意（trope）就是隐喻变体。

二、隐喻、语法隐喻和隐喻变体

首先，韩礼德给隐喻下了定义：隐喻是各种语言转换的总称。隐喻是一个所指的几个能指。"隐喻"这个术语为人们司空见惯，不足为奇。"语法隐喻"却似乎是新鲜事物。但韩礼德并不这样看。他说，既然隐喻是语言的转换，转换本身就涉及词汇和句法，而不限于词汇，只是这种转换主要在句法方面，虽然也涉及词汇时，我们才用"语法隐喻"这个名词。韩礼德提出了两种语法隐喻：概念隐喻（ideational metaphor）和人际隐喻（interpersonal metaphor）。在概念隐喻中，通过各种过程（processes）的相互转换可以产生各种隐喻变体，它们的基本意义相同，但产生了细微的意义差别或不同的强调重点。各种转换中最突出的是名词化（nominalization），它构成一种正式抽象的文体，广泛使用于科技语言中。概念隐喻理论同样可用于研究口语和笔语的差别上，笔语的复杂性体现在词汇的密集上，而将笔语转换为口语时，口语的复杂性就体现在句法上，需要许多各种不同结构的句子来表达。在人际隐喻中，有两种隐喻：语气隐喻（metaphor of mood）和情态隐喻（metaphor of modality）。通过语气的转换形成各种隐喻变体，譬如陈述可以用疑问句来表达，命令或要求可以用陈述句来表达等。各种含情态动词的句子表达的意义，也可以用各种不含情态动词的句子表达，形成主观、客观、直爽、隐晦等各种表达方式。

三、隐喻变体在文体分析中的应用

笔者认为，过程转换、名词化、语气转换、含情态动词的句子转换为不含情态动词的句子，都是功能的转换，产生的结果都是隐喻变体。各种隐喻变体从不同功能的角度表达同一意义，它们的基本意义相同，但有细微的意义差别，形成各种文体。

1. 概念隐喻

在讨论概念隐喻之前必须弄清两个概念："一致形式"和"隐喻形式"（congruent form and metaphorical form）。韩礼德在提出隐喻这个概念的同时，提出了"一致性"（congruence）。所谓一致性的意义就是字面上的意义，就是非隐喻的意义，就是人们开始使用语言时表达的意义，就是最典型的意义，就是没有特殊情况时使用的意义。体现在语法结构上，"一致性"就是句子的语义功能成分与词汇语法成分的一致。

1）过程转换形成的文体变体

概念功能体现在及物系统（transitivity system）上，而及物系统是由许多过程构成的：物质过程（material process）、心理过程（mental process）、关系过程（relational process）、行为过程（behaviour process）、存在过程（existential process）、言语过程（verbal process）。这些过程可以互相转换，构成许多变体，它们的基本意义不变，但从不同功能的角度表达意义，有不同的文体意义；如：

> Mary saw something wonderful.（心理过程）
> 玛丽看见某种奇异的东西。（强调玛丽的感觉）
> Mary came upon a wonderful sight.（物质过程）
> 玛丽偶然发现一种奇异的景观（强调玛丽的动作）。
> A wonderful sight met Mary's eyes.（隐喻主语）.
> 一种奇异的景观映入玛丽的眼帘。（一种带文学意味的说法）

又如：

> The People's Republic of China was founded on October 1,

1949。（物质过程，强调这个事件的发生）。

October 1, 1949 witnessed the founding of the People's Republic of China.（心理过程，强调感觉：世界人民在这一天目睹了这一盛况）

The date of the founding of the People's Republic of China is October 1, 1949.（关系过程，强调这个事件发生的日期）

又如：＜美军野战条令 100－5＞中有这样一个句子：

US forces under Bradly then launched "Operation Cobra" in the south.

当时美军在布莱德雷的指挥下在南方发动了代号为"眼镜蛇"的战斗。（物质过程，强调行动）

我们可以将这个句子作过程上的转换：

The south witnessed "Operation Cobra" launched by US forces under Bradly.

南方（人民）目睹了美军在布莱德雷指挥下发动的代号为"眼镜蛇"的战斗。（心理过程，强调感觉）

"Operation Cobra" launched by US forces was under Bradly。

美军发动的代号为"眼镜蛇"的战斗是布莱德指挥的。（关系过程，说明一个事实）

People in the south watched "Operation Cobra" launched by US forces under Bradly。

南方人民观看了美军在布莱德雷指挥下发动的代号为"眼镜蛇"的战斗。（行为过程，强调观看行为）

It was reported that US forces under Bradly then launched "Operation Cobra" in the south.

据报道，那时美军在布莱德雷指挥下在南方发动了代号为"眼镜蛇"的战斗。（言语过程，强调报道的内容）

There was an "Operation Cobra" launched by US forces under

Bradly in the south.

在南方有美军在布莱德雷指挥下发动的代号为"眼镜蛇"的一次战斗。(存在过程,强调有这么一件事)

以上各组句子都是隐喻变体,每个句子的基本意义相同,但执行不同的功能,因此有不同的意义重点。事实上,在日常语言中,这种转换经常发生。如:

Past experience has shown that the Taiwan issue has always been the most important and sensitive key issue in Sino-US relations…(*Beijing Review* Mar. 22, 2001)

以上句子可以看作是以下句子的隐喻变体:

Our past experience is that the Taiwan issue…

这个隐喻变体把一个关系过程的句子变成一个物质过程的句子,把经验(past experience)和事实(the Taiwan issue has always been the most important and sensitive issue in Sino-US relations)分开,经验是动作者,事实是目标,强调"过去的经验说明了这个事实",同时把"我们过去的经验"变成"过去的经验",这样使句子表达的意义更客观,把个人的经验变成普遍的经验,而且强调对这个事实的认识是通过经验的积累。再看下面一句:

The years have proven that although there exist some differences between the two countries, to develop healthy and stable Sino-US relations conforms with the common interests of both sides. (*Beijing Review* Feb. 8, 2001)

这句话中,用 the years 代替了 past experience of the years,使表达更加间接,显得更加客观。

有时隐喻变体,不完全是通过过程的转换,而是通过句子成分的语义功能的转换构成的,如:

And I hope more Chinese will visit India in the near future and more Indians will visit China, too. （一致形式）

And I hope India will see more Chinese visitors in the near future and China see more Indian visitors, too. (*Oral Workshop*: *Discussion* p. 171) （隐喻变体）

一致形式中的目标（goal）成了隐喻变体中的动作者（actor），动作者是主动者，这样这个隐喻变体就表达了"中国和印度都主动欢迎对方人民来访"的意思。

2）隐喻变体在笔语和口语的差别上的应用

正如韩礼德所说，"笔语由于词汇密度大而变得复杂，许多词项并入了一个小句中，而口语由于语法结构的变化而变得复杂，由并列结构和主从结构构成复杂的小句集合体。"如：

In bridging river valleys, the early engineers built many notable masonry viaducts of numerous arches. （笔语）

In the early days when engineers had to make a bridge across a valley and the valley had a river flowing through it, they built viaducts, which were constructed of masonry and had numerous arches in them; and many of these viaducts became notable. （口语）

(Halliday, 1994: 349—352)

3）名词化（nominalization）

韩礼德还指出，名词化是构成语法隐喻的独一无二的最有力的手段，它把直接用动词表达的过程和直接用形容词表达的性质，通过隐喻重新组合成名词。这些名词在小句中起过程和属性的作用，而在名词词组中起物的作用。名词化是科技文章的特点，它在文章中起抽象和组织作用。如：

| is impaired by alcohol | alcohol impairment |
| They allocate an extra packer | the allocation of an extra packer |

They were able to reach the computer	their access to the computer
Technology is getting better	advances in technology

(Halliday, 1994: 352—353)

名词化的抽象和组织作用在科技文章中和其他技术性很强的正式文章中随处可见。如在＜美国陆军野战条令100－5＞中：

Withholding of nuclear weapons, prohibiting the unopposed surrender of territory or cities, exempting the territory or certain nation from operations, and limiting the use of aerial bombing are examples of curbs that strategy may impose on operations.

在这个句子中，一系列名词化词组起了抽象和组织作用，使句子变得简练紧凑，形成一种正式笔语体。我们可以将其略加口语化：

Out of strategic considerations, we may impose some restrictions on operations. For example, we may withhold using nuclear weapons, prohibit taking hold of territory or cities surrendered without opposition, free the territory or certain nation from operations, or limit bombing from the air.

这样一来，一个简练紧凑的句子变成了两个句子，每个句子的词汇密度减小了，但从整段看来，句子结构多样化了。又如：

Tactical planning centers on preparation for battles and engagements. Like operation planning, *tactical planning* begins with the assignment of a mission or with the commander's recognition of a requirement. *It* continues until the mission is complete. The planning process is described in detail in FM 100－5. In essence *it* requires full definition of the mission, collection of all pertinent information, development and analysis of options, and finally, a decision which forms the basis for a plan of order. This process is a continuous cycle. *Planning* is as thorough as time allows. The key to successful *planning* is anticipation of future events and being prepared for contingencies.

在这段话中，名词化使"战术计划"（tactical planning）成了各句的主题，各句的一致主题使全段连贯并突出了全段的主题。又如：

Destroying bridges, *blocking* defiles or *obstructing* routes in depth can separate enemy echelon….

Construction of fighting positions, *installation* of obstacles, *performance* of maintenance tasks, and *movement* of unit on foot can take five times the normal time in severe cold.

以上两句中的动名词和名词化动词构成了平行结构，使句子整齐划一，一目了然。

2. 人际隐喻（interpersonal metaphor）

语法隐喻的另一大类是人际隐喻，而人际隐喻又可分为情态隐喻（metaphors of modality）和语气隐喻（metaphors of mood）。

1）情态隐喻

情态是说话人对自己所说的话的估计。情态分为两个类型，一个是对事物发生的可能性和经常性的估计（modalization），另一个是对某人做某件事的强制程度或某人的倾向性的表达（modulation）。如：

对可能性（probability）的估计：It may happen.
对经常性（usuality）的估计：It sometimes happens.
对强制性（obligation）的表达：He is wanted to do something.
对倾向性（inclination）的表达：He wants to do something.

可能性有两极，一个是"是"，另一个是"否"。在两极之间分为几个等级：肯定（certainly）、很可能（probably）和可能（possibly）。

经常性也有两极，一个是始终（always），另一个是从不（never），两极之间分为三个等级：始终（always）、通常（usually）和有时（sometimes）。

强制性也有两极，一是"去做！"（Do!），另一是"不要做！"（Don't do!），两极之间分为几个等级：必须做（to be required to do）、要求做（to be supposed to do）和允许做（to be allowed to do）。

倾向性也有两极："想做"和"不想做"，两者之间也有几个等级：决心做（to be determined to do）、有兴趣做（to be keen to do）和愿意做（to be willing to do）。

人们在表达情态时往往有某种倾向，或主观，或客观，或明确，或不明确。如在表达可能性时，有以下几种说法：

I think (in my opinion) Mary knows.（主观明确的）
Mary will know.（主观不明确的）
Mary probably knows. (in all probability)（客观不明确的）
It's likely that Mary knows.（Mary is likely to）（客观明确的）

在表达强制性时，可能有以下几种说法：

I want John to go.（主观明确的）
John should go.（主观不明确的）
John is supposed to go.（客观不明确的）
It's expected that John goes.（客观明确的）

（Halliday，1994：354—355，357—358）

情态说明话语的肯定性、强制性、倾向性或对事情发生的经常性的估计，也就是说话的不同口气。有时突出自己的观点，更经常的是隐藏自己的观点，把自己的主观意志说成客观需要；有时明确地说，更经常的是含糊地说。笔者认为，这种不同的口气构成了不同的文体，客观含糊的说法往往是一种婉转表达的方式。如上面的两种说法：

John is supposed to go.

Mary probably knows.

都是客观含糊的说法。又如：

What do you reckon would be good for a five-year-old kid?
—She'll like fairy tales, does she?

问话人的意思是：你（主观）估计一个五岁小女孩看什么书合适？而答话人却客观地回达说：她会喜欢童话。这就是说话的技巧。又如：I believe he is wrong. 是一种直截了当的说法，我们可以通过语法隐喻，采用另一些客观或含糊说法：

It is obvious that he is wrong.
Everyone admits that he is wrong.
It would be foolish to deny that he is wrong.

2）语气隐喻（metaphor of mood）

语气是对语言功能的选择，是对话语角色的选择，归根到底是表达：给予或索取信息和给予或索取物件（服务）（giving or demanding information or goods-and-services），它体现在四种方式上：陈述（statement）、提问（question）、提供（offer）和命令（command）。

根据语法隐喻的理论，这四种方式也可以互相转换而不改变基本意义。

如：把提问转换为陈述：

Is the position still available?
I wonder if the position is still available.

把陈述转换为命令：

If you move I'll shoot.
Don't move or I'll shoot!

把陈述转换为提问：

You shouldn't say such a thing.

How could you say such a thing?

把陈述转换为命令：

The evidence is that they cheated before.
Look at the way that they cheated before!
（Halliday，1994：363，367）

　　根据礼貌原则，"礼貌原则的恪守往往是多给别人以方便，多让自己吃亏，从而使对方感到受尊重，反过来又获得对方对自己的好感。显然，对对方越尊重，自己越吃亏，话语的礼貌程度就越高，从这个角度出发，我们又可以按'损益'的尺度来确定礼貌级别的另一种连续体。语言行为理论认为，间接的请求（用疑问句）比直接的请求（用动词或用祈使句）具有较高的礼貌级别，……"（何自然，1988：103—105）

　　一般来说，提问和命令是自己受益别人吃亏，因为是自己会得到信息和服务（物件），而陈述和提供是自己吃亏别人受益，因为自己会"损失"信息或给人以服务（物件）。

　　另外，"语言的礼貌级别是一个连续体，用直接的方式表达是最欠礼貌的，用最间接的方式表达的话语则是最讲礼貌的。"（何自然，1988：102—103）

　　（1）Lend me your bike.（命令）
　　（2）I want you to lend me your bike.（陈述）
　　（3）Will you lend me your bike?（提问）

　　以上三个句子中，（2）（3）比（1）礼貌。

　　某研究生把他的论文交给他的导师，说：Perhaps you could read this through before Friday.（陈述）比说 Please read this through and return to me before Friday.（祈使）礼貌得体。

　　他向导师请假到某地去旅行，导师不同意，但用了一种间接的说法回答：

　　It can be very cold at this time of year at that place.

当你请别人替你把门关上时，你可能有几种说法：

(1) Door!（命令）

(2) Close the door, please!（祈使）

(3) Will you close the door?（提问）

(4) Would you mind closing the door?（提问）

(5) I can't bear the draught from the door.（陈述）

(6) I know a good boy never leaves the door open.（陈述）

显然，(3)(4)比(1)(2)礼貌，而(5)(6)又比(3)(4)礼貌。(5)是一种暗示，(6)是哄小孩关门。可见连小孩都知道陈述比提问和命令中听。

现在回到前面的情态隐喻，肯定和否定是可能性的两极。有时为了礼貌，用否定代替肯定，因为肯定程度越大就显得越自信，越不考虑别人的实际情况。如你向别人借一把扳钳时有多种说法：

Lend me your spanner!（祈使）

Will you lend me your spanner?（提问）

Have you got a spanner handy?（提问）

You've got a spanner, I suppose.（肯定陈述）

You wouldn't have such a thing as a spanner handy, I suppose.（否定陈述）

从以上例子可看出，提问比祈使礼貌，陈述又比提问礼貌，否定陈述又比肯定陈述礼貌。

总之，情态隐喻和语气隐喻中的各种隐喻变体都是人们常用的表示态度和调节语气的手段，都有不同的文体价值。

四、结论

现在我们再回到理论问题上来。既然隐喻变体是韩礼德提出来的，我们自然要研究他的语法理论。

他说，任何自然语言的语法都是人类经验的理论化，它又是对人际

关系的塑造。这两种功能互相依赖，同时通过第三种功能——创造话语的功能——加以实现。(Halliday, 1996:1)

语法隐喻是意义的转换，是同一所指的不同能指（1996:5），语言的两个层次（形式与内容）的重新调整，将语义重新配置在词汇语法结构上。因此转换完全依靠语言的层次结构（1996:7）。既然语法能将意义配置到词汇语法结构上，它就能将意义进行重新配置，这样就产生了无数的隐喻变体。(1996:7)

隐喻变体是与语言的一致形式相对的。一致形式是指在语言的两个层次中，语义层和语法层最初同时演变。(1996:23) 语法隐喻只不过是重新说（rewording），也就是用不同的方式说同一件事，以不同于一致形式的方式说同一件事。(1996:39) 这些隐喻变体与一致形式基本意义一致，但有意义的细微差别，因为它们是从不同的功能角度表达意义。正因为如此，隐喻变体从不同的功能角度表达意义，以不同的过程、情态、语气表达意义，形成不同的文体变体。

文体学归根到底研究文体变体。从功能语言学的角度讲，文体学研究各种文体变体的社会功能，研究各种隐喻变体的社会功能。因此，语法隐喻和隐喻变体的理论为文体研究开辟了新途径和广阔的前景。

参考文献

M. A. K. Halliday, 1994, *An Introduction to Functional Grammar*, London: Routledge.

M. A. K. Halliday, 1996, *Things and Relations: Recognizing Experience as Technical Knowledge* in J. R. Martin & Robert Veel (eds.), *Reading Science: Critical and Functional Perspectives of Discourse of Science*, London: Routledge.

Field Manual 100-5 *of the US Army*

Beijing Review, Feb. 8, 2001

Beijing Review, Mar. 22, 2001

何自然编著：《语用学概论》，长沙：湖南教育出版社，1988年。

吴祯福主编：《英语中级口语》，北京：外语教学与研究出版社，1998年。

第七编
语用学

语用学与认知语言学的同源和互补性
——从现代西方哲学和符号学角度作出的解释

摘　要　语用学和认知语言学在理论上同属现代西方哲学的科学主义思潮、经验主义哲学和英美分析哲学、皮尔斯符号学和从生物体内部角度研究语言的心理活动和生理活动的语言学。特别值得注意的是，皮尔斯符号模式中的"解释项"说明在认知中作为认知主体的人的重要作用。语用学根据具体语境（物理语境）对语言的动因（说话人的意图）进行逻辑推理。认知学者对语言的成因和心理活动过程做出解释。在交际中，受话人根据自己的心理语境（心智、经验、认知能力）对话语做出解释。在交际的认知过程中，话语动因的逻辑推理和基于心理语境的解释往往交替进行、互相补充。以上事实充分说明语用学和认知语言学之间的同源和互补性以及融合的自然趋势。

引　言

近几年来，随着认知语言学研究的逐渐深入，语用学研究呈现与认知语言学结合的趋势。本文试图从现代西方哲学和符号学角度，说明这两门学科之间的同源和互补性以及它们融合的自然趋势。

一、语用学与认知语言学的融合趋势

近年来在我国学术刊物上发表了一些文章，反映语用学与认知语言学融合的趋势。现在按照文章发表的时间顺序，引用它们的"摘要"来说明这种趋势，并在笔者阐述了语用学和认知语言学融合的原因以后，以这些文章为实例说明这种趋势。（摘要中的黑体是笔者加的）

"认知语言学与关联理论的互补性"（张辉、蔡辉《外国语》2005年第3期）

认知语言学与关联理论所共同关心的中心议题之一是语用推理。本文认为，作为人类主要认知方式的隐喻和转喻在话语解释中起到了非常重要的作用。隐喻和转喻是自然推理的图式。不管是隐喻还是转喻，其两个认知域之间容易被激活的概念映现，为语用推理提供了必要桥梁。关联理论提出的关联的认知原则和交际原则又规约着隐喻和转喻中两个认知域之间所激活的概念映现，决定了哪一个概念映现在某一个特定的语境下被首先激活。**认知语言学和关联理论在语用推理上的这一互补性进一步拓展了我们话语理解研究的范围。**

"认知、预设及预设推理"（陈意德《中国外语》2005年第5期）

根据认知语言学的观点，预设不仅是语义和语用现象，而且是一个认知问题。认知理论合理地解释了预设的主观单向性、隐含性和动态的特点。**预设推理也是一种心理认知过程**，是大脑中演绎系统根据不同的输入手段提供信息进行加工，即综合、分析新信息，寻找最佳关联进行推理的过程。

"背景与语境中的说话人和听话人"（谢应光《中国外语》2005年第5期）

认知语法中的"背景"指言语事件、言语事件的参与者及直接环境。可以看出，这个概念与语用学中的语境非常相似。在这两个概念中，说话人和听话人的作用都是最重要的组成部分。本文在分别对这两个概念中说话人和听话人的作用进行讨论的基础上，**探讨了认知语法和语用学关于说话人和听话人的论述的异同**，**意在说明这两个学科之间的联系**。

"语用推理：逻辑的经验转向"（江晓红、何自然《解放军外国语学院学报》2006年第1期）

溯因推理在自然语言理解中的应用已从不同方面受到研究者的关注。溯因推理为Grice理论和关联理论的含义理解研究提供了新的逻辑视角和参照点，Grice会话含义理论中的合作原则和会话准则，以及关联理论中的关联原则皆可视为言语交际中的溯因原则。**现代逻辑学中的经验转向为自然语言理解中的含义推导注入了新的活力。**

"语用研究的认知语言学视角"（江晓红《中国外语》2006年第6期）

语用学和认知语言学作为自然语言研究的两种潮流，发展迅猛，已成为当今语言学领域关注的热门话题。但是，遗憾的是国内学术界对它们的关系至今很少展开专门的讨论，对语用学和认知语言学中涉及的"认知"还存在一些理解上的误区。本文探讨了认知语言学的经验观、语用学和认知语言学的接口问题，**认为认知语言学的经验观可为语用推理研究提供新的视角和理论参照点**，并尝试提出隐喻/转喻研究的**认知——语用整合模式**。

二、从现代西方哲学、现代符号学和现代语言学角度看语用学和认知语言学的同源和互补性

语用学和认知语言学在现代西方两大哲学思潮（科学主义思潮和人本主义思潮）中同属科学主义思潮，在哲学流派上同为经验主义哲学和英美分析哲学，在两大符号学派（皮尔斯符号学和索绪尔语言符号学

中同属皮尔斯符号学派,在两大类语言学(从生物体之间的角度研究语言的社会属性的语言学与从生物体内部的角度研究语言的心理活动和生理活动的语言学)中同属从生物体内部角度研究语言的心理活动和生理活动的语言学。20世纪初期以来,西方两大哲学思潮在语言学上转向并有融合的趋势。(夏基松,1998)这种趋势必然反映在两大符号学派和两类语言学之间的交流和融合趋势上。两类语言学中各学科之间和同一类语言中各学科之间的互动,推动着语言学科的发展。属于同一哲学思潮、同一哲学思想、同一符号学派和同一类语言学的语用学和认知语言之间的交流和融合呈自然趋势,或者说,两者的交流和融合是必然的。(详情见另文"当今语言学与符号学的一个重大课题","语用学的符号学分析"和"认知语言学的符号学分析")现在从以下方面讨论此问题。

1. 语用学

语用学属现代西方哲学的科学主义思潮和实用主义哲学。它是莫里斯(Morris)提出的符号学的三个部分(语义学研究符号的能指与所指之间的关系、语法学研究符号的能指与能指之间的关系、语用学研究符号与符号使用者之间的关系)之一。其实,在奥斯汀、舍尔之前,皮尔斯(Peirce)已在这个方面作了重要论述,但鲜为人知(著名符号学家、符号学权威著作《符号学手册》(*Handbook of Semiotics*)的编写者 Winfried Nöth 在题名为 *Charles Sanders Peirce, Pathfinder in Linguistics* 一文中作了较详细的论述)。莫里斯是皮尔斯的学生和皮尔斯符号学理论的继承者,皮尔斯本人又在语用学方面有重要论述,所以可以说,语用学在理论上属于皮尔斯符号学系统。从西方现代哲学史也可以看到语用学的渊源:语用学的哲学思想和理论可以追溯到现代西方的经验主义哲学、实用主义哲学以及英美分析哲学的日常语言哲学(ordinary language philosophy)流派,这些哲学思想和哲学都属于西方现代哲学的科学主义思潮。皮尔斯和莫里斯的符号学以及奥斯汀(John Longshaw Austin)、格赖斯(Herbert Paul Grice)、舍尔(John R. Searle)的语用学都是在这个思潮中诞生的,他们的理论一脉相承(夏基松，1998）。

语用学研究的主要内容是：指示（dexis）、预设或前提（presupposition）、会话含义（conversational implicature）、言语行为（speech act）和会话结构（conversational structure）。

"指示"研究语言和语境的关系，包括人称指示、时间指示和空间指示。

"会话含义"介绍莱文逊的合作原则和下属的四个准则。它假设人类交际是为了达到互相理解的目的，必须合作，即使表面上违背合作准则也仍然有合作的愿望，这时就要根据语境对违反准则的话语进行推理，找出其中包含的意义。

"前提"和"会话含义"一样，也是语用推理，它以实际语言结构的意义为根据，靠逻辑概念、语义、语境等，推断出话语的先决条件。

"言语行为"理论的基本思想是"言则行"。"言语行为"理论由奥斯汀首创，后来由舍尔发展完善，最后提出言语行为的三分模式；"言内行为""言外行为"和"言后行为"。语言行为理论为语言交际中常出现的间接语言行为做出了解释。解释的主要方法也是推理。

会话结构分析在两个层面上进行，一是局部结构，一是整体结构。局部结构包括会话的轮替，相邻对的构成等。整体结构指一次会话活动的构成，如会话怎样开始，怎样发展，怎样结束等。以上结构分析是静态研究，到了 90 年代，会话研究开始进入动态，也就是考虑会话参与者的目的和为了达到目的采用的手段和策略，以及会话双方在会话活动中的互动作用。（以上有关语用学的介绍，主要取材于何兆熊为 Stephen C. Leveinson 所著 *Pragmatics* 撰写的导读）

从以上情况可看出，语用学的理论可以追溯到现代西方哲学的科学主义思潮、经验主义哲学、实用主义哲学、英美分析哲学、皮尔斯符号学和从生物体内部角度研究语言的心理活动和生理活动的语言学。（详情见另文："语用学的符号学分析"，"当今语言学与符号学的一个重大课题"）

2. 认知语言学

认知语言学者声称,认知语言学的哲学基础是"体验哲学",他们的研究工作是从反对乔姆斯基的与语境隔绝的语法自主论开始的;是从研究隐喻开始的,发现隐喻不仅仅是一种修辞手段,而且是一种人类重要的思维方式;是从研究哲学上的范畴论发展起来的(吴世雄、陈维振,2004),等等。其实他们的哲学思想也是来自西方经验主义哲学,他们的理论基本上与皮尔斯符号学一致。哲学渊源方面,认知学者们除提出"体验哲学"外,没有更多论述,但他们承认自己的理论基础是经验主义。他们是从研究"第一代认知科学"走过来的,并提到了第一代认知科学与英美分析哲学的联系。皮尔斯符号学和认知语言学都是主观经验主义,都是生物行为主义。在方法论方面,都是"解释"论,都是范畴论,都是符号活动过程与认知过程一致论,都是完型论,在认知方式上是皮尔斯符号学的三种认知方式之一(通过隐喻,即事物之间的相似性,认识新事物)。在应用范围方面和皮尔斯符号学基本一致:在研究人类的认知、思维与表达、交流两个侧面中,侧重认知、思维;在社会人文科学与自然科学方面,侧重自然科学方面。总之,从符号学的角度看,认知语言学在理论上也属于皮尔斯符号学系统,它的哲学基础(经验主义)、方法论和应用范围与皮尔斯符号学基本一致,只不过认知语言学更强调人的身体经验和思维的想象性。(详情见另文:"认知语言学的符号学分析")此外,认知语言学显然属于 Halliday 提出的,从生物体内部角度研究语言的心理活动和生理活动的语言学。

从以上情况可看出,认知语言学的理论同样可以追溯到现代西方哲学的科学主义思潮、经验主义哲学、英美分析哲学、皮尔斯符号学和从生物体内部角度研究语言的心理活动和生理活动的语言学。(详情见另文:"认知语言学的符号学分析","当今语言学与符号学的一个重大课题")。如果在认知语言学的哲学基础和学术根源上有争议,笔者认为,应该着重研究认知语言的实际理论,并把这些理论与相关的哲学和符号学理论加以比较。

3. 语用学和认知语言学理论上的同源和互补性

前面已经提到，语用学和认知语言学同属现代西方科学主义哲学思潮、经验主义哲学和英美分析哲学、皮尔斯符号学和从生物体内部的角度研究语言的心理活动和生理活动的语言学。在这里着重讨论它们与皮尔斯符号学的关系。

皮尔斯符号学是以实用主义哲学、范畴论和逻辑学为基础的。在人类的认知、思维与表达、交流中，它侧重研究认知、思维。它是一种泛符号论，认为世界上的一切事物，包括人本身在内，都是符号。笔者认为，这种说法的意思是：与一般动物不同，人类使用符号进行抽象思维，用符号进行认知、思维、表达和交流，因此世间万物无一不是符号。皮尔斯符号学的特点是它的科学倾向、生物个体性、认知性、动态性和互动性。它的符号模式由三个关联物组成："符号代表物"（representamen）、"对象"（object）和"解释项"（interpretant）。这种三分法符号模式与索绪尔两分法符号模式（符号由"能指"与"所指"构成，即从宏观上讲，符号由符号系统和意义系统构成）形成鲜明的对照。在它的符号模式中比索绪尔符号多了一个"解释项"，除了符号（代表物）与它代表的对象（客观世界）以外，还有"解释项"——认知主体，因此它突出了作为认知主体的人在认知上的决定作用。符号（确切地说符号代表物）并不一定代表对象的意义，它还要经过符号使用者的解释，也就是要通过人的经验的验证。它突出了人在认知上的主观能动性，强调人与客观世界之间的互动和认知的动态性。笔者认为，语用学和认知语言学的理论基础都是皮尔斯符号学的、包括"解释项"在内的符号模式。

语用学认为，在特定环境中发话者发的话并不一定代表他的真实意图，要经过受话者根据具体语境（物理语境）进行逻辑推理。语用学假设，人类交际是为了达到互相理解的目的，必须合作，即使表面上违背合作准则也仍然有合作愿望，这时就要根据语境对违反准则的话语进行逻辑推理，找出其中包含的意义，也就是要找到实际话语的动因。这种逻辑推理是一种从结果到原因的"溯因分析"。（江晓红、何自然，2006）

从符号学角度看，认知语言学也可解释为，"符号代表物"不一定代表"对象"的意义，受话者——认知者——要根据自己的心理语境（心智、经验和认知能力）对话语进行解释。另一方面，认知学者们从实际话语出发，对话语的成因和心理活动过程进行分析。这也是一种"溯因分析"。它是认知语义学和认知语法的基础，同时由于它与话语的生理活动和机制有密切关系，因此它与认知科学的其他学科，如神经心理学和神经语言学等，有直接关系。

从以上分析可看出，语用学和认知语言学都可以从皮尔斯的符号模式得到解释，它们都强调认知主体在认知中的决定作用。它们之间不同的是，语用学根据具体语境（物理语境）进行逻辑推理，而认知语言学根据心理语境进行分析。语用推理的目的在于找到发话者发话的动因（真实意图），而认知语言学分析的目的在于对话语的成因和心理活动过程做出解释，同时在交际中，受话者也根据自己的心理语境（心智、经验和认知能力）对话语做出解释。

虽然语用推理和认知分析都属于认知范畴，分别根据物理语境和心理语境对话语的意图和意义做出解释，但在交际过程中，交际双方既是发话者又是受话者，即既是表达者又是认知者，而且他们之间的互动又会产生新的语境和新的意义。因此，双方既要根据物理语境进行语用推理，又要根据心理语境进行心理分析，而且这种推理和分析是交替进行的，既涉及现实的情景、又涉及双方过去的经验。总之，语用推理和认知分析是一个复杂的综合过程，两者无法分开。这就是语用学与认知语言学的同源和互补性以及它们融合的自然趋势。

三、笔者对上述实例的理解

1. "认知语言学与关联理论的互补性"

Deirdre Wilson 和 Dan Sperber 在："关联理论"（*Relevance Theory*）一文的结论（*Conclusion: an experimentally testable cognitive theory*）中写道"关联理论是一种认知心理学理论"，"关联的认知原则是：人类认知趋向于将认知调节到最大化关联"，"关联的交际原则是：每一种明示的刺激，传达它自己的最佳关联设想",“交际原则产生精确的预测,其中一些预测已通过实验验证"。他们还在"关联理论与心理构建"("*Revelance theory and mental architecture*")一节中写道:"Grice 把表示明确意义的交际行为,解释为表达和识别意图,这种说法将理解当作解读各种思想(mind-reading),或将某种心理状态赋予别人,以达到解释和预测他们的行为的目的的能力。"

从以上论述可看出,关联理论已将语用推理的重点转移到认知心理学研究,或者说,它是语用学和认知语言学的结合。笔者赞同文章有关"认知语言学与关联理论的互补性"的论述。

2. "认知、预设及预设推理"

文章谈道:预设是在交际中发话人根据具体语境预先设定受话人通过推理能理解的未明言事物。预设具有主观单向性:预设是发话者对受话者认知状态的主观假设,因此,预设总是倾向于发话者本人的经验和认知背景。它还有隐含性:预设是发话者头脑中主观设定的与受话者共知的一种概念,在写作和说话时,并没有通过语言字面清楚地表现出来,而是隐含于话语的字里行间和发话人的心中。更重要的是预设具有动态性:其一是因交际双方的心理认知状态是变化的;其二是随着交际的进展,双方的认知域也会不断地发展,新的信息和知识会不断地被吸收,某个命题的陈述在下一个命题可能成为预设部分。这样,双方都不断地为进一步的话语提供新的基础和新的预设,从而使交谈合理地发展。按照形式逻辑的定义,推理是根据一个或一些判断得出另一个判断的过程。预设也是一种推理,但由于前述它所具有的主观单向性、隐含性和动态性的特点决定它不只是一般的逻辑推理。它更多的是一种心理认知过程和思辨过程,是以人对客观事件的经验和认知模式为基础的。

笔者认为:预设是语用学的内容之一,是一种语用推理。但从上文中可以看出:预设的推理根据的语境不只是具体(物理)语境,它已涉及心理语境,它的语境是一种"主观假设",是"主观设定的与受话者共知的一种概念",它本身在交际中也不断变化发展,所以,推理过程本身就是一个认知过程。从符号学角度看,语用学是根据具体(物理)

语境对符号代表物与对象之间的关系做出的解释（推理），认知语言学是根据心理语境对"符号代表物"与"对象"之间的关系做出的解释（心理分析）。从预设的例子可以看出，在推理或分析中，物理语境与心理语境是分不开的，逻辑推理与以经验为基础的认知也是分不开的。这又说明语用学与认知语言学的同源和互补性的例子。

3. "背景与语境中的说话人和听话人"

文章提到：这个概念（认知语法中的"背景"）与语用学中的语境非常相似。在这两个概念中，说话人和听话人的作用都是最重要的组成部分。

笔者认为，本来认知语言学的心理语境与语用学的物理语境就是分不开的；在认知语言学和语用学中，说话人和听话人就是皮尔斯符号学中的"解释项"，就是作为认知主体的人，在认知中起重要作用。这又说明语用学与认知语言学本是同根生，不可分离。

4. "语用推理：逻辑的经验转向"

文章的大意是：语用学是以英美分析哲学为基础的。认知语言学出现以后，强调人的主观经验和认知作用，因此逻辑推理不仅考虑形式公理演算系统，同时也关注形式的内容，包括人的主观认知和经验，以及自然语言的丰富性和多样性，这就是"逻辑的经验转向"。

笔者认为，认知语言学出现以后，的确强调人的主观经验和认知作用，逻辑推理从简单的公式推理变为，包括推理的人的认知和经验在内的、复杂的、内容丰富的推理，但这不一定要称之为"经验转向"。因为，"经验转向"指语用学的逻辑推理转向认知语言学的以经验为基础的心理分析。从符号学根源来讲，语用学与认知语言学本是同根生，无所谓"转向"。它们都是皮尔斯符号学和莫里斯符号学中的"解释项"的发挥。

5. "语用研究的认知语言学视角"

文章指出，语用学和认知语言学是自然语言研究的两种潮流，并认为认知语言学的经验观可为语用推理研究提供新的视角和理论参照点。

笔者认为：语用学和认知语言学并不是两种潮流，而是同一潮流，它们同属西方现代哲学的科学主义思潮、经验主义哲学和英美分析哲学、皮尔斯符号和从生物体内部角度研究语言的心理活动和生理活动的语言学。我非常同意文章所说的，"认知语言学的经验观可为语用推理研究提供新的视角和理论参照点"。这又是一个语用学与认知语言学的同源和互补性的证明。

结束语

语用学和认知语言学在理论上同属现代西方的科学主义思潮、经验主义哲学和英美分析哲学、皮尔斯符号学和从生物体内部角度研究语言的心理活动和生理活动的语言学。特别值得注意的是，皮尔斯符号学模式中的"解释项"说明在认知中作为认知主体的人的重要作用。语用学根据具体语境（物理语境）对语言的动因（说话人的意图）进行逻辑推理。认知学者对语言的成因和心理活动过程做出解释。在交际中，受话人根据自己的心理语境（心智、经验、认知能力）对话语做出解释。在交际的认知过程中，话语动因的逻辑推理和基于心理语境的解释往往交替进行、互相补充。以上事实充分说明语用学和认知语言学之间的同源和互补性以及融合的自然趋势。

同时说明，要从根本上弄清各现代西方语言学科的性质、范围和方法以及它们的相互关系、作用、变化和发展，必须研究西方现代哲学和符号学。

皮尔斯符号学理论在语用学和认知语言学上的应用，仅仅是这种理论在语言学上的应用的开始。笔者深信，进一步深入研究皮尔斯符号学将会有更多的新发现。

参考文献

陈意德：《认知、预设及预设推理》，《中国外语》2005年第5期。

郭　鸿：《认知语言学的符号学分析》，《外语教学》2005年第4期。

郭　鸿：《语用学的符号学分析》，《外语研究》2005年第5期。

郭　鸿：《当今语言学与符号学的一个重大课题》，《中国外语》2006年第5期。

江晓红、何自然：《语用推理：逻辑的经验转向》,《解放军外国语学院学报》2006年第1期。

江晓红：《语用研究的认知语言学视角》,《中国外语》2006年第6期。

吴世雄、陈维振：《范畴理论的发展及其对认知语言学的贡献》,《外国语》2004年第4期。

夏基松：《现代西方哲学教程新编》（上、下册），北京：高等教育出版社，1998年。

谢应光：《背景与语境中的说话人和听话人》,《中国外语》2005年第5期。

张　辉、蔡　辉：《认知语言学与关联理论的互补性》,《外国语》2005年第3期。

Deirdre Wilson and Dan Sperber, *Reverence Theory* in G. Ward and L. Hom (eds.) *Handbook of Pragmatics*, Oxford: Blackwell, 607—632.

Winfried Noth, *Charles Sanders Peirce*, *Path finder in Linguistics*, http://www.digitalpeirce.fee.unicamp.br/p-ling.htm.

第八编
认知语言学

认知符号学与认知语言学

摘　要　皮尔斯符号学是一门认知科学，也就是认知符号学。当今流行的认知语言学是认知符号学的一个分支，是它的基本理论的应用、具体化和发展，对语言学科的发展起了重大推动作用。它秉承皮尔斯符号学的哲学根源，属于现代西方哲学的科学主义思潮、英美分析哲学传统和从生物体内部角度研究语言的生理活动和心理活动的语言学。

引　言

认知语言学研究已在我国开展二十余年，成为我国当今语言学研究的主流学科。但这门学科很难定义，有的人认为它涉及所有语言学科，它就是当代语言学的代名词，甚至有人认为它代表当代西方哲学的一个新发展阶段"后语言哲学"。

笔者试图通过定义认知符号学和对比认知符号学与认知语言学，探索认知语言学的哲学基础、符号学根源以及它的性质、范围和方法。

一、皮尔斯符号学是一门认知科学，也就是认知符号学

众所周知，现代西方符号学分为两大流派，一个流派是皮尔斯符号学，另一个流派是索绪尔语言符号学。后者已为人们所熟知，并已广泛应用于现代西方语言学科的研究，然而皮尔斯符号学却很难理解，更用不着说在语言学科中的应用。笔者认为，索绪尔语言符号学基本上是一种哲学本体论符号学，而皮尔斯符号学则是哲学认识论符号学。在人类的思维、认知和表达、交流两个方面，前者着重研究表达、交流，而后者着重研究思维、认知。笔者试图对皮尔斯符号学的认知性作一些探讨。

皮尔斯（Charles Sanders Peirce，1839—1914）是一位美国哲学家、逻辑学家、科学家和符号学的创始人之一（另一创始人是索绪尔）。他的实用主义哲学、逻辑范畴论和符号学是一个整体，是科学研究的思想和方法。他的符号学是以他的范畴论和实用主义哲学为基础的，是认知性的。已故前国际符号学会会长、美国符号学家 Thomas A. Sebeok 说："皮尔斯符号学肯定是一门认知科学。"笔者同意他的观点，并且认为皮尔斯符号学就是认知符号学。以下我们将依次探讨他的逻辑范畴论、实用主义哲学和符号学。

1. 皮尔斯的逻辑范畴论

皮尔斯符号学最费解的部分就是他的三分符号模式：符号代表物（representamen）—对象（object）—解释（interpretant）。对这个符号模式有各种各样的解释，使读者无所适从。为什么皮尔斯符号学符号模式是三分（triadic）的，而索绪尔语言符号学的符号模式是两分（dyadic）的（符号由能指与所指构成）？这样的区分有什么意义？这是关键问题，必须搞清楚。要搞清这个问题就要从逻辑范畴论的发展历史说起。哲学上的"范畴"与认知语言学中的"范畴"是两回事。后者是认知标准，把某个事物置于某个范畴内就是对该事物的初步认识，说明它是什么性质的东西；而前者指一种意识结构（structure of consciousness），是客观现实存在和发展基本形式的反映，是认识发展

的一些小阶段，是逻辑思维的基本环节。凡逻辑思维的领域，不论是各个具体科学还是哲学，都要应用范畴，因此范畴在科学、哲学和逻辑学中，都具有十分重要的基础地位。(彭漪涟，2002：序)

哲学发展经历了三个阶段：本体论研究自然是什么；认识论研究人是否能认识自然，如何认识自然？语言论（或哲学的语言学转向）研究现代西方两大哲学思潮（科学主义思潮和人本主义思潮）的语言学转向与合流趋势。笔者认为，研究两大思潮的语言学转向和融合趋势实质上就是研究本体论和认识论的对立统一。这几个发展阶段都反映在逻辑范畴体系的演变上。

1) 从逻辑范畴体系的演变看皮尔斯的三分符号模式

(1) 亚里士多德的两分本体论逻辑范畴体系

亚里士多德是希腊哲学家中最伟大的哲学家。他是逻辑学和许多科学的创始人。他的哲学属于本体论（ontology），他在本体论中列举了所有可能成为命题的主语和谓语的事物。这些事物分为十大类，也就是十个范畴：实体（substance）、数量（quantity）、性质（quality）、关系（relation）、地点（place）、时间（time）、位置（position）、状态（state）、行动（action）和承受（affection）。一般说来，实体可作为命题的主语，其他类别可作为谓语。这种安排与语法相对应：一个句子由一个主语和一个谓语构成，可以产生所有可能的命题，以此描述世界上的一切事物。因此，这种范畴体系是本体论的和两分的：实体和对实体的描述。虽然十个范畴都是本体论范畴，但都是从命题角度出发，从主项与谓项之间的关系来考察分析的，就此而言，是逻辑范畴体系。

(2) 康德的三分先验论认识论逻辑范畴体系

康德（Immanuel Kant，1724—1804）是一位德国哲学家，被称誉为实现了一场哲学革命，完成了唯理论哲学和经验主义哲学的综合或两者之间的调和，从而创建了先验批判哲学。这种哲学是一种认识论，回答如下问题："我们如何理解、解释或思考事物？"在康德的哲学中，一个范畴是理解中的一个纯概念，一般代表任何事物在被经验以前的现象。范畴一般是任何可能发生的事物的性质或特征。康德认为，亚里士多德的三段论逻辑中的所有可能产生的命题等于所有可能做出的判断，命题内的所有逻辑算子（logical operators）等于判断中的理解瞬间。因此，他把亚里士多德的范畴体系重新排列成四组三项组合体：

量：全称的、特称的、单称的（判断或命题）；
质：肯定的、否定的、不定的（判断或命题）；
关系：直言的、假设的、选言的（判断或命题）；
样式：或然的、实然的、必然的（判断或命题）。

然后，他就从这个逻辑判断表中概括出了与之相应的"先验概念表"：

关于量的范畴：单一性（度）、复多性（量）、总体性（全）；
关于质的范畴：实在性、否定性、限定性；
关于关系的范畴：实体性、因果性、共存性；
关于样式的范畴：可能性、存在性、必然性。

（参照彭漪涟著《逻辑范畴论》并从 Philosophy of Wikipedia 摘译）

所有的判断和范畴体系都是每三个一组，也就是说都是三分的。构成三分组合的原因是：每组的第一项和第二项之间的互动产生新内容，也就是第三项。三分模式具有认知范畴体系的特征，因为主体与客体之间的互动产生新认识。正如康德理论中显示的那样，认知的主体、主体与客体之间的互动被置于突出位置。总之，康德的三分逻辑范畴体系是认识论的，更具体地讲，是先验认知性的，而且还具有辩证性质。

（3）黑格尔的本体论辩证逻辑范畴体系

黑格尔（G. W. F. Hegel，1770—1831）与 J. G. Fichte 和 F. W. J. von Schelling 生活在康德以后几十年中的"德国理性主义"时期中。作为后康德理性主义者中理论最系统的黑格尔哲学，试图从逻辑起点设制一个全面系统的本体论。黑格尔制定了一个全面的哲学理论框架或系统，以整体的和发展的方式，说明心智与自然、知识的主体与客体，以及心理学、状态、历史、艺术、宗教和哲学。特别是，他设想了一种心智和精神的概念，说明心智和精神的一系列矛盾和对抗最终结合统一。以逻辑为出发点的、黑格尔的全面系统的本体论由三部分构成：存在论（直接范畴）、本质论（间接范畴）和概念论（直接范畴与间接范畴的统一）。前二者（直接范畴和间接范畴）属于客观逻辑领域，而后者（直接范畴与间接范畴的统一）属于主观逻辑领域。与此相对应，通过三个阶段（三个范畴）：正（thesis）、反（antithesis）、合（synthesis），实现客观逻辑向主观逻辑的转变，达到客观与主观的统一（自然与心智的统一）。每个范畴里都有两个对立成分：肯定与否定，而否定始终是从一个范畴（阶段）向另一个范畴转变的推动力。总之，黑格尔的范畴体系本身就是一个三分的逻辑范畴体系，显示对立双方的统一，因此它是辩证法（摘自 *Philosophy of Wikipedia* 和彭涟漪 2001）。

上述逻辑范畴体系的演变揭示了一个事实：范畴，更确切地说，范畴体系，是一个二分的意识结构，当结构进入了变化或转变过程，它就成了三分。正如权威著作《符号学手册》的编辑者 Winfried Noth 所说的："从结构向过程的迁移中，二元对立可能转化成三元互动"（Joseph L. Esposito）。

（4）皮尔斯的三分现象学逻辑范畴体系

皮尔斯按照康德的先验认知模式制定了他的范畴体系，同时从黑格尔的逻辑范畴体系中吸取了一些辩证法成分。另外，他的范畴体系是现象学范畴体系。现象学研究从第一人称角度体验产生的意识结构。简而言之，现象学研究直接经验和如何取得这些经验。因此，皮尔斯的范畴系统说明我们如何取得瞬间的直接经验而达到认知目的。了解了以上观点后，我们就容易理解，皮尔斯的三个普遍范畴就是通过经验得到的三个瞬间理解。第一性（firstness）是对性质的感觉，第二性（secondness）是实际存在的事实，第三性（thirdness）是表征或认知（representation or cognition）。三者间的互动实现表征或认知（从认知对象角度讲是表征，从认知主体角度讲是认知）。我们可以从日常生活中举个例子来说明这个问题：情人节那天，你收到一束玫瑰花。在第一个瞬间，你只经验到一种强烈的红的性质，但不明白它是什么东西。下一个瞬间,当这种强烈的红的感觉与某个物体互动,你明白了这是一束玫瑰花,但你仍然不明白它意味着什么。再下一个瞬间,当这束玫瑰花与你所知道的社会习俗和你有一位爱人这个事实互动时,你才明白这是你的爱人在情人节为了表达她(他)对你的爱情送给你的一份礼物。皮尔斯的符号模式正是建立在这三个普遍范畴上。

2. 皮尔斯的实用主义哲学

皮尔斯的实用主义哲学就是应用于科学研究的哲学,是逻辑实证主义的一个分支。它的主要观点是:

1) 物是经验的效果

皮尔斯理论的出发点类似主观经验主义。他否定物质世界的客观存在。他认为"事物就是效果"。其实质与传统的主观经验主义一样,把整个客观世界和个人的认识过程经验主义化。

2) 生物行为主义观点

皮尔斯把人的认识活动等同于生物适应环境的本能活动。人的行动信念不是建立在对客观规律和必然性的认识上,它仅仅是一种生物的本能。皮尔斯理论的继承人莫里斯(Morris)的生物行为主义思想更加突出,他创建了生物行为主义理论。

3) 效果的意义理论

皮尔斯提出了实用主义的意义理论:概念的意义不是由它反映的意义决定的,而是由它引起的行动的效果决定的。(夏基松,1998)

4) 皮尔斯的科学研究方法

他认为一切思想都是用符号进行推理。他提出一种科学探索方法:不明推理法(abduction)。用假设法(hypothsis)提出一种假设来解释一种令人惊奇的现象,用演绎法(deduction)来弄清这个假设引起的有关的、必需的、论断性的后果,而用归纳法(induction)根据全部论据检验全部预言的事实,以说明实际有效的是什么。

假设法的公式是:令人惊奇的事实 C 被观察到了,假如 A 是真实的,C 就是理所当然的事。(摘译自 *Charles Sanders Peirce* of Wikipedia)

我们可以从日常生活中举个例子:如果下雨,地会湿。现在地是湿的，我们有理由相信下过雨了。

皮尔斯还认为，演绎法和归纳法不能发现新事物，只有不明推理法能做到，但有风险。譬如，地湿了，除了下过雨还可能有其他原因：洒水车刚洒过水。

从以上例子中我们可看出，不明推理法是一种反向推理或溯因分析（retroductive inference or back reasoning），也就是说，从现有的事实出发寻找造成这个事实的原因。这种方法已广泛应用于语言学科研究。

3. 皮尔斯的符号学

皮尔斯的符号学是以他的范畴论和实用主义哲学为基础的。他的范畴论是以康德的三分先验认知范畴论为基础的：说明主体与客体之间的互动产生新认识。他还吸取了黑格尔的辩证思想，说明：认知过程是主体、客体、意义之间的互动，而且这种互动是永不停止的。他的范畴论是一种现象学范畴论，说明人对事物的直接经验过程：第一瞬间的经验是对事物性质的感觉（第一性），第二瞬间的经验是事物的实际存在（第二性），最后的经验是事物的全部意义（第三性）。实用主义哲学是主观经验主义哲学。所谓主观经验主义就是，认知是人的主观行为，人通过自身的经验认识事物。这样就突出了认知主体人和人的直接经验。它还认为，事物的意义就是它的效果和它引起的行动。他的实用主义哲学就是他的科学研究方法论，用以发现新事物，解决科学研究中的疑难问题。他提出了一种新方法，不明推理法（溯因分析法）。在以上概念的基础上才能理解皮尔斯的三分符号模式和认知符号学（和后面要讨论的认知语言学）：

1）皮尔斯的符号模式

皮尔斯符号学的符号由三个关联物组成：符号代表物（representamen）—对象（object）—解释（interpretant）。这个符号模式说明一个根本道理：符号代表物固然代表所指对象的意义，但必须经过解释。这里"解释"的意思很含糊，引起很多争议。有的说"解释"指"意义"或"内容"，有的说"解释"指"解释者"（interpreter）。其实这两种说法都有道理，正是这种含糊性丰富了它的内涵。第一种"意义"说，按皮尔斯的说法，人的一切思想都是用符号进行推理得到的。符号（代表物）与某一事物作用，产生一个新的符号，这个新符号又与认知者作用，在他的头脑里产生一个更新的符号，一个扩大了的符号。这个符号就代表"意义"。第二种说法更容易理解：符号（代表物）固然代表事物的意义，但必须经过作为认知主体的人的解释（经验的验证）。

符号又分成三个方面：符号本身、符号代表物与对象之间的关系，以及符号代表物与解释之间的关系。每个方面一分为三。

（1）符号本身

Qualisign（代表对象性质的符号）是说明事物性质的（对事物性质的感觉）。

Signsign（代表单个事实的符号）是说明单个事实确实存在的（实际事实）。

Legisign（代表一种规律）是说明事物规律性的（表征或认知）。

其实这就是皮尔斯所说的通过经验认知的三个阶段：第一阶段——对事物性质的感觉，第二阶段：认识这个事实的存在，第三阶段：认识这类事物的规律。

（2）符号与对象之间的关系

象似符号（icon）是一种符号与对象之间有相似关系的符号。

标志符号（index）是一种符号与对象之间有因果关系的符号。

象征符号（symbol）是一种符号与对象间无任何关系，但的确代表对象意义的符号。实际上它依赖社会共识或习惯表达意义。

笔者认为，这三种符号实际上说明三种认知方式，因为符号代表一种符号活动过程，它的三个关联物间的互动产生意义。因此，象似符号指我们通过事物间的相似性认识事物，标志符号指我们通过事物之间的因果关系认识事物，象征符号指我们通过社会共识或习惯认识事物。

这三种符号也代表一个演变过程，说明人类使用符号认知的进程。皮尔斯曾经说过："象征符号在成长中。它们从别的符号演变而来，特别是从象似符号，或者从具有象征符号和象似符号的混合性质的符号演变而来。我们只能用符号来思维。心智符号是混合型的。象征符号的成

分是一些概念。"（CP2.300）

（3）符号与解释间的关系

Rhema 是说明一种可能性的词或符号，在判断或命题中起一个词语的作用，它揭示某一事件的可能性。

Dicisign 是说明一个事实的一个命题或符号。

Argument 是用于说理的一系列命题，它能澄清一种议论或一个概念。

笔者认为，解释与符号的关系说明符号活动（认知）的结果；它可以说明一种可能性，肯定一个事实和讲清一个道理。

2）与皮尔斯的三分符号模式相关的一些重要观点：

（1）符号代表的意义是它产生的效果

皮尔斯的实用主义的基本观点之一是：符号代表的意义不能脱离它产生的效果。他使用"意义效果"（significe effect）这个词语，并按照他的范畴理论把它分为三小类：

可能说明性质的效果（第一性）

说明具体意义的效果（第二性）

说明普遍意义的效果（第三性）

由于效果包含在"解释"中，他把"解释"分为三小类：

"即时解释"（immediate interpretant）是可能产生的效果。

"动态解释"（dynamic interpretant）是一个特定的人、在一个特定场合和使用符号思维的一个特定阶段产生的实际效果。

"最后的解释"（final interpretant）是最终的效果，多少具有习惯和正式性质。（同上）

由于意义（解释）是符号引起的行动，和人类认知是发展的，皮尔斯把"解释"分为三小类：

"感情的解释"（emotional interpretant）是引起某种性质行动的可能性。

"有力的解释"（energetic interpretant）是一种努力、经验或行动。

"逻辑的解释"（logical interpretant）是一种普遍形式、意义或习惯。

（2）符号代表的意义是它引起的反应（行动）

皮尔斯的另外一个基本观点是：对任何人来讲，符号的意义在于他对符号做出的反应。他举了如下例子来说明这个观点：

当步兵的长官发出命令："枪放下！""动态解释"包含在步枪着地的响声中，或者说包含在士兵们的心智行动中……。但"最后的解释"不包含在任何一个人的心智行动方式中，而包含在每个人的心智行动方式中。也就是说，它表达这样的条件命题："如果这个符号作用于任何一个人的心智，它会决定同样的行动方式。"（Michael H. G. Hoffmann）

4. 小结

皮尔斯的范畴论、实用主义哲学和符号模式可以简要概括如下：

皮尔斯的范畴论、实用主义哲学和符号学是一个整体，是科学研究的思想和方法，属于现代西方科学主义思潮的逻辑实证主义。它体现了哲学的认识论，是一种认知符号学。皮尔斯的逻辑范畴体系建立在康德先验主义哲学认识论范畴体系基础上，同时吸取了黑格尔的一些辩证思想，是一种现象学范畴论。它说明一个中心思想：意义来自人的直接经验，经验范畴之间的互动产生意义（认知）。

皮尔斯的三分符号模式体现了一个中心思想：认知是人类对自然的认识，意义与自然之间没有直接联系，意义的产生必须通过人，是人对自然的解释。人的一切知识来自经验。人类经验范畴之间的互动产生意义（认知），因此皮尔斯符号学具有动态和互动的特点。认知是发展的，永无止境的。符号的三个方面分别说明认知的过程、方式和结果，每个方面都是三分的，也就是说，也是变化和发展的。符号代表的意义是它产生的效果和引起的反应（行动）。

二、皮尔斯认知符号学与认知语言学的比较

认知语言学的基本观点已为人们所熟知，不再赘述。以下直接将其与皮尔斯符号学的基本观点加以比较：

1. 两者的共同点
1）哲学根源

皮尔斯符号学的哲学根源是现代西方哲学的科学主义思潮。再往上追溯就是近代哲学的经验主义。皮尔斯的经验主义思想是主观经验主义，他认为"物就是经验的效果"，乍听起来有些荒谬，但它说明一个道理：一切意义来自经验，意义是人对自然经验的结果。

认知语言学的哲学基础是"体验哲学"，也是主观经验主义，或者是有些学者所说的，非客观经验主义、实用经验主义。它也说明一切意义来自经验，意义是人对自然经验的结果。认知学者们没有再往上追溯"体验哲学"的来源，但他们说，当今的认知语言学是第二代认知语言学。第一代认知语言学是一种分析哲学，第二代认知语言学是对第一代认知语言学的批判（王寅）。笔者认为，正是因为第二代是对第一代的批判，第二代继承了第一代的一些理论，正如解构主义者不完全否定结构主义者，而对他们认为不合理的部分的扬弃，和对合理部分的继承。黑格尔的辩证法更是如此。"正"是肯定，"反"是否定，"合"是对否定的否定，这就是认识逐渐深化的过程，学科发展的规律。如果全盘否定掉了，学科就不可能发展了。因此，认知语言学也离不开英美分析哲学和现代西方哲学的科学主义思潮这个总根源。从它研究的内容看，也是如此。认知语言学有两大类，一类是认知科学的一部分，它从人脑和神经系统研究语言的生成和认知功能；另一类是用认知科学的方法研究语言，研究意义产生的生理机制、心理过程和认知功能（陶文好，2007：9），后者就是现在流行的认知语言学。从此也可以看出认知语言学与科学主义思潮和分析哲学的联系。

2）学科性质

皮尔斯符号学和认知语言学都是认知性的。皮尔斯的范畴论、实用主义哲学和符号学是一个整体，是科学研究的思想和方法。科学本身就是一种认知，认识各种自然现象。皮尔斯符号学重点研究符号的表征（representation），也就是研究意义的产生。从认知者的角度看，就是研究人的认知。认知语言学研究意义（认知）产生的生理机制和心理过程，当然与皮尔斯符号学一致。

3）中心思想

索绪尔语言符号学的符号由"能指"与"所指"构成。皮尔斯符号学的符号由"符号代表物"（representamen）、"对象"（object）和"解释"（interpretant）构成。前者的"能指"，从宏观上讲，是符号系统，"所指"是意义系统。具体一点讲，"能指"是语言，所指是语言表达的意义。也就是说，语言与意义有直接联系。而后者的"符号（代表物）"和"对象"之后还有"解释"（解释者或意义）。也就是说，符号代表对象的意义，但一定要经过人的解释。这样就突出了作为认知主体人和人在认知中的主动作用。应用在语言符号上，语言表达的意义与自然之间没有直接联系，必须经过人的认知，同样突出了作为认知主体的人和人在认知中的主动作用。这就是认知语言学的中心思想。文旭教授在"认知语言学的研究目的、原则和方法"一文的结语中指出："认知语言学作为语言学中的一种新范式，其本质在于认知主体'人'并不是一个被动的接受者，而是一个主动的施动者；人类经验在语言使用中具有重要作用"。由此可见，皮尔斯符号学与认知语言学在中心思想上也是一致的。

4）研究方法

皮尔斯的实用主义哲学就是用于科学研究的哲学。他把假设法（hypothesis）、演绎法（deduction）和归纳法（induction）结合起来提出一种新的研究方法——溯因分析法（retroduction）。当你观察到一个新现象，你可以用假设法提出一种解释，然后用演绎法进行推理，找出这种假设与观察到的现象的相关性，然后用归纳法，包括通过科学实验得到的具体资料和数据，证实或证伪这个假设。这是一种从现存的现象（事实）出发，研究这个现象（事实）的成因，因此是一种溯因分析法（back reasoning）。其实，这种方法是当前常用的科学研究方法。譬如，科学家们正在研究月球和火星有无生命存在，就提出一个假设：如果这两个星球上有水，就会有生命。于是千方百计地寻找这两个星球上存在水的迹象，发射卫星近距离观察或发射火箭撞击表面以搜集样土化验分析，找出证据，最后得出结论：这两个星球上有还是没有生命存在。

认知语言学正是采取这样的研究方法：从现存的语言现象（事实）出发，通过研究（解释）语言产生的生理机制（大脑和神经系统）和分析人的心理活动，追溯这些语言现象的成因（意义是怎样产生的）。总之，皮尔斯的科学研究方法与认知语言学的研究方法也是一致的。从语言学分类的角度讲，认知语言学正是韩礼德（M. A. K. Halliday）定义的"从生物体内部角度研究语言的生理活动和心理活动的语言学"。

2. 两者不同之处

1）属于不同层次

笔者在以往发表的文章中，一再阐述以下观点：符号学是哲学和语言学之间的桥梁，它既有哲学的深刻理念，又有语言学的可操作性。皮尔斯符号学与认知语言学从学科分类上不属于同一层次。在层次上，皮尔斯符号学高于认知语言学，因为语言是众多符号中的一种。如果皮尔斯符号学是认知符号学，认知语言学就是认知符号学的基本理论的应用。通过研究皮尔斯符号学，我们可以了解认知语言学的基本理论和它的符号学和哲学根源。

2）理论与理论的应用和发展

皮尔斯符号学提出了一个中心思想：符号（代表物）代表对象的意义，但必须经过认知主体的人的解释，意义与自然没有直接联系，意义来源于人的经验。它的现象学范畴论说明：意义（认知）产生于经验范畴之间的互动中，认知是发展的、永无止境的。但它并没有说明意义（认知）产生的具体方式和过程。而认知语言学做到了这一点。它说明意义是经验的概念化，通过隐喻、换喻、范畴化、意象图式、概念整合等形成概念结构。语义就是概念结构，语法是概念结构的形式化（符号化）。认知语言学比皮尔斯符号学更突出人在认知中的主动作用，因此而有心理建筑理论：人的认知不限于心智对客观世界的领悟，而且包括人根据自己的心理语境和知识结构重建客观世界。

3）主观经验主义哲学与体验哲学

皮尔斯符号学的哲学基础是主观经验主义，而认知语言学的哲学基础是体验哲学。两种哲学同是主观经验主义，突出人在认知中的主体性和主动性，认为一切知识来自人的经验，但后者更加强调人的身体经验：经验从人的身体开始，人对自己在空间中位置的感觉、人身体的直觉、人的心理状态等身体经验决定人的认识。皮尔斯符号学有三种符号：象似符号（icon）、标志符号（index）和象征符号（symbol）。笔者认为，这三种符号分别代表三种认知方式：象似符号代表通过事物之间的相似性认识事物；标志符号代表通过事物之间的因果关系或依存认识事物；而象征符号代表通过社会共识或习惯认识事物。由于认知语言学强调身体经验必然突出通过事物间的相似性认识事物，因此特别强调隐喻、意象、图形在认知中的作用。由于突出人的心理因素对认识结果的影响，因此而有"经验观、凸显观和注意观"。由于突出人的直接经验，因此而有"心智的体验性、认知的无意识性和思维的隐喻性"等原则。笔者认为这些理论和原则足以解释各种语言现象生成的原因和过程，但作为一种认识论则有失偏颇。

三、皮尔斯符号学和认知语言学的定义与两者的关系

皮尔斯符号学是认知符号学。皮尔斯的范畴论、实用主义哲学和符号学构成一种科学研究的思想和方法。它属于现代西方哲学的科学主义思潮、逻辑实证主义和英美分析哲学传统。皮尔斯的哲学基础是主观经验主义。它认为人的一切知识来自人的经验，人是认知主体和主动者。皮尔斯的三分符号模式来自他的现象学逻辑范畴论：人的认识来自直接经验，产生于经验范畴间的互动，体现在符号的三个关联物（符号代表物、对象和解释）之间的互动和解释（者）的主体作用。这种互动是不断进行的，因此认知是发展的和永无止境的。

认知语言学是认知符号学的一个分支，是认知符号学的基本理论在语言学研究中的应用和发展。它继承了认知符号学的现代西方哲学的科学主义思潮和英美分析哲学传统。从语言学分类的角度讲，它属于从生物体内部角度研究语言的生理活动和心理活动的语言学。它的哲学基础是体验哲学。体验哲学也是主观经验主义哲学，但更加强调身体的直接

经验。认知语言学认为语言运用是人的认知活动的一部分，意义是经验的概念化，语义是概念结构，语法是概念结构的形式化（符号化）。它把认知符号学的基本理论，特别是动态和互动的观点，应用于语言研究，使其具体化、生动化，并推动了其他语言学科的发展。

参考文献

Joseph L. Esposito，Peirce's Theory of Semiosis：Toward a Logic of Mutual Affection，CSP ESP htm.

Michael H. G. Hoffmann，The 1903 Classification of Triadic Sign-Relations，http：//www. Digitalpeirce. fee. unicamp. br/hoffmann/p-sighof. htm.

傅永军：《康德的先验范畴理论》，山东大学文史哲研究院，2009年。

彭漪涟：《逻辑范畴论——马克思主义哲学关于逻辑范畴的理论》，上海：华东师范大学出版社，2001年。

夏基松：《现代西方哲学教程新编》（上、下册），北京：高等教育出版社，1998年。

第九编
语言学的符号学分析

符号学使语言学成为一门科学

摘　要　符号学的诞生使语言学走上了科学发展的道路。索绪尔语言符号学把语言研究提高到结构主义高度和社会文化深度。符号学使我们认识到，语言是符号系统之一；将语言学置于众多符号系统中研究，使我们更深刻地认识语言的符号本质，以及语言符号与其他符号的共性和差异。总之，符号学使语言学成为一门科学。

索绪尔在《语言符号》（*The Linguistic Sign*）一书中写道："我已成功地为语言学在众多科学中找到了一席之地，这是因为我把它和符号学联系起来了。"（Saussure，1959：43）当时符号学还没有发展成为一门独立的科学，但索绪尔就已预见到这门科学将会建立并将指导语言学的发展。

一、符号学研究的范围和与语言学的关系

符号学研究信息的产生和传递。既然世界上一切有生命的物质的活动都依靠信息的传递，符号学研究的范围自然包罗万象。从广义上讲，它包括人类的、动物界的信息的产生和传递。从狭义上讲，它研究人类社会的信息的产生和传递。信息是抽象的，要依靠符号给以实体，并以

实体来传递。符号学研究符号的构成、符号的分类、表达的意义、编码、传递和解码。就人类社会而言，意义潜能是人类的文化，因此符号学的研究必然要深入到人类文化中。语言是人类传递信息的一种代码系统，因此语言学自然是符号学这门研究信息的总科学的一部分。

但语言学和符号学的关系不是简单的从属关系。符号学高于语言学，是语言学的理论基础。语言学的问题主要是符号学的问题，是符号学的原理在语言学中的应用的问题。现代语言学之所以取得成就，是把语言提高到一个符号系统来研究。把语言作为一个符号系统来研究，并把它与其他符号系统放在一起研究，才能发现语言的本质和基本规律。符号学给语言学下了一个科学的定义："语言是一个代码系统"，并以科学原理解释种种语言现象。索绪尔曾指出"符号学阐述的规律将适用于语言"（Saussure，1916/1969：16），"语言学的前途在于它将被纳入符号学，而符号学又是社会心理学的一部分，最终是总的心理学的一部分"（*The Linguistic Sign*，p. 232）。我理解这里所说的"社会心理学"是以社会为基础的心理学，也就是说，符号学研究的符号系统是以社会为基础的。这里所说的"总的心理学的一部分"指的是以人类文化为基础的心理学，也就是说符号学最终以人类文化为研究的基础。

另一方面，"语言学为符号学做出了主要贡献"（Bloomfield）。语言系统是最典型的符号系统。语言是人类交际的工具，它的唯一目的就是传达意义。而其他符号系统，例如服装和食品，首先具有满足人类生活需求的物质属性。同时，它们也体现了人类的各种社会关系并被用作传递信息的工具。这些系统在表达意义和传递信息方面不如语言直接，而且必须以语言说明它们表达意义的功能。Hjelmslev 指出："实际上，所有符号系统都能翻译成语言，所有其他的语言和我们想象到的所有其他符号结构都能翻译成语言。"（1953：70）在成为一门独立科学方面，语言学先于符号学，就是这个道理。如上所述，语言是人类交际的工具，在传递信息方面，使用得最广泛，最直接，因此人们最容易从使用语言的过程中体验出它的规律。符号学的许多原理，要在人们对语言这个符号系统有较深刻的体验后，才能理解。许多符号系统传递信息的功能是在它们与语言学相比拟的情况下才为人们所理解和接受。

二、索绪尔语言符号学把语言学提高到结构主义哲学的高度和社会文化的深度

结构主义源远流长，但直到20世纪初期才形成完整的体系。随着生产力的提高和社会的发展，人们对世界的认识发生了革命性的变化。人们不再认为世界是由不可再分割的原子所构成的，也就是所谓的原子论（atomism），而认为世界是一个结构体系，是由各层次的相对立的事物构成的体系。研究事物，不应该只研究事物本身，而应研究事物之间的关系。也就是说，不是事物本身，而是事物之间的关系决定事物的性质和意义，事物间的相互作用促使事物变化和发展。这种认识论与辩证唯物主义是一致的。事实上，许多结构主义哲学家本人就是马克思主义者。

现代符号学正是在这个哲学基础上产生的。世界是个结构体系，是由各个层次的互相对立的事物结合成的。存在决定意义。结构体系的存在就决定了结构体系的意义。也就是说，意义也是个结构体系。意义是抽象的。意义要为人们所理解，为人们所传递，必须有个载体。这个载体就是符号。表达意义的载体——符号——也必须是个结构体系。因此，符号学研究的符号不是单个的符号，而是一组或一套符号，也就是代码，是代码与代码组成的体系。《符号学原理与交际原理》（*Semiotic Theory and Communication Theory*）一书指出："符号不可能单独出现，符号以组合方式出现。符号学家称一组符号或一套符号为代码……，代码是系统、模式、网络、格栅的同义语。……意义不会单独产生，甚至不是主要由能指与所指的关系产生，而是由符号间的关系产生。"（p. 51）文化是意义潜势，是符号表达的意义的来源。文化的定义是：符号系统与结构系统的结合。以上符号学的基本原理应用在语言研究上，说明了以下语言学原理：

语言是一个符号系统，是意义潜势，是一个抽象系统。它的意义归根到底来源于操这种语言的民族的文化。这就是索绪尔所说的 langue。语言的使用是这个意义潜势的实现，是这个抽象系统的具体化，是从这

个意义潜势中做出选择。这就是索绪尔所说的言语（parole）。选择的根据是使用语言的社会情景。因此，研究语言就要研究语言的社会语境和文化语境。

语言是个结构体系。它的基本结构模式是纵向选择语符系列与横向结合语符系列。纵向选择语符系列是由同义词、近义词、反义词、替代词和相关词构成的。横向结合语符系列的基本结构是：主语－谓语－宾语。人们使用语言时，从纵向结构中选择出词汇，再按句子的基本结构结合成表达意义的句子。由句子结合成段落，由段落结合成篇章，以至表达更大范围意义的篇章。

语言是个符号体系，符号本身并没有任何意义。同一个声音或形态标志在不同的语言中表达不同的意义。决定意义的是符号系统，归根到底是社会常规，是文化。因此，"语言不是实质，是形式"，"语言是一个社会事实"。

此外，许多语言学家应用符号学原理对语言学做了深入的研究。例如，Halliday 所著 *Language as Social Semiotic* 把符号学原理应用于语言研究。我理解这个题目的意思是：语言是社会现实的符号表达。语言是一个符号系统，符号本身没有任何意义，社会现实是意义的来源，语言只不过表达社会现实所具有的意义。在这个意义上，语言系统是意义潜势。语言系统由两部分构成：语义功能部分和语言形式部分。语言活动是一种社会行为，也就是说，任何人在任何时候使用语言都不是没有目的的，都是为了达到某个社会目的，实现某种社会功能。语义功能部分包括：概念功能，即人们对社会现实形成某种概念并在交往中传达这种概念的功能；人际功能，即语言不但表达意义，而且揭示社会中人与人之间的关系，并使这种关系加以巩固的功能；篇章功能，即语言不是语言材料的杂乱堆砌，而是按一定规律形成的表达完整意义的篇章。这种功能使语言表达意义和揭示人际关系的功能得以实现。人们使用语言时，按照语言情境，从语言系统这个潜能中，选择意义和它的表现形式。语言情境包括三个要素：语场、语旨和语式。语场促发语义功能部分中的概念功能，概念功能再促发语言形式部分中的及物系统（transitivity system）；语旨促发人际功能，人际功能再促发语气系统（mood system）；语式促发篇章功能，篇章功能再促发主题系统（theme system）。这样，及物系统、语气系统和主题系统就构成了人们使用的语言。

自古以来，诗歌以其独特的语言结构和优美的韵律为人们所欣赏和传诵。然而，谁也没有对诗歌的结构做出科学的分析。布拉格学派语言学家 Roman Jacobson 应用符号学原理，科学地分析了诗歌的形式结构和语义结构。首先，他提出了与语言活动六个组成部分——发话人、受话人、信息、语境、代码和接触渠道（addresser, addressee, message, context, code and contact）相联系的六种功能：表情功能、使动功能、诗功能、指示功能、原语言功能和社交功能（emotive, conative, poetic, referential, metalinguistic and phatic functions）。诗功能是给予受话人以愉悦的功能，它把受话人的注意力从表达的意义引向语言形式。这种功能为语言所共有，但在诗歌中是主导功能。和其他语言形式一样，诗歌的形成也遵循纵向选择关系和横向结合关系。纵向选择关系系列由同类、相似、差别、同义、反义的语言要素（equivalence, similarity and dissimilarity, synonymity and antinymity）组成。这个语符系列体现了一种同类或相似的原则（principle of equivalence）。当人们写诗的时候，"诗歌功能将同类原则从选择轴上投影到结合轴上"。也就是说，同类原则也成了横向组合的原则。因此，诗歌是由重复的词、诗行、诗节、音韵所组成。这样，就从符号学的角度，对诗歌的结构作了科学的解释。

三、将语言学置于符号系统中研究，使人们更深入地认识语言的符号本质和规律

如前所述，符号学研究世界上一切意义的产生和交流，包括人类的和自然界的，正常的和病态的，语言的和非语言的，社会的和个人的，大至一门学科，小至分子间的信息传播。自然科学是传达自然界信息的组织者，社会科学是有关人类社会中人与人之间的关系的信息的组织者。语言学只不过是社会科学中的一门学科，是社会信息科学的一部

分。只有站在这个高度看待语言,把语言符号系统看作许多符号系统之一,并把它与这些符号系统放在一起研究,才能看出语言的符号本质以及它与其他符号系统的共同点和不同点。

例如,语言和其他符号系统一样,都以各自的符号传递信息。但语言学不像数学,完全依靠逻辑推理,它必须依靠社会常规,因为语言是约定俗成的,一种语言的词句的意义是操这种语言的社团所公认的。语言学和其他符号系统不一样,它研究语言表达的意义,而其他符号系统研究各种事物表达的意义。因此,语言学是符号学中最直接、最典型的研究意义的产生和交流的科学。正如 The Semiology of Language (p.24)所说:"语言向我们提供了唯一的既具有符号学特征的结构,又具有符号功能的系统:(1)它在一定社会情境中表达意义,说话始终是说明某一事物;(2)语言结构由不同单位组成,每个单位就是一个符号;(3)语言以相同的社会意义产生,并为社会成员所接受;(4)它是各学科间信息交流的唯一实现形式。由于以上原因,语言是卓越的符号系统。语言具有解释符号的功能,并为符号提出一个典型结构式。"

综上所述,符号学的诞生使语言学走上了科学发展的道路。符号学指明了语言学发展的道路和方向。索绪尔语言符号学把语言学提高到结构主义的高度和社会文化的深度。符号学使我们认识到,语言是符号系统之一。将语言学置于众多符号系统中研究,使我们更深刻地认识语言的符号本质,以及语言符号与其他符号的共性和个性。总之,符号学使语言学成为一门科学。

参考文献

Wendy Leeds-Hurwitz, 1993, "Semiotic Theory and Communication Theory", Part 1 of *Semiotics and Communication-Signs, Codes, Cultures*, New Jersey: Lawrence Erlbaum Associates.

Pierry Guiraud, Routledge and Kegan Paul, 1975, Translated by Georgesmsd Gross, *Semiology*, London and Boston: Routledge.

符号学是现代语言学和现代文体学的理论基础

摘　要　罗兰·巴特（Roland Barthes）把符号学的基本问题归纳为四大专题来讨论：一、语言和言语。二、能指与所指。三、系统与意串。四、实指意义与附加意义。以上四个方面的问题构成现代语言学和文体学的理论基础。

罗兰·巴特（Roland Barthes）在《符号学原理》一书中把符号学的基本问题归纳为四大专题来讨论：

一、语言和言语

二、能指与所指

三、系统与意串

四、实指意义与附加意义

以上四个方面的问题构成现代语言学和文体学的理论基础。

一、语言和言语（langue and parole）

巴特认为："语言/言语（二分法）是索绪尔（Ferdinand de Saussure）

语言理论的核心。语言既是一种社会规约，同时又是一种价值系统；而言语基本上是个人进行选择并加以实现的一种行为。"

索绪尔提出"语言"和"言语"的二分法，但他主张只研究语言，不研究言语，而现代文体学的创始人巴伊（Charles Bally）则以研究言语为己任，从而创建了现代文体学。文体学研究语言表达同一事物的各种方式，这样就产生了各种文体变体。文体变化分为两种。一种是数量的变化，属言语范畴；另一种是质的变化，属语言范畴。前者产生"文体变体"（style variants），后者产生"突出的特征"（foregrounded features）。如果我们以文体变体来说明文体，我们就要认定语言有许多可能的表达方式，一位作家的文体是在这些可能的表达方式的限度内进行选择。然而创造性地使用语言的人往往超过这个界限以取得新奇的意义和效果。因此，"偏离常规"（deviation from the norm）是个程度问题。到达某一点，就不再是选择 x 而不选择 y，而是用一种全新的方式来表达。换言之，数量上的偏离到一定程度就成了质量上的偏离，从而改变了语言本身，这样就产生了"突出的特征"。例如：

  many months ago
  many moons ago
  ten games ago
  several performances ago
  a few cigarettes ago
  three overcoats ago
  two wives ago
  a grief ago
  a humanity ago

以上这些表达方法中，从第二种起开始偏离常规，偏离的程度逐渐增大，以致难以理解。这也就是从量的偏离到质的偏离。

二、能指与所指（signifier and signified）

巴特指出："符号这一术语被界定为'能指'与'所指'的结合或

者一个声音形象和一个概念的结合"（p.19）"能指方面构成了表达方面；所指方面构成了内容方面。"（p.30）

以上这种把能指与所指的概念扩大到表达方面与内容方面，正是文体学的基本理论之一。表达方面就是语言的形式。文体学归根到底研究语言的形式与内容的关系。在这个问题上有"一元论""二元论"和"多元论"几种观点。"一元论"认为形式与内容不可分，就像灵魂与肉体不可分一样。文体特征体现在质的方面的"偏离常规"，或称之为"突出"（foregrounding）的理论，主要用于分析英语诗歌和文学意味特别浓厚的语言材料，即所谓的"不透明"语言。二元论者认为：形式与内容可分，同一内容有多种表达形式，多种表达形式就是"文体变体"。这种理论主要用于研究散文，即"透明"语言。"多元论"认为：任何语言片段都有多种功能，都是在功能层次上做出的选择，其中的主要功能决定语言片段的性质和语言特征。这种理论主要用于分析各种功能语体。

三、系统与意串（syntagm and paradigm）

巴特指出："意串是符号的组合，以（时空的）广延为依托。在分节的语言行为中，这个（时空的）广延是线性的和不可逆转的（这就是语链）。两个音素不能同时发音。每一个词在这里都从在它之前或之后的词中获得价值。语链中的词是联系在一起出现的。适用于意串的分析活动就是切分。……在（横组合的）话语之外，有共同点的语言单位在记忆中产生联想，并由此构成各种关系融于一体的词群。……每一个词群又形成一个潜在的记忆系列，一个'记忆库'。在每一个记忆系列中，与意串的情况相反，词汇在未出现的情况下被联系起来。适用于联想的分析活动是分类。"

上面所说的"意串"就是"横向组合序列"，"系统"就是"纵向选择序列"。"纵聚合方面"和"横组合方面"同样是语言学和文体学的基本原理。这两方面说明一种语言中无数句子生成的方式。语言是潜能，使用语言是在这个潜能中进行选择。首先从纵聚合方面选择词语，然后把选择的几个词按横组合规则组成一个句子。这个句子就是一个意串。

因此，我们说"意串接近语言"。

雅各布逊（Roman Jacobson）对诗歌的分析也是从这两方面进行的。他提出了"投影原理"（projection theory）："诗功能将同等原则从纵向选择轴投影到横向组合轴。"选择是在相同、相似、不同、同义、反义的基础上进行的，而结合是在连续的基础上构成一个序列。例如：

> MINSTREL MAN
> Because my mouth
> Is wide with laughter
> And my throat
> Is deep with song,
> Do you not think
> I suffer after
> I have held my pain
> So long?
>
> Because my mouth
> Is wide with laughter
> You do not hear
> My inner cry?
>
> Because my feet
> Are gay with dancing
> You do not know
> I die?
> （Hughes）

这首诗歌中的相同成分是这样安排的：

Because My { mouth / throat / feet }   IS (ARE) { wide / deep / gay }   WITH { laughter / song / dancing }

YOU DO NOT { think / hear / know }

I (MY) { suffer / cry / die }

诗中的聚合关系是：

mouth
throat } 身体的一部分，分句的主语
feet

wide
deep } 描写词，谓语形容词
gay

laughter
song } 欢快的行动，名词
dancing

suffer
cry } 受苦的结果，谓语动词
die

横向组合关系是：

BECAUSE … IS (ARE) … WITH …

YOU DO NOT …

I (MY) …

225 | 符号学是现代语言学和现代文体学的理论基础

从以上例子中可以看出：同等原则已从纵向选择轴投影到横向结合轴上了。

巴特指出："由于某个纵聚合关系延伸成为意串，言语行为的分节方法确实有时候会被'歪曲'，于是产生了对意串/系统的传统分割法的违例情况，很可能正是围绕着这种违例，存在着大量的创新现象。""很显然，主要的违例现象是从纵向聚合关系向横向组合关系层面延伸。"（p.77）

以上说法正好说明文体学中的转意（trope）产生的过程。例如：

正常的纵聚合关系语言项目

the	morning setting warm hot etc.	sun

新聚合关系语言项目

the	morning setting warm sun hot etc.	正常
	Tiger sun	偏离常规

从以上可以看出：转意是偏离常规的语言项（tiger）与纵聚合项（morning，setting，warm，hot）之间的对立产生的。但在特定的上下文中，这种对立又是正常的。如"tiger sun"可以解释为"其猛如虎的太阳"。也就是说：两个轴的分节方法被歪曲了，产生了对传统分割法的违例情况，从而产生了创新现象。巴特还指出："整个修辞学无疑将属于这些创新的违例范畴。"

上面巴特还提到："实用于意串的分析活动的是切分"。

切分（segmentation）是将一个信息分为许多信息块（parcels of information）。这种信息块又称为语调单位（tone unit）。一个语调单位又可以再分为更小的单位：节奏单位、音节、音素。一个语调单位在话语中构成一个单位信息。在某种程度上，说话人可以自由地将话语切分为若干语调单位。但这种切分会在信息解码上造成差异。例如，我们可以把以下句子分别分为两个或三个信息单位：

1. Next week I'm starting a job in London.
2. Next week I'm starting a job in London.

第一句提供两个信息：（1）下周将发生一件事，（2）下周发生的事是我将在伦敦开始一项工作。第二句提供三个信息：（1）下周将发生一件事，（2）下周发生的事是我将开始一项工作，（3）我将开始一项工作的地点是伦敦。

在构成复杂句中，切分导致突出（salience）和顺序（sequence），也就是说，我们在切分中把一个分句放在另一个分句之上（这就是突出），和把一个分句放在另一个分句的前面或后面（这就是顺序）。复杂句将一些信息附属于另一些信息，或将同等重要的信息置于并列地位。另一方面，在一系列简单句中，上述三个变量（切分、突出和顺序）中只有顺序起作用。这样一来就构成了一种幼稚的文体，因为它不能说明句子叙述的几件事之间的关系或它们之间的相对重要性。

切分产生的种种语言现象：

并列与附属（coordination and subordination）

并列与附属是把许多信息连接起来构成一个复杂句的两个主要手段。并列使各分句在句子中具有同等地位。而附属将某一分句置于另一分句的从属地位，成为主句的一部分。既然将分句置于从属地位的效果是使它成为主要信息的背景，附属就成为突出（salience）的一个句法形式。

末尾重点原则（the principle of end-focus）

句子中提供新信息的部分是以核心重音标示的。"最后是最重要的"原则的意思是，核心语调的中心位置在语调单位上，具体地说在最后一个词上或意义词上。例如：

> She completely DENIED it.
> She denied it COMPLETELY.

这对句子的信息重点分别在"denied"和"completely"上。

渐强原则（the principle of climax）

在一系列的语调单位中处于最后位置的往往是信息重点。这就是音位学上的"渐强原则"。下面的句子是一个结构很好的句子，因为它既符合末尾重点原则，又符合渐强原则。

> Eleven hundred and sixty-three years after the foundation of ROME, the imperial CITY, which had subdued and civilized so considerable a part of MANKIND, was delivered to the licentious fury of the tribes of GERMANY and SCYTHIA.
> （Edward Gibbon, Decline and Fall of Roman Empire, Ch 3）

这个句子在切分上分为四个单位，信息逐渐增强，直到最高潮。一个简短的句子概括了罗马帝国兴亡的悲剧历程：从罗马的建立到罗马成为罗马帝国的京城，到成为人类文明的中心，到最后被野蛮民族灭亡。

圆周句（periodic sentence）

圆周句是一个把主句保留到最后的句子，也是把信息重点保留到最后，符合末尾重点原则。例如：The truth is (they have suffered through negligence)。

松散句

松散句把主句放在最前面，后面跟着尾随成分。也就是说，把信息重点放在最前面，把次要信息放在后面。这是一种自然的结构，也是一种轻松的文体，因为读者一开始就抓住了主要信息，这样就可以减轻他记忆上的负担。与此相反，如果圆周句的先行成分长，主要信息最后才出现，读者就会产生悬念，到最后才明白句子的主要意思，而形成记忆上的负担。所以，圆周句经常用于书面语中，而松散句多用于口语中。

以上都是切分在分析意串中的应用。

四、实指意义与附加意义（denotation and connotation）

巴特指出："……所有意义系统都包括一个表达层面（E）和一个内容层面（C），意义则相当于这两个方面之间的关系（R）。这样得出了 ERC 的阵式。现在我们假设这样一个 ERC 系统也变成一个比意义系统更加广泛的第二性系统中的普通成分。我们有了两种彼此交叉，但同时又互相脱开的意义系统。……"，"第一性系统就是实指（denotation）层面，第二性系统（可延伸到第一性系统）是附加（connotation）层面。所以，我们可以说，附加意义系统就是一个其表达层面本身由一个意义系统构成的系统；而附加意义本身通常的情况显然是由复合系统构成的，正是这个复合系统的分节语言构成了第一性系统。"（p. 80）

这里第一性系统就是实指意义系统，在这个层次上，有一个由能指和所指构成的符号。附加意义是第二性系统，它把第一符号（能指和所指）当作能指并给予附加的所指。在这种情况下，附加意义就是从一个实指意义符号的能指中得来的符号（因此，一个实指意义往往导致一系列附加意义）。附加意义不是从符号本身取得意义，而是从社会使用和评价能指和所指的方式中取得意义。

符号学中的这种把意义分为第一性系统和第二性系统的理论，对现代语言学和文体学做出了重大贡献。它是语言材料分类的标准，同时也说明了它的意义的来源。现代文体学的创始人巴伊提出概念思想（conceptual thought）和非概念思想（non-conceptual thought）。前者是理智的，而后者是感情的。人的思想往往是这两种成分的混合物，但其中一种成分占主导地位，从而决定意义的性质。例如，以下几个词："face"，"countenance" 和 "physiognomy" 是理智性的词，它们之间的差别也是理智性的。"countenance" 指脸上的表情，因此我们可以说："happy countenance"。"physionomy" 指脸的一般容貌，特别是表现性格的容貌。因此，我们可以说："the physionomy of an honest man"。"mug"和"phiz"是感情性的，它们之间的差别也是感情性的。"mug"是俚语和贬义词。因此我们说："ugly mug"，而"phiz"是幽默词。巴伊认为，文体学应该研究语言赋予语言使用者个人的表达方式，应该研究具有感染力的语言成分，也就是语言表达感情的成分以及语言对感情的作用。这就是他创建文体学的理据之一。《实用英语词汇学》一书指出：英语词义分为概念意义（conceptual meaning）和联想意义（associative meaning）。前者是词汇的核心意义，直接明显地指所指物。后者附属于词汇意义，包括感情色彩和文体意义。例如，"father"、"dad"、"daddy"、"papa"、"the old man"和"male parent"是同一概念，但在感情色彩和文体上不同。

笔者认为，上面所说的"概念思想""概念意义"属于实指意义范畴，"非概念思想"和"联想意义"属于附加意义范畴。

以上论述归结到一点，那就是：符号学从根本上，从结构主义思想的高度说明语言学和文体学中的种种语言现象，也就是说，符号学是语言学和文体学的理论基础。

参考文献

Jacobson, R., 1960, Linguistics and Poetics, In *Style in Language*, Cambridge: M. I. T. Press.

Leech, G. N., 1969, *A Linguistic Guide to English Poetry*, London: Longman.

Leech, G. N & Short., 1981, *Style in Fiction*, London: Longman.

罗兰·巴特著：《符号学原理》，黄天源译，南宁：广西民族出版社，1992年。

汪榕培、李冬：《实用英语词汇学》，沈阳：辽宁人民出版社，1983年。

认知语言学的符号学分析

摘 要 本文试图对认知语言学作符号学分析。首先分别介绍认知语言学和皮尔斯符号学的理论要点,然后将两者加以比较,得出以下结论:认知语言学在哲学基础、方法论和应用范围上与皮尔斯符号学基本一致,在理论上属于皮尔斯符号学体系,但更强调认知上依赖身体经验和通过事物间的象似性。最后指出认知语言学的优势和局限性。

一、认知语言学的诞生及其主要代表人物和著作

认知语言学是近十几年来国际理论语言学界新兴的一个语言学派或一种新的研究方法,其成熟的重要标志是:1989 年春,由 R. Dirven 组织在德国杜伊斯堡举行的第一次国际认知语言学会议;会后,于 1990 年出版了《认知语言学》杂志,成立了国际认知语言学学会,并由德国的 Mouton de Gruyter 出版认知语言学研究系列丛书。认知语言学的代表人物有 G. Lakoff, R. Langacker, C. Fillmore, M. Johnson, J. R. Tayor, D. Geeraerts, P. Kay, G. Fauconnier 和 L. Talmy 等。认知语言学的经典著作有 G. Lakoff(1987, 1991), G. Lakoff 和 M. Johnson(1980), Lakoff & Yurner(1989), M. Johnson(1987), G.

Fauconnier（1985/1994），Sweetser（1990），J. R. Tayor（1989/1995）以及 Mouton de Gruyter 出版社出版的系列论文集。

二、认知语言学的起因及其哲学基础

认知语言学是在反对以生成语法为首的主流语言学的基础上建立起来的。其哲学基础是经验主义哲学和非客观主义的经验主义哲学。语言符号的任意性或象似性问题，几十年来一直是国内外语言和符号学界争论的焦点。自从1999年王寅教授发表《论语言符号象似性——对索绪尔任意说的挑战与补充》一书以来，我国学术界展开了大论战。在2004年11月召开的第六届全国语言与符号学研究会上，这个问题仍然是争论焦点，虽然在澄清问题上有一定的进展，但仍未取得一致意见。我认为，争论的目的不在于决定谁胜谁负，而在于把理论搞清楚，而搞清楚的目的又在于将这些理论应用于语言和符号学研究上。索绪尔在《语言符号》（*The Linguistic Sign*）一书中写道："我已成功地为语言学在众多科学中找到一席之地，这是因为我把它和符号学联系起来了"（第43页），也就是说，符号学使语言学成为科学。因此，我试图将在上述研究会上发表的文章"索绪尔语言符号学与皮尔斯符号学两大理论系统的要点——兼论对语言符号任意性的置疑和对索绪尔的挑战"中阐述的两大理论系统应用于对各主要语言学科的分析研究，这种分析研究将反过来有助于搞清这两大理论系统。我首先尝试用皮尔斯符号学理论分析目前最盛行的认知语言学。请学术界同仁批评指正。

三、认知语言学的理论要点

根据陈治安和文旭两位教授为 F. Ungerer 和 H. J. Schmid 所著《认知语言学入门》的导读，对认知语言学的理论要点作如下介绍。

尽管认知语言学家之间在具体方法、感兴趣的课题、研究的切入点等方面存在着一些分歧，但在以下几点上是一致的：（1）思维是不能脱离形体的，即用来连接概念系统的结构来自身体经验，并依据身体经验而有意义；（2）思维是想象的，因为那些不是直接来源于经验的概念是运用隐喻、转喻和心理意象的结果；（3）思维具有完型特征（gestalt properties），因此不是原子的。

在对语言的根本看法上，认知语言学持有与生成语法针锋相对的工作假设：（1）语言能力是人的一般认知能力的一部分，因此语言不是一个自足的系统，其描写必须参照认知过程；（2）语言结构与人类的概念知识、身体经验以及话语功能有关，并以它为理据；（3）句法不是一个自足的组成部分，它与语义、词汇密不可分，也就是说，词汇、形态和句法形成一个符号单位的连续统；（4）语义不是客观的真值条件，还与人的主观认识以及无限的知识系统密切相关。

当今认知语言学主要是由三种方法表征的：

（1）经验观（experiential view）

语言使用者对事物的描写不局限于客观的描述，还会对它们的意义提供更丰富、更自然的描写，也包括隐喻。也就是说，将自己经历加进描写中。

（2）突出观（prominence view）

语言结构中信息的选择与安排是由信息突出的程度决定的。

（3）注意观（attentional view）

我们用语言所表达的实际只反映了事件中引起我们注意的那部分。

《认知语言学入门》介绍的主要内容：

（1）典型与范畴

（2）范畴化的层次

（3）概念隐喻和转喻

（4）图形与背景

（5）框架与注意

（6）象似性、语法与词汇演变

四、皮尔斯符号学的理论要点

1. 皮尔斯符号学的哲学基础

皮尔斯符号学是在实用主义哲学基础上的范畴论和逻辑学。它的应用范围不限于语言,它是研究一切事物的意指作用的科学。

皮尔斯的实用主义哲学是实效主义,也是主观经验主义。"皮尔斯的理论的出发点类似主观经验主义。他否定或拒斥物质世界的客观存在,……。","由于皮尔斯对'经验'作了主观经验主义的解释,因而把'物'解释为经验的'效果',把'真理'解释为经验的'效用'等。其实质与传统的主观经验主义一样,乃是把整个客观世界和整个人的认识过程主观经验化。……"(夏基松,1998:57—60)

2. 皮尔斯符号学的方法论

皮尔斯符号学的方法论最根本地体现在它的符号模式上。索绪尔语言符号学的符号模式是:符号由能指与所指构成。从广义上讲,能指代表整个符号系统,所指代表整个意义系统。从狭义上讲,能指是语言中的一个单词,所指是这个单词的意义,能指与所指之间的关系是任意性的、社会约定性的。而皮尔斯符号学的符号由符号代表物(representamen)、对象(object)和解释项(interpretant)构成。符号代表物是一件事物、一个概念或一个命题(应用在语言中,相当于一个语篇),对象是代表物的所指,但所指还不是符号代表的意义,符号代表的意义还要经过人的解释。这里要强调的是人的解释。这个符号模式体现了皮尔斯的主观经验主义哲学思想。

皮尔斯的方法论还包括范畴论和逻辑学。皮尔斯的符号的分类就是皮尔斯的范畴论的应用,符号活动(符号产生的过程)就是他的逻辑学的应用。他把符号分为第一性符号、第二性符号和第三性符号。这种分类实际上就是符号活动过程(符号产生的过程),从"符号代表物"到"对象",再到"解释项",每个阶段都是一个符号。符号代表的对象经解释后,还可以再解释。也就是说,符号活动过程永无止境,人类的认识永无止境。因此,皮尔斯的符号只在"某方面或某种程度上代表某物",并且要不断进行"解释",也就是说,一个人在某时对某事的认识总是有限的,有待不断深化。

3. 皮尔斯符号学的符号模式与符号活动

皮尔斯的三种三分法分别说明符号活动(也就是人类认知)的三个

方面：过程、方式和结果。

过程：从代表性质（quality）的 qualisign 到代表事实（fact）的 sinsign，再到代表法则（law）的 legisign。其实，法则指的是事物的性质和事物发展的规律，也就是人类对世界的认识。

方式：皮尔斯根据符号代表物与"对象"之间的关系，把符号分为具有相同性质的图像符号（icon），具有存在上的依赖关系（即因果关系）的标志符号（index）和具有社会约定性的"象征符号"（symbol）。既然符号活动（符号产生）是一个过程，从"符号代表物"到"对象"再到"解释"，就可以把这个过程看作认知方式。图像符号代表人类通过事物之间具有的共性认识事物，标志符号代表通过事物之间的依存（因果）关系认识事物，而"象征符号"通过社会约定（社会常规或皮尔斯所说的 habit）认识事物。

结果：符号活动的结果就是人类认知活动的效果，也就是皮尔斯所说的意指效果（sigificate effect）。他把这种效果分为三个等级：rheme、dicisign 和 argument。Rheme 是一种可能性（possibility），dicisign 是一个事实（fact），argument 是理性（reason）。皮尔斯还把"解释"分为"感情的解释"（emotional interpretant），"有力的解释"或"心智的努力"（energetic interpretant or mental effort）和"逻辑的解释"（logic interpretant）。笔者认为，"感情的解释"是一种纯感情的、自然的感受，而"有力的解释"或"心智努力"指一种有意识的认知活动，而"逻辑解释"是一种理性认识。总之，人的认识是从感性认识到理性认识，再到更深的理性认识，如此永无止境。

4. 皮尔斯符号学的应用范围

皮尔斯符号学中，进行认知活动的人是个体的人，不是社会的人。他讲的符号活动是作为个体的人的思维、认知和交流过程。他的符号学不是以语言中的词为基础的，而是以命题为基础的。如果应用在语言中，他的符号相当于语言的一个语篇。（详情见另文"索绪尔语言符号学与皮尔斯符号学两大理论系统的要点——兼论对语言符号任意性的置疑和对索绪尔的挑战"）

五、认知语言学与皮尔斯符号学的比较

1. 哲学基础方面
1）两者都是主观经验主义

"认知语言学的哲学基础是经验主义哲学和非客观主义的经验现实主义哲学"。皮尔斯符号的哲学基础是实用主义哲学,具体地讲,是实效主义,也是主观经验主义。但认知语言学更强调人身体的直接经验,因此又叫体验哲学(Embodied Philosophy)。

2）两者都是生物行为主义

认知语言学的理论之一是生物行为主义(biological behaviorism)。这种理论认为,认知从身体的感觉开始,也就是说,外部世界给人一个刺激,人就有了感觉,于是采取某种行动。

皮尔斯把人的认知活动等同于生物适应环境的本能活动。他说,"一切人类知识,直至科学的最高成就,都仅仅是我们天生的动物本能的发展。"因而他认为:人的信念不是建立在对客观规律性和必然性的认识上,它仅仅是一种生物的本能,即是在应付环境中建立起来的一种"行动的习惯"。他说:"信念就是在我们的本性中建立的一种行动的习惯,它们不过是习惯的组合。"(夏基松,1998:58)皮尔斯的理论继承者莫里斯就是生物行为主义者,他创建了生物符号学。

2. 方法论方面
1）两者都是"解释"论

如上所述,皮尔斯的符号模式是:符号由"符号代表物""对象"和"解释项"构成。"符号代表物"是一件事物、一个概念或一个命题,"对象"是"符号代表物"的所指,但所指还不是符号的意义,还需要解释,用认知语言学的术语讲,就是还需要人的认知。笔者认为,这就是认知语言学最根本的理论基础。意义不是客观事物的反映,是人对客观事物认知的结果。"意义存在于人类对世界的解释中"(文旭,2002:92)。这个观点也体现了认知语言学的主观经验主义哲学。

2）两者都是范畴论

认知语言学的主要方法论之一是"范畴"，把一种事物列入某一范畴就是对该事物的认识的主要内容。它研究的主要课题之一就是"典型与范畴"和"范畴的层次化"。而皮尔斯符号学的理论基础之一是"范畴系统"，它的符号分类就是"范畴系统"的应用。

3）两者都是符号活动过程与认知过程一致论

认知语言学认为语言能力是认知能力的一部分，也就是说，使用语言的过程与认知的过程是一致的。而皮尔斯符号学认为，符号活动过程（符号生产过程）就是认知过程，符号活动过程与认知过程一致。

4）两者都是完型论

认知语言学认为，"思维具有完型特征（gestalt properties），不是原子的"。因此，与思维一致的"语言的句法不是一个自足的组成部分，它与语义、词汇密不可分，也就是说，词汇、形态和句法形成一个符号单位的连续统"。而皮尔斯符号学的符号也是一个整体，是事物的命题，相当于索绪尔结构主义语言学中的一个语篇。

5）认知语言学阐述的人类思维和认知方式是皮尔斯符号学阐述的三种认知方式之一

认知语言学认为，"思维是想象的，因为那些不是直接来源于经验的概念是运用隐喻、转喻和心理意象的结果"；人的思维是隐喻性的，隐喻是语言的主要组成部分，人类思维主要通过隐喻、转喻和意象，即通过事物之间的共性认识事物。皮尔斯符号学，按照"符号代表物"与符号所指物的"对象"之间的关系，把符号分为三类：图像符号（icon）、标志符号（index）和象征符号（symbol）；它又把符号的三个部分："符号代表物"、符号所指"对象"和"解释项"看作连续的三个分别符号，看作一个符号活动过程或一个认知过程。因此，图像符号代表一个认知过程，即通过"符号代表物"与符号所指"对象"之间的共同性认识事物。所以，认知语言学强调的思维方式只不过是皮尔斯符号学指出的三种思维方式之一。而且，图像符号代表的思维方式是认知语言学阐述的最重要的思维方式。因此"认知语义学中最重要的语义结构

是意象图式,它们是隐喻的基础,并与人类的经验密切相关"。(文旭,2002:94)

3. 在应用范围方面

皮尔斯符号学是一种泛符号论,它涉及自然科学与社会科学的全部,但侧重自然科学方面。皮尔斯符号学中,进行认知活动的人是个体的人,不是社会的人。他讲的符号活动是个体人的思维、认知和他们之间的交流。认知语言学是认知科学的一部分,它与认知科学的其他部分:心理学、认知心理学、神经学、神经心理学等有密切联系。这些学科都是自然科学。从此可以看出认知语言学的自然科学倾向。认知语言学研究的对象也是个体的人,不是社会的人。虽然它也谈到"语义不是客观的真值条件,还与人的主观认识以及无限的知识系统密切相关",它也谈到意象图,人的认知要通过意象图,意象图中也包括社会和文化因素,但无限的知识系统和意象图中的社会、文化因素毕竟是属于个人的。在这方面,认知语言学与皮尔斯符号学也是一致的。

六、结论

"认知语言学作为语言学中的一种新范式,其本质在于认知的主体'人'并不是一个被动的接受者,而是一个主动的施动者;人类经验在语言使用中具有重要作用"。(文旭,2002:96)

从符号学的角度看,认知语言学在理论上属于皮尔斯符号学系统,认知语言学的哲学基础、方法论和应用范围与皮尔斯符号学基本一致,只不过认知语言学更强调人的身体经验和思维的想象性并在理论上有所发展。

认知语言学的优势在于:

1. 认知语言学是以身体经验为基础来研究人类的心智和认知,认知通过范畴、隐喻、转喻、意象图式等认知过程,生动地描述了人类的心理现实。

2. 认知语言学把语言看作认知的一部分,语言的使用和其他认知手段的使用联系在一起,使我们看到,符号既是认知、思维手段,又是表达、交流手段，开阔了我们的视野，使我们能把符号学定义为一门研究符号在人类认知、思维和表达、交流中的作用的一门科学。这一点有非常重大的意义。

3. 认知语言学还从心理的角度解释语言表达的意义，说明不同的人或同一人在不同的心境中，对语言表达的意义有不同的解释，这样就解决了语用问题。

另一方面，和其他理论系统一样，认知语言学也有其局限性：

1. 从符号学的角度看，认知语言学采用皮尔斯符号模式。按照这个模式，意义产生于人对符号代表物所指对象的解释中，也就是说，意义产生于人的身体经验或个人的感觉以及对经验或感觉的理性化，因此认知是个人的生物行为，而不是人类的社会活动。因此，认知语言学在描述和解释意识形态方面的问题比较困难，因为意识形态是社会群体、社会阶层的思想意识。"认知语言学与意识形态研究"一文中提到："Eagleton（1999）指出，'ideology'本身就是一个文本，其中交织着大量概念组成（conceptual strans）。其中最常见的是把意识形态看作来自于、根置于和反映于某一社会组织的经验或利益，强调其社会经验来源，把意识形态看作依赖人类生活的物质方面。"（洪艳青、张辉，2002：5）笔者认为，认知说的认知来自于、根置于和反映于个人的身体经验，因此从根源上断绝了与意识形态研究的关系。

2. 认知语言学是完型论（完型是一种物理、生理或心理现象的结构、配置或模式，它是构成一个功能单位的整体，它的特性不能从各部分的总和中得出），它认为"语言的句法不是一个自足的组成部分，它与语义、词汇密不可分，也就是说，词汇、形态和句法形成一个符号单位的连续统"，因此在对语篇中的词、句、结构等的分析上受到很大限制。譬如在小说语篇分析上，比较有说服力的仅仅是对小说人物思维方式（mind style）的分析和描述。又如，在语言结构分析上也比较困难。王寅教授的文章"认知语言学与语篇分析"对认知语言学在语篇分析中的应用作了较系统的介绍。在文章的小结中，他写道："Langaker等认知语言学家在认知语法的理论框架中对语篇分析做了有益的尝试，这无疑是对认知语言学的一大发展。当然这仅仅是一种尝试，还有很多不足之处，比如所画图形对初学者十分费解。倘若是一个较长的语篇，或者一个变化复杂的语篇，其分析图形会相当复杂。人们不禁要问，本来就很简单的语句或语篇，一看就明白的，有必要分析得这么复杂吗？同时，语篇的组织和结构千变万化，很难设想用几种图形就分析清楚。在认知语言学或认知语法理论中，要将语篇分析用简便的方法分析清楚明了，还有很长的路要走。"（《外语教学与研究》2003 年第 2 期）。

笔者认为，对认知语言学作符号学分析，能使我们从根本上认识认知语言学，保持清醒的头脑，科学地认识它的优势和局限性，以便于我们充分地发掘其优势，同时又不把它看作万能的理论，不夸大其作用，不作牵强的解释或应用。

参考文献

F. Ungerer & H. J. Schmid：《认知语言学入门》（陈治安、文旭撰写"导读"），北京：外语教学与研究出版社 2001 年。

郭　　鸿：《符号学使语言学成为一门科学》，《外语研究》1998 年第 3 期。

郭　　鸿：《索绪尔语言符号学与皮尔斯符号学理论系统的要点——兼论对语言符号任意性的置疑和对索绪尔的挑战》，《外语研究》2004 年第 4 期。

洪艳青、张　辉：《认知语言学与意识形态研究》，《外语与外语教学》2002 年第 2 期。

王　寅：《认知语言学与语篇分析》，《外语教学与研究》2003 年第 2 期。

文　旭：《认知语言学的研究目标、原则和方法》，《外语教学与研究》2002 年 2 期。

夏基松：《现代哲学教程新编》（上册），北京：高等教育出版社，1998 年。

认知语言学的符号学再分析
——兼评认知语言学的三项基本原则

摘　要　笔者在发表题为"认知语言学的符号学分析"(《外语教学》2005年第4期)的文章以后,鉴于认知语言学在我国的新发展及个人认识的深化,又撰写了这篇文章:"认知语言学的符号学再分析——兼评认知语言学的三项基本原则",指出认知语言学与皮尔斯符号学在理论上的差异,并进一步探讨认知语言学对语言学科和符号学的伟大贡献,同时指出其应用范围和局限性。

笔者曾对认知语言学作过符号学分析("认知语言学的符号学分析",《外语教学》2005年第4期),阐述了皮尔斯符号学和认知语言学的理论要点并加以比较,指出认知语言学属于皮尔斯符号学理论系统,但两者之间也有差别,并指出认知语言学的优势和局限性。在下面这篇文章中,笔者将进一步讨论认知语言学对符号学和语言学做出的重大贡献及其应用范围,兼评认知语言学的三项基本原则:"心智的体验性""认知的无意识性"和"思维的隐喻性"(王寅,2002:3)。为了便于读者阅读,首先概括地重复一下"认知语言学在理论上属于皮尔斯符号学系统但两者之间也有差别"的观点(郭鸿,2005:4)然后进一步讨论认知语言学对符号学和语言学的重大贡献及其应用范围和局限性。

一、认知语言学在理论上属于皮尔斯符号学系统

笔者曾在"认知语言学的符号学分析"（郭鸿，2005）一文中指出：认知语言学在理论上属于皮尔斯符号学系统，其根本理论来自皮尔斯符号模式："符号代表物"（representamen）、"对象"（object）和"解释"（interpretant）中"解释"项的发挥。"符号代表物"并不一定或不完全代表"对象"的意义，要得到"对象"的真实或全部意义必须经过符号使用者的解释，也就是人的认知。在哲学基础方面，两者都是经验主义和生物行为主义。在方法论方面，两者都是"解释"论、范畴论、符号活动过程与认知过程一致论、完型论，另外，认知语言学的认知方式是皮尔斯符号学的三种认知方式之一。在研究和应用范围方面，两者都研究作为生物个体的人的认知，应用于自然科学或有自然科学倾向的人文科学。

二、认知语言学与皮尔斯符号学理论上的差别

1. 皮尔斯符号学的符号模式："符号代表物—对象—解释"中，"符号代表物"不一定或不完全代表"对象"的意义，要得到"对象"的真实或全部意义必须经过符号使用者的解释，这就是人的认知。也就是说，人认识事物必须通过自己的"经验"。在这一点上，认知语言学强调"身体经验"，也就是认知语言学的三项基本原则之一："心智的体验性"。它更强调人的身体经验，以人的身体为基准点确定周围空间位置来认识周围的事物。

2. 皮尔斯符号学的三种三分法分别说明符号活动（也就是人的认知活动）的三方面：过程、方式和结果。

1）过程：从代表性质（quality）的qualisign到代表事实（fact）的sinsign，再到代表法则（law）的legisign。法则指的是事物发展的规律。人对事物的认识过程是，首先了解它的性质，然后肯定它是事实，最后找出它发生和发展的规律。

2）方式：皮尔斯根据"符号代表物"与"对象"之间的关系，把符号分为具有相似关系的象似符号（icon），具有存在上依赖关系（即因果关系）的标志符号（index）和具有社会约定性的"象征符号"（symbol）。既然皮尔斯符号学主要研究人类的认知活动，也就是研究人类通过符号进行认知，我们就可以把三种符号看作三种认知方式。象似符号的功能是通过事物之间的相似性或共性认识事物，标志符号的功能是通过事物之间的依存（因果）关系认识事物，而象征符号的功能是通过社会约定性（社会常规或皮尔斯所说的 habit）认识事物。

在认知方式上，认知语言学只讲象似符号，就是说通过"符号代表物"与"对象"之间的相似性或共性认识事物。这就是认知语言学的另一项基本原则"思维的隐喻性"，因为隐喻是通过事物之间的共同性质认识事物的思维方式。除此之外，认知语言学没有提到任何其他认知方式。

3）结果：符号活动的结果就是人类认知活动的效果，也就是皮尔斯所说的意指效果（significate effect）。他把这种效果分为三个等级：rheme，dicisign 和 argument。Rheme 是一种可能性（possibility），dicisign 是一个事实（fact），argument 是理性（reason）。皮尔斯还把"解释"分为"感情的解释"（emotional interpretant），"有力的解释"或"心智的努力"（energetic interpretant or mental effort）和"逻辑的解释"（logic interpretant）。笔者认为，"感情的解释"是一种纯感情的、自然的感受，而"有力的解释"或"心智的努力"指一种有意识的认知活动，而"逻辑的解释"是一种理性认识。

这里，皮尔斯把认知结果分为几等：最低的是了解事物的可能性、较高的是肯定其为事实、最高一等是找出事物发生和发展的规律，并指出"解释"的三个阶段之一是"有力的解释"或"心智的努力"，另一阶段是"逻辑的解释"。笔者认为，"有力的解释"或"心智的努力"就是"有意识的认识活动"。而与之相反，认知语言学的三项基本原则之一是"认知的无意识性"。理性认识是感性认识的重复和深化，但认知语言学的三项基本原则之一是"心智的体验性"，它只承认感性认识。

（有关皮尔斯符号学的内容见另文"索绪尔语言符号学与皮尔斯符号学理论系统的要点——兼论对语言符号任意性的置疑和对索绪尔的挑战"）

三、认知语言学的重大贡献

1. 为语言学研究提供了科学动力

人类对世界的认知是对现实的建构。建构主义者认为，认知不是对客观实在的简单、被动的反映，而是认知主体以自己已有的知识和经验主动建构现实；在建构过程中，认知主体已有的认知结构发挥特别重要的作用，而且处于不断发展中。（詹金旺，2006）建构的现实就是认知主体的心理语境。在认知语言学中，认知主体处于核心地位，从这个中心出发产生三种关系（黄新华，2004）：主体性、主体间性和主客体间性。认知语境的主体性是指认知主体从自己的信念、态度、知识等出发建构认知语境。主体间性是指认知主体从认知主体之间的关系，即听者与说者之间的关系，出发建构认知语境。主客体间性是指认知主体从主体自身与当前客观的物理环境之间的关系出发建构认知语境。这三种关系体现三种互动。主体性体现认知主体自身新归知识之间的互动。主体间性体现说话者与听话者（或交际双方）之间的互动。主客体间性体现认知主体与认知对象（客观世界）之间的互动。互动促使认识的深化和发展。上述主体间性属于认知范畴。实际上它是跨范畴的，也属交流范畴，因为说话人与听话人间的互动显然是一种交流（表达）。因此，这一特性对与认知学科相对的交流（表达）学科（如结构主义语言学、系统功能语言学、语篇分析、文化符号学等）必然产生重大影响。如巴赫金（Bahktin）的"对话"（dialogue）理论：使用语言不是由发话人向受话人单向传递信息，而是两者间的对话和互动，是两者之间思想和意识形态的交流或冲突。说话人讲话时有两种声音，一种是他讲话时发出的声音，另一种是他对别人先前讲的话或他估计别人会讲的话做出的回应，因为任何人都不会无目的地讲话。克利斯蒂娃（Kristeva）把这种理论发展成为"互文性"（intertextuality）。她认为任何文本都不是作者独自创造的，它受到历时的和共时的各种文本的影响。因此，任何文本都是各种文本互动的结果。洛特曼的文化符号学更进一步把"互动"推广到文本的各层面间的互动中，并扩大到各民族之间的文化交流。（有关："对话"和"互文性"理论，见另文"文化符号学评介——文化符号学的符号学分析"）现在"互动"这个概念，不仅仅用在语言学和符号学中，甚至用于日常生活中，成了人们的口头禅。总之，认知语言学不仅仅使人们深刻地认识了人类认知的本质，而且对语言学各学科的发展起了巨大的推动作用。

2. 生动地描述了人类的认知过程

在认知语言诞生以前，人们对认知过程的认识是抽象的，只是一种猜测或假设。认知语言学对认知做出了具体生动的描述。认知语言学认为，语言是认知的一部分，使用语言的过程就是认知的过程。传统语言学把"隐喻"当作一种修辞手段，而认知语言认为它是一种主要思维方式。认知语言学就是从这里开始的（Lakov，2005）。认知语言学认为，隐喻思维就是通过事物之间的相似性或共同点认识事物。人通过隐喻（metaphor）、换喻（metonymy）、意象图式（scheme）、范畴（category）、整合原理（blend theory）等，将身体经验抽象化，形成对事物的概念，概念就是意义，取得对某事物的概念就是对该事物的认知。"隐喻"是两个不同认知域之间通过共同性进行的映射，它是认识一种新事物的手段。"换喻"是两个相同的认知域之间通过两者间的相邻关系进行的映射，它是对同一类事物全面、深入认识的一种手段。束定芳（2004）作了如下解释："隐喻与换喻都是人类认知手段，隐喻涉及两个不同领域事物之间的关系，而换喻往往涉及同一认知领域事物之间的关系。隐喻根据的是事物之间的相似性，而换喻着重的是事物本身的特点或它与其他事物之间的特殊关系，隐喻理解的过程实际上是源域事物特点向目标域事物映射的过程，而换喻的理解主要是根据喻体的特点来确定实际所指对象。从功能上说，隐喻和换喻有很多相似之处。但隐喻因为以此代彼，因此更能创造'诗意'和'意境'，也更具认知价值。而换喻主要是以某事物的某一特点来代替该事物，因此其主要功能为指称。"笔者认为自己的说法符合上述解释。"意象图式"是由认知者的旧经验或已有的知识构成的，包括他经验或知识中的心理、社会、文化因素。当认知者接受了新经验或新知识时，新经验或新知识就要和他意象图式中的旧经验或旧知识发生作用，它们之间的互动就会产生更新经验或更新知识。而"整合原理"说明，不同来源的信息会相互作用而产生新知识。范畴是认知的标准，将一事物列入某一范畴就是给它确定性质而对它有了初步认识。但把一事物列入某一范畴并不需要它具备这个范畴的一切特点，而只需具备其主要特点，这样就能减小认知的难度。笔者认为，以上一系列解释很贴切、合理、形象、生动。

3. 给皮尔斯符号学在语言学上的应用提供了实例，从而使它能在语言学研究和其他领域中发挥更大的作用

皮尔斯（1839—1914）符号学诞生于 20 世纪初，至今已将近一百年。它的哲学基础是实用主义哲学、范畴论和逻辑学。到目前为止，只见有人零星地谈到皮尔斯符号学对语言学的贡献。例如，有人说，早在奥斯汀和舍尔之前，皮尔斯就对语用学有重要论述。（Winfried Noth, 1990）但总的来说，皮尔斯符号学似乎与语言学科无关。甚至有许多人批判他的"泛符号论"，我本人就曾经是其中之一。实际上，皮尔斯符号学和索绪尔语言符号学一样，也是"语言学的科学"，它与索绪尔语言符号学平分秋色，索绪尔统率语言的表达（交流）部分，而皮尔斯统率语言的认知（思维）部分。而且认知语言学和语用学证实了皮尔斯符号学理论的有效性和实用性。结构主义语言符号学中只有两个对立的方面（"能指"与"所指"）：符号就能代表事物的意义，而在认知语言学的两个对立方面（"符号代表物"与"对象"）之外还有认知主体（"解释项"）的参与，也就是说，认知主体还要发挥他的主动积极作用。马克思主义的认识论是：意识（人对客观世界的认识）是客观世界的反映，但意识对客观世界还有反作用。从此可看出，在这一点上，认知语言学是符合马克思主义的，而且生动具体地说明了马克思主义的认识论。在皮尔斯符号学中，"符号代表物"并不一定能代表"对象"的意义，还必须"解释"，也就是说，必须通过作为认知主体的人的认知。语用学和认知语言学都是一个道理，不过认知语言学的"解释"是根据

人的心理语境做出的，而语用学根据人所处的物理环境。另外，当今流行的各语言学科中的"互动"概念，笔者认为，也来自皮尔斯的符号模式，也受到认知语言学的影响。人的认知活动就是作为认知主体的人与客观世界之间的互动以及人与人之间的互动，因为人的知识来源于对世界的经验以及与他人的交流。皮尔斯符号学的突出特点是它的"认知性""互动性"。笔者相信，继续深入研究皮尔斯符号学将会有更多发现，它将在语言学科的研究中发挥更大作用。

4. 认知语言学将推动认知科学及其相关学科的发展

"20世纪70年代一门全新的学科认知科学（cognitive science）诞生了。它提出了一个跨学科的新研究途径，涉及哲学家、语言学家、人类学家、心理学家、计算机科学家和人工智能工作者的共同努力。认知科学研究人脑如何在一个更高的层次上工作，即认知内容的层次上工作。认知科学不研究突触和神经元，它在描述的层次上工作，在这个层次上，人脑如何进行信息处理。认知科学是一门真正的信息处理科学，它的主题由以下问题决定：信息处理如何在人脑里发生？……认知科学的任务是：发现为了进行感知、记忆、计划其他形式的认知，我们在头脑里实际执行的什么程序（则系统）"。（John R. Searle，2003）

认知语言学认为，语言是认知的一部分，使用语言的过程就是认知的过程。隐喻、换喻、意象图式、范畴、整合原理等说明语言的心理活动过程，也说明认知过程。它为认知科学研究的主题"信息处理如何在人脑里发生"提供了一种解释。因此，认知语言学将推动认知科学及其相关学科的发展。

四、认知语言学的使用范围和局限性

1. 认知语言学的使用范围

尽管认知语言学对语言学、符号学和认知科学等做出了重大贡献，已经成为我国语言学的主流学派之一，但与任何学科一样，有一定的使用范围。认识这一点很重要，因为这样做可以避免盲目性，使研究工作对准正确方向并朝这门学科的深度发展。确定认知语言学的范围要从根本上讲起。如前所述，认知语言学属于现代西方哲学的科学主义思潮、英美分析语言哲学、皮尔斯符号学派和从生物体内部角度研究语言的心理活动和生理活动的语言学。它的特点是：科学倾向、生物个体性、互动性、解释性、侧重研究语言的认知（思维）方面。王寅教授在"认知语言学研究动态"（王寅，2006）一文中，把认知语言学定义为："它是一门坚持体验哲学观，以身体经验和认知为出发点，以概念结构和意义研究为中心，着力寻求语言事实背后的认知方式，并通过认知方式和知识结构等对语言做出统一解释的、新兴的、跨领域的学科。"笔者认为这个定义很好，唯一的异议针对"对语言做出统一解释的"学科。因为，语言最基本的两方面是认知（思维）与表达（交流），认知语言学只能解释语言的一个方面：认知（思维）。

在语义、语法、语篇分析方面，与传统的、结构主义语言学的、从语言事实出发分析表达的意义并用于交流目的不一样，认知语言学是从现成的语言事实和意义出发对其成因做出解释并用于了解语言的心理活动和生理活动的目的。前者是描述性的、表达性的、交流性的，后者是解释性的、认知性的溯因分析。如果用认知语言学方法作传统的语义、语法、语篇分析，必定会陷入烦琐，把简单明白的事搞糊涂。

在语言事实的社会、文化、意识形态分析方面，与传统的结构主义语言学也不一样。从认知语言学所属的语言学类型来说，它属于"从生物体内部的角度，研究语言的心理活动和生理活动"的类型。从符号学角度看，认知语言学采用皮尔斯符号结构模式。按照这个模式，意义产生于人对符号代表物所指对象的解释中，也就是说，意义产生于人的身体经验或个人感觉以及对经验或感觉的理性化，因此认知是个人的生物行为，而不是人类的社会活动，用认知语言学来描述和解释社会、文化、意识形态方面的问题是不可能的，因为社会、文化、意识形态是社会群体、社会阶层的问题。虽然"意象图式"中的旧经验或旧知识中包含社会、文化、意识形态因素，但这些因素属于个人的，只影响个人认知，与语言体系无关。

2. 认知语言学的局限性

这里所说的局限性指它本身理论上的不完善而需要改进的地方。上面我们已经把认知语言学与皮尔斯符号学做了比较，发现了一些问题。这些问题正是认知语言学的三大原则（"心智的体验性""思维的隐喻性"和"认知的无意识性"）涵盖的内容。现分别评论如下：

1）皮尔斯符号学是以经验主义哲学为基础的，而认知语言学是以"体验哲学"为基础的，也就是它所主张的"心智的体验性"，更强调人的身体经验。这样做的结果必然忽视人的间接经验和社会经验。

2）皮尔斯符号学提出三种符号和三种认知方式：象似符号，通过事物之间的相似性或共同性质认识事物；标志符号，通过事物之间的依存关系或因果关系认识事物；象征符号，通过社会约定或习惯认识事物。而认知语言学提出"思维的隐喻性"，把通过事物之间的相似性或共同性质作为思维、认知的唯一原则。这样做的结果必然是，忽略通过事物间的依存关系或因果关系认识事物，以及忽略通过社会约定或习惯认识事物。我们现在已经能看到这种理论引起的初步后果。认知语言学用一系列图式来说明认知过程，甚至以无数的图式来分析语法、语义和语篇，但效果并不好，有时甚至把已经明白的问题搞糊涂了。有的认知学者以皮尔斯的"象似性符号"否定索绪尔的"任意性符号"，甚至企图以此否定索绪尔结构主义语言符号学。

3）皮尔斯符号学的认识论是：从认识事物的性质，到肯定它为事实，再找出它的规律；从感性到理性。特别指出"心智的努力"，也就是"有意识的认知"。而认知语言学三大原则之一是"认知的无意识性"。这一原则引起的后果必然是：否定认识从感性认识开始，发展到理性认识，再在理性认识的指导下进行有意识或有目的的感性认识或实践。可以预见到，这一原则引起的后果将会是，把认知语言学研究的范围限定在人类的身体经验、感性认识、生物的感知的范围之内，而无法向理性的深度发展。

参考文献

郭　鸿：《索绪尔语言符号学与皮尔斯符号学理论系统的要点——兼论对语言符号任意性的置疑和对索绪尔的挑战》，《外语研究》2004 年第 4 期。

郭　鸿：《认知语言学的符号学分析》，《外语教学》2005 年第 4 期。

郭　鸿：《文化符号学评介——文化符号学的符号学分析》，《山东外语教学》2006 年第 3 期。

黄华新、胡　霞：《认知语境的建构性探讨》，《现代外语》2004 年第 3 期。

束定芳：《隐喻和换喻的差别和联系》，《外国语》2004 年第 3 期。

王　寅：《认知语言学的哲学基础：体验哲学》，《外语教学与研究》2002 年第 2 期。

王　寅：《认知语言学研究动态》，《中国外语》2006 年第 3 期。

詹金旺：《话语分析的哲学基础——建构主义认识论》，《外语学刊》2006 第 2 期。

Lakof, George. *Cognitive Linguistics: What It Means and Where It Is Going*，《外国语》2005 年第 2 期。

Searle, John R. *On Philosophy of Cognitive Science*，《外国语》2003 年第 1 期。

Winfried Noth, 1990, Charles Sanders Peirce, Pathfinder in Linguistics, *Handbook of Semiotics*, Bloomington and Indianapolis: Indiana University Press.

语用学的符号学分析

摘　要　目前语用学已成为一门生机勃勃的独立学科，然而它在发展中仍然存在着严重问题：语用学的定义和范围仍无定论。论文试图从语言哲学和符号学的高度分析语用学，认为语用学来源于皮尔斯和莫里斯的符号学。它是皮尔斯符号学的符号的三个组成部分之一"解释项"（interpretant）的发挥，更明显地是莫里斯所说的符号学的三个组成部分（语义学、语法学和语用学）之一，它研究符号与其使用者之间的关系，符号表达的意义是使用者解释的结果。语用学的哲学基础是皮尔斯的实用主义（pragmatism）哲学，或称实效主义哲学（pragmaticism）。它研究的对象是意义与语境之间的关系，也就是语义学研究所不包括的言外之意。它的主要方法论是逻辑推理。

一、引言

二十多年来，特别是 20 世纪 80 年代和 90 年代，语用学发展迅速，到现在已经成为具有勃勃生机的、独立的语言学科。但是，这门学科在发展中仍存在着严重问题。到目前为止，语用学的定义和范围仍无定论。

何兆熊先生在他为莱文逊所著《语用学》（*Pragmatics*）的导读中

写道：

> 这一章（"语用学的研究范围"）共有四节，其中的第二节以"定义语用学"为题，读者本以为能在这里找到一个语用学的定义，但在这一节的开头，莱文逊却说道"给语用学下这样一个定义绝非易事，我们将探讨一系列可能的定义，其中每一种至多勾画出这一领域可能的研究范围。"看到这里我们有点失望。直到这一章的结束，莱文逊确实没有给出一个语用学的定义，他只是对一系列可能的定义作了讨论。（Levinson，2001：F25）

笔者看了原著，这一章长达53页，竟无法定义语用学。

另外，"符号学框架中的语用学"（"Pragmatics in the Semiotic Frame"）一文一开头就讲：

> "实用主义"（笔者——从整篇文章看，这里讲的"实用主义"指的就是"语用学"）一词的多种意义已有许多文章论述，而且我们有理由相信来年还有更多的语用概念被提出来和应用。有人赞扬这个术语的多维性，但另一些人却抱怨这个术语的用法不一致（实际上，这个术语经常被滥用）。皮尔斯对这个术语的重新命名的确是在他的哲学基础上做出的，但它也不能阻止新的误解和我们时代中的最有影响和最具有挑战性的理论的发挥。这就是我试图在符号学框架内审查实用主义的动机。……读者肯定已注意到这样做的第一个困难是：我们要考虑哪一种实用主义？如果回答是"所有的"，那么要取得什么效果？因为仅仅区分这个术语的各种意义和用法本身就构成一个大题目（为了这个题目已写了许多书和作了各种研究）。第二个困难在于搞清这个题目的历史观点与方法论之间的关系。

笔者与以上论述的意图一致，试图从符号学和哲学的角度分析语用学，从根本上弄清语用学的哲学基础、性质、范围和方法。不当之处，请读者批评指正。

二、目前国内外对语用学及其研究范围的界定和存在的问题

目前国外对语用学及其研究范围的界定有两种：一种是英美分析哲学派的较为狭隘和具体的界定，另一种是欧美大陆学派较为宽泛的界定。Stephen C. Levinson 所著 *Pragmatics*，Leech 所著 *Principles of Pragmatics*，Jean Stilwell Peccei 所著 *Pragmatics*，以及何自然编著的《语用学概论》，何兆熊编著的《语用学概要》以及姜望琪编著的《语用学——理论及应用》等都属于前者，Jef Verschueren 所著 *Understanding Pragmatics*，Jacob Mey 所著 *Pragmatics：An Introduction* 等属于后者。

1. 英美分析哲学的界定

英美分析哲学的语用学认为，语用学来自莫里斯（Morris）的符号学理论。莫里斯把符号学分为三部分：语法学研究符号的能指与能指之间的关系，语义学研究符号的能指与所指之间的关系，语用学研究符号与其使用者之间的关系。也就是说，语用学是一门语言学学科。更具体地讲，语用学是与语法学、语义学、语音学、音位学、社会语言学等语言学科并列的一门语言学学科。

语用学研究中有两个基本概念——意义和语境。

语用学研究的意义是一种体现说话人目的、意图的意义，也就是未纳入语义学的语义。语用学不研究那种存在于词语、句子本身、处于静态的意义，而研究在一定语境中体现为行为的那一类意义。语言学文献中区分两种意义：句子意义（sentence-meaning）和话语意义（utterance-meaning）中，语用学研究的是后者而不是前者。同样的句子在不同的语境中可以表达不同的意义，或者说具有不同的交际功能。

语境包括语言知识和语言外知识。语言知识又分对使用的语言的掌握和对语言交际的上文的了解。语言外知识又分为：背景知识（百科全书式的知识、特定文化的社会规范和会话规则）、情景知识（交际时间、地点，交际主题、交际正式程度、交际参与者的相互关系）和相互知识。

语用学研究的主要内容是：指示（dexis）、预设或前提（presupposition）、会话含义（conversational implicature）、言语行为（speech act）和会话结构（conversational structure）。

"指示"研究语言和语境的关系，包括人称指示、时间指示和空间指示。

"会话含义"介绍莱文逊的合作原则和下属的四个准则。它假设人类交际是为了达到互相理解的目的，必须合作，即使表面上违背合作准则也仍然有合作的愿望，这时就要根据语境对违反准则的话语进行推理，找出其中包含的意义。

"前提"和"会话含义"一样，它们是语用推理，以实际语言结构的意义为根据，靠逻辑概念、语义、语境等，推断出话语的先决条件。

"言语行为"理论的基本思想是"言则行"。"言语行为"理论由奥斯汀首创，后来由舍尔发展完善，最后提出言语行为的三分模式；"言内行为""言外行为"和"言后行为"。语言行为理论为解释语言交际中常出现的间接语言行为做出了解释。解释的主要方法也是推理。

会话结构分析在两个层面上进行，一是局部结构，一是整体结构。局部结构包括会话的轮替，相邻对的构成等。整体结构指一次会话活动的构成，如会话怎样开始，怎样发展，怎样结束等。以上结构分析是静态研究，到了90年代，会话研究开始进入动态，也就是考虑会话参与者的目的和为了达到目的采用的手段和策略，以及会话双方在会话活动中的互动作用。（以上对语用学的介绍，主要取材于何兆熊为Stephen C. Leveinson 所著 *Pragmatics* 撰写的导读）

从以上语用学研究内容可看出，英美分析哲学语用学研究的主要对象是"会话含义"和"语言行为"，研究的主要方法是逻辑推理，推理是语言使用者的个人行为，推理所依据的语境是个人所处的实际语境。

2. 欧洲大陆宽泛的语用学定义

欧洲大陆宽泛的语用学包括很大范围，例如：

Jef Verchueren 所著 *Understanding Pragmatics* 首先将语用学粗略地定义为关于"语言使用的学问"，进而将语用学研究分为两大部分，

第一部分是以语言本身为研究对象的语言学（linguistics of language resources），第二部分是跨学科的语言学研究（interdisciplinary fields of investigation）。前者包括语音学、音位学、词法学、句法学、语义学，后者包括神经语言学、心理语言学、社会语言学、人类语言学等。该书的结论是：语用学既不构成普通语言学的一个新的组成部分，也不构成应用语言学的一个新的分支，它实际上提供了一个全新的视角，让我们可以从语言使用的角度对语言的各个层面重新进行审视。该书还指出，因为语言的使用是一种社会行为，所以从这一角度来研究语言可以揭示语言同人类生活的千丝万缕的联系，从这个意义上来说，语用学又是联接普通语言学和应用语言学以及其他社会人文科学的桥梁。据此，Verschueren 将语用学重新定义为"从认知、社会和文化角度研究语言现象及语言行为"的科学，它关注的问题是语言怎样在人类生活中起作用。（蓝纯为 Lean Stilwell Peccei 的著作 *Pragmatics* 撰写的导读的评论部分）

Jacob Mey 的著作 *Pragmatics*：*An Introduction* 描绘了一幅语用学研究的非常广阔的画面。该书共分三部分，第一部分介绍一些基本概念，回顾语用学研究的发展史，指出语用学发展的大致范围。第二部分重点讨论微观语用学，主要包括指称（reference）和照应（anaphora），言语行为和言语行为动词。第三部分扩展到宏观语用学，介绍话语分析、元语用学以及社会语用学……（来源同上）

三、语用学符号学分析

索绪尔在《普通语言学概论》一书中指出："我之所以能为语言学在科学中找到一席之地，是因为我把语言学和符号学联系起来了"。也就是说，符号学使语言学成为科学。另外，语用学与符号学有直接联系，它来源于符号学。因此，以符号学分析语用学可以从根本上科学地弄清语用学，阐明语用学的哲学基础、性质、范围和方法。

前文谈到，语用学起始于莫里斯（Morris）的符号学的三部分，这是众所周知的事实，但笔者尚未见到有人在此基础上作进一步分析，更未见到从莫里斯符号学的来源皮尔斯（Peirce）符号学理论来分析语用学。笔者冒昧地来做这件事，不当之处，请读者批评指正。

其实，国外的一些学者已经把语用学与皮尔斯创导的实用主义（pragmatism）直接联系起来了。

著名符号学家、符号学权威著作《符号学手册》（*Handbook of Semiotics*）的编写者 Winfried Noth 在题名为"Charles Sanders Peirce, Pathfinder in Linguistics"的文章中写道：

> 按照语用学，意义是符号产生者的意图和符号对解释者所起的作用之间的关系。皮尔斯的著名语用学原理是这样说明意义的：为了确定一个知识概念的意义，我们应该考虑那个概念表达的真理必然产生的效果；这些效果的总体将构成这个概念的全部意义。从符号产生者的角度看，意义接近意图。长期以来，皮尔斯对语用学的贡献未被人发觉。远在奥斯汀和舍尔之前，皮尔斯就研究了言语行为及其对说话人和听话人产生的效果。他说明，在什么程度上"发誓不仅仅是说话，而是在做事"；肯定一个命题就是使自己对它负责；而常规话语，如"我非常高兴见到你"则是一种虚假性不受任何惩罚的言语行为。说谎、否认、裁决、提问策略、命令、小说语用特征、对话交流策略，都是皮尔斯研究的、有关言语行为的、值得密切关注的题目。（以上引文中的夹注都已略去）

Ahti-Veikko Pietarinen 写的一篇文章"紧跟皮尔斯的格赖斯"（"Grice in the Wake of Peirce"）。这篇文章的摘要如下：

> 我认为，格赖斯的，或者受他著作启发产生的许多语用学概念，如"断言""常规含义""合作""共同基础""共识""预设"和"会话策略"都有皮尔斯符号学理论和实用主义逻辑、哲学的根源。格赖斯和皮尔斯的理论都植根于规范理性、反唯心心理学和断言相关论。至于后格赖斯时期的语用学，可以看出相关理论已按皮尔斯的语用学日程进行了调整，尽管调整是不自觉的。

另外,《现代西方哲学教程新编》中有这么一段话:

> 后期维根斯坦的"主体间论",以及私人语言的"不可能论",皮尔斯的"语言的意义在于效果"的理论,以及他的"符号(指号)解释共同体"的观念,为语用学的发展指出了方向。(夏基松,1998:609)

1. 皮尔斯的实用主义哲学和符号学

皮尔斯主张的实用主义(pragmatism)也称为实效主义(pragmaticism)。他采用实效主义这个名称的原因,一是区别于其他以实用主义为名的哲学思想,一是更加强调效果。

笔者认为,皮尔斯的实用主义哲学和符号学中的以下四点与语用学有直接关系。

1)物是经验的效果

皮尔斯理论的出发点类似主观经验主义。他否定物质世界的客观存在。他认为"事物就是效果"。其实质与传统的主观经验主义一样,把整个客观世界和个人的认识过程经验主义化。

笔者认为,他的这个观点突出地反映在他的符号模式上:符号由符号代表物(representamen)、对象(object)和解释项(interpretant)构成。在人的认知过程中,符号代表物并不完全代表对象(客观世界)的意义,意义还要经过人的解释,也就是经过人的主观经验的判断。这个观点在语用学上得到了发挥:在信息交流中,意义是符号与其使用者(发话人和受话人)之间的关系,也就是说,发话人表达的意义是受话人解释的结果,是受话人根据语境对发话人所说的话进行逻辑推理的结果。这是语用学最根本的理论基础。

2)皮尔斯的生物行为主义观点

皮尔斯把人的认识活动等同于生物适应环境的本能活动。人的行动信念不是建立在对客观规律和必然性的认识上,它仅仅是一种生物的本能。莫里斯的生物行为主义思想更加突出,他创建了生物行为主义理论。

笔者认为，这个观点与奥斯汀和舍尔的言语行为理论有关，因为他们主张"以言行事"，认为使用语言就是做一件事，言语就是行为。这个观点也与语言的功能主义理论有关，因为如果做的事是一件有关人类社会生活的事，这就是行使一种社会功能。

3）效果的意义理论

皮尔斯提出了实用主义的意义理论：概念的意义不是由它反映的意义决定的，而是由它引起的行动的效果决定的。

笔者认为，这个观点与奥斯汀和舍尔的言语行为理论有关，因为他们提出言语行为的三分模式：言内行为、言外行为和言后行为。言后行为就是言语引起的效果。

4）现代逻辑的理论

在皮尔斯看来，符号学"扩展了逻辑学"，在一定意义上，逻辑学只不过是符号学的别名。符号活动（符号产生的过程）就是他的逻辑学的应用。他把符号分为第一性符号、第二性符号和第三性符号。这种分类实际上就是符号活动过程（符号产生的过程），从符号代表物到对象，再到解释，每个阶段都是一个符号。符号代表物指向对象，但它并不完全代表对象的意义，这种指称关系必须经过解释才能得到符号代表的意义，解释后还可以再解释。解释就是进行逻辑推理。（郭鸿，2004）

笔者认为，这个观点正是语用学的方法论。如上所述，会话含义就是根据语境对违反合作原则的话语进行语用推理，找出其中隐含的意义。前提和会话含义一样，都是语用推理，它以实际的语言结构的意义为根据，靠逻辑概念、语义、语境等推断出话语的先决条件。语言行为理论为解释语言交际中常出现的间接语言行为做出了解释，解释的主要方法也是语用推理。总的来说，语用学研究意义与语境的关系，意义就是受话人根据语境对发话人所说的话进行逻辑推理的结果。（夏基松，1998）

此外，我们再从语用学的两大原理：会话含义和言语行为的哲学渊源来讨论语用学。

从西方现代哲学史可以看到语用学的渊源：语用学的哲学思想和理

论可以追溯到日常语言哲学流派，日常语言哲学与实用主义、逻辑实证主义和实证主义等哲学思想都属于西方哲学史上的科学主义思潮。皮尔斯和莫里斯的符号学以及奥斯汀、格赖斯、舍尔的语用学都是在这个思潮中诞生的，他们的理论一脉相承。

逻辑实证主义与日常语言哲学流派，都属新实证主义。它们都断言评论经验范围以外的问题就是"形而上学"，都主张对语言进行分析。不过逻辑实证主义属形式语言或人工语言哲学，主张抛弃日常语言，依照数理逻辑，另创一种理想化的人工语言或形式化语言，但在理论上遇到许多无法克服的困难。日常语言哲学就是为了克服这些困难而另创的一种实证主义语言哲学。它之所以称为"日常语言哲学"，是由于它主张日常语言是完善的，各种"形而上学"争论和认识错误的根源，不在语言本身，而在人们没有正确了解、使用日常语言的规则或方法，错误地使用语言。（同上：207）

维特根斯坦（后期）被公认为这个流派的奠基人。奥斯汀是这个学派的另一位代表。以下着重介绍这两位代表人物的理论。

维特根斯坦主张不问意义，只问用途。他说："我们觉得，我们面对的哲学上使人感到困惑的问题的根源之一，就在于我们要给名词找到一个它的对应物。"应该提出的不是"词的意义是什么"，而是"词的用途是什么"的问题，这是因为只有把它们结合在一个语句中才可能有一定意义，而且一个词在不同语句的结合中可以有不同的意义。他认为语言是与人的活动不可分地联系着，是不可能抽象地做出解释的。语言并不是静止的逻辑构造的产物，而是人类生活中的一种活动。他把语言比喻为一种游戏。他说："我把语言与行为的结合叫作语言游戏。"他说游戏必须有游戏人共同遵守的规则才能进行。语言也是这样，它也有说话者共同遵守的规则。同一语词，在不同使用中的意义也不一样。语言是一种工具，它们必须在使用中才能得到意义，而离开语言的日常使用，孤立、静止地去考察语言及其词语的意义，是枉费心机地寻找它的对应物。（同上：209—213）

奥斯汀反对心理主义的主张，认为同样一个语句在不同的语境中可以有不同、甚至完全相反的意义，因此解释意义的重心，应从说话者的内心意向转到言语行为方面来研究，即从言语行为方面去考察意义。他的这种理论是维特根斯坦关于语言是一种"活动"或"行为"的观点的发展。他的言语行为理论强调言语就是行为，说话就是做事，不能把说与做对立起来，因为使用语言陈述事实，本身就是一种陈述或描述行为。这种理论扩展到语言研究范围，并把语言和生活实践结合起来，对后来语言哲学有很大影响。（同上：207－212）

从以上论述中，我们已经看到了语用学的雏形。

四、结论

语用学来源于皮尔斯和莫里斯的符号学，它研究符号与其使用者之间的关系，符号表达的意义是使用者解释的结果。语用学是一门语言学科。语用学的哲学基础是实用主义哲学，或称实效主义哲学。它的主要方法论是逻辑推理。它研究的对象是意义与语境之间的关系，也就是研究语义学以外的言外之意。它指的语言不是静止的语言，而是言语行为，一种动态的语言，语言的意义与人的意图紧密相连。因此，语用学有向动态和认知方向发展的余地。但它也有其局限性，它属于西方现代哲学的科学主义潮流，属于科学倾向的皮尔斯符号学系统，它所指的使用语言的人是作为生物个体的人，不是社会的人，它所指的语境是使用语言的人所处的实际语境，不是社会文化语境。因此这种理论在社会人文科学领域的应用受到很大限制。笔者认为，正因为如此，才出现了所谓的"欧洲大陆的宽泛意义的语用学"以弥补这个缺陷。它企图把语用学的研究范围扩大到社会文化领域。但这样做违背了语用学的初衷，脱离了语用学的传统，无法运用语用学的基本理论和方法。它的研究范围达到了"语言的使用"（language in use）的宽度。实际上这是索绪尔所说的"言语"（parole）范畴。他们这样做，使语用学必然与社会语言学、话语分析等众多语言学科重叠、混淆，不利于语言学科的研究和发展。

总之，我们要从语用学的哲学基础和符号学根源上，认清语用学的性质、范围和方法,以便最大限度地发挥它的优势,同时也不节外生枝,使语用学达到无法确定其定义和研究范围的地步。

参考文献

Pietarinen, Ahti-Veikko. *Grice in the wake of Peirce*. http://www.helsinki.fi/science/commens/papers/peirce-grica.pdf.

Pecce, Jean Stilwell., 2000, *Pragmatics*. Beijing: Foreign Language Teaching and Research Press.

Verschueren, Jef., 2000, *Understanding Pragmatics*. Beijing: Foreign Language Teaching and Research Press.

Levinson, Stephen C., 2001, *Pragmatics*. Beijing: Foreign Language Teaching and Research Press.

郭　鸿:《索绪尔语言符号学与皮尔斯符号学两大理论系统的要点——兼论对语言符号任意性的置疑和对索绪尔的挑战》,《外语研究》2004年第4期。

何自然:《语用学概论》,长沙:湖南教育出版社,1988年。

何兆熊:《语用学概要》,上海:上海外语教育出版社,1989年。

姜望琪:《语用学——理论及应用》,北京:北京大学出版社,2000年。

夏基松:《现代西方哲学教程新编》(上册),北京:高等教育出版社,1998年。

系统功能语言学符号学分析

摘 要 本文试图从符号学角度分析系统功能语言学，说明：系统功能语言学的学术思想在现代西方哲学思潮中属于人本主义思潮，在现代两大符号学流派中属于索绪尔语言符号学派，在两大类语言中属于从生物体与生物体之间的角度研究语言社会属性的类别。系统功能语言学对现代语言学的最突出的贡献是，把索绪尔结构主义语言学提出的语言的社会性和结构性（系统性）结合起来了，解决了索绪尔结构主义语言学的静态、封闭结构问题，说明了语言是什么、它如何工作，从而继承和发展了索绪尔创导的现代语言学。它的另一大贡献是为语篇分析提供了理论基础和主要分析手段。系统功能语言学的发展的新动向是，与属于另一哲学思潮（科学主义思潮）、另一符号学派（皮尔斯符号学派）的另一类语言学（从生物体内部的角度，研究语言的心理和生理活动的语言学）交流和融合。这种动向体现了现代西方哲学的两大思潮人本主义思潮和科学主义思潮在语言学上的转向和融合趋势。

一、系统功能语言学在现代西方两大哲学思潮、两大符号学派和两类语言学中的位置和发展趋向

现代西方哲学的两大对立思潮科学主义思潮（scientist）和人本主义思潮（humanist）在语言学上转向并有相互融合的趋势（夏基松，1998：1—11）。笔者认为，英美分析哲学和欧洲大陆哲学分别代表这两大思潮。在符号学的两大流派中，皮尔斯符号学代表科学主义思潮，索绪尔语言符号学代表人本主义思潮。皮尔斯符号学派是以实用主义、范畴论和逻辑学为基础的，着重研究符号在认知中的作用，研究对象是作为生物个体的人使用的符号，涉及自然科学和社会科学全部领域。它的突出特点是它的科学倾向、认知性和生物个体性。索绪尔语言符号学派的哲学基础是康德的先验主义哲学和结构主义思想，研究重点是语言和符号在社会交际中的作用，研究对象是作为社会成员的人使用的符号，研究范围限于社会人文科学，特别是语言学。它的突出特点是它的社会人文倾向、社会性和结构性（系统性）。（郭鸿，2004）

Halliday指出，语言研究主要从两个角度进行，一个是从生物体内部的角度，研究语言的心理和生理活动；另一个是从生物体之间的角度研究语言的社会属性；这两种角度的研究互相补充，才有利于语言学的健康发展。（胡壮麟等，1989：9；张德禄，2004）

笔者认为，从两个不同角度研究语言学可以追溯到两大符号学派，甚至追溯到现代西方两大对立的哲学思潮。因此，现代西方哲学、符号学和语言学分为两大系统：一个系统是科学主义思潮—英美分析哲学—皮尔斯符号学——从生物体内部的角度研究语言的心理活动和生理活动的语言学；另一个系统是人本主义思潮—欧洲大陆哲学—索绪尔语言符号学——从生物体之间的角度研究语言的社会属性的语言学。两大对立哲学思潮在语言学上的转向和融合趋向必然反映在两大符号学派和两类语言学的交流和融合趋向上。

Halliday曾说，系统功能语言学来源于从索绪尔的学说发展起来的欧洲语言学传统（*Systemic Functional Theory*），并且明确地说，系统

功能语言学是从生物体之间的角度研究语言，即研究语言的社会属性和交际功能（张德禄，2004）。因此，笔者认为，可以把系统功能语言学纳入西方人本主义思潮、欧洲大陆哲学、索绪尔语言符号学派和从生物体之间的角度研究语言的社会属性的一类。系统功能语言学的发展体现了两大对立哲学思潮在语言学上的转向和融合趋向。（有关现代西方两大对立哲学思潮的语言学转向与合流趋向及其在符号学和语言学上的体现的情况，请参看另文"当今语言学与符号学的一个重大课题"）

二、系统功能语言学对现代语言学的伟大贡献

笔者认为，系统功能语言学对现代语言学有两大贡献，一是继承和发展了索绪尔创导的现代语言学并且在一定意义上挽救了现代语言学，另一是为语篇分析奠定了基础。

索绪尔是现代语言学之父和现代符号学的创始人之一。如上所述，他的理论的主要突出特点是它的社会性和结构性（系统性）。但索绪尔并没有很好地把语言符号的社会性和结构性结合起来，说明语言如何工作。他的语言系统是封闭的，即与社会、文化隔绝的。社会、文化是语言变化的因素，既然语言结构与社会、文化隔绝，这个结构必然是静止、封闭的。因此，长期以来，索绪尔语言符号学受到了严重挑战。

索绪尔的结构主义语言学的基本理论可以归纳为以下要点：（1）语言和言语。（2）纵向选择关系和横向结合关系。（3）共时语言研究和历时语言研究。（4）语言是社会事实。（5）语言是形式不是实质。另外还有两大理论支柱：一是语言符号的任意性，另一是语言符号的线性。概括起来就是两个突出特点：语言的社会性和语言的结构（系统）性。具体地讲，语言的整体结构由纵向选择系列和横向结合系列构成。语言的生成方式是，通过纵向选择关系挑选出表达意义的各个词，然后通过横向结合关系把这些词结合成符合语法（逻辑）的句子。在语言的社会性方面，语言是社会事实，它的意义来自社会，来自语言情景和文化语境。但如何将这两方面结合起来，这个问题并没有解决。Halliday面临的任务是：怎样用关于情景语境的观点建立一个把语言中的范畴和它们

之间的关系都解释清楚的理论。（黄国文，2000）笔者的理解是，Halliday面临的任务就是：把语言与语境联系起来，把语言的结构性与社会性联系起来，说明什么是语言，语言如何工作。

Firth的语言学思想对Halliday的影响很大。Firth受伦敦学派Malinnowski的影响，强调使用语言的语境，他的目标是根据Malinnowski的"情景语境"建立一种语言学理论。但Firth并没有达到这个目的（黄国文，2000）。

Firth（1957）发展了Malinnowski的观点，认为情景语境和言语功能类型的要领可以抽象成纲要式的结构成分，从而适用于各种事件。这样情景语境的内部结构可描写为：

（1）参与者的有关特征：人物，人品

a. 参与者的言语活动

b. 参与者的非言语活动

（2）有关事物

（3）言语活动的影响

以上描述比较含混，并没有把语言内部结构与语言外的语境分开。而Halliday明确地指出，"语义是语言和语言之外的某种东西的交叉。后者就是社会语境或情景。"（胡壮麟等，1989：17—18）

后来，Halliday进一步说明："情景在理论上是社会语言学构成，即某一个情景类型是一个符号结构。它是包括三个社会符号学变元的集合体："语场"（Field）、"语旨"（Tenor）和"语式"（Mode）。语场包括语篇的社会活动，题材就是它的最特定的表现；语旨是谈话参加人员之间的角色关系的集合，正式性程度便是它的最突出的例子；语式是交际时选择的频道或波长，口语或书面语是它的变元。"（同上：43）

此外，在他的理论中，纵向选择关系优先于横向结合关系，因为横向结合关系被解释为纵向选择关系的实现。语言分为三个层次（语义层、词汇语法层和音位层），它们之间的关系是实现关系，并且延伸到语言以外，到达文化和社会语境。语域非常重要，它被看作语境的各个方面（语场、语旨和语式）间的互动在语言上产生的结果。语域的三个方面促发语言的三个功能（语义成分），并进一步促发语言的三个系统（及物系统、语气系统和主题系统），构成语言的三条实现链（realizing chains）。这样，就说明了使用语言是按照语境对语言的意义潜能做出选择，同时也解决了索绪尔语言学的封闭、静止结构的问题。

系统功能语言学具有突出的实用性，它认为语言理论是在使用中形成的，同时为使用语言服务，语言是表达意义的一种资源，因此它特别适用于语言分析，是文体学、语篇分析、批评语言学、文学批评等的理论基础。

总之，系统功能语言学，在现代语言学上起到了承先启后的作用，不但从理论上对索绪尔结构主义语言学作了重要补充，在一定意义上讲，挽救了它。而且系统功能语言学自身成了最具有实用价值的语言学科之一。只有从这个角度认识系统功能语言学，才能看出它在现代语言学的发展中的伟大功绩。

Halliday 对现代语言学另一大贡献就是他的系统功能语言学为语篇分析打下了基础。语篇分析是一门综合性的语言学科，或者说是一种跨学科的分析手段。它包括结构分析、结构与社会文化相结合的分析、语用分析、认知分析、结构与意识形态相结合的分析等。笔者认为，尽管在语篇分析中应用了一些认知语言学和语用学理论，但这种应用只是在某些方面分析手段的借用，而不是理论上的融合。语篇分析始终保持它的社会性和结构（系统）性，我们可以把语篇结构分析、语篇结构与社会文化相结合的分析以及语篇结构与意识形态相结合的分析（批评语篇分析）看作语篇分析发展的几个主要阶段。

批评语言学产生于 20 世纪 80 年代，是一个比较新的语言学分支，重点研究语言所携带的价值系统，主要产生于 Halliday 的系统功能语言学理论。系统功能语言学主要从社会文化的角度研究语言，把语言看作一个社会符号系统。（Halliday, 1978）人们通过这个系统建立和维持社会机构和社会系统。语言既可以用于表达社会现实、反映社会现实。而且，人除了用语言表达社会经历和社会现实外，还要用语言做事、用语言交流情感、做出判断、做出评价等。（张德禄，2004）

为批评语篇分析做出过贡献的 Terry Threadgold 说：Fairclough 把 Halliday 的系统功能语言学理论与一些社会理论结合起来，开创了批评语篇分析。语篇分析看起来很像我们熟悉的语言理论（笔者：指前文中所说的"互文性"（intertexuality）理论等）与 Halliday 的功能语言学的标准总结（而且是很好的总结）。系统功能语言学理论的重要性是将语篇分析置于一种灵活的语言学分析中并使人们认识到，将语篇分析与基本社会和文化理论结合起来的重要性（Terry Threagold）。

上述社会理论中，主要指现代西方哲学的后结构主义或后现代主义的一些理论（Terry Threadgold），其中最主要的是 Foucault 的权力学说、Bakhtin 的"对话"理论、Kristeva 的"互文性"理论和 Barthes 的有关理论。Terry Threadgold 说 Fairclough 在建构批评语篇分析的理论时，采用了 Halliday 的语篇结构和社会文化相结合的分析理论，但在语境分析方面采用了"互文性"理论。其实"互文性"是"对话"理论的一部分或它的发展。在这种理论下的语境不是单一的语境，而是多重语境产生的多重意义，也就是 Barthes 所说的"重新语境化和重组意义"（recontextualization and resignification）（Terry Threadgold）。只有这样一个复杂的语境和它产生的复杂意义才能适应语篇分析的复杂内容。

笔者认为，系统功能语言学在语篇分析中担任重要角色，并在语篇分析的发展过程中与结构主义语言学、社会语言学、文体学、语篇语言学（text linguistics）、批评语言学等学科融合。这些学科都是具有社会性和结构（系统）性的语言学科，都属于人本主义思潮、欧洲大陆哲学、索绪尔语言符号学派和从生物体之间的角度研究语言的社会属性的语言学科。

三、系统功能语言学的新动向

近年来，系统功能语言学开始从认知角度研究语言学，即从系统功能学的角度来研究人类大脑的认知特性（张德禄，2004）。也就是说，属于人本主义思潮、欧洲大陆哲学、索绪尔语言符号学派和从生物体之间的角度研究语言的社会属性的系统功能学与属于相对立的科学主义思潮、英美分析哲学、皮尔斯符号学和从生物体内部角度研究语言的心理活动和生理活动的认知语言学开始接触和交流。据说这样做，开始时Halliday是抵触的，拒绝的。

严世清（2003）写道"韩礼德一向对人类心理机制的研究不感兴趣，但是在讨论隐喻问题时开始面对认知语言学领域的某些理论问题，认为语法隐喻是人类认识世界的重要机制。"

究竟是什么原因使他接受的呢？是受认知学科的强大影响？还是其他原因？

以下我们将讨论系统功能语言学转向从认知角度研究语言学的一些例子。

1. 20世纪90年代以后，Halliday对自己的理论进行了梳理，主要在"语法隐喻"和强调"语篇功能"的元理论意义上发展他的理论体系。（严世清，2005：50）

在认知语言学提出"隐喻"理论的同时，Halliday提出了"语法隐喻"（grammatical metaphor）理论。他说：隐喻是"一个能指同时有几个所指"。也就是说，用一个能指（一个隐喻）能说明几个在意义上有联系的事物；而语法隐喻是"一个所指同时有几个能指"。也就是说，一件事物可以用几种不同语法结构的语言来表达。

Halliday认为，语法隐喻的元语篇功能主要表现在两方面，其一是指称功能，另一为扩充功能。（严世清，2005：50）笔者的理解是：语言的主要功能之一是指称功能，也就是系统功能语言学的概念功能。通过语法隐喻，语言的指称功能得到了"扩充"，因为一件事物可以同时用几种不同结构的语言来表达。用认知语言学"建构"的观点来解释，语法隐喻扩充了语言"建构现实"的能力。

我们都熟悉系统功能语言学的三大元语言功能：概念功能、人际功能和语篇功能。语篇功能在三大功能中具有enabling function，也就是说，三大功能中的其他两大功能（概念功能和人际功能）要通过语篇功能才能行使，因为一切意义都要通过语篇才能表达。而现在Halliday

对 enabling function 有了新的解释，把它解释为"建构功能"，而且特别强调"语篇功能"的元理论意义，以此说明人、语言、现实之间的关系这个哲学问题。人不但用语篇表达对现实的经验，而且建构现实。这里所说的"建构"超过了认知语言学所指的"建构"。因为认知语言学所指的"建构"是人的认知，语言是认知的一部分，人在使用语言时同时在自己的头脑里"建构了现实"。而 Halliday 所指的"建构"不仅仅是对头脑里的现实的建构，而且是对客观现实的建构，也就是语言对客观现实的反作用。Halliday 的这种思想由来已久。很久以前，当他谈到文化与语言的关系时，他就说文化决定语言，同时文化要靠语言来传播和继承。当他谈到人际功能时，他说角色关系（role relationship）决定语言表达的态度，反过来态度也可以改变角色关系。

根据这一思想（语言建构性思想），社会现实是社会成员通过表达意义的过程创造、维护和不断确立与改变的。……系统功能语言学派研究的目标就是要探讨社会成员通过建立语篇建构社会现实与强化社会意识形态的种种语言手段，……（严世清，2005：49）

2. 系统功能语言学的评价系统

James Martin 的评价系统是系统功能语言学中的人际功能和语气系统理论的发展，它采用了 Bakhtin "对话"理论和 Kristeva "互文性"理论。严格地说，"互文性"理论是"对话"理论的一部分，因为文本可以看作话语的一种形式，因此文本之间的交流和影响就可以看作对话。对话，在狭义上讲，是语言互动的一种形式，而且是一种很重要的形式。但对话也可以从广义上去理解，意义不仅仅是人与人之间直接的、面对面的、声音语言交流，而且是任何形式的语言交流。一本书是印刷的语言，也是语言交流的一种表现。它不可避免地参照这个范围内前面的语言表现。这样，印刷的语言就介入了更大范围内的意识形态交流。评价系统的作者认为，在这个意义上讲，介入（Engagement）涉及的语言资源都是"对话性"（dialogic）的，都是说话人或写作者介入"对话"的手段。他们从别的说话人或写作者的立场出发，对以往的现实情况或想象的话语进行介入、确认、反应、挑战、拒绝等，或者从别的说话人或写作者的立场出发，预测可能出现的反应。换句话说，他们在以下意义上参与对话：在不同程度上和以不同方式，确认或引发与这个文本预先提出的观点不同的观点。正是在这种交换立场上，说话人或写作者使他们自己介入了对话。

我们的习惯做法是把语言交流，特别是书面形式的，看作一种自我表达、交流者内在思想的外化或信息持有者向信息缺乏者提供信息。如果持这种观点，我们就会只研究语言结构和它的"自我表达"功能。许多语言学家认为，这种观点太狭隘，甚至错误，因为它把"自我表达"看作语言交流的决定因素，而正确的看法应该是：语言交流应被看作建立交流关系的人之间的互动。因此，话语，即使是独白或书写文本，也不是孤立的，而始终在某种程度上受交际互动中的给予和接受、作用和反作用的调节。所有话语，在某种程度上，都要把前面的话语考虑在内或对它做出反应，都要预测现实的或潜在的对话者的可能反应或反对。这样，许多话语，甚至书面独白，都包含引起反应或预测的因素。这就是话语的"对话性"。（详情见另文"评价系统分析"）

笔者认为，上述评价系统的"对话"和"介入"理论，总的来说，来自巴赫金的"对话"理论，而"对话"理论实质上是一种"互动"的理论，而"互动"理论则来自皮尔斯符号学的符号模式：符号由符号代表物（representamen）、对象（object）和解释项（interpretant）构成。代表物并不一定代表对象的意义，还必须经过解释。解释就是人对客观世界的认知，人与客观世界间的互动。因此，可以推测到，巴赫金也是在皮尔斯符号学的影响下创导了"对话"学说，而评价系统吸取了"对话"学说。从这个意义上讲，评价系统至少间接地受到了皮尔斯符号学的影响。这也是两大思潮、两大符号学派和两类语言学交流和融合的一个例子。

3. 以系统功能语言学的观点解释认知

Halliday 和 Matthiessen 于 1999 年出版了《通过意义解释体验：认知的语言分析》（*Construing Experience Through Meaning: A Language-based Approach to Cognition*）。这是一本描述人类怎样解释自己对世界的体

验的系统功能语言学巨著，是关于认知方面的理论与描述相结合的力作。该书不是把人类对世界的体验看作是知识，而是当作"意义"；在作者看来，对人类体验这项任务应由一个语义系统来完成。这本书代表着韩礼德系统功能语言学的最新思想。（黄国文，2000）

4. 以系统功能语言学理论进行计算机语言学研究

目前世界上有很多学者致力于用系统功能语言学理论来进行计算机语言学研究，比较受人关注的项目有三个，一个用语篇生成器通过输入系统网络和系统结构来生成句子（Matthiessen & Bateman，1991）；二是 Fawcett 等开展的 COMMUAL 项目，其生成系统称为 Genesys，使用"加的夫语法"体系（见 Horacek & Zock，1993：114—186）；三是 O'Donnell（1994，1995）设计的用于分析和生成句子的工作台（workbench），即用于生成处理系统语法的软件系统。（同上）

三、结论

总之，系统功能语言学的学术思想在现代西方哲学思潮中属于人本主义思潮和欧洲大陆哲学，在现代两大符号学派中属于索绪尔语言符号学派，在两大类语言中属于从生物体与生物体之间的角度研究语言社会属性的类别。系统功能语言学对现代语言学的最突出的贡献是，把索绪尔结构主义语言学提出的语言的社会性和结构性（系统性）结合起来了，解决了索绪尔结构主义语言学的静态、封闭结构问题，说明了语言是什么、它如何工作。系统功能语言学继承和发展了索绪尔创立的现代语言学，并在一定意义上挽救了它。另一大贡献是为语篇分析提供了理论基础和主要分析手段。系统功能语言学的新动向是，与属于另一哲学思潮（科学主义思潮）、另一哲学（英美分析哲学）、另一符号学派（皮尔斯符号学派）和另一类语言学（从生物体内部的角度研究语言的心理和生理活动的语言学）交流和融合。这种动向体现了现代西方哲学的两大思潮人本主义思潮和科学主义思潮在语言学上的转向和融合趋势。

参考文献

郭　鸿：《索绪尔语言符号学与皮尔斯符号学两大理论系统的要点——兼论对语言符号任意性的质疑和对索绪尔的挑战》，《外语研究》2004年第4期。

郭　鸿：《索绪尔符号学与皮尔斯符号学的比较》，《中国外语》2004年第2期。

郭　鸿：《评价系统分析》，第八届全国系统功能语言学研讨会论文。

郭　鸿：《当今语言学与符号学的一个重大课题》，《中国外语》2006年第5期。

黄国文：《韩礼德系统功能语言学40年发展述评》，《外语教学与研究》2002年第1期。

胡壮麟、朱永生、张德禄：《系统功能语法概论》，长沙：湖南教育出版社，1989年。

张德禄：《系统功能语言学的新发展》，《当代语言学》2004年第1期。

夏基松：《现代西方哲学教程新编》（上、下册），北京：高等教育出版社，1998年。

严世清：《语法隐喻理论的发展及其理论意义》，《外国语》2003年第3期。

严世清：《论语篇功能思想的元理论意义》，《外国语》2005年第5期。

Daniel Chandler, *Semiotics for Beginners*, www. aber. ac. uk/media/Documents/S4B/semiotic. html—33k.

M. A. K. Halliday, 1994, *An Introduction to Functional Grammar*, citeseer. ist. psu. edu/context/1600/0-33k.

Systemic Functional Theory, minerva. ling. mq. edu. au/resource/ Publications/sf _ theory. html-4k.

Terry Threadgold, *Cultural Studies*, *Critical Theory and Critical Discourse Analysis：Histories, Remembering and Futures*, http：//www. linguistik-online. de/14 _ 03/threadgold _ a. html.

语篇分析符号学分析

摘 要 本文从符号学角度分析语篇分析。符号学曾经是哲学的一部分，目前哲学仍是符号学的基础，因此对语言学的符号学分析必须从哲学开始。现代西方哲学的两大思潮（科学主义思潮和人本主义思潮）在语言学上转向并有融合趋势，这种趋势必然反映在两大符号学派（皮尔斯符号学和索绪尔语言符号学）以及两类语言学（从生物体内部角度研究语言的心理活动与生理活动的一类和从生物体之间的角度研究语言的社会属性的另一类）之间的交流和融合趋势。语篇分析体现了这个趋势，它属于人本主义思潮、索绪尔语言符号学派和从生物体之间的角度研究语言的社会属性的一类语言学，它是具有社会性和结构（系统）性的各语言学科的融合和高级发展阶段。它的发展大体上分为三个阶段：一、语篇结构分析阶段；二、语篇结构与社会文化相结合的分析阶段；三、语篇结构与意识形态相结合的分析阶段（或语篇作为社会实践的研究阶段）。从符号学角度看，语篇分析从研究语言结构与本义之间的关系，到研究语言结构与转义之间的关系，再到研究语言结构与意识形态（社会实践）之间的关系。本文的分析可以揭示这门学科的哲学和符号学根源、发展过程和发展趋势。

一、语篇分析简介

本文引用了杨信彰教授为《话语分析入门：理论与方法》一书撰写的导读（以下简称"导读"）作为对语篇分析的简单介绍并从该书中找出一些例子。

导读称：Z．Harris 在 1952 年发表的"话语分析"（"Discourse Analysis"）一文标志着现代话语分析的开端。话语分析源远流长，古希腊和罗马时代的修辞学可以说是话语分析的前身，它主要研究政治、法律演说的结构，研究劝说的有效性。20 世纪出现了结构主义语言学，修辞学只用在文体学和文学研究上，话语的研究则被纳入了传统修辞学、文体学和文学研究的范围。20 世纪 50 年代以后，随着符号学、人类学、认知科学、人工智能、心理学、交际学、历史学、社会学的蓬勃发展，话语分析广泛吸收了这些学科的研究成果，出现了一些跨学科的、系统的话语分析的理论和方法。另外，语域、言语行为、系统功能语法以及其他语言学理论的发展，也为话语分析开辟了新天地。从分析方法看，话语分析可分为结构分析法、认知分析法、社会文化分析法、批评分析法和综合分析法五大类。结构分析法主要作结构描写，找出规则，如连贯性或叙事结构的规则。社会文化分析法把话语当作交际动作来分析，注重语言的社会功能，不但分析语句、表达形式和意义，还分析与话语有关的各种社会文化因素。认知分析法注意话语的生成和理解，强调认知在思维和思维呈现中的作用。批评分析法认为话语分析不仅是观察、描写和解释，同时也是一种政治思想任务。话语依赖于思想意识和社会政治语境。话语分析者要有自己的社会和政治立场，用话语分析来揭露或批评社会问题，透过表层意义找出有权势的人的语言中隐藏的偏见和虚伪。不少话语分析采用综合分析法。话语分析的成果广泛应用于社会学、文化学、人类学、文学、翻译学、计算语言学、文体学、教学大纲设计、教学法等方面的研究。

笔者试图对以上介绍作以下归纳和符号学分析：

在现代符号学诞生以前，符号学是哲学的一部分。当前的各派符号学仍然是以不同的哲学思想为基础。语言学是符号学的一个分支，而且是一个最重要、最典型、研究得最深入、人们最熟悉的一个分支。符号学是哲学与语言学之间的桥梁。它既有哲学的深刻理念又有语言学的可操作性。因此，我们可以通过哲学和符号学分析，弄清各语言学科的哲学根源、发展过程和基本原理。以下，笔者从哲学和符号学角度对语篇分析作一些分析。

二、语篇分析的哲学分析

1. 语篇分析在现代西方两大哲学思潮、两大符号学派和两类语言学中的位置，以及它的发展过程和发展趋向

现代西方哲学的两大对立思潮科学主义（scientism）和人本主义（humanism）在语言学上转向并有相互融合的趋势。（夏基松，1998：1—11）笔者认为，英美分析哲学代表科学主义思潮，欧洲大陆哲学代表人本主义思潮。在符号学的两大流派中，皮尔斯符号学代表科学主义思潮，索绪尔语言符号学代表人本主义思潮。皮尔斯符号学是以实用主义哲学、范畴论和逻辑学为基础的，着重研究符号在认知中的作用，研究对象是作为生物个体的人使用的符号，研究涉及自然科学和社会科学全部领域。它的突出特点是它的自然科学倾向、认知性、动态和互动性。索绪尔语言符号学的哲学基础是康德的先验主义哲学和结构主义思想，研究重点是语言和符号在社会交流中的作用，研究对象是作为社会成员的人使用的符号，研究范围限于社会人文科学，特别是语言学。它的突出特点是它的社会人文科学倾向、社会性和结构性（系统性）（郭鸿，2004）。Halliday指出，语言研究主要从两个角度进行，一个是从生物体内部的角度，研究语言的心理和生理活动；另一个是从生物体之间的角度研究语言的社会属性；这两种角度的研究互相补充，才有利于语言学的健康发展。（胡壮麟等，1989：9；张德禄，2004）笔者认为，前一种角度正是上述科学主义思潮和皮尔斯符号学的认知角度，后一种角度正是人本主义思潮和索绪言尔语言符号学的社会交流角度。两大哲学思潮的语言学转向和融合趋向必然体现在两大符号学派和两类语言学的交

流和理论融合的趋向上。

笔者认为，语篇分析的发展过程基本上体现了上述趋向，它是由许多语言学科融合而成的一门综合性语言学科或一种跨学科的分析手段，构成这门综合学科的各语言学科分别属于上述两大哲学思潮、两大符号学派和两类语言学，但它们在交流和融合的可能性、方式和程度上不同。

语篇分析涉及结构主义语言学、系统功能语言学、文体学、语用学、认知语言学、语篇语言学（test linguistics）、社会语言学、批评语言学等。结构主义语言学、系统功能语言学、文体学、社会语言学、语篇语言学、批评语言学之间的交流和融合是自然的，因为它们同属于人本主义思潮、索绪尔语言符号学派和从生物体之间的角度研究语言的社会属性的语言学科，它们共有的特点也是社会人文科学倾向、结构（系统）性和社会性。另一方面，语篇分析与语用学、认知语言学的结合是分属于两大哲学思潮、两派符号学和两类语言学之间的学科的结合，因此它们之间的交流和融合是有限的，可以说仅仅在某些方面的方法上的应用，并不改变语篇分析的社会人文科学倾向、结构性和社会性的主流方向。

语言符号的任意性和线性是索绪尔结构主义语言符号学的两大理论支柱。索绪尔正是根据这些原则建立它的语言学和符号学理论。所谓任意性指符号的能指与所指之间的关系是非理据的，是社会约定的。它能说明，尽管人类有无数种语言和除语言外还有无数种符号，人类都能用它们来表达意义。这是因为，语言符号本身无意义，它只是代表意义的符号，而意义是使用一种语言的民族的文化和社会赋予的。一个符号（语言的一个单词）代表的意义，或一件事物的命名，是任意的，是社会约定的。线性是空间和时间的次序，是形成万物的结构的基础。人类使用的符号不是单个符号，而是符号组合，是符号结构。索绪尔语言符号学的意指过程是：从语言系统中选择适当的词（纵向选择关系），按线性原则（横向组合关系）组合成代码，形成各层次语言结构，以表达世界上的一切意义。因此，索绪尔语言符号学的突出特点是它的社会性和结构（系统）性。结构主义语言学、系统功能语言学、文体学、语篇语言学（test linguistics）、社会语言学、批评语言学都具有这些社会性和结构（系统）性。

另一方面，语用学和认知语言学都属于现代西方哲学的科学主义思潮、皮尔斯符号学派和从生物体内部的角度研究语言的心理活动和生理活动的语言学，它们的共同特点是它们的认知性和生物个体性。语用学和认知语言学都是皮尔斯符号学的符号模式：符号代表物（representamen）、对象（object）和解释项（interpretant）中的解释项的发挥。语用学和认知语言学都认为，符号代表物并不一定代表事物的意义，要得到事物的真实意义还需要语言使用者的解释，语用学根据使用者所处的具体环境通过推理解释，而认知语言学则根据使用者的心理状态（心智、已有的知识、经验、心情等）通过体验解释。这种解释是生物个体行为，是个人认知。（郭鸿，2005）

正是因为语用学、认知语言学与上述其他语言学科具有不同特点，它们之间的交流和融合是有限的。《话语分析》一书的"第二章 语境的作用"指出理解语境的几个基本方法有预设（reference）、会话含义（implicature）和推理（inference）。此章还探讨了情境语境、语境特征、话语的上下文、扩展语境（the expanding context）等问题。在此书的"第七章 话语理解中的连贯"中，应用了语用学中的言语行为的理论。最后一章还应用了语用学中的推理，提出了一个概念"沟通假设"（bridging assumption）。笔者认为，上面讲的语境是语言使用者个人所处的语境，不是社会文化语境；理解语境的几种方法都是个人根据自己所处具体语境进行的逻辑推理；话语理解中应用言语行为理论，说明理解话语要分析说话人个人的意图。这些分析都是在个人语境或个人意图的基础上进行的，因此在研究语篇结构与社会文化、意识形态的语篇分析中所起的作用是很有限的。

认知语言学在语篇分析中的应用也是有限的。但从认知角度分析小说中人物的思维方式（mind style）特别有效。对理解小说语篇也是有用的，说明除了小说本身的描述外，还有读者的主观因素。阅读小说的过程是小说语篇与阅读者心智间的互动过程,因此不同读者对同一小说有不同感受。总之,认知语言学对话语(语篇)的生成和理解的心理分析是有效的,但它对语篇的各层次语言及其功能和效果的分析则受到很大限制。因为认知语言学认为"语言的句法不是一个自足的组成部分,它与语义、词汇密不可分,也就是说,词汇、形态和句法形成一个符号单位的连续统"(陈治安、文旭,2001),另外,认知语言学讲的是个人的认知,当然对语篇涉及的社会、文化、意识形态无法解释。王寅教授的文章"认知语言学与语篇分析"对认知语言学在语篇分析中的应用作了较系统的介绍。在文章的小结中,他写道:"Langaker 等认知语言学家在认知语法的理论框架中对语篇分析做了有益的尝试,这无疑是对认知语言学的一大发展。当然这仅仅是一种尝试,还有很多不足之处,比如所画图形对初学者十分费解。倘若是一个较长的语篇,或者一个变化复杂的语篇,其分析图形会相当复杂。人们不禁要问,本来就很简单的语句或语篇,一看就明白的,有必要分析得这么复杂吗?同时,语篇的组织和结构千变万化,很难设想用几种图形就分析清楚。在认知语言学或认知语法理论中,要将语篇分析用简便的方法分析清楚明了,还有很长的路要走。"(王寅,2003)

但笔者认为,虽然语用学和认知语言学融入语篇分析的体系是困难的,但它们的理念,或者说它们所属的皮尔斯符号学的理论,对语篇分析的影响却是巨大的。皮尔斯符号学的符号的动态性和互动性以及它的生物行为主义理论(对言语行为理论的启发)对语篇分析起了很大的推动作用。巴赫金的"对话"理论提出语言交流不是由说话人或写作者单方面向听话人或阅读者传递信息,而是说话人或写作者与听话人或阅读者之间的互动。笔者认为这种互动的理论来自皮尔斯符号学的符号模式(符号代表物、对象和解释项),符号代表物并不一定代表对象的意义,要得到真实意义(对事物的认识)还要经过符号使用者的解释,也就是经过客观事物与人的心智之间的互动。认知语言学对这个道理作了令人信服和生动的描述。

总之,语篇分析是一门综合性学科或跨学科的分析途径,可以看作结构主义语言学、系统功能语言学、文体学、社会语言学、批评语言学、语篇语言学等具有社会性和结构（系统）性的各学科的融合，而语用学和认知语言学等具有个体性和认知性的学科在语篇分析中只是在某些方面的应用，并没有融入语篇分析和改变它的社会性和结构性的主流和方向，但它们对它的影响是间接的又是巨大的。尽管语篇分析包含许多学科，经历了漫长发展过程，内容十分复杂，但它的发展过程可以大体上归纳为以下具有突出特点的几个主要阶段。

1. 语篇结构分析阶段

如上所述，索绪尔语言符号学的突出特点是它的结构（系统）性和社会性，而语篇分析从整体上讲，它的特点也是社会性和结构（系统）性，但索绪尔并没有把语言符号的结构性和社会性结合起来，并不能说明语言是什么，它如何工作，而且由于语言与变化、互动中的社会文化因素脱离，这种语言结构自然是封闭的、静止的。尽管如此，结构主义语言学为现代语言学奠定了基础，也为语篇分析提供了基本条件并确定了它的发展方向。

2. 语篇结构与社会文化分析阶段

语篇分析要继续发展就要解决把语言的社会性和结构（系统）性结合起来的问题。尽管许多语言学科在这方面都做出了不同程度贡献，但笔者认为，系统功能语言学起了核心作用。系统功能语言学继承了索绪尔语言符号学的社会性和结构性，并把两者结合起来了，从而对现代语言学做出了突出贡献。Halliday 不赞成索绪尔的"语言和言语"（language and parole）的说法，也不赞成乔姆斯基的"语言能力和表现"（competence and performance）的说法，他把语言当作一种社会符号（language as social semiotic），更加突出了语言的社会性。他提出意义潜能与其实现（meaning potential and its realization）的说法，也就是说，使用语言是根据语言情景和文化语境在语言系统的意义潜势中做出选择。在他的理论中，纵向选择关系优先于横向结合关系，因为横向结合关系被解释为纵向选择关系的实现。他把语言分为三个层次（语义层、词汇语法层和音位层），它们之间的关系是实现关系，并且延伸到语言以外，到达文化和社会语境。语域被看作语境的各个方面（语场、语旨和语式）间的互动在语言上产生的结果。语域的三个方面促发语言的三种功能或语义成分（概念功能、人际功能和语篇功能），并进一步促发语言的三个系统（及物系统、语气系统和主题系统），构成语言的三条实现链（realizing chains）。这样，就说明了使用语言是按照语境在语言意义潜势中做出选择，同时也解决了索绪尔语言学的封闭、静止结构的问题。另外，系统功能语言学的语篇功能是一种实现（enabling）功能，它使概念功能和人际功能得以实现，也就是使这两种功能用文字体现出来。因此，Halliday对语篇功能十分重视，在语篇的主位、述位、连贯、衔接等方面作了详细论述，为语篇结构分析打下了基础。总之，系统功能语言学为语篇分析能继续向前发展，使语言结构分析得以在社会、文化语境中进行。此外，系统功能语言学具有突出的实用性，它认为语言理论在使用中形成同时为使用语言服务，语言是表达意义的一种资源，因此它特别重视语言理论的实用性，它的理论特别适用于语言分析，是文体学、文学批评，特别是语篇分析的基础（郭鸿，2005）。

《话语分析入门：理论与方法》（笔者：这里的"话语分析"指的就是"语篇分析"）一书给人最深刻的印象是：语篇分析解决了语言与社会文化之间的关系问题。它特别推崇Halliday的系统功能语法。它说：语篇分析的对象是使用中的语言。因此，我们需要有一种语法作为工具，来分析说话人或作者为了达到有效交际的目的如何用语法手段来组织句子和语篇。

Halliday的系统功能语法就是这样的工具（导读）。《话语分析》一书中许多内容出自Halliday的系统功能语法，如"第四章 视角与话语结构的表现"应用了Halliday的主位和述位理论。"第五章 信息结构"说明Halliday充分发展了布拉格学派的"功能句子观""交际动态"等理论，探讨了已知信息（old information）、新信息（new information）、调群（tone group）、调节（tonic syllable）、音调等理论。"第六章 话语和语篇中的指称性质"探讨了属于系统功能语法范围的语篇衔接、话语的指称、表征、代词等问题。实际上，系统功能语言学是语篇分析的基础和重要组成部分。

除了系统功能语言学外,社会语言学、语篇语言学(text linguistics)、批评语言学等对语篇分析也做出了贡献。

社会语言学研究语言与社会的关系以及在不同情景中使用语言的不同方式。它研究各种社会方言和地区方言。它揭示人类语言的幽默性以及操某种方言的人的年龄、性别和出身社会阶层等问题。因此它是语言的社会功能编码。(*Explore Linguistics*:socialinguistics. htm)

语篇语言学也对语篇分析做出了贡献。随着微观语言学逐渐转向宏观语言学,从20世纪80年代起,语篇(text)分析成为语言学关注的重要领域。宏观结构、连贯、衔接、句法和语法结构以及文体、词汇特征等在此学科中以不同体裁文章(如新闻报道,神话、操作指南等)来加以说明。此外,文章分类、跨文化差异以及文章体裁的演变的研究也包括在内。(*Text Linguistics*:text linguistics. htm)

批评语言学最初形成于20世纪70年代,其代表人物有Fowler,Kress,Hodge等。他们将语篇分析方法与关于政治和意识形态过程中语言功能的社会理论结合起来,并且吸取了Halliday(1978,1985)的系统功能语法。其特点是在社会环境中研究语言,其理论基础是功能分析,即把语言看作交际手段。(项蕴华,2004)

批评语言学将语篇作为社会过程的实现来解读,将语篇看作与语境相联系的情况下行使意识形态和政治功能。这正是语篇分析中语篇的定义,但批评语言学对语篇的生产和解释强调太少,而轻易认定语篇特征与社会意义之间的透明关系,忽略语篇是社会斗争领域,忽略语篇变化与社会文化变迁的更广泛过程之间的联系。另外还有一种颠倒意识形态和权力的关系,以及强调社会结构而轻视社会行动,强调社会再生产而轻视社会转变的典型马克思主义观点。(Fairclough:1992,摘自Terry Threadgold:*Cultural Studies,Critical Theory and Critical Discourse Analysis*:*Histories,Remembering and Futures*)

从以上对批评语言学的介绍看来,我们是否可以把它看作从语篇结构与社会文化相结合的分析,向语篇结构与意识形态相结合的分析的过渡，或者称它为批评语篇分析的初级阶段，也就是说，它作为批评语篇分析还有一些缺陷。

3. 语篇结构与意识形态分析阶段（或语篇作为社会实践研究阶段）

1）批评语篇分析是什么？

批评语篇分析（critical discourse analysis）是 20 世纪 70 年代末至 80 年代初由批评语言学（critical linguistics）发展而来的一种用于语篇分析的理论框架和研究方法，其代表人物有 Fairclough，Fowler，Kress，van Dijk，van Leeuven，Wodak 等人（项蕴华：2004）。

Fairclough 对批评语篇分析做出了突出贡献。他说，语言建构社会关系，所以他试图将语篇分析与社会和政治理论相结合，将语篇分析与社会分析相结合。（项蕴华，2004）他说（1992）理想的语篇分析应该是跨学科意义上进行的，不仅涉及语篇的生成、传播和接受，还涉及生成语篇和解释语篇的社会认知过程，涉及各种机构中的社会实践，涉及社会实践与权力关系之间的联系，涉及社会层面上的霸权关系。（李素玲：2004）

2）批评语篇分析如何从语篇与社会文化相结合的分析手段，发展成为语篇与意识形态相结合的分析手段？

如上所述，系统功能语言学成功地将语言的社会性与结构（系统）性结合起来了，从而说明了语言是什么和它如何工作，并解决了索绪尔结构主义语言学的结构的封闭性和静止性问题。此外，系统功能语言学有突出的社会性和实用性，它认为语言是社会符号，语言理论是在使用中形成的同时为使用语言服务，因此它特别适用于语篇分析。简单地讲，批评语篇分析是以系统功能语言学为基础，加上一些社会分析理论构成的。这些社会分析理论主要指后结构主义和后现代主义的理论（Terry Threadgold），而后结构主义和后现代主义属于现代西方哲学的欧洲大陆哲学和人本主义思潮。

为批评语篇分析做出过贡献的 Terry Threadgold 说：Fairclough 把 Halliday 的系统功能语言学理论与一些社会理论结合起来，开创了批评语篇分析。语篇分析看起来很像我们熟悉的语言理论（笔者：指前文中所说的"互文性"理论等）与 Halliday 的功能语言学的标准总结（而且是很好的总结）。系统功能语言学理论的重要性是将语篇分析置于一种灵活的语言学分析中并使人们认识到将语篇分析与基本社会和文化理论结合起来的重要性。（Terry Threagold 的同一篇文章）

对批评语篇分析有直接和重大影响的后结构主义和后现代主义理论包括 Foucault，Bakhtin，Kristeva，Barthes 等人的理论。（同上）现分别介绍如下：

后结构主义者 Michel Foucault（1926—1984）是法国社会哲学家。他的权力理论对西方社会曾影响一时。许多人称他为"权力思想家"。他认为近代西方社会的监狱和监禁制度是资产阶级自由制度的产物。他指出，封建社会以杀戮与肉刑为主要惩罚手段，这主要是对付少数罪犯。资本主义社会改以监狱与监禁为主要手段，就能很有成效地对付广大人民群众。……他认为，权力关系并不完全集中于统治阶级与被统治阶级，或人民与国家之间，而是普遍地、网络式地存在于基层领域。……他认为，权力不仅是压制性的，而且是生产性的。权力产生知识。这就是他的"权力—知识论"。……他断言，一切人文科学都是权力产生的，它压制并统治着人们的思想；一切自然科学也是权力产生的，它也起着统治人民的权力的作用。……他写道："权力是一种创造，它创造现实，创造对象领域并创造真理仪式。"（夏基松，1998：633—635）

苏联学者 Bakhtin（1895—1975）对批评语篇分析也做出了重大贡献，主要在语言的意识形态性质和"对话"学说上。他曾说，方言中有价值观点、政治观点和各种经验的痕迹和隐含意义；因此方言间的冲突实际上就是这些方面的冲突。说话人的观点、看法和经验是语言性质的一部分，之所以这样，是语言有个人和社会背景，不是抽象系统。他还说，文学的一种功能是迫使人们可以拥有各种不同的个人语言和他们之间的意识形态冲突。在"对话"方面，主要观点是：语言主要产生于对话之中，形成于社会互动过程中，从而导致不同社会阶层间的相互作用。人们就在巴赫金所说的对话中发现许多不同声音。从广义上，可以把全人类活动和全人类话语看作一个差别的复合体。这种对话化的语言，或对话言语，不仅是许多不同声音，是"多义"（heteroglossia），而且是彼此听对方声音的一种行动，一种"对话化多义现象"。

"互文性"（intertextuality）这个符号学概念是法国学者克里斯蒂娃（Julia Kristeva）在 Bakhtin 的"对话"理论影响下提出的，她也是这个理论的热情宣传者。她指出，文本有两条轴线：一条是连接文本作者和读者的水平轴线，另一条是连接一个文本和其他文本的纵向轴线。连接这两条轴线的是共同的代码：每一个文本和它的阅读依靠前面的代码。克里斯蒂娃声称，每个文本从开始就在别的话语的管辖下，这些话语把整个宇宙强加于它。她认为，与其把我们的注意力限定在文本上，不如研究这个文本的"结构化"（结构如何形成）。这就涉及将一个文本置于以前的或共时的文本的整体之中。（Daniel Chandler, *Intertextuality, Semiotics for Beginners*）

笔者认为，"互文性"实质上是一种"对话"。"对话"和"互文性"理论对语篇的生成、解释作了很好的说明，这种理论的应用对批评语言学向批评语篇分析发展起了重要作用。如上所述，虽然 Halliday 把语篇与社会文化语境联系起来了，但他联系的语境是单一的语境，语境产生的意义也是单一的。而批评语篇分析涉及的语境是一个复杂的语境，语境产生的意义也是复杂的。因此，在语篇分析中，系统功能语言学的"语境—意义"理论就必须用 Bakhtin 的"对话"理论和克利斯蒂娃的"互文性"理论所代替。

Terry Threadgold 说，Fairclough 选择了 Halliday 的功能语言学来研究文本的"质地"（'texture'）、结构和组织，但没有采用 Halliday 原来的社会符号学理论而采用了互文性分析作为联系文本与语境的重要方式。他采取了超越句子（Halliday 和 Hasan 的 cohesion）的和会话分析的结构分析方法。（Terry Threadgold 的同一篇文章）

Bakhtin 认为（1986）"语篇"一词不仅始终携带着过去的历史而且充实它的各类体裁和各种语言片段使其始终处于对话关系中，因此存在着重新语境化与重新意指（recontextualisation and resignification）的潜在可能性。

笔者认为，Bakhtin 和 Kristeva 的"对话"和"互文性"理论，使语篇分析有多重"对话"和多重"互文性"，使语篇有多重语境和多重意义，正是 Bakhtin 指出的语篇"存在着重新语境化与重新意指的潜在可能"。

三、语篇分析的符号学分析

1. 从符号学的角度看，符号的应用进入语篇后，就自然进入意识形态领域，因为语篇表达一个完整的意义，而任何完整意义都有一定的社会语境，都涉及使用语言的人，而人都出生和生长在一个特定的社会阶层中，他的言语行为都体现一定的阶级意识，都属于一定的意识形态。

2. 这个问题要从结构主义语言符号学说起。索绪尔语言符号学的符号由能指和所指构成。哥本哈根符号学派创始人叶尔姆斯列夫把能指和所指扩大为表达平面和内容平面（expression plane and content plane）。在这个基础上，法国符号学家 Barthes（前面提到的后结构主义和后现代主义哲学家之一）提出本义和转义（denotation and connotation）的理论。本义是语言结构本身产生的意义，而转义是语言结构以外的社会文化环境产生的意义。Barthes 把本义和转义的理论应用于符号语篇分析。他的分析分成两个阶段：第一个阶段叫作初级阶段（primary order），属于自然领域（natural domain）。在这个阶段中，符号处于表面状态，它产生本义（denotation）。下一个阶段称为第二阶段（secondary order）属于文化领域（cultural domain）。在第二阶段中，能指以表达层面出现，所指以内容层面出现，所指是转义（connotation），转义进一步产生神话（myth）。神话指一个故事或一种话语，神话是形式，意识形态是内容。

初级阶段符号具有直接、明确、自然的意义。换言之，具有属于客观意义层面的本义。

3. 第二阶段符号属于主观意义层面。初级阶段符号的两个项目能指（表达 1）和所指（内容 1）合并成第二阶段符号的新能指（表达 2）。这个能指根据符号接收者或他所处的文化背景确定它的所指，能指（表达 2）成为一则神话，所指（内容 2）就是一种意识形态。第二阶段符号的表达层面（表达 2）和内容层面（内容 2）还可以构成第三阶段符号的内容层面（内容 3），它的表达层面（表达 3）就构成了元语言。元语言与转义处于对称地位。

元语言	表达 3	内容 3	
转义语言		表达 2	内容 2
本义语言		表达 1	内容 1

4. 神话使自己自然化，让神话读者当作自然的故事来接受。自然化就是使神话所说的东西都像是纯洁的、无辜的、永远合法的。使神话中的一切事情自然化和合法化的力量从何而来？从霸权中来。霸权一词指权力集团为了保持现状而无须诉诸威胁和暴力的能力。为了保持现状，权力集团以文化形式（神话、意象等）操纵被统治者的意识，达到使统治集团和被统治集团之间的关系自然化的目的。因此，神话是一个专制的符号系统。有权阶层和无权阶层，在控制神话上，处于不平等地位。有权阶层用神话来愚弄群众。Barthes（1972）提出了一个推翻神话的方法：创造人工神话来反神话，与原来的神话做斗争。这样，整个神话系统中就有一双对立的神话和反神话。

符号 4			
能指 3（人工神话）			所指 3（反神话的内容）
能指 2		所指 2（神话的内容）	
能指 1	所指 1		

（以上分析请参看 *Caged in our Own Signs: A Book About Semiotics*）

笔者认为，批评语篇研究的主要对象之一就是转义——社会文化语境产生的意义，也就是意识形态，特别是神话——以权力为背景的虚构的意义（统治集团操纵的意识形态），以及反神话——以批评的武器揭穿神话。这就是批评语篇分析的由来和目的。

四、结论

Fairclough 在他的因特网网页上介绍他从事的语篇分析研究工作：从（20 世纪）80 年代早期起，他的研究工作集中在批评语篇分析上，包括语言在权力与意识形态的社会关系中的地位，以及社会变革中语言扮演的角色。他的主要兴趣在于，语言（语篇）是当今称之为"全球化"的社会变革中的一个重要因素。语篇分析的理论基础是：语篇是社会生活的一个基本组成部分，它与其他部分相互联系、相互作用并且可能对这些部分起建设性和转变性作用。研究的实践经验是：在许多方面，语篇已成为当今世界社会生活中的一个突出和有力的基本组成部分。总的来讲，当今社会变革似乎是由语篇变化启动和推动的。因此，语篇分析，包括语言分析，对社会变革和"全球化"的研究工作的贡献比一般人认识到的大得多。

从以上这段话可以看出，Fairclough 把语篇分析提高到一个更高的高度，他认为"语篇是社会生活的一种基本组成部分，它与其他部分相互联系、相互作用并且可能对这些部分起建设性和转变性作用"，"当今社会变革似乎是由语篇变化启动和推动的"。这样就把语篇分析提高到社会实践的高度，而且是重要的社会实践，因为在任何社会实践中都要运用语言。最突出的例子是外交语言。外交活动最主要的内容就是运用语言，用语言建立、终止和发展国与国之间的关系，用语言来谈判和解决国与国之间的争端，用语言来宣战等等。外交语言与外交活动完全同步，它具有与外交活动相同的一切特点。（郭鸿，1999：54－103）当今的社会变革由语言启动和推动也不乏实例。我国的"五四运动"是提倡科学与民主的新文化运动，同时也是我国新民主主义革命的开端。我们都记得"五四运动"就是以白话文运动启动和推动的。1942 年党的延安整风这个政治运动就是从"反对党八股"的语言活动开始的。

研究语篇分析有很重要的现实意义。在改革开放的形势下，我国与世界各国进行政治、经济、文化等各方面的交流，语篇分析中的"意识形态意识"非常重要，它能使我们在交往中保持清醒的头脑、不失去政治方向。此外，当我们认识到语篇分析是一种重要社会实践，就会潜心研究各个领域和各项工作中使用的语篇，掌握它的性质、特点并注意它产生的社会效果。

总之，从哲学角度研究语篇分析，我们认识到，现代西方哲学的两大思潮在语言学上转向并有融合趋势，它体现在两派符号学和两类语言学相互交流和融合趋势上。语篇分析这门学科就是这种趋势的结果。它是以突出社会性和结构（系统）性的各语言学科的综合体，它的发展过程是，从语篇结构分析到语篇结构与社会文化相结合的分析，再到语篇结构与意识形态相结合的分析。从符号学角度看，语篇分析从研究本义（语言结构本身的意义）到研究转义（语言结构以外的社会文化产生的意义），再到研究意识形态（隐藏的社会文化中的意义，特别是权力关系），直到研究意识形态的反作用（语篇是意识形态的载体，意识形态是社会文化的反映，因此作为社会实践的语篇可看作意识形态对社会文化的反作用）。

参考文献

F. Ungerer & H. J. Schmid：《认知语言学入门》（陈治安、文旭撰写"导读"），北京：外语教学与研究出版社，2001年。

郭　鸿、彭晓东编著：《外交英语》（修订本），北京：对外经济贸易大学出版社，1999年。

郭　鸿：《索绪尔语言符号学与皮尔斯符号学两大理论系统的要点——兼论对语言符号任意性的置疑和对索绪尔的挑战》，《外语研究》2004年第4期，第六届全国语言与符号学研究会论文。

郭　鸿：《系统功能语言学符号学分析》，第九届全国系统功能语言学研讨会论文。

郭　鸿：《介绍一本代表认知文体学最新发展的新书〈认知文体学——语篇分析中的语言和认知〉》，第四届全国文体学研讨会论文。

郭　鸿：《认知语言学的符号学分析》，《外语教学》2005年第4期。

郭　鸿：《语用学的符号学分析》，《外语研究》2005年第5期。

胡壮麟、朱永生、张德录：《系统功能语法概论》，长沙：湖南教育出版社，1989年。

李素玲：《批评性语篇分析：发展概况与应用前景》，《山东外语教学》2004年第5期。

王　寅：《认知语言学与语篇分析》，《外语教学与研究》2003年第2期。

夏基松：《现代西方哲学教程新编》（上、下册），北京：高等教育出版社，1998年。

项蕴华：《简述 Fairclough 的语篇分析观》，《山东外语教学》2004年第5期。

张德禄：《系统功能语言学的新发展》，《当代语言学》2004年第1期。

James Paul Gee，《话语分析入门：理论与方法》，杨信彰译，北京：外语教学与研究出版社，2000年。

Critical discourse analysis，http：//www.absoluteastronomy.com/encyclopedia/C/Cr/Critical_discourse_analysis.htm.

Kyong Liong Kim，1996，*Caged in Our Own Signs：A Book About Semiotics*，New Jersey：Ablex Publishing Corporation Norwood.

Terry Threadgold，*Cultural Studies，Critical Theory and Critical Discourse Analysis：Histories，Remembering and Futures*，http：//www.linguistik-online.de/14_03/threadgold_a.html.

第十编
普通符号学

作为"普通符号学"起点的科学符号学

摘　要　目前世界各国研究的符号学基本上是西方各国的符号学，至多是在西方符号学中掺杂着零星片段中国的或世界其他地区的符号学思想。我冒昧地提出建立一门以哲学为基础的、跨文化跨学科的方法论的普通符号学。现在自然科学各学科已经建立了各自的符号学体系。我设想，在此基础上逐渐地、试探地研究普通符号学。本文将讨论科学符号学的哲学基础：历史辩证唯物主义、它在几门基础自然科学学科中的体现、这些学科中的符号学体系，以及如何参照这些符号学体系来研究普通符号学。

一、建立普通符号学的设想

1. 目前中国符号学研究情况

在中国符号学是一门新兴的学科。中国逻辑符号学专业委员会于1989年成立。中国语言与符号学研究会于1994年在苏州大学成立，同时在那里召开了第一届研究会。到目前为止，符号学研究已在我国进行了20多年，但研究仅限于西方符号学，偶尔掺杂一些中国古代符号学思想或著作。在符号学的基本原理、应用和符号学与其他学科，如哲学、语言学的关系上还没有达成较系统的共识。此外，一些学者顾名思义对符号学作简单的解释，甚至有人作错误的解释。依我看来，有必要建立一门普通符号学。然而，这仅仅是我个人的设想。我认为，要通过广大的中国学者，甚至世界各国学者，一起努力才能完成这个伟大的创举。

2. "普通符号学"的定义

依我之见，普通符号学是以人类哲学为基础的一种跨文化、跨学科的普遍方法论。符号体系是哲学思想的形式化、简约化和逻辑化，是由各学科的哲学逻辑范畴体系构成的。符号体系本质上就是多媒体的：以各种介质区分、传达和储存人类的各种信息；具有任意性（社会共识性）、象似性、标志性。然而，这些符号体系和特性都体现历史辩证唯物主义的基本原理。

3. 研究普通符号学的起点和基础

相对而言，现代西方符号学有一个较好的系统，尽管它还不是一门普通符号学。现代西方符号学应该作为研究普通符号学的基础。因为，研究任何学科都不应该忽略它在历史上的成就，而且要在这个成就的基础上，扬弃、创新和发现。目前已有的几个主要符号学流派的理论，特别是索绪尔的结构主义符号学、皮尔斯的认知符号学和洛特曼的文化符号学，应该作为研究的基础。皮尔斯符号学主要研究作为个体的人的认知（认识论），在深层的意义上涉及世界上一切事物的运动（它们之间的联系和互动）；而索绪尔符号学主要研究人类通过语言进行社会交流，在深层意义上涉及世间万物的结构、性质和功能（本体论）；洛特曼文化符号学将上述二者结合起来，主要研究人类通过社会认知和社会交流构建自己的文化（本体论与认识论的结合）。

4. 研究普通符号学的重点和途径

在古代，符号学曾经是哲学的一部分。在符号学研究的各个领域中，自然科学符号学首先从哲学中脱颖而出。目前，各自然科学学科已经建立了各自的符号学体系，它们已经运用符号学原理，建立了各自的公理、原理、法则、定理、公式等。因此，自然科学符号学已不再是我们研究的重点。但是我们又必须研究自然科学符号学如何从哲学中，特别是，从自然辩证法中，脱颖而出，以及自然科学学科的公理、原理、法则、定理、公式是如何构建的。只有找出这个途径才能把自然科学符号学的原理应用到社会科学和人文科学中，或者至少可以作为研究的参照。科学地研究社会科学和人文科学，实质上就是用符号学方法研究这些学科并构建它们的哲学逻辑范畴体系。总之，目前研究普通符号学的重点不在自然科学符号学，因为它已经建立了自己的符号学体系，而是以自然科学符号学作为借鉴，研究社会科学和人文科学，因此研究普通符号学的起点是自然科学符号学。

5. 普通符号学涉及的范围

既然普通符号学是一种跨文化和跨学科的方法论，其实质是研究各学科的哲学逻辑范畴体系，它的研究就应该尽可能涉及世界各主要国家或地区的哲学、科学和符号学的历史和现状的有关部分。

二、自然科学符号学

1. 哲学、科学和符号学

人类从他们的生产和生活活动中积累了丰富经验，在这些经验基础上形成了他们的人生观和世界观，这就是哲学。从人类研究的对象来讲，哲学的发展分为以下几个阶段：本体论（古代），研究世界的本原或世界本身；认识论（近代），研究人类能否认识世界以及如何认识世界；人类学（或当代哲学的伦理学转向），研究人类本身（人类的人伦道德）。这只是一个粗略的划分，即按照研究重点的划分。这并不意味着，在某一阶段不研究另一阶段的问题。例如，在古代的本体论阶段，的确研究过伦理学，而且一开始就研究。在亚里士多德、柏拉图和其他哲学家的哲学中，伦理学是一个重要部分。在古代中国，孔子和孟子都研究和宣讲人伦道德。从人类对世界认识的进程来讲，哲学可分为以下几个阶段：朴素的自然主义、机械唯物主义、辩证唯物主义和历史辩证唯物主义。这里只讲哲学中唯物主义发展的几个阶段，因为科学发展只能靠唯物主义，尽管许多人，甚至科学家，不承认他们运用了唯物主义，但他们在科学研究上取得成就实际上遵循了唯物主义。唯物主义发展的进程也反映了科学发展的进程。

科学是人类对世界万物的系统研究,是人类生产、生活活动经验的高度抽象和概括。尽管远在古代就有科学的萌芽,但严格意义上的科学始于近代(15世纪前后,欧洲文艺复兴时期)。科学的发展为哲学的发展提供了物质基础,同时在科学研究中产生许多难以解决的问题要求哲学解决,这样就促进了哲学的发展。另一方面,哲学给科学研究许多启示,往往成为科学的方法论。爱因斯坦曾指出:"如果把哲学理解为最普遍和最广泛的形式中对知识的追求,那么,显然,哲学就可以被认为是全部科学研究之母。"(许良英、范岱年,1976:519)总之,哲学与科学之间存在着互相推动的辩证关系。

符号学源远流长,人类从自然界分化出来后就开始使用符号,但称得上科学的符号学,始于20世纪初期,当时瑞士人索绪尔(Ferdinand de Saussure,1857—1913)创建了结构主义符号学,美国人皮尔斯(Charles Sanders Peirce,1839—1914)创建了认知符号学,它们被称为符号学史上的两大流派。此外,20世纪70年代苏联学者洛特曼(Juri Lotman,1922—1993)创建了文化符号学。笔者认为,洛特曼文化符号学是索绪尔结构主义符号学与皮尔斯认知符号学的结合。人类与动物的区别在于,人类能够进行抽象思维,要进行抽象思维就不能不使用符号,用符号进行标记、记忆、储存、交流、思维。所以,"人类是使用符号的动物"。人类不断创造符号、使用符号、发展符号,以至建立一门符号学。因此,笔者认为,上述两大符号学流派和洛特曼文化符号学,应该作为普通符号学研究的基础。在此基础上,我们还要建立一门普通符号学,使符号学成为一种科学方法论,包括自然科学、社会科学和人文科学的方法论。

2. 什么是科学符号学

科学符号学是用符号体系简明、概括而准确地说明科学理论的学科,它是科学的一种方法论。自然科学,如数学、物理、化学、生物学,用简洁的文字、数字、字母、图形、图表等符号表征各自的公理、原理、定律、法则、公式等。

在科学研究中，对大量事实进行分析、归纳、抽象和概括，最后用精练的语言和其他符号建立事实之间相互联系的模式，这叫法则。少数普遍化法则构成更高层次的科学知识，我们称之为理论。今天，许多领域的物理学理论已经建立，每一种运动形式只用少数几个普遍化定律就能解释其所有现象。经典力学由牛顿的三个运动定律就可表述；经典电磁学也被麦克斯韦总结为四个方程；宏观热现象也只有三条定律；狭义相对论则仅从两条基本假设出发就得以全部建立（林铁生，2000）。所谓自然科学符号学，就是采取数学的方式，对物质进行高度抽象，构成物质的纯粹形式，然后通过逻辑学，把物质的纯粹形式构成逻辑体系。更具体地讲，就是将各自然科学的理论高度抽象化、逻辑化和模式化，构成各学科的公理、原理、定律、法则、公式等。

3．科学符号学有哪些功能

1）科学符号学以符号体系表征科学的内容

科学中的任何一个学科都是逻辑严密的、系统的知识，包括许多公理、原理、定律、法则、公式等。如果科学理论全部用文字写出来，即使用许多篇幅，甚至一本书，也说不清。但是用一些简洁的文字、数字、字母、图形、图表等符号，就能非常简单、明了而准确地说明它们。

2）科学思维中用符号推理

在科学研究中，如果不用符号表达科学概念，不用符号组成的公理、原理、定律、法则、公式等进行运算、推理，工作就无法进行。许多科学上的新发现就是靠运算、推理推导出来的，然后通过实验来加以证实。逻辑推理要求与经验保持一致性。

3）科学知识交流要用符号

科学研究不能靠一位科学家自己冥思苦想，必须靠许多科学家，甚至不同国家、不同时代的科学家们共同研究，并在前人研究的基础上，证伪证实，不断发展。不使用逻辑符号体系是无法通过各种语言、空间、时间障碍来进行这种交流。

4. 科学符号体系是如何形成的

科学研究重在建构科学研究的最终精神产品——科学理论。科学理论是由概念、公式、模型、定律等组成的，但又不是它们的堆砌，而是以它们作为知识单元并由逻辑链条联系起来的知识体系。科学推论也表现为定理、公式等形式，只不过它们是从理论核心内容派生出来的，这些派生物与核心内容通过逻辑，建构一个有机整体。爱因斯坦的狭义相对论的核心内容，是运动相对性原理和光速不变原理，它的外围辅助部分（科学推论）是指尺缩效应、钟慢效应、质增效应等。运用从抽象上升到具体的方法，还要把握从逻辑起点到逻辑终点之间的逻辑中介，构成一环扣一环的逻辑过程。科学理论体系的建构通常由最基本、最常见的概念为起点，通过逻辑中介逐渐展开，一步步引申出越来越具体的概念、定律、定理，直至完整的知识系统，就好像一个原始细胞经过分裂繁殖而形成发达的机体。但是，逻辑必须与历史统一，也就是说，以历史作为逻辑的基础，同时以逻辑从理论上概括和浓缩历史。但这种统一不是也不可能是二者的绝对一致，理论的逻辑不应完全重复历史，而只是在本质上或大体上的统一，逻辑的展开要对历史做出适当的"简化"和"修正"。（陈昌曙，2006）

从事科学研究必须建构科学理论。建构科学理论必须以最基本、最常见的概念为起点，进行逻辑推理，建立以公理、原理、定律、法则、公式等组成的逻辑体系，最终建立整个理论体系。它的建构的全过程是：基点—中点—终点。基点是最基本的概念。中点是从基点推演出来的更加详尽的理论。终点又回到了基点，或者更加具体的概念。科学理论是科学实践的抽象和概括，理论与实践必须一致。但又不是完全一致，理论必须是经验的简化和修正。以上就是建立科学符号体系的全过程。（实例见拙作"从西方哲学逻辑范畴体系的演变看西方符号学和语言学的发展"，《符号与传媒》2012年第4辑）

三、历史唯物辩证法是科学研究的方法论

历史唯物辩证法发展的几个阶段：

1. 朴素的辩证唯物思想

当人类从自然界分化出来以后，首先面对的是他们生存的自然界。他们看见天上的日月星辰、地上的江河湖海、山林中的飞禽走兽、天空中的风雨雷电和其他各种各样自然现象。开始时，他们对这些现象一无所知，心中充满了神秘感和畏惧心，于是用人间的各种人物和社会关系来解释这些自然现象，产生了各种人格化的神。但长期反复的观察和经验使他们悟出了一些自然规律：昼夜交替，冬去春来，人生人死，等等。世界万物无不处于互相对立、互相作用、互相转换、始终变化的状态。这就是一种朴素的自然辩证思想。随着生产力的发展和阶级社会诞生，统治阶级为了巩固自己的统治，将这些自然现象蒙上神秘的外衣，声称这些现象的发生都出于神的主宰。他们代替神治理国家，统治人民。

古希腊公元前4世纪亚里士多德的自然辩证思想逐渐被转变成为欧洲中世纪的经院主义哲学，后者使人们相信，上帝创造了万物，主宰了世界。直到15世纪欧洲文艺复兴时期，人们竭力摆脱神权的统治，恢复人的尊严，崇尚科学，恢复自然辩证观。此后，自然辩证观不断受到各种唯心主义哲学思想的干扰和宗教、神权思想的冲击。

中国也不例外，古代也有丰富的自然辩证思想。突出的有易经和中医的辩证疗法。但中国经历了世界上最长的封建社会时期。历代皇帝以天子自居，统治人民。他们声称，世界万物的安排都是天意，不可违反。帝王制定一套封建道德礼教，通过历代圣人的名言代代相传。这种封建思想也阻碍了自然辩证思想的传播和发展，使中国在科学技术上大大落后于西方。但是，我们不能忽视1919年五四运动和1917年俄国十月社会主义革命以来，中国在长期革命战争中建立和发展的历史唯物辩证思想。这种思想在新中国成立以后的社会主义建设中发挥了巨大作用，使中国屹立于世界强国之林，走上了伟大民族复兴的道路。

印度也是如此，印度文化受到宗教的长期和严重影响，虽然印度古代的婆罗门教、佛教和印度教教义中不乏唯物辩证思想，但是受到宗教的严重干扰。印度宗教中的"梵"是世界的最高主宰，一切事物都受到因缘和轮回法则的控制。此外，印度在大英帝国近200年的统治中，受到西方殖民思想的影响。印度民族独立运动奉行圣雄甘地的"非暴力革命""不合作主义"原则，致使印度殖民地社会没有得到彻底改造，印度的科学技术长期滞后。

总之，世界三大哲学在古代都在不同程度上有丰富的自然辩证思想，但是长期以来，特别在中国和印度，受到王权和神权的干扰，没能继续蓬勃发展。近代以来，随着生产力的发展，出现了科学，使自然辩证思想"返璞归真"。以下分别介绍三大哲学早期的自然辩证思想。

1）源于希腊的西方哲学

我们可以把希腊哲学的特质归结为两条：一是非宗教精神，一是思辨精神。抓住这两条，希腊哲学的基本问题和概念就不难理解了。（赵敦华，2001：1-2）希腊哲学的基本范畴，如一和多、静和动、本质和现象、必然和偶然、永恒和变化、存在和生成、原因和结果、纯粹与杂多、形式与质料，等等，都是对子。对子就是矛盾，解决矛盾的途径是辩证法。辩证法的原意是对话，为苏格拉底和柏拉图所提倡。后来，亚里士多德把它发展为辩证推理。不论采取对话形式还是采取推理形式，辩证法都是对两种相反的意见所做的分析和综合，最后达到统一的结论。辩证法的思维不仅是二元对立的，而且是以对立的一方为中心，另一方为边缘的一元中心论。当代法国哲学家德里达（J. Derrida）把希腊哲学的这种传统称为"逻各斯中心主义"。"逻各斯"（logos）就是理性。希腊哲学的理性特征是二元对立和一元中心的统一。（赵敦华，2001：7）

2）中国古代哲学

我国古代的八卦说，就是一种具有朴素唯物主义和辩证法思想的物质层次结构学说。它用乾、坤、震、离、巽、坎、艮、兑八个字和相应的符号表示天、地、雷、火、风、水、山、泽八种自然物体。认为天、地是总根源，称之为父母，由它产生雷、火、风、水、山、泽六个子女（乾坤两卦特别主要，是自然界和人类社会一切事物和现象的总根源）。而天属阳（阳的符号为━，代表积极、进取、刚强等阳性特征和具有这些特征的事物),地属阴(阴的符号是 -- 代表消极、柔弱等阴性特征和具有这些特征的事物),所以宇宙万物是在这两种既对抗又联系的因素的变化中存在和发展的。这种阴阳八卦的错综配合,显示了宇宙万物的层次结构。从八卦说发展到五行说,五行说认为金、木、水、火、土是构成万物的基础,五行相生相克,引起万物的生成和变化。后来,发展起来的阴阳五行,用阴阳二气的矛盾运动来解释万物的成长和结构的变化。阴阳五行说同样具有朴素的唯物主义和辩证思想(袁灿,1987)。

3) 印度哲学和宗教

辩证思维在印度很早产生,至少在奥义书时期(大致在公元前9世纪至公元前6世纪)已出现。那时印度人已感到事物的矛盾性。如《伊莎奥义书》在描述大我时这样说:"他(最高我或大我)既动又不动;他既远又近;他既在这一切所有之内,又在这一切所有之外。"印度古代哲学家经常把事物所具有的完全对立的特性相提并论或一起考察,如有与无、同与异、否定与肯定、本质与现象等,并在一定程度上看到这些彼此对立的成分的依存关系或转化现象。(姚卫群,1992:154-155)以下是印度各宗教流派教义中的唯物辩证思想。

(1) 通过否定达到肯定

奥义书时期的哲学家虽然否定梵具有种种特性,但是这种否定并不是要表明梵不存在或梵的本质无法领悟,而是要表明梵的至高无上,是要通过这种否定来对梵作更高的肯定。(姚卫群,1992:155-156)

(2) 意识到量变会引起质变

顺世论哲学认为人的精神或意识是由物质元素(地、水、火、风)结合起来形成的。虽然个别元素本身并不具有意识,但当它们(元素)合在一起时(即形成人时),意识就表现出来了。这种形成过程就如酒的力量产生于酿酒的植物等的结合一样。(姚卫群,1992:156)

(3) 以发展变化的观点看问题

在这方面较突出的是原始佛教和耆那教。佛教从产生时起把世间现象看作互为因果、互为条件,认为事物是由缘而起。虽然主要说明宗教上的轮回问题,但它强调事物互为联系、互为条件的观点对启发人们辩

证思维是有积极意义的。在数论派看来，如果世间现象无因果联系，世界的生成和发展是根本无法想象的。（姚卫群，1992）

(4) 对事物的本质和现象的区分

早在奥义书时期，印度哲学家就很明确地认识到事物的本质和现象的区别。这些哲学家把"大我"（梵）看作世界的本质，把世间的其他一切事物看作现象。吠檀多派直接继承和发展奥义书中的梵我理论，认为梵是一切的本质（即无数个我的本质）。佛教的许多派别也总是力图区别事物的本质和现象，如大乘佛教的瑜伽行派，把世间万物都看作"识"的显现，看成是不实的现象，唯有"识"是一切的本质。在印度哲学中，绝大多数流派都声称要驱除"无明"，以便达到解脱。驱除"无明"实际就是要求人们区分现象与本质。（姚卫群，1992）

(5) 对事物的同与异的辨别

胜论派最早的经典《胜论经》说："同与异依赖于觉。"根据此经，胜论派认为，事物间的所谓同与异依赖于人们看问题的角度，即同与异是相对的。（姚卫群，1992）

2. 机械唯物论

机械唯物论认为自然界是一个遵循自然规律（这个时期最突出的就是牛顿力学规律）运行的严格的因果系列。……机械唯物论具有以下特点：机械性，即以机械的观点去看待自然界和人。它承认自然界是物质的，物质是按规律运动着的，但它用纯粹力学的观点来考察和解释自然界的一切现象，认为自然界是一部机器，把自然界的各种运动形式都归结为机械运动形式。这种观点否认了自然界有质的变化，只承认量的增减。它不把自然界理解为一个过程，而把自然界看作按某种必然规定的机械的构成，认为自然界的运动只是具有严整的秩序机械运动，而运动只有数量的增减和场所的变更，其变化的原因在于物质的外部，即外力的推动。这个时期所使用的科学方法主要是还原分析法。这种方法把复杂的事物和复杂的关系，还原为简单的事物（要素）和简单的关系，即把一个统一的整体分割为若干孤立的部分（要素），分别研究各个部分（要素）的属性、特征、结构和功能，然后再把这些部分合为一体。但是，这样所得到的一般只是各个部分的共同属性，而不是原有对象的整体性。不完备性，这种研究方法割裂了整体与部分之间的真实关系，排除了整体的特性，因此其结果是不完备的。另外，这种观点割裂自然界与人类社会的关系，割裂了现实和历史的关系。（谈新敏，2007）

16世纪和17世纪之交是经验论的开始阶段。这一阶段英国哲学的主要代表是弗兰西斯·培根和霍布斯。霍布斯（Thomas Hobbes，1588—1679）的哲学突出地表现了近代科学的机械论观点。他认为世界和人都是机器，（科学）研究处于因果关系中的物质；实在的性质只是物质的广延；可感性质是偶性，因为它有赖于感觉；哲学（推理）的方法是加减，加是词义的合成，减是词义的分解。（赵敦华，2001：194—209）

印度哲学的胜论派的因果观也有一定的机械论和形而上学的性质。把果解释为一个整体，整体由作为因的两个以上的部分组成，否认一物可以从另一物转化而来，所谓生成或创造只不过是积聚，生成物与组成这个生成物的原因有本质差别。结果（即聚合物）是一种全新的东西，它有自己独特的性质。这样，就否认了因果之间的转换和统一的方面，忽视了事物间的辩证关系。一句话，胜论派无法解释客观世界中事物的内在联系问题。（姚卫群，1992）

3. 辩证唯物论

唯物辩证法的三条基本规律：对立统一规律、质量互变规律、否定之否定规律，同时也是自然界辩证法的基本规律。对立统一规律是宇宙的根本规律，它指出自然界中的任何事物都包含着内在的矛盾性，事物内部矛盾双方既统一又斗争，推动着事物的发展。

近代科学的新发展对机械唯物论提出了挑战。特别在焦耳确定了热量和机械能之间转化的当量关系后，人们已普遍认识到：自然界中各种能量形式，在一定条件下都必然以直接或间接的方式，以固定的当量关系相互转化，在转化的过程中能量既不能创造也不会消灭。1820年奥斯特发现电流通过导线时会产生磁针偏转的效应。法拉第在"转磁为电"的设想引导下，在1831年发现磁场的变化会产生电流，提出了电磁感应定律。1873年，麦克斯韦以严格的数学论证建立电磁理论并预言光就是电磁波。后来赫兹实验证实了电磁波的存在。电磁理论的确立标志着近代物理学接近完备，标志着人们对自然界宏观领域的基本规律有了相当全面的认识。在19世纪，人们发现的化学元素越来越多，不少学者在研究各种元素的关系和元素的分类。门捷列夫在前人工作的基础上发现了化学元素周期律。1828年，德国化学家维勒用无机化合物氯化铵溶液和氰酸银反应，制成了有机化合物尿素，并发表了《论尿素的人工合成》一文，在无机界和有机界之间架起了桥梁。在生物学领域，基于新的生物学发现，特别是显微镜的研制和运用，施莱登和施旺指出，动植物都是由类似的细胞组成的，这些细胞都按同样的规律形成和生长，生命的共性单元是细胞，提出了细胞学说。达尔文在长期的科学考察和养殖实验的基础上，系统地论证了生物进化论。

19世纪的自然科学在各个领域中的成就冲击着旧的思维方式。物质普遍联系和运动发展的观念、历史过程的观念已经进入自然科学。基于自然科学的成就，在德国古典哲学中出现了辩证思维的观点。康德、谢林用引力和斥力的对立统一来说明整个自然界。黑格尔用唯心主义概括了当时的科学成果，论证了辩证法的一系列范畴，提出了对立面的渗透和统一、质量互变、否定之否定三个辩证规律。

4. 历史唯物辩证法

自然界是物质的，物质是万物的本原和基础，自然界除了运动着的物质及其表现形式之外，什么也没有；运动无论在量上还是质上都是不灭的；意识和思维是物质高度发展的产物，即人脑的属性和机能；时间和空间是物质的固有属性和存在方式；自然界的一切事物和现象都是矛盾的统一体，它们既是对立的，又是统一的，并且在一定条件下相互转化，由此推动着自然界的运动和发展；自然界的一切事物都处于普遍联系和相互作用之中，处于永恒的产生和消亡之中，处于不断的运动和转化过程之中；在自然的发展过程中，在自然的特定领域发展的特定阶段上，产生了人类和人类社会；随着人类的社会实践活动的深入展开，使原有的自然部分领域不断得到认识和改造，于是出现了一个与外在于人的活动的"纯自然"所不同的具有新质的"人化自然",这种人化自然也就是进入人类文化或文明的自然界,是人的现实的自然界……。20世纪50年代以后,随着生态科学的发展,又出现了一种自然观的新形式,即生态自然观。以往的一切自然观其主要内容是人类关于自然界的观点,很少考虑人、社会与自然的关系,生态自然观则是包含人和社会因素在内的自然观,是人如何对待自然界的认知、态度和伦理价值的自然观。(谈新敏,2007)随着人类社会生产力的发展,社会关系也不断变化,产生了社会阶级和由不同阶级统治的国家。

四、几门基础自然科学的历史唯物辩证法解释和符号学表征

1. 自然科学发展简况

自然科学的发展经历了古代、近代和现代三大阶段。古代的科学是处于萌芽状态的科学,只有天文学、数学、力学等少数学科分支,而且知识零碎,不成系统,附属在哲学之内。到了15世纪下半叶,在近代资本主义生产的有力推动下,从波兰天文学家哥白尼发表的《天体运行论》一书开始,科学才发展起来。除了天文学、力学、数学外,物理学、化学、生物学等学科也相继建立起来了。这表现在能量守恒和转化定律、原子—分子论、元素周期表、细胞学说、进化论等一些重要学说的诞生上。19世纪末,科学进入到现代阶段,上述学科又有了重大进展,除了每一门基础学科分化出许多分支学科外,还分别产生了一些新的科学理论。例如,物理学中的量子力学、相对论;化学中的分子化学、结构化学;生物学中的分子生物学;天文学中的宇宙学等。这标志着纯理论科学已进入到相当成熟的阶段。

自然科学的基础科学包括数学、物理学、化学、生物学等学科。数学是研究客观世界中一切物质运动的空间形式和数量关系的科学。物理学是研究物体的物理现象和物质微观结构及运动规律的科学。化学是研究物质的组成、结构、性质和化学变化规律的科学。生物学是研究生物的结构、功能、发生和发展规律的科学。另外还有一些横断科学(如控制论、信息论、系统论)和综合学科(如空间科学、海洋科学、环境

科学）的形成。这些新兴学科都是在综合基础科学和技术科学的有关知识基础上诞生的。

2. 几门基础自然科学

1）数学

现实世界的任何事物都存在着一定的量，而量总是一定质的量。但数学则撇开事物的质，仅仅研究其量。所以，数学是研究纯粹量的科学。数学不仅研究自然界的量及其关系，也研究社会现象和思维现象中的量及其关系。因此，严格说来，它并不仅仅是一门自然科学。数学是在人类的社会实践中产生，并在人类社会实践中发展的科学。数学的特点：（1）高度的抽象性。在数学的抽象中，只保留量的关系和空间形式，而舍弃了其他的一切，完全周旋于抽象概念和它们的相互关系的圈子之中，数学家证明定理不求助于实验，而只依靠推理和计算。（2）严密的逻辑性。（3）应用的广泛性。所有的科学（包括社会科学在内）或多或少地都在利用着数学，通常都以一些数学公式来表达自己的定律，现代的各个科学领域都开始趋向数学化。（沈小峰，1987）

逻辑学是研究推理过程规律的科学。数理逻辑则是用数学的方法来研究推理的规律，就是引进一整套符号体系来表达和研究推理规律。因此，数学与逻辑学和符号学有密切的联系。现代西方符号学的创始人之一皮尔斯称他自己创建的符号学就是逻辑学。由于自然科学理论的建立要靠数学逻辑推理，数学可以说是自然科学的科学。欧几里得几何学建立了严格的逻辑体系，由定义、公理、公设、命题组成，是使用演绎数学体系的最早典范。

初等数学包括算术、几何、代数、三角。它们都是研究保持不变的量。所以，初等数学又称为常量数学。笛卡儿把变量引入数学，改变了数学的性质，使17世纪以前研究常量的数学，向变量数学教学过渡，并把算术、几何和代数统一起来，采用了坐标法和代数方法来研究几何对象。后来，牛顿称这门新的数学为解析几何。恩格斯说："数学中的转折点是笛卡儿的变数。有了变数，运动进入了数学，有了变数，辩证法进入了数学，有了变数，微分和积分也就立刻成为必要的了，而它们

也就立刻产生了。"(沈小峰，1987)

2）物理学

物理学也是自然科学中最早、最基础的学科。古代亚里士多德研究的物理学就是自然科学的总称，它是研究一切物质的运动和结构的科学。他所说的"形而上学"就是超过物理学和在物理学之上的哲学。物理学与数学完全一致。数学是推理的科学，物理学开始是经验科学。两者结合起来就在经验的基础上进行推理，对感性材料进行抽象。因此，从哲学观点看，物理学是唯理主义和经验主义的结合。

一个多世纪以前，恩格斯就在《自然辩证法》一书中精辟地论述道："运动，就其一般的意义来说，就它被理解为存在的方式、被理解为物质的固有属性来说，它包括宇宙中发生的一切变化和过程，从单纯的位置移动起直到思维。一言以概之：没有不运动的物质，也没有无物质的运动。物质运动的形式多种多样，研究各种运动形式的普遍规律是物理学最主要的任务之一。此外，物理学还研究物质的结构以及物质间的相互作用。从这些意义来说，物理学是一门最普遍，也是最基本的基础科学"。（林铁生，2000）

传统的物理学是从力学开始的，这不仅因为力学是研究简单的机械运动，而且还因为力学是理论科学和应用科学的基石。例如，能量概念对于研究宇宙的演化以及"基本"粒子的性质都是有用的，而能量守恒是普遍遵从的规律。现代技术发展到自动化，力学原理也是不可少的，它为自动控制提供了理论依据。牛顿力学的基本定律是从生活经验、生产实践的观察和实验中总结出来的，因而它是正确的。但是，当物体的运动速度接近光速时，牛顿力学对于许多物理现象已显得无能为力了。（祝家清，1989）牛顿力学中的空间、时间、质量、速度等概念都是绝对的，而且产生运动的力量来自外部。因此，牛顿力学反映哲学上的机械唯物论思想。

相对论的建立，是由经典物理学向现代物理学发展的一个重要标志，它给物理学的发展开辟了一个全新的方向，为现代科学技术奠定了坚实的理论基础，使人类的认识发生了根本性变革。相对论进一步揭示了时间、空间、物质、运动之间的辩证关系，指出时间和空间不仅是运动着的物质的存在形式，而且狭义相对论具体地指出了物体在其运动方向上的长度（空间）的缩短与速度成正比，即速度愈大缩短愈甚，时间的变慢与物体运动的速度成反比，即速度愈大，时间走得愈慢。空间与时间上的这种变化是相互补偿的。广义相对论则进一步指出，物质的密度和分布决定着时空的量度和结构，即物质的密度愈大，引力场愈强，时空曲率愈大，几何空间偏离欧氏几何空间的程度愈大，形成了所谓的"弯曲时空"。在广义相对论建立以后，时间、空间、物质及其运动的统一性，才更深刻地被揭示出来，辩证唯物主义时空观才有了充分的科学依据。此外，狭义相对论还揭示了物质的质量与能量之间的本质联系，其符号表达：$E=MC^2$。相对论的这两个重要发现还具有重大的实践意义，它们都在生产实践和科学实验中得到充分的证实和广泛的应用。各类加速器的设计都离不开质能关系定律。质能关系式已经成为制造原子弹、氢弹，建立原子能发电站的主要理论依据。

量子力学的建立，是现代物理学确立的一个重要标志。它推动20世纪的物理学发生了一次重大革命，大大地促进了原子物理学、固体物理学和原子核物理学等学科的发展，成为研究原子、分子、固体，以及原子核的结构、性质及运动规律的有力工具，并为半导体技术和原子能技术的产生奠定了理论基础。在哲学上，量子力学不但揭示了波粒二象性是自然界的基本矛盾，为对立统一规律提供了新的证明，而且进一步揭示了连续性与间断性、偶然性与必然性、以及决定论与因果律之间的辩证关系，宣告了机械论自然观的破产，结束了它对物理学的统治，丰富和发展了辩证唯物主义哲学的内容。

在20世纪以前物理学研究只达到原子，认为原子是物质微粒结构的最小组成部分，它不可再分了。19世纪末至20世纪初，X射线、放射性现象和电子等三大发现，分别从原子的内层和外层打破了原子不可分的观念，促使人们探索原子内部结构的奥秘。英国物理学家卢瑟福根据粒子散射实验于1911年提出原子核模型，确认了原子的下一层次——原子核的存在。1919年卢瑟福又发现了质子，1932年查德威克发现了中子。伊凡宁柯和海森堡由此提出原子核由质子和中子构成的模型。这样，质子、中子、电子以及光子就成为人们最早认识的一批"基本粒子"，它们是物质微粒结构的第三个层次。1964年美国物理学家盖尔曼等人提出参与强相互作用的粒子即强子的夸克模型；1965—1966年，我国的高能物理理论工作者提出层子模型，把物质结构的探索又推向一个新的层次，推动人们更加深入地寻找统一的"基本"粒子理论。实验和理论表明，弱相互作用和电磁相互作用之间存在着密切的联系，它们是一种更为普遍的相互作用。弱电统一理论的确立，是人类对自然界认识的一次重大突破，是粒子物理学史上一个重要的里程碑。（笔者：发现物质间的普遍联系和互动）

近年来，许多理论物理学家又在探索建立超对称大统一模型，这种模型将把四种相互作用都统一起来。现代物理学理论的发展，除了继续向物质微观结构的深度进军，另一个重要方向是与天文学结合，研究宇观尺度范围内的物质结构、物理特性和演化规律。此外，物理学还在向系统的多样化、复杂化方向发展，研究更加复杂的物质结构和运动形式。

总而言之，物理学的发展经历了机械唯物论的牛顿力学，辩证唯物论的爱因斯坦的相对论，以及量子力学、粒子物理学、微观物理学、超宏观（宇观）物理学和各种交叉复杂物理学的各个阶段，而且这种研究还在继续发展中。哲学上的对立统一关系体现在每个研究阶段中。正如毛泽东所说："你看在原子里头，就充满矛盾的统一。有原子核和电子两个对立面的统一。原子核里头又有质子和中子的对立统一。质子又有质子、反质子，中子又有中子、反中子。总之，对立面统一是无往不在的"。

3）化学

化学也是自然科学中的一门基础学科，它的研究对象是化学元素，由元素组成的单质和化合物，以及它们的变化规律。波义耳把化学确立为科学，他认为化学的主要任务是研究万物由什么组成，万物分解成什么，但组成万物的元素不是古代自然哲学家或炼金术士所说的元素，元素应该是用一般化学方法不能再分解为更简单的某种实物。这样,波义耳为元素概念提出了第一个科学定义,为化学指出了正确的研究方向。从此,人们注意用化学分析方法去寻找化学元素。19世纪,化学获得了迅速发展,其主要特征,是建立了化学原子论,在此基础上,进而建立起化学的一些基本理论。19世纪前半期,建立了原子论后,又提出了分子概念,以原子—分子论为中心,建立和发展了物质结构学说和化学理论。19世纪后半期,进一步在热力学的基础上,建立和发展了化学反应的理论。19世纪,形成了化学的基础学科——无机化学,有机化学,分析化学和物理化学。

无机化学和有机化学

无机化学和有机化学,是化学的两个主要基础学科。起初,化学家们认为,无机化学和有机化学是截然不同的,无机化学研究的无机化合物,是非生物界的物质,有机化学研究的有机化合物,都是从生物体内分离出来的。后来,随着有机合成的发展,人们运用化学方法可以把无机物合成有机物,从而说明,在无机化学和有机化学之间,并不存在绝对分明的界线。但是,无机化学和有机化学之间仍然是有区别的。无机化学研究化学元素和由化学元素组成的单质和化合物。有机化学研究碳氢化合物及其衍生物。这两门学科之间相互影响,互相促进,在理论上取得了一些成果。

原子—分子论

原子—分子论是无机化学和有机化学发展的共同结果,也是这两门化学共同的理论基础。原子—分子论揭示出:一切物质都是由分子组成的,分子是物质能够独立存在并保持物质化学性质的最小粒子,分子是由原子组成的,相同原子组成的分子叫单质分子,不同原子组成的分子叫化合物分子,分子的质量等于组成分子的原子质量的总和,化学反应是分子的分解和原子的重新化合的变化过程,因此分子的变化就是化学变化。

化学结构

19世纪60年代,俄国化学家布特列格夫提出了化学结构,即化合物中各原子间的相互连接。他认为，有机化合物的化学性质与其化学结构有一定的相互关系，依据分子的化学结构可以推测其化学性质，也可以依据分子的性质和化学反应，推测其化学结构。依据这个理论，通过研究已知有机化合物的分子组成、结构，就能说明它的性质，同时，了解了分子结构，从理论上说就可以合成这种化合物。后来，又进一步认识到，有机化合物分子中的各个原子，不是平面排布，而是具有一定的空间排布方式，由此发展了结构理论，建立了有机立体化学结构理论。

总而言之，化学是研究物质结构（物质是由什么组成的，物质能分解成什么）。物质的最小单位是原子（化学元素）；几个原子构成分子，分子是最小的能够保持物质性质的单位；化学变化是分子中原子数目或排列方式的改变。这种改变就改变了物质的性质，叫化学反应。另外，某些无机物可以转化为有机物，这就是辩证法中讲的不同物质间的转化。化学反应往往伴随着物质和能量的转化，如产生热、电、光等。这也是辩证法讲的物质间的转化和物质不灭。化学体现了辩证法中的对立统一。分子包含原子（元素）之间的对立，原子（元素）间的相互作用改变物质的性质，新物质就是对立统一的结果。

4）生物学

自然界可以分为非生物和生物两大部分。生物体的生命活动，最主要的特征是自我完成的新陈代谢和自我繁殖。细胞学说的基本观点是：一切有机体都是由细胞构成的，都是由细胞发育而来的。细胞既是有机体形态结构的基础，也是生命活动的基本单位。细胞学说的提出是19世纪自然科学的三大发现之一。"有了这个发现，有机的、有生命的自然产物的研究——比较解剖学、生理学和胚胎学——才获得了巩固的基础。机体产生、成长和构造的秘密被揭开了，从前不可理解的奇迹，现在已经表现为一个过程，这个过程是依据一切多细胞的机体本质上所共有的规律进行的。"（恩格斯：《自然辩证法》，人民出版社，1971年，第176页）。应当明确，细胞正像生物体一样，是一个有机整体。细胞的生命活动是其各组成部分共同协调作用的表现。缺少哪一部分，都会影响细胞正常的生命活动，甚至引起死亡。细胞生物个体是由单细胞

(受精卵）发育成的。多细胞生物在生活过程中，其细胞在不断衰老死亡，例如，红细胞的寿命只有 20 天。因此，需要不断有新的细胞产生。就是单细胞生物也要不断繁衍后代。这些都是靠细胞不断增殖实现的。细胞增殖的方法是细胞分裂。

笔者试图将以上内容概括如下：物理学、化学和生物学是自然科学中最基础的学科。物理学是最早的科学（虽然数学也是最早的科学，但它是工具性的，它被用于科学研究的推理和表述中，是一种纯符号学），它研究世间一切物质的运动（广义的运动，包括各种形式的互动）。物质的运动是辩证唯物主义的核心思想——世间没有无物质的运动，也没有无运动的物质。物质的运动又包含物体间的运动（相对位置的变动）和相互作用（无机物之间的是引力和斥力；有机物之间的是异化和同化）以及物体内部结构成分的运动或相互作用。化学研究物质的结构（组成和分解），结构的变化产生性质变化。化学变化是性质的变化，物理变化是空间或状态的变化。物质结构的变化同样离不开结构成分间的运动或相互作用（如分子、原子、电子、中子、光子在物体内部的运动或相互作用）。生物学似乎是物理和化学的结合。生物结构（生物体）的最小单位是细胞，由细胞构成部件，由部件构成机体。细胞还有它的内部结构：细胞核，细胞膜等。生物的主要运动形式是新陈代谢：旧细胞死亡，新细胞生成，动力来自自身的催化剂——酶。生物的运动过程就是生、成长和死亡，死亡后又靠繁殖得到新的生命。生物是一个有机整体，集结构和运动于一身。总之，包括这三门基础学科在内的所有自然学科的核心思想都是物质的运动，或运动与结构，只不过是运动形式不同——时间、空间、物质、能量的变动和转化；化学反应和新物质的生成；生物体的新陈代谢，生，死，繁衍后代。笔者认为，物理、化学和生物学这三门自然科学基本学科，在一定意义上，可与皮尔斯认知符号学、索绪尔结构主义符号学和洛特曼文化符号学这三个符号学主要学派相比拟（将在后续的文章中详细阐述）。

5）系统论、信息论、控制论

系统论、控制论、信息论，简称"三论"是 20 世纪 40 年代产生的、具有普遍方法论意义的，被公认为自然科学的最新成果。索绪尔结构主义符号学、皮尔斯认知符号学和莫里斯生物符号学诞生在20世纪初期，它们的观点与"三论"相似，而且有资料说明两者的联系，因此笔者认为，上述三种符号学肯定对"三论"有重大影响。"三论"各自有一定的独立性，但更重要的具有统一性。实际上它们已构成一门横断科学，跨越自然科学、社会科学和思维科学。它们是在现代科学技术向微观和宏观（宇观）方向发展，向高度分化和高度结合方向发展的基础上，以及现代社会高科技、大规模生产的基础上建立的，产生了推动技术革命的广泛深远影响，同时在哲学上，更加具体地证明历史辩证唯物主义的正确性和重要性。

(1) 系统论

系统论最初是20世纪40年代由加拿大生物学家贝塔朗菲（1901—1972）创立的一门逻辑和数学领域的科学。系统论创始人贝塔朗菲对系统的定义是："处在一定相互联系中与环境发生关系的各组成部分的整体。"系统论是研究客观现实系统共同的特征、本质、原理和规律的科学。它所概括的思想、理论、方法和工具，普遍地适用于物理、生物和社会系统。系统论具有以下基本观点：

整体性观点

系统必须是由两个以上的要素组成的整体。客观世界（从微观到宇观，从无机界到有机界，从自然界到人类社会）的一切事物、现象和过程都是以系统形式存在的有机整体。整体性是系统的最基本属性。因此，整体性观点是系统论中一个最基本观点。（笔者：索绪尔结构主义符号学的影响清晰可见）

相关性观点

系统、要素、环境都是相互联系、相互作用、相互依存、相互制约的。系统中每个要素的存在依赖于其他要素的存在，往往某个要素发生了变化，其他要素也随之变化，并引起系统变化。（笔者：文学符号学和艺术符号学中的"前景化"和"诗性"涉及此内容）

结构性观点

所谓结构,是指系统内部各要素相互联系、相互作用的方式或秩序。系统的内部形式就是系统的结构,结构是系统的基本属性,决定事物的性质和功能。(笔者:"结构决定功能"也是结构主义和功能主义语言学的基本观点)

层次性观点

系统由一定的要素组成,这些要素是由更小一层要素组成的子系统,另一方面,系统本身又是更大系统的组成要素。这就是系统的层次性。系统的层次具有多样性。纵向的母子系统,横向的平行并立系统,纵横交叉的网络系统。(笔者:索绪尔纵向选择关系和横向结合关系理论的发展)

动态性观点

物质系统都有物流、能流、信息流在不断的运动;系统本身都有生命周期,都有一个从孕育、产生、发展到衰退、消亡的过程。这就是它的"动态性"。

系统论的自组织性

系统能够自动调节自身的组织、活动的特性。系统的自组织、自调节的能力,首先在于系统的有机性,其次是系统的反馈功能。

(2) 信息论

信息论的创始人和奠基人是美国的数学家申农(Shannon)。信息论是一门应用数理统计方法研究信息处理和信息传递的科学,是一门具有高度概括性、综合性,应用广泛而又带有方法论意义的科学。从本体论意义来说,信息泛指一切事物运动的状态和方式,包括事物内部结构的状态和方式以及外部联系的状态和方式。从认识论意义上说,信息是关于事物运动的状态和方式的表达或反映。人类认识世界和改造世界的过程,在一定意义上就是一个不断地从外部世界获取信息、加工信息、形成决策、产生主体控制信息并把它反作用于外部世界的过程。(王小燕,2007) 信号是信息的载体,信息是信号所表示的内容。信息一般泛指包含于消息、情报、指令、数据、图像、信号等形式之中的新的知识内容。信息论的核心概念——信息是事物之间相互联系的特殊形式，这种联系从横向伸展到自然界、人类社会和人类思维各个领域。（笔者：这段对"信息"的解释，对于《普通符号学》的研究太重要了！因为"信息"就是符号传达的内容）。第二次世界大战以来，特别是 70 年代以来，新的技术革命兴起，迅速发展，势不可挡。目前，在发达国家，它已经渗透到社会生产和生活的一切领域，对经济增长和社会演变产生了广泛和深刻的影响。这场新的科学技术革命本质上是信息革命。在今天的社会里，有了信息，并能控制信息，就有了一切。随着信息控制技术的发展，人类正在进入一个"信息时代""控制时代"。在未来的具体劳动的形式上，将以信息的控制活动为主。信息革命的主要成果是自动化。（笔者：这个概念非常重要。当今世界已经进入了信息时代，具体的劳动形式，已经是以信息控制为主。符号又在信息时代中起什么作用呢？一切信息要靠符号传递——符号是传递信息的载体。）

（3）控制论

根据维纳（Norbert Wiener，1894—1964，美国应用数学家）的定义，控制论是研究各种系统共同的控制规律的一门学科。它揭示包括机器、生物、社会在内的各种不同的系统的共同的控制规律。虽然它原属自然科学方法，由于研究对象有"横断"的特点，就使这种方法有了普遍意义。控制论不仅是研究一般机器控制的理论，还要研究动物、人的各种控制行为，并且还要在机器和动物之间寻找共同的控制规律。在控制论看来，控制过程正是信息通过"双向通讯"的反馈联系运动实现的。所谓反馈，就是控制系统把信息传输出去后，又将信息作用的结果返回到控制系统，并对控制系统的再输出发生影响。信息在这种循环往返的过程中，不断改变内容，实现控制。（笔者：认知符号中讲的认知过程：符号之间的互动过程；人与人之间的对话过程；哲学中的对立统一过程，都包含"反馈"）现代各种各样的自动机、自动生产线的控制过程也是靠反馈机制来实现的。现代社会和生产中的各种自动控制装置中，施控的系统不是人，而是电脑，它代替了人的部分脑力劳动，按照记忆的程序，靠反馈信号，控制各种各样的机器进行工作。（笔者：即自动控制）从70年代到现在的大系统理论时期，它研究各种大系统的共同控制理论，解决大系统最优设计、最优管理、最优控制的问题，使工程控制研究扩大到生物领域，进而深入到社会领域和思维领域。从控制论看生物体，生命不仅有机体的新陈代谢的过程，而且具有信息调节的特点。生物控制论的另一个重要的目标，就是对生物进行控制。疾病的治疗就是对人体的一种控制。生物体中的遗传信息（脱氧核糖核酸排列顺序），严格地调节和控制着生物体各类蛋白质的组成，从而复制成与母体或父体相接近的新生物体。遗传工程以遗传基因的剪接和重组作为重要手段，制造出自然界从未有过的生物。

"三论"具体化和丰富了辩证唯物主义。黑格尔建立了一整套唯心主义的哲学逻辑范畴体系，并且以思辨方式阐述了范畴间的关系。这个体系经过马克思的历史唯物主义的改造而获得了生命力，形成了历史辩证唯物主义。但是，历史辩证唯物主义如何与现代科学的发展结合起来，使哲学逻辑范畴理论与科学技术的研究和发展结合起来，成了一个大问题。"三论"像一条纽带把科学与哲学联结起来，从而促进了这个问题的解决。（笔者：这就是符号学要解决的问题。符号体系就是联结哲学与科学的纽带）系统论用要素、结构、层次、功能、系统、环境等一系列概念，以及系统论的整体性、自组织性、相关性、动态性等，揭示了事物的普遍属性和规律。系统论的整体性原则、相关性原则与辩证唯物主义的全面的、互相联系的观点，系统论的动态原则、转化原则与辩证唯物主义的运动、发展的观点，系统论的自组织性原则与辩证唯物主义的内部矛盾和有机统一，都是一致的。系统的自调节作用有一定的涨落范围，在这个限度内结构不发生变化，只有系统的量变。但是当环境对系统的影响促使系统变化超出一定范围，系统的结构就发生改变，旧有的系统就转化为新的系统，发生质变。新的系统又在新的基础上恢复与环境的平衡和稳态。这就是系统的转化。系统论的这个观点与辩证唯物主义的量变和质变的观点也是一致的。

控制论深刻揭示了生命、社会和人工技术三种不同运动形式共同的控制规律，它们都是控制系统。（笔者：符号是形式，信息是内容，因此上述操作和调节必须借助于符号，符号把生命、社会和人工技术联系起来了，符号具有普遍联系的功能。皮尔斯的认知符号学和莫里斯的生物符号学涉及这方面的内容）

控制论突破了无机界和有机界之间的界限。它说明，两种看起来截然不同的领域，却有共同的控制规律，无机界的技术系统可以模仿有机界生命系统特有的意识过程，这恰恰说明了物质世界的统一性。信息与控制关系的发现再次表明，整个世界在物质统一性原则基础上相互联系和相互作用的普遍性、多样性和复杂性。（笔者：皮尔斯符号学的泛符号论和符号的普遍联系起着同样的作用）人类的认识，从认识物质到认识能量，进而发展到信息的掌握，是一次又一次大飞跃，将促进哲学变革性的发展。人们同外部世界交换的三大内容（物质、能量和信息）之一就是信息。人们同外部世界交换信息总要通过一定的形式，或用语言，或用图像，或借助于动作和表情。这些语言、图像、动作、表情等等，就是信息的形式或载体，就是人类使用的各种符号。（参照：曾广容，1986；杨春时、邵光远、刘伟民、张纪川，1987）

3. 科学定律、法则的符号学表征

下面介绍几个科学定律、法则和它们的表达式。笔者认为，这些表达式分别为它们的符号学表征。

1）牛顿三大定律

牛顿第一定律

惯性定律：物体具有保持原来运动状态的性质。静止的物体会保持静止，直到有合外力施加于这物体为止。运动中的物体，若不受外力或受到的合外力为零，则其速度的大小与方向都不会改变，直到施加于这物体的合外力不为零为止。这个定律的符号表达式：

$$\sum_i \vec{F}_i = 0 \Rightarrow \frac{dv}{dt} = 0$$

（其中，$\sum_i \vec{F}_i$ 为合力，v 是速度，t 是时间）

牛顿第二定律

加速度定律：物体的加速度与施加的合外力成正比，与物体的质量成反比,方向与合外力方向相同。

$$F \alpha ma$$

(其中,F 是合外力,是所有施加于物体的力的矢量和,m 是质量,a 是加速度;而数学上,牛顿第二定律的符号表达式为:F=ma)

牛顿第三定律

当两个物体互相作用时,彼此施加于对方的力,其大小相等、方向相反。此定律的符号表达式为:

$$\sum F_{A,B} = -\sum F_{B,A}$$

(其中,$F_{A,B}$ 是物体 B 施加于物体 A 的力,$F_{B,A}$ 是物体 A 施加于物体 B 的力。)

牛顿的万有引力定律

任意两个质点有通过连心线方向上的力相互吸引。该引力的大小与它们的质量乘积成正比,与它们距离的平方成反比,与两物体的化学本质或物理状态以及中介物质无关。此定律的符号表达式为:

$$F = G \frac{m_1 m_2}{r^2}$$

(F:两个物体之间的引力,G:万有引力常数,m_1:物体 1 的质量,m_2:物体 2 的质量,r:两个物体之间的距离。依照国际单位制,F 的单位为牛顿(N),m_1 和 m_2 的单位为千克(kg),r 的单位为米(m),常数 G 近似地等于 $6.67 \times 10^{-11} N \cdot m^2/kg^2$)

2)化学反应及其表达式

化学反应大致可分为四种类型:化合、分解、取代、复分解四种。

化合

这是两种物质结合成一种物质,金属、非金属在氧气中燃烧就属于此类。例如:

$$2 H_2 + O_2 \rightarrow 2 H_2O$$
$$2 Mg + O_2 \rightarrow 2 MgO$$

分解

顾名思义，这是一种物质经由化学反应变成两种物质，例如：

$$2H_2O \rightarrow 2H_2 + O_2$$

或两种电解融态的盐类

$$2NaCl \rightarrow Na_2 + Cl_2$$

取代

这是化合物中的某一种元素，变成另外一种元素，在活性大的金属酸反应中，金属取代酸中的氢气。例如：

$$Mg + 2HCl \rightarrow MgCl_2 + H_2$$

或

活性大的元素可取代活性小元素所形成的化合物：

$$2KBr + Cl_2 \rightarrow 2KCl + Br_2$$

复分解

这是两种化合物，互相交换另外一半，例如酸碱中和与离子点沉淀反应都是这样的类型：

$$NaOH + HCl \rightarrow NaCl + H_2O$$
$$BaCl_2 + Na_2CO_3 \rightarrow 2NaCl + BaCO_3$$

3）能量守恒定律

总能量 E 为系统的机械能、热能及除热能以外的任何内能形式的总和。若只考虑能量的传递的唯一方式是对系统做功 W，此定律表述为：

$$W = \Delta E = \Delta E_{mec} + \Delta E_{th} + \Delta E_{int}$$

（其中：ΔE_{mec} 为系统机械能的变化量；ΔE_{th} 为系统热能的变化量；ΔE_{int} 为系统任何其他形式的内能的变化量）

如果一个系统处于孤立环境，能量守恒定律表述为：E 保持不变。

五、科学符号学为创建普通符号学提供了方法

以上介绍了自然科学各基础学科产生和发展的过程:数学是科学中最早产生的学科,它抽掉了物质的质和量中的质,进行纯量的推理,成为科学研究中的一门最基本的工具性学科。物理学也是科学中最早的学科。古希腊时期,它概括了自然科学,成为一门自然哲学,一门研究物质的存在和运动状态的总学科。后来物理学从这门总学科中分化出来,成为研究物质运动的学科;化学成为研究物质结构的学科;生物学研究生物体的结构和结构内各部件相互作用的学科。然而,结构与运动具有辩证统一关系:结构内各要素之间的相互作用,即各要素的运动,而运动的物体本身也是一个结构,因为物体本身是由各要素构成的。随着科学技术的发展,科学技术向微观、宏观和交叉方向发展。在这个基础上产生了系统论、控制论、信息论。在系统论中,系统代替了结构,系统是多层次的结构;系统与系统、系统与要素、系统与环境之间结成了相互作用、相互制约的有机整体。这个大系统包括自然界、人类社会和思想各领域。然而,系统始终包括两个核心内容:物质结构和物质运动。另外,在这个大系统中,信息成为联系各个分支系统、系统各个层次、系统与要素、要素与要素,以及系统与环境的纽带。"信息是关于物质存在和运动状态的知识"。这种知识必须有一个载体。这个载体就是符号。因此,符号是形式,信息是内容,形式和内容不可分。既然信息是系统中的联系纽带,符号就是这个纽带的形式。从哲学上讲,这种纽带就是"哲学逻辑范畴体系"。在自然科学中,这种哲学逻辑范畴体系就是各学科中用各种符号(简略的文字、数字、字母、图形、图表等)组成的公理、原理、法则、公式等。在社会科学中,情况类似。至于人文科学,也会使用一些公式、图形、图表等,但相比之下,使用简略的文字较多。更突出的情况是,人文科学学科还使用各种物质媒体作为符号,如美术中的各种质地的塑像、考古中的各种文物、音乐中的用各种音调和音符组成的声音等。符号组成的公理、原理、法则、公式等首先出现在自然科学中,符号学成为自然科学的一种方法论,然后以类似形

式——实质上是哲学逻辑范畴体系——推广到社会科学和人文科学学科中。这个过程就是"社会科学和人文科学的科学化"。本文论述"作为'普通符号学'起点的科学符号学"以后，作者接着就要讨论作为社会科学和人文科学方法论的哲学逻辑范畴体系。

参考文献

许良英、范岱年编译：《爱因斯坦文集》（第一卷），北京：商务印书馆，1976年。
陈昌曙主编：《自然辩证法概论新编》（第二版），沈阳：东北大学出版社，2001年。
胡海云、苟秉聪：《物理学导论：大学网络数据》，北京：国防工业出版社，2009年。
郭　鸿：《从西方哲学逻辑范畴体系的演变看西方符号学和语言学的发展》，《符号与传媒》2012年第1期。
林铁生主编：《新编大学物理学（基础卷）》，北京：中国铁道出版社，2000年。
沈小峰主编：《自然科学概论》，上海：上海人民出版社，1987年。
谈新敏、安道玉主编：《自然辩证法概论》，郑州：郑州大学出版社，2007年。
姚卫群编著：《印度哲学》，北京：北京大学出版社，1992年。
王小燕编著：《哲学与科学概论》，广州：华南理工大学出版社，2007年。
袁　灿、易惟让主编：《现代自然科学与哲学概论》，杭州：浙江大学出版社，1987年。
杨春时等编著：《系统论·信息论·控制论浅说》，北京：中国广播电视出版社，1987年。
曾广容等编：《系统论·信息论·控制论概要》，长沙：中南工业大学出版社，1986年。
赵敦华：《西方哲学简史》，北京：北京大学出版社，2001年。

附录一

从西方哲学逻辑范畴体系的演变看西方符号学和语言学的发展

摘　要　逻辑范畴体系是哲学的核心思想，是哲学理论的出发点。对符号学和语言学来讲，也一样。本文作者试图构建两大符号学派和几种有代表性的语言学的逻辑范畴体系并描述这些学科的发展情况，以探索上述两大符号学派的哲学根源和几种语言学科的哲学、符号学根源以及这些学科之间的相互关系，从而确定这些学科的性质、范围和方法，并期望以此作为研究这些学科的一个纲要。

引　言

逻辑范畴体系是哲学的核心思想，是哲学理论的出发点。符号学曾经是哲学的一部分，现在仍然以哲学为基础，每一个符号学流派都有其逻辑范畴体系。语言是众多符号中的一种，而且是最重要、人们研究最深入的一种，也都有自己的逻辑范畴体系。因此，每一门语言学都有其哲学和符号学根源：每一门哲学的逻辑范畴体系首先体现在它所属的符号学的逻辑范畴体系上，进一步反映在该符号学所属的语言学的基础理论（逻辑范畴体系）上。我们总能从哲学和符号学的逻辑范畴体系的演变过程看出符号学和语言学的发展过程。

西方哲学经历了三大发展阶段：本体论、认识论和语言哲学（语言学转向）。哲学逻辑范畴体系的演变反映在符号学的逻辑范畴体系的演变上（二元对立、三元互动、二元对立与三元互动的结合），进而反映在语言学的基础理论（逻辑范畴体系）的发展上。马克思主义哲学在上述三大哲学逻辑范畴体系的基础上，进一步发展，建立迄今为止最完善的逻辑范畴体系——唯物辩证、对立统一的哲学逻辑范畴体系。它实际上已经对符号学和语言学产生了重要影响。

这项研究的重大意义在于：从西方哲学、符号学和语言学的逻辑范畴体系的演变，从根本上看清两大符号学派和它们所属各语言学科的性质、范围和方法以及它们之间的联系，从而找到研究现代西方符号学和语言学的纲领。

一、哲学逻辑范畴

1. 逻辑范畴的定义

1）范畴的定义

范畴是对客观现实存在和发展基本形式的反映，是认识发展的一些小阶段，是逻辑思维的基本环节。凡逻辑思维的领域，不论是各个具体科学还是哲学，都要应用范畴，因此范畴在科学、哲学和逻辑学中，都具有十分重要的基础地位。（彭漪涟，2002：序）

笔者的认识是：从哲学角度看，客观存在和人类思想都在不断变化和发展中，范畴就是客观存在的最基本形式和思维发展阶段，是这种存在形式和思维阶段最高度的抽象和概括。各门学科中都有反映存在形式和思维变化的各种范畴，只不过比哲学范畴更具体、更专业、更少抽象和概括性。因此，不论在研究哲学或者研究各学科时，首先要弄清这些范畴，在这个基础上才能开展有效的研究工作。

2）逻辑范畴的定义

归结起来，所谓逻辑范畴就是逻辑思维用以把握现实对象的最一般本质和相互关系的基本概念，也就是侧重从逻辑学角度来加以考察和把握的哲学范畴，特别是马克思主义哲学范畴，它固然是逻辑思维的形式，但绝不是康德和黑格尔认定的那种先验思维形式和某种独立自在的"绝对观念"。它们之所以能成为逻辑思维用以把握客观真理的形式，仅仅在于它们同时也是客观辩证法，即客观存在的一般反映，是认识史的阶段的总结。（同上：7）

笔者的认识是：逻辑范畴就是从逻辑角度看范畴，从有效思维角度看范畴。但各种哲学有不同的出发点。德国哲学家康德的范畴是先验范畴，他认为范畴不是来自经验的高度抽象，而是来自先天的理性，在认知中先天的理性起指导和归纳作用，然后用经验填充这些范畴，达到"先验统觉"的目的，即理性和感性的结合。德国另一哲学家，黑格尔则认为范畴是"绝对理念"，是人头脑里固有的。而马克思主义认为，物质是第一性的，意识是物质的反映。人的一切认识来自经验，从感性到理性，在实践中不断深化自己的认识，达到理性和感性的统一。逻辑范畴就反映这个认识过程，它是"客观存在的一般反映，是认识史的阶段和总结"。

2. 逻辑范畴的重大作用

只有逻辑范畴才能揭示各个不同认识过程的共同规律性，揭示人类思维发展的途径，从而给各个具体科学的思维过程以方法论的指导。（同上：19）马克思主义者认为，逻辑范畴就其性质而言是辩证的。逻辑范畴作为哲学和逻辑科学的基本概念，作为人们思维的主要形式，必然摹写和"移植"着客观事物的辩证法，凝结和巩固着认识过程的辩证法，它自身也就必然具有辩证的性质。（同上：21）列宁说："范畴是区分过程中的一些小阶级，即认识世界中的一些小阶级，是帮助我们认识和掌握自然现象之网的网上纽结。"（列宁，1956：98）

3. 逻辑范畴体系的演变与符号学、语言学发展的关系

黑格尔认为，范畴不仅是概念运动的各个环节，也是各个哲学体系的主要标志。它们在其自身运动和推进过程中不可避免地要结合而形成体系、一个整体，这就是范畴体系。（彭漪涟，2002：163）在黑格尔看

来，每一个逻辑范畴（笔者：应该是"逻辑范畴体系"）都代表哲学史上的一个哲学派别，而逻辑范畴的推演就同哲学史上各个哲学派别的发展相适应，它们都构成统一的哲学思想发展过程的各个环节。每一个逻辑范畴和哲学派别虽然被后来的逻辑范畴和派别所代替，但它们都作为整个系统或整个历史的一个有机环节而被保留下来。（彭漪涟，2002：173）

笔者认为，黑格尔的逻辑范畴与哲学发展阶段密切联系的观点无疑是正确的。我们从哲学逻辑范畴体系的演变能看出哲学的发展，同时可以看出与哲学相关的各学科的发展，譬如两大符号学派和各语言学科与哲学发展的联系，而且可以把握这种联系、发展过程和各学科的核心思想。因此，哲学逻辑范畴体系演变的研究对符号学和语言学的研究至关重要。因为，只有这样做，才能在众多语言学科研究中的纷繁复杂的理论中，理出一个头绪，把握它们的哲学和符号学根源，它们的性质、范围和方法以及它们之间的相互关系。

二、西方哲学发展的三个阶段和三个逻辑范畴体系

1. 西方哲学发展的三个阶段

西方哲学发展经历了三个阶段，即本体论阶段、认识论阶段和语言哲学阶段，或者说，存在阶段、思维阶段和语言阶段。在古希腊，哲学家们侧重研究形而上学和本体论，探讨世界构成的最终成分。他们试图找出现实存在的来源、现象后面的本质或某种形而上学的本体，因此本体论成为他们研究的中心。到近代从笛卡尔开始，哲学研究的中心从本体论转向认识论，即从研究世界的本源或本体转向研究认识的起源，也就是研究认识究竟来自经验还是来自理性，研究人的认识能力的界限，研究认识世界的途径和方法等。这种转变是与近代自然科学的发展紧密相连的。到了现代，哲学的发展又从认识论阶段转向语言哲学阶段，对语言的研究已成为中心问题。因为，在他们看来，现代许多哲学流派已认识到，哲学问题不过是关于语言的意义问题。哲学研究之所以从本体论转向认识论，是因为哲学家们认识到离开认识来讨论存在，那是收不

到成效的；而哲学之所以从认识论转向语言哲学，也是因为哲学家们认识到，不论研究存在还是研究认识，都需要首先弄清语言的意义，而研究语言的意义正是语言哲学的首要任务。（涂纪亮，2007：191—192）

2. 与西方哲学发展的三个阶段对应的三个逻辑范畴体系：

1）亚里士多德的本体论逻辑范畴体系

亚里士多德所处的时代古希腊，哲学主要以研究存在为对象，哲学所要探寻的是宇宙的本源，万物的始基……。万物的"实体"或"本体"是客观事物最根本的最初的原因即"第一因"，所以他把研究这种第一因的哲学称之为第一哲学。而实体则是他第一哲学的核心，因而成为他的十大范畴的第一个范畴，其余的九个范畴只不过表示着实体不同属性，是对实体的不同方面有所陈述罢了。也就是说，实体是一切东西的主体或基础，它是独立存在而不依赖于任何其他的东西的。从逻辑上说，实体乃是主词，别的概念、范畴则是谓词，是对主词有所陈述，而实体则并不表述别的东西，其他的东西只能依赖于主体（实体）、存在于主体的。如任何"数量""性质""关系"都只能属于主体，不能离开主体而独立存在。（彭漪涟，2002：137）

亚里士多德在《范畴篇》中提出十大哲学范畴。他指出："一切非复合词包括：**实体、数量、性质、关系、何时、何地、所处、所有、动作、承受**。……实体，如人和马；数量，如两肘长，三肘长；性质，如白色的，有教养的；关系，如一米，二倍，大于；何地，如在吕克昂，在市场；何时，如，昨天，去年；所处，如躺着，坐着；所有，如穿鞋的，贯甲的；动作，如分割，点燃；承受，如被分割，被点燃。"（同上：136）十个范畴中，实体范畴与其他范畴之间的关系，在一定意义上是主词和谓词关系，实体是命题的主词，而其他范畴如数量、性质、关系等范畴是述说实体的谓词。……虽然十个范畴都是本体论范畴，但都是从命题角度出发，从主项与谓项之间的关系来考察分析的，就此而言，是逻辑范畴。（同上：138）亚里士多德在《论题论》中提出四种谓词：定义、特性、种和偶性，既遵循哲学标准（是否揭发对象的本质），也遵循逻辑学标准（命题的主谓项能否换位），因此，四谓词范畴既可以视为哲学范畴，又可以视为逻辑范畴。总之，逻辑范畴是从命题中总结出来的（同上：140）十个范畴和四个谓词的理论，实际上初步形成一个逻辑范畴体系。以实体范畴为中心，由揭示实体范畴，从而揭示客观存在的性质、关系、数量的范畴形成的一个有内在联系的范畴体系。由于这个范畴体系是以揭示客观存在的各种基本属性为基础和根本任务的，因而基本上有唯物主义性质。（同上：140，黑体是笔者加上的）

这些范畴不是随便拼凑起来的，而是有内在联系和隶属关系的，无疑有辩证法因素和倾向。恩格斯认为："亚里士多德已经研究了辩证思维的主要形式。亚里士多德的范畴体系是历史上出现的第一个逻辑范畴体系。……对康德和黑格尔的逻辑范畴体系的形成和提出，总是有积极启发意义。"（同上：141）

2）康德的认识论范畴体系

从上述亚里士多德的本体论范畴论可以看出，亚里士多德认为，范畴来自客体，而且是用来揭示存在、实体的性质和关系。而康德则认为，范畴不是来自客体，而是来自先天的知性，不是用来说明实体的性质和关系的，而是用以与感性直观相结合，构成知识的。（同上：151）康德的所谓范畴即知性范畴，纯知性概念。他认为，人的认识分感性、知性和理性三个环节和阶段。知性是指意识从其本身产生观念的能力，也就是认识的主动性。知性的最高能力就是所谓"先验统觉"。这是一种原始的先天统一，是认识的最基本能力，是一切意识可以成立的必要条件。而由这种统觉产生的概念，就是所谓的纯知性概念或范畴。如"实体""因果性"等，由于是先天的，不含任何经验成分，因而不同于那些由感性经验概括形成的、有经验成分构成的经验概念。（同上：142）范畴来自知性。知识的作用就在于判断。"思维无内容则空，直观无概念则盲。"只有人们对感性杂多的概念，使之能构成统一的意识才会有知识。这正是知性的结合功能发挥的作用。知性范畴使经验对象的知识成为可能。康德认为："关于物的经验知识，只有按照主观法则（指知性范畴）才有可能。"（同上：144）

康德提出的逻辑判断表是：

(1) 量：全称的、特称的、单称的（判断或命题）

(2) 质：肯定的、否定的、不定的（判断或命题）

(3) 关系：直言的、假言的、选言的（判断或命题）

(4) 样式：或然的、实然的、必然的（判断或命题）

他从上述逻辑判断表中概括出相应的逻辑范畴表

(1) 关于量的范畴：单一性（度）、复多性（量）、总体性（全）

(2) 关于质的范畴：实在性、否定性、限定性

(3) 关于关系的范畴：实体性、因果性、共存性

(4) 关于样式的范畴：可能性、存在性、必然性（同上：150）

我们一眼就能看出，亚里士多德的范畴体系是二分的，而康德的范畴体系是三分的。为什么康德的范畴体系是三分的呢？康德认为，以矛盾律为根据的二分法有其局限性，通过分析只能得出互相排斥或否定的对立的两个方面，而达不到对立面的统一。三分法则侧重综合，"第三个是由第一个和第二个结成的概念"，如，总体性来自于单一性和复多性的结合，限定性来自于实在性与否定性的结合。这表明第三个范畴已达到了对立的统一，它不仅包括对立的因素，而且因结合、统一而产生了新的因素。康氏的这种正、反、合的三分法无疑突破了形式逻辑的限制，蕴涵着辩证法的思想。因此，黑格尔曾给予了很高评价："……三分法……虽然只是认识方式完全表面的、外在的方面，但即使仅仅这些……仍然是康德的无限功绩。"正是这种三分法给黑格尔的范畴分类及其体系的辩证推移带来了直接的积极影响。（同上：154）

亚里士多德立足于形式逻辑的观点和方法，从本体论着眼建立其范畴体系，而康德从认识论出发建立其范畴体系。康德成为从亚里士多德范畴体系到黑格尔辩证思维范畴体系的必经阶段和中间环节。（同上：155），

康德的范畴体系仅仅限于知性思维形式。仅仅从认识论角度而言，也不能认为这样的范畴体系是完整的。按康德自己的说法，人的认识分

感性、知性和理性三个阶段。但他的范畴仅止于知性，从知性到理性的问题怎么解决呢？

3）黑格尔的范畴体系

黑格尔是马克思主义哲学产生以前中外哲学史上第一位建立了一个严密而系统的逻辑范畴体系的哲学家。（同上：158）恩格斯指出："黑格尔第一次——这是他的伟大功绩——把整个自然的、历史的和精神的世界描写为一个过程，即把它描写为处在不断运动、变化、转变和发展中，并企图揭示这种运动和发展的内在联系。"（社会科学院研究生院学报（京）2004年04期，第90—102页）

黑格尔认为，范畴作为存在或存在物的某种本质规定包含着内在矛盾，即自身同一又包含着差别。而这一点，正是范畴能自我运动而辩证推移，由一个范畴转换为另一范畴的根本原因。（同上：159）范畴作为一种思维形式，一种认识工具，范畴，特别是逻辑范畴作为反映客观对象最一般、最普遍的性质和关系的思维形式，即外延最广的概念，它既是对现实对象最一般、最普遍关系的概括即摹写，同时又是对现实对象的一种规范。（同上：161—162）

黑格尔的逻辑范畴体系是：

(1) 存在论

　　A 质：存在，定在，自为存在

　　B 量：纯量，定量，程度

　　C 尺度

(2) 本质论

　　A 本质作为实存的根据

　　　纯反思规定：同一，差别，根据

　　　实存

　　　物

　　B 现象：现象界，内容与形式，关系

　　C 现实：实体关系，因果关系，相互作用

（3）概念论 A 主观概念：概念本身

判断：质的判断，反思的判断，必然的判断，概念的判断

推论：质的推论，反思的推论，必然的推论

B 客体：机械性，化学性，目的性

C 理念：生命，认识，绝对理念

上述范畴体系说明：第一、它体现了逻辑范畴的辩证推移与认识辩证运动过程的一致：认识由低级到高级，由抽象到具体。从直接性的范畴"存在"开始，到间接性的范畴"本质"，最后到直接性与间接性相统一的范畴"概念"。第二、它显示范畴之间的过渡和转化基于范畴自身内在矛盾而引起的必然自己运动：每一个概念都是对立环节的统一，否定"存在"而"本质"出现，于是范畴论由"存在论"过渡到"本质论"。"本质"范畴中包含着内在矛盾，逻辑范畴又由"本质论"过渡到"概念论"，即直接性与间接性的统一。每一个范畴都按"三段式"建构。第一个范畴内包含区别于自己的否定因素，因而过渡到第二个范畴；第二个范畴同样包含着区别于自己的否定因素，因而过渡到第三个范畴；第三个范畴是作为肯定与否定之统一的否定之否定，而成为第一个范畴与第二个范畴的对立统一。

另一方面，在黑格尔看来，自然界不过是逻辑理念的外化，而精神乃是理念的复旧，因而，一切就统一于理念，逻辑范畴体系自然也就统一于逻辑理念了。总之，黑格尔的范畴体系毕竟是唯心主义的范畴体系。在他看来，逻辑范畴无非是绝对概念的自我运动。马克思说："黑格尔认为，世界上过去发生的一切和现在发生的一切，就是他思维中发生的一切……。"（彭漪涟，2002：176—181）

黑格尔的范畴体系的缺陷是：一、唯心主义的立场，二、仅仅把范畴看作是形式的理性自我运动，是与现实运动的客观实际相脱离的。（《中国社会科学院研究生院学报》2004年第4期，第90—102页）

如果我们站在辩证唯物主义的立场上，把黑格尔所谓的理念当作不依赖于人的意识而存在的客观世界来理解，那么，黑格尔在这里所论述

的建立逻辑范畴体系必须遵循的原则是：逻辑范畴体系必须体现唯物主义世界统一原理，必须遵循范畴体系与客观辩证法的一致性，即必须把客观现实中诸现象之间的相互联系当作建立逻辑范畴体系的相互隶属关系的出发点，使逻辑范畴体系中各个范畴的内在联系，成为统一的客观世界及其发展过程的完整性和规律性的表现。这是一个具有唯物主义意义的基本原则……（彭漪涟，2002：170）

3. 马克思主义的逻辑范畴体系

1）马克思、恩格斯、列宁、毛泽东建立了马克思主义的逻辑范畴体系

马克思、恩格斯创立了辩证唯物主义和历史唯物主义，从而结束了在范畴问题上的含糊不清和唯心主义歪曲。列宁继承马克思主义的范畴学说，批判地接受了黑格尔唯心主义范畴的"合理内核"，从而进一步发展了马克思主义辩证法。

应该指出，马克思、恩格斯、列宁、毛泽东对马克思主义范畴体系的创立和发展，都做出了重要贡献。其中最重要的贡献，就是把"实践"范畴引入认识论，在这方面，毛泽东有着不可磨灭的贡献。在马克思、恩格斯、列宁和毛泽东的思想体系中，"实践"范畴是构成范畴体系的最重要环节之一，"实践"范畴具有十分突出的重要地位。

在马克思、恩格斯之后，列宁把"实践范畴作为辩证唯物主义认识论的起点，他指出，生活、实践的观点，应该是认识论首要的和基本的观点。这种观点必然导致唯物主义……。列宁强调人类的认识必须以实践为基础并在实践中得到不断发展，"实践"是人类认识的环节，是"人的行动"，在社会发展中具有强大的能动作用。

毛泽东继承和发展了马克思、恩格斯和列宁的观点，对实践的概念和特点作了进一步规定，认为主观见之于客观的东西，实践同认识相比，是一种客观的过程，这种客观过程具有直接现实性，它能直接改造客观世界。同时，实践又具有自觉能动性和社会历史性，实践离不开人的历史发展，实践是群众性的社会活动，只有人民群众的实践才能成为社会发展的强大动力。毛泽东还对实践形式作了明确阐述："人的社会实践，不限于生产活动的一种形式，还有多种其他形式，阶级斗争、政

治生活、科学和艺术活动，总之社会实践的一切领域都是社会的人参加的。因此，人的生活在物质生活以外，还从政治生活文化中（与物质生活密切联系），在各种不同程度上，知道人和人的各种关系。"他还把实践看作是辩证唯物主义认识论的核心内容，"通过实践而发现真理，又通过实践而证实和发展真理"，从而赋予实践范畴以新的地位，把马克思主义的实践范畴发展到新的阶段。

马克思揭示了范畴的真正本质，他说："人们按照自己的生产方式建立相应的社会关系，正是这些人又按照自己的社会关系创造了相应的原理、观念和范畴。……范畴是历史的和变化的，新范畴会代替旧范畴，一些范畴的内涵也将随着实践的发展而发生变化。"（《中国社会科学院研究生院学报》2004年第4期，第90—102页）

2）逻辑范畴的运动和形成

马克思说："正如我们通过抽象把一切事物变成逻辑范畴一样，我们只要抽去各种各样运动的一切特征，就可得到抽象形态的运动，纯粹形式的运动，运动的纯粹逻辑公式。如果我们把逻辑范畴看作一切事物的实体，那么我们就可以设想把运动的逻辑公式看作一种绝对方法，它不仅说明每一事物，而且本身就包含每个事物的运动。""抽象形态的运动是什么呢？是运动的纯粹逻辑公式或纯理性的运动。纯理性运动又是怎么回事呢？就是设定自己，自己与自己相对立，自相结合，就是把自身规定为正题、反题、合题，或者就是它自我肯定、自我否定或自我否定自我否定"。

逻辑范畴的转化是在逻辑范畴的运动过程中进行的。这一过程是理性的自我肯定的过程。

"正如从简单范畴的辩证运动中产生出群一样，从群的辩证运动中产生出系列，从系列的辩证运动中又产生出整个体系。"我们可以看到体系形成的过程是：范畴—思想群—系列—体系。也可以说这就是逻辑范畴运动的一般形式。

3）如何建立逻辑范畴体系

在辩证逻辑看来，范畴体系的建立应从分析最简单、最普遍的东西入手。因为正是在最简单、最普遍的东西中,已经包含对象往后发展的一切矛盾的萌芽,就为后继范畴的展开和推演提供了充分可能。其次,通过上述最简单、最普遍的东西,亦即作为其反映的初始范畴(逻辑始项)的内在矛盾的分析,揭示其矛盾和各方面,从而形成一系列起中介作用的范畴(作为逻辑中项的中介范畴),再逐步深入展开,使这些相应建立起来的一系列逻辑范畴,遵循着由简单到复杂、由抽象到具体的过程,即由确定最简单、最大量、最直接的事物的存在的范畴,上升到较深刻、较具体的范畴,并最后上升到作为整个范畴体系终结的最丰富、最具体的范畴(作为逻辑终项的终结范畴)。(彭漪涟,2002:113)

4)范畴体系的逻辑结构

分析范畴体系的逻辑结构,可以进一步认识范畴的一般意义,这就是范畴本身的本体论、认识论、方法论、世界观意义。本体论的意义表明,范畴是客观世界的、最一般的特征在人们意识中的反映。认识论的意义表明,人类思维正是通过范畴来反映和概括世界最一般的特性,在这一基础上建立科学的概念、范畴体系,并用这个体系解释和改造客观世界。方法论的意义表明,无论人的知识结构如何,都要运用某些范畴进行思维,思维本身的实质是范畴性的,辩证法的范畴以概念形式反映真实的客观世界。世界观的意义表明,范畴思维的实质不仅反映真实的客观世界,而且表明了人对客观世界的认识和评价,从而进一步解释世界和改造世界。

5)马克思主义范畴论的范例

马克思曾从资本主义社会最简单的商品范畴分析入手,发现了剩余价值理论。恩格斯十分重视范畴在历史科学和政治经济学中的作用。列宁强调指出范畴是认识客观世界过程中的阶梯,是认识和掌握自然现象之网的网上的纽结。毛泽东把实践范畴引入认识论,给予其相当重要的地位。邓小平注重客观事物的本质关系,考察了计划和市场范畴,在这一基础上建立了社会主义市场经济理论,开创了社会主义运动的新局面。(《中国社会科学院研究生院学报》2004年第4期,第90—102页)

三、西方符号学和语言学的发展简史

1. 西方语言学发展简史

从人类历史的最早时期到更近的时期,语言研究逐渐深入。从试探性地了解人类语言到更系统地探索;从描述个别语言到对各种语言的整体研究;从研究语言本身到研究语言与思维、逻辑、社会和文化的关系,大部分研究工作都使我们更接近真理。然而,语言是这样复杂而每次探索都有其局限性,因此我们离穷尽语言研究的各方面仍相去甚远。但我们有把握地说,上述探索肯定为今后的史无前例的发展奠定了基础。(刘润清、封宗信,2006:67,原著为英文,笔者自译)

19世纪的语言学研究架设了通向20世纪的桥梁。这个时期的研究,特别是新语法主义者们的研究,一方面总结了历史和比较语言学的经典成果,另一方面迎来了20世纪初期的结构主义语言学。他们对语言的客观性和独立性的论述,他们对语料的强调,以及他们研究当代的各种语言和方言的方法,对20世纪的现代语言学起了至关重要的作用。(同上:92—93)

对索绪尔来讲,语言学家的任务是把语言当作各单位和各种关系的一个系统来研究;研究语言就是给各语言单位、它们之间的关系以及它们结合的规则下定义。索绪尔是第一个强调这种意义的语言研究的人。而且从索绪尔起,这种意义的研究成了语言研究的定义,因此从这个意义讲,索绪尔可以被称为现代语言学之父。从这个意义讲,他的无声的影响进入了这门学科的性质本身。的确,对索绪尔创导的结构主义语言学的介绍可以包括现代语言学的全部主要流派:布拉格学派、哥本哈根学派、功能主义学派、美国结构主义者,甚至包括乔姆斯基和其他转换语法学家。(同上:137)

2. 西方符号学发展简史

在古代,符号学是哲学的一部分;在近代,哲学是符号学的主要来源;在现代,符号学与哲学仍有密切关系。尽管有人说,符号学有两大派别,一是索绪尔、叶尔姆斯列夫、巴特等人为代表的语言学派,一是

皮尔斯、莫里斯等人为代表的哲学派，但笔者认为，归根到底，只有一派，那就是哲学派。索绪尔的语言符号学是以康德的先验主义哲学和结构主义思想为基础的。皮尔斯符号学是以实用主义哲学、范畴论和逻辑学为基础的。（详情见郭鸿，2008：29—40）

3. 西方语言学发展的三个阶段和符号学的两大流派

1）西方语言学发展的三个阶段

语言学的发展经历了三个阶段：规定语言学、描写语言学和解释语言学。19世纪以前两千年中的传统语法是规定性的。19世纪的历史和比较语言学与20世纪上半叶的结构主义语言学是描写性的。20世纪后半期、始于转换生成语法的许多语言学流派是解释性的。事实上，在过去两个世纪中的许多语言学派是在描写和解释两种途径中移动。历史比较语言学认为：只有认定梵文、希腊语和拉丁语源自一种原始语言才能解释这几种语言的相互关系。这些语言学重新建构了各种原印欧语言并解释了这些不同语言的相互间的静态关系，但他们没有能解释，为什么这些语言向一个方向发展而不向另一方向发展？从索绪尔到20世纪中期的新时期里，语言学研究的主流聚集在各种语言的结构。当语言学家们发现，仅仅描述语言不能达到解释语言在人类生存中的作用，于是新语言学派开始以解释作为研究语言的目的。从20世纪50年代开始的乔姆斯基的形式主义方法和70年代开始的韩礼德的功能主义方法都是解释性的，他们之间的区别仅在于，前者着手于心理学而后者着手于社会学。语言学发展的三个阶段正好对应于人类致力于了解自然世界的几个阶段。（刘润清、封宗信，2006：12—13）

2）西方现代符号学的两大流派

起源于20世纪初的现代符号学分为两大流派：索绪尔语言符号学和皮尔斯符号学，笔者认为，涵盖了人类符号活动的两个侧面：一个侧面是意指和交流，另一个侧面是认知和思维。

从哲学上讲，索绪尔语言符号学属于现代西方哲学的人本主义思潮，以康德先验主义哲学和结构主义思想为基础。它的基本原则是语言符号的任意性和线性。它的突出特点是人本主义倾向、社会（心理）交流性和结构（系统）性。在理论上与以下语言学科联系：结构主义语言学、文体学、系统功能语言学、社会语言学、语篇语言学、批评语言学和语篇分析等、从生物体之间的角度研究语言的社会（交流）功能的语言学科。

皮尔斯符号学属于现代西方哲学的科学主义思潮，以实用主义哲学、范畴论和逻辑学为基础。它的突出特点是科学主义倾向、经验主义、生物行为主义、认知性、动态和互动性。在理论上与以下语言学科相联系：语用学、认知语言学等、从生物体内部角度研究语言的心理活动和生理活动的语言学科。（郭鸿，2004a，2004b）

四、从西方哲学逻辑范畴体系的演变看西方符号学和语言学的发展

1. 西方哲学范畴体系的演变在现代符号学范畴体系上的体现

上面已讨论过，西方哲学经历了三个发展阶段：本体论阶段、认识论阶段和语言哲学阶段，或者说，存在阶段、思维阶段和语言阶段；哲学逻辑范畴体系经历了以下发展阶段：亚里士多德的本体论逻辑范畴体系、康德的认识论逻辑范畴体系、黑格尔的辩证逻辑范畴体系、马克思主义的历史唯物主义辩证逻辑范畴体系；符号学经历了哲学组成部分、哲学来源、哲学基础阶段（索绪尔语言符号学和皮尔斯符号学）；语言学经历了：规定语言学（19世纪以前两千年中的传统语法）、描写语言学（19世纪的历史和比较语言学以及20世纪上半叶的结构主义语言学）和解释语言学（20世纪后半期、始于转换生成语法的许多语言学流派），语言学发展的三个阶段正好对应于人类致力于了解自然世界的几个阶段，也就是哲学本体论阶段。

笔者认为，就逻辑范畴体系而言，索绪尔语言符号学体现了哲学本体论的逻辑范畴体系，因为它研究语言本身，即语言结构与意义结构的关系；皮尔斯符号学体现了哲学认识论的逻辑范畴体系，因为它研究符号在人类思维、认知中的作用；洛特曼文化符号学体现了本体论逻辑范畴体系与认识论逻辑范畴体系的结合，并具有一定的唯物辩证思想，因为它研究符号在认知、交流和构建人类文化中的作用，在符号学发展史

上具有划时代的重要意义。语言学中,规定语言学、描写语言学、解释语言学的基本理论体现了哲学本体论逻辑范畴体系,因为它们都研究语言本身,或规定,或描写,或解释。唯有 20 世纪后半期兴起的认知语言学体现了哲学认识论逻辑范畴体系,因为它研究语言在认知中的作用,在语言学发展史上具有划时代重要意义。以下,我们将从哲学逻辑范畴体系角度分别讨论:索绪尔语言符号学、皮尔斯符号学、洛特曼文化符号学,以及语言学中具有代表性的:认知语言学、系统功能语言学、语篇分析。

1) 索绪尔语言符号学

对索绪尔来讲,语言学家的任务是把语言当作各单位和各种关系的一个系统来研究;研究语言就是给各语言单位、它们之间的关系以及它们结合的规则下定义。索绪尔是第一个强调这种意义的语言研究的人。而且从索绪尔起,这种意义的研究成了语言研究的定义,因此从这个意义讲,索绪尔可以被称为现代语言学之父。从这个意义讲,他的无声影响进入了这门学科的性质本身。的确,对索绪尔创导的结构主义语言学的介绍可以包括现代语言学的全部主要流派:布拉格学派、哥本哈根学派、功能主义学派、美国结构主义者,甚至包括乔姆斯基和其他转换语法学家。(刘润清、封宗信,2006:136—137)

索绪尔把(语言)符号与它代表的意义概括为"能指"与"所指"之间的关系,"能指"是一种声音在人的头脑里产生的形象,而"所指"是这种形象引起的心理反应,即产生的意义。这种关系是建立在社会心理的基础上的。从宏观上讲,"能指"是符号系统,而"所指"是意义系统。所以,"语言学家的任务是把语言当作各单位和各种关系的一个系统来研究;研究语言就是给各语言单位、它们之间的关系以及它们结合的规则下定义。"因此,我们可以把"能指"与"所指"看作索绪尔语言符号学的基本逻辑范畴体系的"始项"。它是一个最简单的概念,却包含着最深刻、最复杂的内容。从对这个始项的分析,产生一系列范畴体系的"中项":"语言与言语","纵向选择与横向结合","共时研究与历时研究","形式"与"内容"等范畴。从始项和中项的各范畴中又引发这门学科中包含的许多理论,如结构主义、标志理论、音位学理论,等等。这些理论都有其范畴体系,而这些范畴体系都是二元对立的。归结到索绪尔语言符号学的逻辑范畴体系的"终项"就是结构主义的"二元对立","二元对立"几乎成了结构主义的代名词。

结构主义中的二元对立至少有三种功能。一是确定事物的基本范畴,如朋友还是敌人、是左还是右、好人还是怀人、控制还是被控制,等等。第二种功能是确定事物的意义。如每一对二元对立的词中的一个词的意义是和另一个词的意义并存的,如"真"与"假",没有"真"就不知道有"假",反之亦然。第三种功能是结构性的功能。部分与整体是一种最基本的二元对立结构。从整体中才能得到部分的意义,反之亦然。每一部分中又包含若干个二元对立的结构。因此,当代法国著名符号学家格雷马斯说:了解一种结构就是了解其中二元对立的各个部分。重要的不是二元对立的两个部分的存在,而是两个部分之间的关系。(Kyong Liong Kim,1996:118,笔者自译)

人类语言的标志之一是任何语言符号系统中都存在着极对称现象。这种现象在词汇层次上极为明显,如"美"与"丑"、"信任"与"背叛"、"真理"与"谬误"等对立观念。在语法层次上这种极对称现象也很明显,如单数与复数、肯定与否定、主动语态与被动语态、现在时与过去时、阴性与阳性等。在音位层次上,音素呈现对立性的组合,如鼻音与口腔音、元音与辅音。但是这种对立是不对称的。对立的一个方面比另一方面更简单、更普遍的称为无标记的(unmarked),而复杂、特殊的一方面称为有标记的(marked)。标记概念是特鲁伯茨柯伊20世纪30年代一次写信给雅各布森时提出的。标记理论是结构主义语言学的理论之一,是一种分析方法。这种不对称的对立也普遍体现在各种文化现象上,如自由与非自由、罪与善、假日与工作、生与死、阴阳、左右等概念上。(李天贤、汪顺玉,1998)

音位学不研究孤立的语音,只研究语音之间的关系和关系系统;音位学从人们自觉掌握的或了解的现象,深入到不自觉的深层结构中去。他们假定有一种内在的关系系统,并试图了解,个别语言项目的意义是否由他们的文化系统中的一些语言项目之间的对照产生的。特鲁伯茨柯伊的《音位学原理》将音位学理论应用于研究社会科学，从而加强了索绪尔的符号学。语音学家所关心的是话语的实际声音，而音位学家感兴趣的则是特定语言中起功能作用的区别性特征。他们想知道，哪些语音差别与意义差别相联系，这些差别之间有什么关系，以及它们如何结合起来构成词或短语。(Jonathon Culler, 1976：94)

为什么索绪尔的语言符号学的范畴体系贯穿了"二元对立"？

笔者认为：首先，索绪尔语言符号学研究的是语言符号系统与意义系统之间的关系。换句话说，它研究语言本身，是语言学的本体论。上面已介绍过，亚里士多德的逻辑范畴体系是由"实体"（"本体"）和描写本体的"属性"构成的，是"二元对立"的。而索绪尔语言符号学的逻辑范畴体系的始项是"能指"（符号系统）与"所指"（意义系统）构成的，它也是对语言本身的描写，研究人类用符号表达意义并进行社会交流，因此也是二元对立的。

另外，在哲学体系上，索绪尔语言符号学是以康德的先验论为基础的。索绪尔认为：在语言出现以前，世界一片混沌，语言给世界以秩序。也就是说，世界的秩序，世界的结构，不是客观存在的，而是语言赋予的，而语言的内涵是人的思想，也就是说，世界的秩序（结构）是人的思想决定的。显然这是唯心论。他的范畴也是康德的先验知性范畴。能指与所指、语言与言语、历时与共时、纵向选择和横向结合、形式与内容等范畴都不能从人的实际经验中总结出来，而是人先天的理性产生的。按照康德的说法，以这些先验范畴为指导，人类以自己的经验加以充实，就能达到人类认知的目的。而康德的范畴都遵循"二律背反"的规则，即二元对立的规则。

另一方面，索绪尔只说明了语言结构与意义结构之间的关系，而没有说明语言结构和意义结构与社会、文化结构之间的关系。社会、文化是变动的、发展的。既然语言与社会、文化脱离，就会失去它的动态性和发展性，因此索绪尔所描述的结构是封闭的、静止的。

按照 Winfried Noth（符号学权威著作《符号学手册》的编著者）

的说法，结构是二元对立的，也就是说，说明结构的范畴是二分的。当结构转变为过程，二元对立就变成了三元互动。

总之，索绪尔语言符号学的逻辑范畴体系是二分的（二元对立的）。我们对上述内容作如下归纳：

索绪尔语言符号学的逻辑范畴体系（二元对立）：

  始项

  能指与所指

  中项

  语言与言语；

  共时研究与历时研究；

  纵向选择关系与横向结合关系；

  语言符号的任意性与线性；

  形式与内容。

  终项

  语言学的任务：把语言当作各单位和各种关系的一个系统来研究；研究语言就是给各语言单位、它们之间的关系以及它们结合的规则下定义；

  所属的哲学范畴：本体论和先验论；

  特点：社会（心理）性，结构（系统）性，静态、封闭性；

  功能：在语言行使人类的认知、思维和表达、交流的两大功能方面，它侧重表达、交流；

  应用范围：应用于社会人文学科上，特别是语言学上。

2）皮尔斯符号学

皮尔斯的符号学、范畴论和逻辑学形成一个整体，研究科学思维的方法。它的逻辑范畴体系建立在康德的先验知性逻辑范畴体系的基础上，是一种现象学范畴体系，即研究人类在直接经验中形成的范畴体系，即人类认知中的各瞬间阶段及其互动构成的体系，同时吸取了黑格尔辩证逻辑范畴体系的一些辩证因素。

它的基本范畴体系的"始项"就是它的符号模式：符号代表物（representamen）—对象（object）—解释（interpretent）。与索绪尔语言符号学的符号模式相比，它的突出特点在于，如果我们大体上把符号对应于能指，把对象对应于所指，它的符号成分中多了一个"解释"。"解释"的意思很含糊，长期以来语言学家们一直在争论中。但是，笔者认为，正是这种含糊性赋予了它丰富内涵，它既可以指解释的内容（认知得到的意义），也可以指解释者（认知主体）。它说明符号（譬如语言）代表的意义与对象（认知客体，即客观世界）没有直接联系，必须以"解释"（认知主体或认知主体的解释行动）为媒介。也就是说，符号（语言）的意义与客观事物没有直接联系，在认知中得到的最终意义是认知者解释得到的意义。这里，突出了认知者和他的主观能动性，同时突出了认知过程，即认知的动态性和互动性。这个符号模式（基本范畴始项）说明：人的一切思维和认知都是用符号进行推理，符号不一定能代表对象的意义，要经过认知者的解释（经验的验证）才能得到较真实的意义，而且这种解释是无休止的，说明人对事物的认识是永无止境的。皮尔斯把这个符号模式进一步抽象，成为第一性—第二性—第三性。第一性与第二性结合（互动）产生第三性，或，第一性和第二性通过第三性连接。这样就更加突出了认知主体和这个符号模式的辩证性。

从这个基本范畴始项的分析得出一系列中间范畴（"中项"）。首先按符号与它的三个关联物（符号代表物—对象—解释）之间的关系，分析符号的三个方面，建立三个范畴体系：

第一方面：符号与符号代表物之间的关系产生的范畴体系：说明性质的符号（qualisign）—说明个别事实的符号（sinsign）—说明规律的符号（legisign）。这个范畴体系说明人类认知的三个阶段：首先了解事物的性质，然后肯定事物的存在，最后了解事物存在的规律。

第二方面：符号与它代表的对象之间的关系产生的范畴体系，即三种符号：符号与对象之间有相似关系的图像符号（icon）、符号与对象之间有相互依存或因果关系的标志符号（index）和符号与对象之间有表征关系的象征符号（symbol）。笔者认为：由于符号代表物、对象、解释都是符号，符号之间的互动产生新认识，我们可以把以上三种关系看作三种认知方式：图像符号说明通过事物间的相似性认识事物，标志符号说明通过事物之间的依存（因果）关系认识事物，象征符号说明通过社会共识认识事物。

第三方面：符号与它的解释的关系产生的范畴体系：Rhema（说明一种可能性的词或符号，在判断或命题中起一个词语的作用，它揭示某一事件的可能性），Dicisign（说明一个事实的一个命题或符号）和Argument（用于说理的一系列命题，它能澄清一种议论或一个概念）。笔者认为，符号与解释的关系说明符号活动（认知）的结果；它可以说明一种可能性，肯定一个事实和讲清一个道理。

总之，符号的三个方面分别说明认知的过程、方式和结果。

另外，还有与皮尔斯的一些重要观点相联系的范畴体系：

（1）事物意义是它产生的效果

皮尔斯的实用主义的基本观点之一是：事物的意义不能脱离它产生的效果。他使用"意义效果"（significate effect）这个词，并按照他的范畴理论把它分为三小类：

可能说明性质的效果（第一性）；

说明具体意义的效果（第二性）；

说明普遍意义的效果（第三性）。

由于效果包含在"解释"中，他又把"解释"分为三小类：

"即时解释"（immediate effect）：可能产生的效果；

"动态解释"：一个特定的人、在一个特定场合和使用符号思维的一个特定阶段产生的实际效果；

"最后的解释"：最终的效果，多少具有习惯和正式性质。

由于意义（解释）是符号引起的行动和人类认知是渐进的，皮尔斯把"解释"分为三小类：

"感情的解释"：引起某种行动的可能性；

"有力的解释"：一种努力、经验或行动；

"逻辑的解释"：是一种普遍形式、意义或习惯。

(2) 事物的意义是它引起的反应（行动）

皮尔斯的另外一个基本观点是：对任何人来讲，符号的意义在于他对符号做出的反应。他举了如以下例子来说明这个观点：

当步兵的长官发出命令："枪放下！"，"动态解释"包含在步枪着地的响声中，或者说包含在士兵们的心智行动中……。但"最后的解释"不包含在一个人的心智行动方式中，而包含在所有人的心智行动方式中。也就是说，它表达这样的条件命题："如果这个符号作用于任何一个人的心智，它会决定同样的行动方式。"

(3) 方法论（逻辑范畴体系结构的成分之一）

他认为一切思维都是用符号进行推理。三种推理方式构成他的科学探索方法论。以下三种方法结合起来就能担当科学探索任务：假设法（hypothsis）、演绎法（deduction）和归纳法（induction）。用假设法提出一种假设来解释一种新出现的现象，用演绎法来弄清这个假设引起的有关的、必需的、论断性的后果，而归纳法根据全部论据检验预言的事实。这里要特别强调的是他提出的假设法，又称溯因分析（retroduction 或 back reasoning），因为它是从既成事实出发，反过来追溯它存在的原因（摘译自 *Charles Sanders Peirce of Wikipedia, the Free Encyclopedia*，2011），譬如认知语言学就是从语言事实出发追溯它生成的心理过程和生理机制。

通过一系列中项的分析得出皮尔斯符号学的逻辑范畴的"终项"：人类的一切思维都是用符号进行推理，符号学的任务是研究科学思维的方法。

总之，皮尔斯的一系列范畴体系都是三分的：第一性、第二性和第三性（现象学范畴）；符号代表物、对象和解释；符号活动的过程、方式和结果；意义的三种效果：说明性质、说明具体意义和说明普遍意义；意义引起的三种行动论：可能的行动、实际的行动和普遍的行动；三种科学研究方法：假设法、演绎法和归纳法，等等。以上范畴体系都是三分的，因为三个范畴代表三个认知阶段而且它们是互动的。皮尔斯符号学从哲学体系上讲，属于哲学的认识论、主观经验主义、实用主义哲学，同时吸取了黑格尔的一些辩证思想。从具有的特点看：科学主义倾向、生物个体性、动态性、互动性和一定的辩证性。在应用范围上：在符号功能的两个侧面：认知、思维和表达、交流上，侧重研究认知、思维，应用于自然科学和有自然科学倾向的人文科学（如认知语言学、语用学等）。

3）洛特曼文化符号学

洛特曼文化符号学把文化看作符号系统，文化是人类的符号活动，是文化系统中各子系统和各层面之间的互动，是"信息的生产、流通、加工和储存的集体符号机制"。

洛特曼继承了索绪尔语言符号学传统，是"第一位苏联结构主义学者"，但他对结构主义提出了质疑，在吸取了同一传统的巴赫金和克里斯蒂娃的理论外，同时吸收了与索绪尔语言符号学相对立的皮尔斯、莫里斯（Charles Sanders Pierce and Charles Morris）的理论，因此我们可以把洛特曼文化符号学看作索绪尔语言符号学和皮尔斯符号学的交融。

索绪尔语言符号学研究的重点是语言符号在社会交流中的作用，而皮尔斯符号学研究的重点是符号在个人认知中的作用（郭鸿，2004）。而文化符号学把交流和认知结合起来了，把交流的社会性与认知的个人心理活动和生理活动结合起来了，把文化交流看作一种社会性的交流和认知活动。对一个民族来讲，这种社会性的交流和认知的结果就是一个民族的文化水平的提高，一个民族的科学、技术水平的提高。对世界各民族来讲，就是人类文明的发展，人类整体的科学、技术水平的发展。

索绪尔语言符号学的符号模式是：能指和所指。从单个符号讲，能指与所指（signifier and signified）相结合产生意义。从宏观上讲，能指是整个符号系统，所指是意义系统。因此这是一种静态客观反映论（严格地说，是一种先验论，因为索绪尔是一位康德主义先验论者，他认为，世界原本是一片混沌，语言给予世界以秩序）。而皮尔斯的符号模式是：符号代表物（representamen）、对象（object）和解释（interpretant）。符号代表物并不一定代表符号所指对象的意义，意义最终产生于符号使用者对符号代表物与符号所指对象之间的关系的解释。

这里强调了符号使用者的主观能动性，强调了符号使用者与客观世界之间的互动，强调了符号使用者对世界的认知。文化符号学把这种互动和认知观点广泛地应用于文化交流中。文本既是一个信息单位又是一个符号活动。信息交流就是文本交流，文本间的交流就是文本间的相互影响，相互间的互动，互动产生新文本，也就是新信息，新信息产生新认知。这样，文化交流既是一种社会群体、民族间的信息交流，同时也是社会群体、民族的集体认知活动。

索绪尔语言符号学认为，语言是形式，是一个结构，是一个系统，或一个系统的系统。但由于这是一个与社会、文化语境隔绝的封闭系统，它不受变化中的社会、文化语境的影响，因此它也是静态的。而文化符号学从皮尔斯符号学，更直接地从巴赫金的"对话"理论中，吸取了互动的思想，认为文化是由许多子系统构成的一个大系统，而且系统和子系统都分为许多层面，系统与系统之间和层面与层面之间都有一种互动关系，互动产生新文本，新文本就是新信息，新信息产生新认知。

索绪尔语言符号学着重研究作为社会成员的人使用的语言和符号，而皮尔斯符号学着重研究符号在作为生物个体的人的认知中的作用。而我们从文化符号学中可以看出，文化符号学研究的是两者的结合：把作为生物个体的人的认知和认知的心理活动和生理活动的理论运用于社会的人和民族的认知活动中，也就是运用于对社会、民族文化发展的研究中。另外，文化符号学中的"符号圈"的概念也是来自生物学的"生物圈"的概念。生物的生存环境是生物圈。文化交流和文本生成的环境是"符号圈"。另外，以洛特曼为首的塔图——莫斯科学派同时也研究生物符号学。从此可以看出这个学派的自然科学与人文科学相结合的倾向。（详情见郭鸿，2006）

总之，我们从洛特曼创导的文化符号学中看到了索绪尔语言符号学与皮尔斯符号学理论的交融。它把人类的认知、思维和表达、交流结合起来了，也就是，把语言本体论与语言认知论结合起来了；并把这种认知、思维和表达、交流关系从社会范围扩大到民族之间，形成一种各民族之间的认知、思维和表达、交流的文化符号学。另外，洛特曼从巴赫金、克里斯蒂娃吸取了"对话"和"互文性"理论，使他的研究更加深入社会、文化并具有历史唯物主义的辩证色彩。

索绪尔讲的是语言符号结构与意义结构的关系，它们处于静态的二元对立地位。洛特曼也讲符号结构与意义结构的关系，文化是符号系统，由各个子系统组成，一个系统又分为许多层面，但是这些系统与层面之间，系统各层面之间，不处于静态二元对立地位，而处于动态的"非对称二元对立"地位。他认为，"符号必须理解为一种辩证关系的术语'非对称二元对立'。两方面构成一个符号现象，其中任何一个方面都不能完全地翻译成另一方面，然而如果符号结构要行使其功能，又要求这两方面能互相转译"，"如果想了解新信息是如何产生的。在这里，非对称性二元对立是关键"，"文本和读者间的互动要求两种情景：理解和不理解，这两种情景间的相互作用产生最新信息"，"各种文化都有自动平衡与动态趋向之间的张力。新颖、多样性以及相对独立的子系统的增殖，是与一致和统一的愿望，与将文化看作具有严格、稳定组织的同质整体的愿望相矛盾的。没有多样性，文化就会僵化（无自我更新能力），但没有一定的同质性和内聚性，文化交流就不可能。将不同层面和子系统结合起来置入一个单一的符号整体——文化——中时，两种对立的机制在起作用，一种趋向多样化，趋向组成不同的符号语言，构成文化的多语言性；另一种趋向统一，试图把自己或其他文化解释为统一的、严格语言。"总之，洛特曼讲的二元对立不是静态的二元对立，而是动态的非对称性二元对立，各单元之间的互动产生新信息和两种对立方向的运动。笔者认为，在这里注入了一些黑格尔的辩证思想和皮尔斯的符号活动、互动产生新认知的思想。

索绪尔的语言符号系统与意义系统之间的关系是静态反映关系，而洛特曼符号系统是"模式化系统"，也就是认知和建构客观现实的系统。语言是主要模式化系统，而艺术是次要模式化系统。洛特曼说，"文化中的所有符号系统都是模式化手段（即认知和解释世界的手段）"，"语言艺术既是一个通讯系统，也是一个模式化系统，它传递信息和构建现实意象"。这个观点与现在流行的认知语言学的观点何其相似！

文化符号学中的文本与传统意义上的文本也不同。后者指语言的一个层面，从单词、词组、句子，到语篇，语篇就是文本。或者像 Halliday 和其他一些语言学家主张的那样，文本（text）是表达完整意义的、连贯的语言片段，不论它是哪个语言层面。总之，文本是静态的语言结构。文化符号学的文本是"文化的缩小模式"（text as a reduced model of culture）。文本不是一种语文现象，而是一种产生意义的复杂的互动活动——符号活动。这种观点把重点从文本移到文本外围，这样就把文本浸没在历史和社会中；文本不但发生于封闭结构内各语言成分间的相互作用，而且发生于各种文化运动和文件的影响。文化符号学的文本是信息，是信息的生产、传递和储存，是符号活动。大到一个国家或民族的整个文化，小到一个事物都可以是文本。文化文本可以使用任何符号媒体：油画、无声电影、芭蕾舞或语言等。文本是多层面的，每层都有内部结构。不同层面结构之间（例如，声音和词汇之间）互相作用，产生多种结构的第二级结构。而且文本具有民族特点，许多民族往往把自己的文本看作文化，而把外民族的文本看作非文化并加以拒绝。笔者认为，文化符号学的文本论可以看作文本（符号系统）的本体论，它讲的是符号系统本身，但文本是信息单位，同时也是符号活动，文本与文本之间、文本各层次之间产生互动，互动产生新文本，即新信息。文本就是信息，又是符号活动，人与人之间的交流就是文本交换，民族与民族之间的交流也是文本交换。交换文本就会互相吸取、互相排斥、互相批评，从而产生新文本、新信息，达到新的认知。这样个人才能增长知识，社会才能不断进步，民族和世界的文化才能不断发展。笔者认为，这种情况类似黑格尔的哲学本体论辩证逻辑系统。

对结构主义的另一主要批评是，把语言符号体系看作与语境脱离的一个封闭结构。其实也不尽然，索绪尔后来的追随者也研究上下文、情景语境和文化语境，但索绪尔语言符号学的一个语言活动只有一个语境，这个语言活动和语境与其他语言活动和语境不发生关系。而文化符号学吸取了巴赫金的理论，认为一个语言活动有一个语境，但这个语言活动和语境之外还有许多语言活动和语境，它们之间互相作用，产生

"多种声音"和"多种意义"。巴赫金的观点可以归纳为：语言主要产生于对话之中，形成于社会互动过程中，从而导致不同社会价值间的相互作用。这些观点可能给予洛特曼以影响，使他认识到：符号系统不是一个封闭系统，而是与符号系统以外的社会、文化、历史、艺术各系统相结合的开放系统，是"语境的内外结合"。这样，符号系统的各个子系统和各系统的各个层面、以及符号系统以外的社会、文化、历史、艺术等各个系统和各个系统的各个层面之间相互联系构成相互影响、相互促进、错综复杂的文化系统。笔者认为，这是历史唯物主义和辩证唯物主义的观点。

笔者认为，文化符号学的符号既是认知、思维的手段，又是表达交流的手段，在符号学发展史上具有划时代的意义，因为它改变了过去"符号学是研究符号意指作用的科学"的定义。它意味着符号是人类创造自己的文化的手段。正如卡西姆所说，"人是使用符号的动物"。甚至如德里达所说，语言（符号）意味着人类的"存在"，没有符号，人类就不可能存在。在这个意义上，文化符号学在符号学发展史上的位置是：从符号学研究符号系统与意义系统的关系，到符号学研究符号在人类认知、思维和表达、交流中的作用，到符号学研究符号与人类本身存在的关系的阶段，即从符号本体论，到符号本体论和认识论结合，到符号人类存在论。文化符号学处于第三个阶段。

从逻辑范畴体系看，文化符号学把索绪尔的静态二元对立的本体论范畴体系和皮尔斯的动态三元互动的认识论范畴体系结合起来了，同时也吸取了一些黑格尔的本体论辩证范畴体系以及历史唯物主义和辩证唯物主义范畴体系的思想。

文化符号学的哲学逻辑范畴体系

  始项：
  文化——符号系统、人类符号活动
  中项：
  文本——民族文化缩小模型
  文本互换——民族之间的文化交流

民族内部的文本互换——社会交流与认知

民族间的文本互换——世界各民族间的文化交流和共同认知（人类文明的发展）

（每一个中项都是二分的——文本和对它的解释，所以中项包含的范畴体系可以看作范畴体系本体论；而中项的各范畴之间，从上至下处于变化和发展中，所以这个范畴体系又可以看作本体论的辩证形式。）

终项：

文化是符号系统和人类的符号活动，是文化系统中各子系统和各层面之间的互动和信息的生产、流通、加工和储存的集体符号机制。

最后，文化符号学的哲学逻辑范畴体系是否可以称为：文化的本体论辩证范畴体系？

2. 西方哲学逻辑范畴体系的演变在现代语言学逻辑范畴体系上的体现

1）认知语言学

如上所述，皮尔斯符号学主要研究符号在人类认知中的作用。已故的前国际符号学会会长、美国符号学家西比奥克说："皮尔斯符号学肯定是一门认知科学。"笔者认为，皮尔斯符号学就是认知符号学。认知语言学是认知符号学的一个分支，是认知符号学的基本理论在语言学研究中的应用。它秉承认知符号学的现代西方哲学的科学主义思潮和英美分析哲学传统。从语言学分类的角度讲，它属于从生物体内部角度研究语言的生理活动和心理活动的语言学。它的哲学基础是体验哲学。体验哲学也是主观经验主义哲学，但更加强调身体的直接经验。认知语言学认为，语言运用是人类认知活动的一部分，意义是经验的概念化，语义是概念结构，语法是概念结构的形式化（符号化）。它把认知符号学的基本理论，特别是动态和互动的观点，应用于语言研究，具体、生动地说明语言生成的心理过程（和生理机制），同时它的动态、互动观点无形中影响了其他语言学科，推动了它们的发展。（详情见郭鸿，2004）

从哲学逻辑范畴体系上讲，认知语言学与皮尔斯符号学的基本范畴初始项完全一致。皮尔斯符号学的逻辑范畴体系的初始项是：符号代表物—对象—解释，它的中心思想是：在意义方面，符号（语言）与客观世界没有直接联系，意义（得到的认知）要通过人的解释（经验的验证）。认知语言学的逻辑范畴的初始项（或基本理论）也是：在意义方面，语言与客观世界没有直接联系，意义要通过人的认知。它的逻辑范畴体系中项之一是：意义（认知）的"经验观、突显观和注意观"。笔者认为，这个观点说明，认知来自人的经验并且与人的心理状态有直接关系。另一中项是："心智的体验性""思维的隐喻性"和"认知的无意识性"。"心智的体验性"强调认知来自人的直接经验，特别是身体经验。"思维的隐喻性"说明认知的主要方式是通过隐喻，即通过事物之间的相似性。"认知的无意识性"强调人的感性认识。与皮尔斯符号学相比，"心智的体验性"说明认知语言学更加强调人的直接经验，即身体经验；"思维的隐喻性"只是皮尔斯提出的三种认知方式（通过事物之间的相似性、因果关系和社会共识认识新事物）之一。"认知的无意识性"讲的是：认知者受到外界的第一个信息的刺激而有了感觉，这时的认知是无意识的。经过同一信息多次刺激，在心理上就形成一个固定通道，一种心理机制。从这个通道传入的信息产生的认知也是无意识的。可见认知语言学讲的认知体现皮尔斯和莫里斯的生物行为主义：人的行动不受他对事物规律的认识的支配，而是受外界刺激产生的无意识行动。

尽管认知语言学与皮尔斯符号学相比，还没有体现它的全部正确观点，但在语言学的发展史上，第一个具体而生动地说明了语言生成的心理过程和心理机制以及语言在认知中的重大作用（语言活动是认知活动的一部分）。更重要的是，哲学发展经历了本体论、认识论和语言哲学（语言学转向）三个阶段。到近代，从笛卡尔（1596—1650）开始，哲学研究的中心从本体论转向认识论，即从研究世界的本源或本体转向研究认识的起源，也就是研究认识究竟来自经验还是来自理性，研究人的认识能力的限度，研究认识世界的途径和方法等。如果皮尔斯符号学可以称为认知符号学，认知符号学始于皮尔斯（1839—1914）。认知语言学是近二十年来国际理论语言学界新兴的一个语言学派或一种新的研究方法，其成熟的重要标志是：1989 年春，由 R. Dirven 组织在德国杜伊斯堡举行的第一次国际认知语言学会议；会后，于 1990 年出版了《认知语言学》杂志，成立了国际认知语言学学会，并由德国的 Mouton de Gruyter 出版认知语言学研究系列丛书。从以上资料可以看出，认知语言学的诞生落后于哲学认识论的诞生大约 300 年，落后于认知符号学约 70 年。语言学的发展史，从古代到现代的 1989 年以前，包括索绪尔的语言符号学和语言学发展的三个阶段（规定语言学、描写语言学和解释语言学）都属于哲学本体论范围。因此，在 1989 年开创的认知语言学是"迟到的春天"，在语言学史上具有划时代的重大意义。认知语言学诞生以后 20 年已经发展成为一门语言学主流学科，并且作为哲学认识论和认知符号学在语言学上的应用，已对其他语言学科产生了重大影响。

认知语言学的逻辑范畴体系

始项：

语言—客观世界—人类对客观世界的解释（符号代表物—对象—解释）

中项：

语言——人类认知重要部分，其心理过程：体验—隐喻—换喻—范畴化

语义——人类经验的概念化—概念整合—意象图式

语法——语义的形式化（符号化）—整体概念

认知的主要方式——隐喻（不同范畴概念之间的映射）

认知结果——经验的概念化（认知主体对客观世界的解释）

（左侧系列是认知语言的主要范畴；右侧系列是认知语言学的一些范畴之间的互动（认知过程））。

终项：

语言是人类认知的一部分，语言的意义与客观世界没有直接关系，它是人类对客观世界的解释：语义——人类经验的概念化，语法——概念的形式（符号）化。

2）系统功能语言学

Halliday曾说，系统功能语言学来源于从索绪尔的学说发展起来的欧洲语言学传统（Systemic Functional Theory），并且明确地说，系统功能语言学是从生物体之间的角度研究语言，即研究语言的社会属性和交际功能（张德禄，2004）。因此，笔者认为，可以把系统功能语言学纳入西方人本主义思潮、欧洲大陆哲学、索绪尔语言符号学派和从生物体之间的角度研究语言的社会属性的一类。系统功能语言学的发展体现了现代西方两大对立哲学思潮在语言学上的转向和融合趋向。

笔者认为，系统功能语言学对现代语言学有两大贡献，一是继承和发展了索绪尔创导的现代语言符号学（结构主义语言符号学），另一是为语篇分析奠定了基础。

索绪尔是现代语言学之父和现代符号学的创始人之一。他的理论的突出特点是它的社会性和结构性（系统性）。但索绪尔并没有很好地把语言符号的社会性和结构性结合起来，说明语言如何工作。他的语言系统是封闭的，即与社会、文化隔绝的。社会、文化是语言变化的因素，既然语言结构与社会、文化隔绝，这个结构必然是静止、封闭的。因此，长期以来，索绪尔语言符号学受到严重挑战。

Halliday明确地指出，"语义是语言和语言之外的某种东西的交叉。后者就是社会语境或情景。"（胡壮麟等，1989：17—18）也就是说，人们使用语言是按照他们所处的社会语境，从语义系统中做出选择。

他提出这个观点又怎样把它变成语言现实呢？如何将语言符号结构——语言意义结构——与语言社会背景结构结合起来呢？

笔者认为，索绪尔的符号模式是：能指与所指，即符号结构（系统）与意义结构（系统）。虽然索绪尔也指出"语言是一个社会事实"，也就是说，语言的意义来自社会语境，但他并没有解决"意义如何来自社会语境"的问题。Halliday继承索绪尔的结构主义语言符号学模式：能指—所指，并进一步成功地把它延伸到社会语境中去，体现了自己的语言观："作为社会符号的语言"（language as social semiotic）。他联系语言与社会语境的具体途径是，使用语言的人根据社会语境，在语言的语义系统中做出选择：社会语境（语域）中的三方面：语场、语旨、语式分别激发语言的功能系统（语义成分）中的三个功能（成分）：概念功能（成分）、人际功能（成分）、语篇功能（成分），并进一步分别激发语言系统中的三个系统：及物系统、语气系统、主题系统，再进一步激发语言的三个层次：语义层、词汇语法层、音位层，语言的这三个层次是实现关系：语义实现为词汇语法，词汇语法进一步实现为音位，即人的话语。（详情见：郭鸿，2006）

系统功能语言学的逻辑范畴体系

始项：
能指—所指—社会
中项：
语场—语旨—语式
概念功能（成分）—人际功能（成分）—语篇功能（成分）
及物系统—语气系统—主题系统
语义—词汇语法—音位（话语）
终项
作为社会符号的话语的生成（工作）方式。

以上范畴体系都是三分的又是相互联系的，体现了每一个范畴体系中的三个单元之间的对立统一关系，以及各范畴体系按一定次序从上到下的互动关系。

既然系统功能语言学和索绪尔语言符号学一样，都是说明（解释）语言本身的，我们就可以称之为"语言本体论"，而且它的范畴体系中的各个范畴之间，以及各范畴体系之间是互动的，体现了哲学的辩证法，并且它的范畴论是以社会为基础的，是唯物主义的。我们是否可以称系统功能语言学的逻辑范畴体系为"语言本体论唯物辩证范畴体系"？

Halliday对语言学的另一大贡献将在下一节中讨论。

3）语篇分析

语篇分析是一门综合性学科或跨学科的分析途径，可以看作结构主义语言学、系统功能语言学、文体学、社会语言学、批评语言学、语篇语言学等具有社会性和结构（系统）性的各学科的融合，而语用学和认知语言学等具有个体性和认知性的学科在语篇分析中只是在某些方面的应用，并没有融入语篇分析和改变它的社会性和结构性的主流方向，但它们对它的影响是间接的又是巨大的。尽管语篇分析包含许多学科，经历了漫长发展过程，内容十分复杂，但它的发展过程大体上可归纳为以下具有突出特点的几个主要阶段：

语篇结构分析阶段、语篇结构与社会文化背景相结合的分析阶段、语篇结构与意识形态相结合的分析阶段、语篇结构与社会实践相结合的分析阶段。前面两个阶段已由 Halliday 的系统功能语言学完成，下面着重分析下两个阶段。

在上一节中，我们已经讨论过。系统功能语言学使索绪尔结构语言学能继续向前发展，使语言结构分析能在社会、文化语境中进行。此外，系统功能语言学具有突出的实用性，它认为，语言理论在使用中形成，同时为使用语言服务，语言是表达意义的一种资源，因此它特别重视语言理论的实用性，它的理论特别适用于语言分析，是文体学、文学批评，特别是语篇分析的基础。（郭鸿，2005）《话语分析入门：理论与方法》（笔者：这里的"话语分析"指的就是"语篇分析"）一书给人最深刻的印象是：语篇分析解决了语言与社会文化之间的关系问题。它特别推崇 Halliday 的系统功能语法。它说："语篇分析的对象是使用中的语言。因此，我们需要有一种语法作为工具，来分析说话人或作者为了达到有效交际的目的如何用语法手段来组织句子和语篇。Halliday 的系统功能语法就是这样的工具"（该书的导读）。实际上，《话语分析》一书中许多内容出自 Halliday 的系统功能语法。

除了系统功能语言学外，社会语言学、语篇语言学（text linguistics）、批评语言学等对语篇分析也做出了贡献。

简单地讲，批评语篇分析（语篇分析的成熟阶段）是以系统功能语言学为基础,加上一些社会分析理论构成的。这些社会分析理论主要指后结构主义和后现代主义的理论(Terry Threadgold),而后结构主义和后现代主义属于现代西方哲学的欧洲大陆哲学和人本主义思潮。

为批评语篇分析做出过贡献的 Terry Threadgold 说:"Fairclough 把 Halliday 的系统功能语言学理论与一些社会理论结合起来,开创了批评语篇分析。语篇分析看起来很像我们熟悉的语言理论(笔者:指前文中所说的"互文性"理论等)与 Halliday 的功能语言学的标准总结(而且是很好的总结)。系统功能语言学理论的重要性是,将语篇分析置于一种灵活的语言学分析中并使人们认识到将语篇分析与基本社会和文化理论结合起来的重要性。"(Terry Threagold 的同一篇文章)

对批评语篇分析有直接和重大影响的后结构主义和后现代主义理论包括 Foucault,Bakhtin,Kristeva,Barthes 等人的理论(同上)。现分别介绍如下:

后结构主义者 Michel Foucault(1926—1984)是法国社会哲学家。他的权力理论对西方社会曾影响一时。许多人称他为"权力思想家"。他认为近代西方社会的监狱和监禁制度是资产阶级自由制度的产物。他指出,封建社会以杀戮与肉刑为主要惩罚手段,这主要是对付少数罪犯。资本主义社会改以监狱与监禁为主要手段,就能很有成效地对付广大人民群众。……(夏基松,1998)

苏联学者 Bakhtin(1895—1975)对批评语篇分析也做出了重大贡献,主要在语言的意识形态性质和"对话"学说上。他曾说,方言中有价值观点、政治观点和各种经验的痕迹和隐含意义;因此方言间的冲突实际上就是这些方面的冲突。说话人的观点、看法和经验是语言性质的一部分,之所以这样,是语言有个人和社会背景,不是抽象系统。……语言主要产生于对话之中,形成于社会互动过程中,从而导致不同社会阶层间的相互作用。(夏基松,1998:633—635)

"互文性"(intertextuality)这个符号学概念是法国学者克里斯蒂娃(Julia Kristeva)在 Bakhtin 的"对话"理论影响下提出的,她也是这个理论的热情宣传者。她指出,文本有两条轴线:一条是连接文本作者和读者的水平轴线,另一条是连接一个文本和其他文本的纵向轴线。连接这两条轴线的是共同的代码。每一个文本和它的阅读依靠前面的代码。克里斯蒂娃声称,每个文本从开始就在别的话语的管辖下,这些话语把整个宇宙强加于它。她认为,与其把我们的注意力限定在文本上,不如研究这个文本的"结构化"(结构如何形成)。这就涉及将一个文本置于以前的或共时的文本的整体之中。(Intertextuality, from Daniel Chandler 所著 Semiotics for Beginners)

Terry Threadgold 说,"Fairclough 选择了 Halliday 的功能语言学来研究文本的'质地'('texture')、结构和组织,但没有采用 Halliday 原来的社会符号学理论,而采用了互文性分析作为联系文本与语境的重要方式。他采取了超越句子的会话分析方法。"(Terry Threadgold 的同一篇文章)

笔者认为,"互文性"实质上是一种"对话"。"对话"和"互文性"理论对语篇的生成、解释作了很好的说明,这种理论的应用对批评语言学向批评语篇分析发展起了重要作用。如上所述,虽然 Halliday 把语篇与社会文化语境联系起来了,但他联系的语境是单一的语境,语境产生的意义也是单一的。而批评语篇分析涉及的语境是一个复杂的语境,语境产生的意义也是复杂的。因此,在语篇分析中,系统功能语言学的"语境—意义"理论就必须用 Bakhtin 的"对话"的理论和克利斯蒂娃的"互文性"理论所代替。

从符号学的角度看,符号的应用进入语篇后,就自然进入意识形态领域,因为语篇表达一个完整的意义,而任何完整意义都有一定的社会语境,都涉及使用语言的人,而人都出生和生长在一个特定的社会阶层中,他的言语行为都体现一定的阶级意识,都属于一定的意识形态。

但是,这个问题要从结构主义语言符号学说起。索绪尔语言符号学的符号由能指和所指构成。哥本哈根符号学派创始人叶尔姆斯列夫把能指和所指扩大为表达平面和内容平面(expression plane and content plane)。在这个基础上,法国符号学家 Barthes 提出本义和转义(denotation and connotation)的理论。本义是语言结构本身产生的意义，而转义是语言结构以外的社会文化环境产生的意义。Barthes 把本义和转义的理论应用于符号语篇分析。他的分析分成两个阶段：第一个阶段叫作初级阶段（primary order），属于自然领域（natural domain）。在这个阶段中，符号处于表面状态，它产生本义（denotation）。下一个阶段称为第二阶段（secondary order）属于文化领域（cultural domain）。在第二阶段中，能指以表达层面出现，所指以内容层面出现，所指是转义（connotation），转义进一步产生神话（myth）。神话指一个故事或一种话语，神话是形式，意识形态是内容。

笔者认为，批评语篇研究的主要对象之一就是转义——社会文化语境产生的意义，其实质就是意识形态，特别是神话——以权力为背景的虚构意义（统治集团操纵的意识形态），以及反神话——以批评的武器揭穿神话。这就是批语篇分析的由来和目的。

Fairclough 在他的因特网网页上介绍他从事的语篇分析研究工作：

从（20世纪）80年代早期起，他的研究工作集中在批评语篇分析上，包括语言在权力与意识形态的社会关系中的地位，以及社会变革中语言扮演的角色。他的主要兴趣在于，语言（语篇）是当今称之为"全球化"的社会变革中的一个重要因素。语篇分析的理论基础是：语篇是社会生活的一个基本组成部分，它与其他部分相互联系、相互作用并且可能对这些部分起建设性和转变性作用。研究的实践经验是：在许多方面，语篇已成为当今世界社会生活中的一个突出和有力的基本组成部分。总的来讲，当今社会变革似乎是由语篇变化启动和推动的。因此，语篇分析，包括语言分析，对社会变革和"全球化"的研究工作的贡献比一般人认识到的更大。

从以上这段话可以看出，Fairclough 把语篇分析提到一个更高的高度，他认为"语篇是社会生活的一种基本组成部分，它与其他部分相互联系、相互作用并且可能对这些部分起建设性和转变性作用"，"当今社会变革似乎是由语篇变化启动和推动的"。这样就把语篇分析提高到社会实践的高度，而且是重要的社会实践，因为在任何社会实践中都要运用语言。最突出的例子是外交语言。外交活动最主要的内容就是运用语言，用语言建立、终止和发展国与国之间的关系，用语言来谈判和解决国与国之间的争端，用语言来宣战等等。外交语言与外交活动完全同步，它具有与外交活动相同的一切特点（郭鸿，1999：54—103）。当今的社会变革由语言启动和推动也不乏实例。我国的"五四运动"是提倡科学与民主的新文化运动，同时也是我国新民主主义革命的开端。我们都记得，"五四运动"就是以白话文运动启动和推动的。1942年党的延安整风这个政治运动就是从"反对党八股"的语言活动开始的。

批评语篇分析的逻辑范畴体系：

始项：

语言结构分析—语言结构与社会文化语境相结合的分析—语言结构与意识形态相结合的分析。

中项：

语言的单一静态的社会文化语境—语言的互动的多重社会文化语境

表面的社会文化语境产生的意义—隐藏的意识形态（特别是"权力"思想）

神话—反神话

意识形态—意识形态的反作用（社会实践）

终项：

语言结构与意义结构的关系（这种关系的发展过程）：本义—转义—意识形态—意识形态的反作用（社会实践）

（始项概括了批评语篇分析的主要内容和发展过程。从对始项的分析，得出一系列中项，每一个中项都是二元对立的，也都是动态的、发展的。从纵向看，从上至下逐渐深入。这个范畴体系可以称为："语言结构与意义结构的本体论辩证体系"。

小　结

从哲学逻辑范畴体系的演变，我们可以看出：和哲学一样，符号学和语言学都经历了本体论、认识论、语言学转向（本体论与认识论相结合）三个阶段。每一个符号学派、每一类语言学、每一门语言学科，都有各自的逻辑范畴体系：二元对立，三元互动，或二元对立与三元互动相结合。从这些逻辑范畴体系中，我们能看清各语言学科的哲学和符号学根源、它们的性质、范围和方法以及它们的相互关系，从而在众多、杂乱语言学科中理出一个头绪。这就是"现代西方语言学研究的纲领"。

参考文献

郭　鸿、彭晓东编著：《外交英语》（修订本），北京：对外经济贸易大学出版社，1999年。

郭　鸿：《索绪尔语言符号学与皮尔斯符号学两大理论系统的要点——兼论对语言符号任意性的置疑和对索绪尔的挑战》，《外语研究》2004年第4期，第六届全国语言与符号学研究会论文。

郭　鸿：《索绪尔符号学与皮尔斯符号学的比较》，《中国外语》2004年第2期。

郭　鸿：《文化符号学评介——文化符号学的符号学分析》，《山东外语教学》2006年第3期。

郭　鸿：《系统功能语言学符号学分析》，《外国语言文学研究》2006年第4期。

郭　鸿编著：《现代西方符号学纲要》，上海：复旦大学出版社，2008年。

列　宁：《哲学笔记》，中共中央马克思恩格斯列宁斯大林著作编译局译，北京：人民出版社，1956年。

刘润清、封宗信：《语言学理论与流派》，南京：南京师范大学出版社，2002年。

彭漪涟：《逻辑范畴论——马克思主义哲学关于逻辑范畴的理论》，上海：华东师范大学出版社，2002年。

涂纪亮：《现代欧洲大陆语言哲学：现代西方语言哲学比较研究》，武汉：武汉大学出版社，2007年。

赵智奎：《马克思主义范畴体系的构建及其发展——从马克思到邓小平理论范畴的历史分析和考察》，《社会科学院研究生院学报》2004年第4期。

夏基松：《现代西方哲学教程新编》（上、下册），北京：高等教育出版社，1998年。

James Paul Gee：《话语分析入门：理论与方法》，杨信彰译，北京：外语教学与研究出版社，2000年。

Kyong Liong Kim, 1996, *Caged in Our Own Signs: A Book About Semiotics*, New York: Ablex Publishing Corporation.

Systemic Functional Theory, minerva.ling.mq.edu.au/resource/VirtuallLibrary/Publications/

sf_theory.html-4k.

Terry Threadgold, *Cultural Studies, Critical Theory and Critical Discourse Analysis: Histories, Remembering and Futures*, http://www.linguistik-online.de/14_03/threadgold_a.html.

附录二

符号学访谈记

符号学访谈记：界定与开拓，争论与对话，建立一门"普通符号学"

——郭鸿教授访谈

郭 鸿：解放军国际关系学院教授
陈文斌：四川大学符号学－传媒学研究所
采访时间：2016 年 9 月

陈文斌：您认为，符号学现在是否已然成为一门独立学科？（如果是，您觉得符号学作为独立学科的表征有哪些？如果不是，您觉得符号学在哪些方面是没有符合独立学科标准的？）

郭 鸿：这是一个长期争议的复杂问题，直到现在没有定论。
王德胜等指出："符号学是 20 世纪以来为人们所广泛研究又最具有争议的一个研究领域。它是一门科学、一场运动、一种时尚或革命，或仅是一个纲领、一个学说？由于人们从不同角度出发研究不同领域中的符号，因而得出了各不相同的回答，以致在符号学研究中达到这样一种程度：人人都自视是在研究符号学，人人都认为存在一个名为'符号学'这样的学科，但对于符号学的性质如何、它的疆界有多大，以及包含哪些内容等，都有各自不同的看法。"（王德胜等：《科学符号学》，辽宁大学出版社，1993年，第19页）

我认为，这段话概括得很好，对现在的符号学研究情况仍然适用。

如果说符号学是一个独立的学科，它应该有明确的"学科性质、研究对象和研究方法"。而这些，谁也说不清楚。一个独立学科的表征就是它的"研究性质、研究对象和研究方法"。

我开始接触语言学时，譬如学习研究文体学、教文体学课和编写文体学教材，我觉得语言学就是研究语言，文体学就是研究语言的各种变体和在不同场合中使用不同的变体，达到使用语言得当的目的。这种研究仅涉及语言学范围，包括索绪尔（Ferdinand de Saussure）的语言符号学、巴利（Charles Bally）关于文体学的论述、韩礼德（M. A. K. Halliday）的系统功能语言学中关于功能语体的论述等。因此，觉得语言符号学是一个独立学科，因为它有自己的比较明确的"性质、对象和方法"。随着我接触符号学的范围越来越广，研究和应用的符号学理论越来越多，我的概念逐渐模糊了。在长期学习、研究、使用符号学过程中，逐渐形成一种概念："符号学不是一门独立学科，而像一种普遍的方法论"。因为，一门独立学科一定要有基本明确的性质、研究对象和方法，而符号学做不到，反而随着它的发展，它的性质、对象和方法越来越不明确，永远达不到独立学科的要求。而研究的领域却越来越大、方法越来越多，倒可用"哲学方法论"一以贯之。我的这种感觉来自对皮尔斯（Charles Sanders Peirce）符号学的认识逐渐深入：皮尔斯是一位泛符号论者，他的符号涵盖人类、人类以外的生物、有机界和无机界，他认为世间万物普遍联系和互动。另外，我在研究《普通符号学》时，逐渐明确：符号学是哲学与科学（包括自然科学、社会科学和人文科学）之间的桥梁，是一种普遍的方法论。具体情况，我在回答以下问题时将会涉及。

陈文斌：您曾经指出"符号学研究的范围应限于人类"，您划定符号学研究范围的标准是什么呢？

郭鸿：是的，我曾经主张"符号学研究的范围应限于人类"。因为，我当时教学工作要求我研究语言符号学，如教"高级英语"和"英语散文"课时，要求我研究文体学。后来，发展到研究符号学在人文学科中的应用。这些都是符号学在研究人类各种活动中的应用。学了卡西尔（Ernst Cassirer）的文化哲学，相信他说的"人类是使用符号的动物"，更加明确了我的认识："符号学研究的范围应限于人类"。但是，随着我学习研究符号学范围逐渐扩大和认识逐渐深入，我认识到的符号学应用范围也逐渐扩大了。特别在我研究《普通符号学》时，我认识到符号学研究的范围不仅限于人类，它扩大到了人类以外的动物、有机物，甚至无机物。所以，我划定符号学研究范围是根据我教学研究工作接触到符号学的范围。

陈文斌：您认为国内学界对于索绪尔符号学的批判，根源是未深入理解之后的误读，还是索绪尔理论本身的缺陷需要被批判，两者的成分哪一个更多一些？

郭鸿：我认为，国内学界对于索绪尔符号学的"批判"（我认为还说不上学术界对他的批判，而是少数人对他的误解），根源是未深入理解之后的误解，当然他的理论也有缺陷。我自己也曾经对索绪尔符号学有不少误解。在教学中、写作中以及开会讨论中，学习使用索绪尔的理论最多，但都是引用别人的著述，并信以为真。在20世纪与21世纪之交历时五六年关于索绪尔的理论体系大辩论中，也这样做。直到几年前，为了研究《普通符号学》才仔细阅读研究索绪尔的原著《普通语言学教程》，发现自己对索绪尔有许多误解。以下摘录我还未发表的文章"作为《普通符号学》基础之一的索绪尔结构主义符号学"中的两段，具体说明此问题。

索绪尔的结构主义思想来自他去世后他的学生们根据他留下的讲稿编写的《普通语言学教程》（Course in General Linguistics，以下简称"教程"，巴利、薛施蔼编）。让我们直接阅读和讨论"教程"的原文中的一些要点，去了解索绪尔语言符号学的基本观点，同时排除对索绪尔的种种不适当的非议（楷体字是原文，宋体字是笔者加上的标题和对原文的解读）。

变化永远不会涉及整个系统

语言是一个系统，它的任何部分都可以而且应该从它们共时的连带关系方面去加以考虑。变化永远不会涉及整个系统，而只涉及它的这个或那个要素，只能在系统之外进行研究。毫无疑问，每个变化都会对系统有反响，但是原始事实却只能影响到一点；原始事实和它对整个系统可能产生的后果没有任何内在的关系。前后相继的要素和同时存在的要素之间，以及局部事实和涉及整个系统的事实之间的这种本质上的差别，使其中任何一方面都不能成为一门单独科学的材料。用比拟说明两类事实的差别为了表明共时态和历时态的独立性及其相互依存关系，……（第118页）

"连续"和"变化"是两个对立的概念，但又是统一的。对立双方，其中一方是主要的（矛盾分主要矛盾和次要矛盾），这是一个普遍原则。这种关系经常用两条互相垂直的轴线表示。譬如，标示温度变化，需要一条标示温度高低的垂直轴线和一条标示时间推移的水平轴线，但目的在于说明温度变化，而不是时间推移。在索绪尔语言符号学的共时研究与历时研究中，共时研究是研究语言的现状和结构，这是主要的，但也离不开语言的历时研究。然而，一般来说，历时研究是研究单个语言成分（如词、语音等）的变化，这种变化毕竟是个别的、缓慢的，往往不影响大局（整个结构）。这又涉及语言的"不变"与"变化"的问题。语言系统（结构）是相对稳定的，变化明显的是词语、语音。但在一切事物中"变"是绝对的，"不变"是相对的。《系统论》在此问题上已作了纠正：量变超过一定限度也会引起结构的变化，这就是质变。因此我们说，索绪尔在此问题上有些绝对化，认为"变化永远不会涉及整个系统，而只涉及它的这个或那个要素，只能在系统之外进行研究"、"原始事实和它对整个系统可能产生的后果没有任何内在的关系"。他之所以持这种观点，是因为语言和其他事物不完全一样：语言结构千百年不变或变化不明显。事实上，不首先研究共时语言学（研究语言结构）就不可能研究整个语言学。因为，语言的整体结构，句段，才产生意义。连续轴线（AB）是人们头脑中的一个差别（对立）词语组成的系统，是一个不断替换词语的系统，每次使用语言（说出一个句段），就要替换一次。因此，第一轴线（AB）上的一切事物只是第二条轴线（CD）上的一个瞬间。但两条轴线结合起来才能表达意义，才能实现语言的价值，才能构成我们对语言的研究——包括研究语言的现状和语言的历史，但研究语言又要首先研究语言的现状，因为不知道语言的现状就谈不上对它的历史的研究。有人批评索绪尔"只研究共时语言学，不研究历时语言学"或"重视共时研究，忽视历时研究"；"重视静态研究，忽视动态研究"；"致使他的语言结构成为一个静止、封闭的体系"，而对他倍加责难。这是不正确的。我本人过去也持这种错误观点，在自己的许多文章中都有此表述，我在这里公开宣布更正。

语言的内部要素和外部要素

我们的关于语言的定义是要把一切跟语言的组织、语言的系统无关的东西排除掉，简言之，一切我们用"外部语言学"这个术语所指的东西排除出去。可是外部语言学所研究的却是一些很重要的东西；我们着手研究言语活动的时候想到的也正是这些东西。首先是语言学和民族学的一切接触点，语言史和种族史或文化史之间可能存在的一切关系。一个民族的风俗习惯常会在它的语言中有所反映，另一方面，在很大程度上，构成民族的也正是语言。其次，必须提到语言和政治史的关系。第三点是语言和各种制度如教会、学校等的关系。另一方面，文学语言又提出了它和地方方言发生冲突的重大问题。语言学家还应该考察书面语和口语的相互关系；因为任何文学语言都是文化的产物，到头来都会使它的生存范围脱离自然的范围，即口语的范围。最后，凡与语言在地理上的扩展和方言分裂有关的一切，都属外部语言学的范围。我们认为，外部语言现象的研究是富有成果的；但是不能说，没有这些现象就不能认识语言的内部机构。至于内部语言学，情况却完全不同：它不容许随意安排；语言是一个系统，它只知道自己固有的秩序。把它跟国际象棋相比，将更可以使人感觉到这一点。在这里，要区别什么是外部的，什么是内部的，是比较容易的：国际象棋由波斯传到欧洲，这是外部的事实，反之，一切与系统和规则有关的都是内部的。例如我把木头的棋子换成象牙的棋子，这种改变对于系统是无关紧要的；但是假如我减少或增加了棋子的数目，那么，这种改变就会深深影响到棋法。（第 30—34 页）

索绪尔把语言学分为内部语言学和外部语言学。内部语言学研究语言系统本身，而外部语言学研究语言体系以外的、与语言体系密切联系的其他重要因素。内部语言学属于语言范畴，而外部语言学属于言语范畴。大体上，文体学（stylistics）研究的范围就是外部语言学。索绪尔的学生、《普通语言学教程》的编写者之一巴利（CharlesBally），在他老师的语言学理论指导下创立了文体学。文体学把言语（个人或群体使用的语言）分为两大类：按照语言使用者划分的语言和按照语言用法划分的语言（varieties according to user and varieties according to use）。前者包括：地区方言和社会方言（regional dialects and social dialects）。这些类别中包括了上文中的"语言学与民族学的一切接触点，语言史和种族史或文化史之间可能存在的一切关系"，"文学语言和地方方言发生冲突的重大问题"，"凡与语言在地理上的扩展和方言分裂有关的一切"，"语言和政治史的关系"等。后者包括：按照媒介划分的类别（varieties according to medium），包括上文中的"口语和笔语"；按照态度划分的类别（varieties according to attitude）；按照话语场合划分的类别（varieties according to field of discourse），包括"语言和各种制度如教会、学校等的关系"的各种话语。笔者认为，作为现代符号学的奠基人之一，索绪尔首先集中精力研究语言（内部语言学），同时指出言语

(外部语言学)的重要性及其类别。这样做是正确的。事实上，他的学生和后来的结构主义学者都在他的理论指导下，进行了对外部语言学（研究语言与语言情景和文化语境的关系）和语言各要素间的相互作用、语言功能等动态方面的研究。因此，批评索绪尔"只讲二元对立，不讲对立双方的统一"，"索绪尔的系统是封闭的、静止的"，"索绪尔只研究语言，不研究言语；只研究共时语言学，不研究历时语言学"等，都是不正确的。实际上，索绪尔首先集中力量研究语言系统和语言的共时状态正是他的特点和成功的原因。我也曾经在以上方面批评过他。在我仔细研究他的原著"教程"以后，认识了自己的片面性和"人云亦云"的错误态度。

陈文斌：就索绪尔符号学和皮尔斯符号学的关系而言，您主张两者之间相互配合和切磋，您认为索绪尔二分法和皮尔斯三分法之间应该如何展开对话呢？

郭鸿：索绪尔的符号模式是二分的：能指与所指，而皮尔斯的符号模式是三分的：符号代表物（representamen）、对象（object）和解释（interpretent）。二分与三分的区别有何意义。这个问题长期困扰着学界人士，也困扰着我，直到现在，各人有各人的解释。一般来说，人们对索绪尔符号学比较熟悉，只对它有些争论、批评，而对皮尔斯符号学，大多数人根本不理解，对它的术语，以及它的理论体系，有各种各样的解释。对皮尔斯符号学与索绪尔符号学的关系也不理解，认识不到这两大符号学派的重要性，认识不到为什么人们称索绪尔和皮尔斯是现代符号学之父（美国人只承认皮尔斯是符号学之父）。现在还有人提出这样的问题："索绪尔符号学与皮尔斯符号学，孰优孰劣？"，还说出这样的话："索绪尔符号学已经过时"，"要用皮尔斯符号学代替索绪尔符号学"，等等。提这样问题和说这样话的人，有的还是著名学者。我认为，索绪尔符号学和皮尔斯符号学是符号学最根本的理论基础，它们相辅相成，根本不存在孰优孰劣，谁代替谁的问题。20世纪与21世纪之交，认知语言学走红时，王寅教授发表了大量有关认知语言学的文章，在推动认知语言学在我国的研究上起了重要作用，但他批判索绪尔的"语言符号的任意性"并进而否定整个索绪尔符号学。他扬言"要用认知语言学代替索绪尔符号学"，"要从索绪尔的阴影下走出来"，等等。许多学者，包括我在内，纷纷发表文章与他辩论，掀起了长达五六年的大辩论。虽然，没有说谁对谁错，但的确加深了对索绪尔符号学、皮尔斯符号学和认知语言学的认识。看来历史现在还会重演。

现在我趁此机会讲一下索绪尔二分法和皮尔斯的三分法以及两大符号学派的理论系统。

要正确认识二分法和三分法，还要从哲学发展的阶段才能讲清楚。古希腊亚里士多德（Aristotle）完善了哲学本体论，讲的是"世界是什么？"因此是二元的："世界"和"对世界的解释（描述）"。体现在语言上就是语法结构："主语"和"谓语"。近代康德哲学是认识论，讲人类是否能认识世界和怎样认识世界的？它认为，从事物及其意义之间的关系来讲，两者没有直接关系，因为所谓"意义"是人对事物的"解释"。这种结构是：人—事物—意义（三元），而且是动态的，因为人对事物的认识是逐渐深化的，而且不同的人对同一事物会有不同的认识，因此，同一事物对不同的人会有不同的意义。与康德同一时代的黑格尔，虽然是彻底的唯心主义者，但他带来了对立统一的辩证法。他的哲学也是认识论，更是彻底的"三元论"，因为它特别强调事物间的矛盾，认为没有矛盾就没有一切，矛盾是事物变化的根本原因。索绪尔的结构主义符号学讲的是："符号系统"与"意义系统"之间的关系，浓缩成符号模式就是："能指"与"所指"（二元）。从哲学上讲，索绪尔符号学是本体论。皮尔斯符号学是认识论，它以康德的认识论为基础，同时吸收了黑格尔哲学的一些辩证法。在符号学研究的意义方面（现在看来它还有更多方面），它讲"认识"的实质：意义与客观世界之间没有直接关系，"意义"是"认知者"对"认识对象"的"解释"。浓缩成符号模式就是：符号—对象—解释（三元）。至于这两大派符号学的理论及其关系，我尝试用我自己构建的哲学逻辑范畴体系来说明，看大家是否能懂，或者判断我讲得对不对。（郭鸿，2010，2011，2012 等）下面我分别介绍索绪尔符号学和皮尔斯符号学的理论体系及两者的关系。

索绪尔结构主义符号学

索绪尔把语言符号与它代表的意义概括为"能指"与"所指"，"能指"是一种声音在人头脑里产生的形象，而"所指"是这种形象引起的心理反应，即产生的意义。这种关系是建立在社会心理的基础上的。从宏观上讲，"能指"是符号系统，而"所指"是意义系统。系统中各要素之间的对立（差别）产生价值（意义）。我们可以把"能指"与"所指"这个最简单的，却包含着最深刻、最复杂内容的符号模式，看作索绪尔语言符号学的哲学逻辑范畴体系的"始项"。从这个始项出发分析，产生一系列"中项"："语言与言语""共时研究与历时研究""句段关系与联想关系""形式与实质""不变与可变""内部语言学与外部语言学"等二元对立范畴。

索绪尔语言符号学的哲学逻辑范畴体系（二元对立）：

  始项

  能指与所指

  中项

  语言与言语；

  共时语言学与历时语言学；

  句段关系与联想关系；

  语言的形式与实质；

  语言的不变性与可变性；

  内部语言学与外部语言学。

  终项

语言学的任务（性质和目的）：把语言当作各单位和各种关系的一个系统来研究；研究语言就是给各语言单位、它们之间的关系以及它们结合的规则下定义；

  所属的哲学范畴：语言的本体论，在现代科学技术和辩证唯物主义思想的影响下，实际上具有马克思主义辩证唯物论的性质；

特点：对立统一，系统（结构）和社会心理；

功能：在语言行使的人类的认知、思维功能和表达、交流功能两方面，它侧重表达、交流功能；由于它的核心思想是"对立统一""系统"和"社会（心理）性"，它的功能扩大到研究一切学科，包括自然科学、社会科学和人文科学的各学科。

皮尔斯认知符号学

皮尔斯的范畴论、实用主义哲学和符号学是一个整体，是科学研究的思想方法，属于现代西方科学主义思潮的逻辑实证主义。它体现了哲学的认识论，是一种认知符号学。皮尔斯的逻辑范畴体系建立在康德先验主义哲学认识论范畴体系基础上，同时吸取了黑格尔的一些辩证思想，是一种现象学范畴论：意义来自人的直接经验，经验范畴之间的互动产生意义（认知）。

皮尔斯的三分符号模式体现了一个中心思想：认知是人类对自然的认识，意义与自然之间没有直接联系，意义的产生必须通过人，是人对自然的解释。人的一切知识来自经验。人类经验范畴之间的互动产生意义（认知），因此皮尔斯符号学具有动态和互动的特点。符号的三个方面分别说明：认知的过程、方式和结果，每个方面都是三分的，也就是说，也是互动、变化和发展的。符号代表的意义是它产生的效果和引起的反应（行动）。

皮尔斯符号学的逻辑范畴体系（三元互动）：

始项

第一性（firstness）—第二性（secondness）—第三性（thirdness）；

符号模式：符号代表物（representmen）—对象（object）—解释（interpretant）。

中项

认知的三个阶段：了解事物的性质，肯定事物的存在，了解事物存在的规律；

三种认知方式：图像符号（icon）说明通过事物间的相似性（共性）认识事物，标志符号（index）说明通过事物之间的依存（因果）关系认识事物，象征符号（symbol）说明通过社会共识或习惯认识事物；

三种认知结果：了解一种可能性，肯定一个事实，讲清一个道理；

三种认知效果：可能的效果，具体的效果，普遍的效果；

引起的三种反应：可能的行动，实际的行动，习惯的行动；

三种科学探索方法：假设法（溯因分析法），演绎法，归纳法。

终项

人类的一切思维都是用符号进行的，符号学的任务是研究科学思维的方法；

哲学根源：现代西方哲学的科学主义思潮：逻辑实证主义、实用主义；

哲学范畴：认识论逻辑范畴体系（现象学范畴体系）；

特点：科学性，认知性，普遍联系性，动态性和互动性；

功能：在人类的表达、交流和思维、认知两个侧面，着重研究思维、认知；

应用范围：自然科学和有科学倾向的人文科学（认知语言学，语用学等）。从广义上讲，可作为科学（包括自然科学、社会科学和人文科学）的一种方法论。

索绪尔的结构主义符号学的基本原理涉及自然哲学（"物质存在和运动的总学科"）中"物质存在"部分（即物质结构部分），同时它又是建立在社会心理基础上的，因此，它涉及哲学和科学上的根本问题，其重要性不容忽视。它应该是《普通符号学》的基础之一。皮尔斯符号学涉及自然哲学中"物质的运动"部分，同样涉及哲学和科学上的根本问题，其重要性与索绪尔语言符号学相当，应该受到同等对待，也应该作为《普通符号学》的基础之一。索绪尔语言符号学与皮尔斯符号学是密不可分的，它们结合起来，涉及自然哲学的"物质存在和运动"这个总体。因此,不但根本不存在皮尔斯符号学超越或取代索绪尔符号学的问题,而且它们是相辅相成的。

陈文斌:您曾尝试从《矛盾论》的观点讨论皮尔斯符号,也"赞成把历史唯物主义和辩证唯物主义观点,应用于符号学和语言学的研究。"基于理念和实践上的共同导向,您如何看待马克思主义与符号学之间的关系呢?甚至是,您是否考虑过马克思主义与符号学有结合的可能?

郭鸿:我坚信马克思主义。我坚信马克思主义是学习研究一切科学(自然科学、社会科学和人文科学)的指导思想。当然赞成把历史辩证唯物主义观点用于符号学和语言学的研究。我是这样想的,也是这样做的。从《矛盾论》看皮尔斯符号学:皮尔斯符号学是以实用主义哲学为基础的,是一种经验论,一种认识论。它认为:人的所有思想和经验都借助于符号,检验思想是否正确的唯一标准就是经验。符号与符号之间始终处于互动中,致使符号不断变化、更新,致使人对事物的认识不断深化,逐渐接近真理。皮尔斯的符号学模式由"符号代表物""对象"和"解释"三个关联物构成,说明人类用符号进行抽象思维,认识客观世界,这种认识是三个关联物互动的结果,认识必须经过作为认知主体的人的经验的检验。因此,"解释"是皮尔斯符号学的核心。虽然目前符号学在语言学中的应用不多,但它为语言学科的研究和发展提供了强大的动力。这种动力就是符号活动的两个矛盾方面的对立统一。符号活动的两个矛盾方面是认知主体与认知客体,它们始终处于对立统一中,也就是俗话说的"互动"之中,对立统一推动认知向广度和深度发展。人类不断探索,逐渐认识他们生存的世界。这个理论是符合马克思主义的。但皮尔斯符号学和认知语言学都是经验主义,它们都缺乏理性方面的研究,没有充分说明真正的理性认识过程是:从感性中来,提升到理性,再在理性的指导下回到感性,这样反复往返,每次反复都是一次提升,最后达到高度的理性。感性上升到理性的过程就是实践,而且是群众的社会实践。因此,认知符号学和认知语言学,都是不彻底的认识论，它们基本上是自然科学性的，不完全适用于人类社会变革。

又如，索绪尔符号学的哲学基础是康德的先验论。简单地说，先验论是理性主义和经验主义的调和，它提出的"先验统觉"就是人的先天理性范畴，然后用经验加以充实，形成先验指导下的经验范畴。因此，康德的先验论是唯心主义。我们用马克思主义分析，认识到所谓"先验"只不过是人们在长期实践中无意识地积累的经验。索绪尔提出的一系列范畴，如能指与所指、语言与言语、纵向选择与横向结合、历时研究与共时研究、形式与实质等，这些所谓先验范畴实质上是马克思主义的对立统一范畴。

从以上两个例子看出，用马克思主义研究符号学，就是用历史辩证唯物主义分析有关符号学的一切事物。非马克思主义中也可能有符合马克思主义的成分，我们要主动利用。因此符号学研究中，碰到的各种理论，包括非马克思理论，我们都要研究分析。马克思主义本身也要接受实践的检验，也要在实践中不断发展。"实践是检验真理的唯一标准"也适用于符号学。俄国十月革命的经验不完全适用于中国革命，中国民主革命阶段的经验也不完全适用于社会主义革命阶段。

陈文斌：您提出有必要建立一门"普通符号学"，同时指出"普通符号学"的起点是自然科学符号学。另外，您也说过符号学的研究范围"应以人文科学中的符号为主，因为自然科学中使用的符号涉及动物、植物和无机物，范围过广。"您如何看待符号学与人文科学、自然科学的关系？

郭鸿：鉴于以上王德胜所述符号学的混乱状态，以及当前人们研究的符号学只不过是现代西方符号学，最多是西方符号学中掺杂一些中国或其他地区古代符号学思想片段。因此，我认为有必要建立一种《普通符号学》。它应该是跨文化（包括希腊、中国、印度、埃及等世界各主要文化）、跨学科（包括社会科学和人文科学中的主要学科），而且有统一方法论。这种方法论就是构建黑格尔提出的哲学逻辑范畴体系。黑格尔认为，每门学科都有自己的哲学逻辑范畴体系。在辩证逻辑看来，范畴体系的建立应从分析最简单、最普遍的东西入手。因为正是在最简单、最普遍的东西中，已经包含对象往后发展的一切矛盾的萌芽，就为后继范畴的展开和推演提供了充分可能。其次，通过上述最简单、最普遍的东西，亦即作为其反映的初始范畴（逻辑始项）的内在矛盾的分析，揭示其矛盾和各方面，从而形成一系列起中介作用的范畴（作为逻辑中项的中介范畴），再逐步深入展开，使这些相应建立起来的一系列逻辑范畴，遵循着由简单到复杂、由抽象到具体的过程，即由确定最简单、最大量、最直接的事物的存在的范畴，上升到较深刻、较具体的范畴，并最后上升到作为整个范畴体系终结的最丰富、最具体的范畴（作为逻辑终项的终结范畴）。它的一般结构是：逻辑始项、逻辑中项和逻辑终项。我就是尝试以这种方法来研究《普通符号学》。

我认为，建立《普通符号学》就是把符号学科学化（理性化、逻辑化和系统化）。《普通符号学》包括自然科学、社会科学和人文科学中的符号学。自然科学已经有了自己的符号学，那就是自然科学各学科的哲学逻辑范畴体系，也就是自然科学各学科的"公理、原理、法则、定律、公式"，等。所以，在建立《普通符号学》时，不用再构建自然科学的符号学，也就是，不用再构建自然科学各学科的哲学逻辑范畴体系，而是以自然科学为榜样，或参照自然科学，研究社会科学和人文科学的符号学，建立它们各自的和各学科的哲学逻辑范畴体系。但是，目前我们并不清楚自然科学的符号学是怎样形成，也就是说，自然科学各学科的逻辑范畴体系——公理、原理、法则、定律、公式，等——是怎样形成的。因此，在研究《普通符号学》时，就要首先研究自然科学各学科的符号学体系是怎样形成的。然后，参照自然科学符号学体系形成的过程，建立社会科学和人文科学的符号学体系。

陈文斌：您对符号学本身的认知或态度是否也在发生改变？如果有的话，这一发展的状况您是否可以给我们介绍一下。

郭鸿：可以。首先，我简单介绍我学习和研究（语言）符号学的过程，它反映了我对这门学科的态度。

新中国成立初期，我大学毕业，分配到军队做了十多年外事翻译工作。然后被调入解放军外语学院（后来改名解放军国际关系学院）当英语教员。"文化大革命"结束后，我国转入改革开放时期，大量西方语言学和符号学理论陆续输入我国。这时我已开始教高年级课程，如《高级英语》《英语散文》等，感觉力不从心，很多道理讲不清楚。于是，求助于文体学，到北京师范大学去听钱瑗老师的课。她无私地把她编写的、还没有出版的教材《实用英语文体学》送给我。我在学习研究后不久，就在我国仅有一两所大学开设文体学课程时在我院开设此课程。从此开始接触语言学和符号学，感觉非常实用，对教学工作帮助很大，深切地体会到我国文体学先驱王佐良教授说的"教高年级外语课，就是教文体学"。后来，我教研究生的文体学课。当时，国内还没有现成的教材，只得自己编写。首先用英语编写了 *Stylistic Analysis of the English Language*。后来为了扩大读者面，改写补充，译为中文书《英语文体分析》，于1998年军事谊文出版社出版。在这个过程中，我接触到索绪尔的结构主义语言符号学、他的弟子巴利（Charles Bally）根据他的理论创建的文体学、乔姆斯基（Avram Noam Chomsky）的生成转换语法、理查德（I. A. Richards）关于意思、感情、语气和意图的理论、雅各布森（Roman Jakobson）的语言功能理论、韩礼德（M. A. K. Halliday）的系统功能语言学等。接着，为了满足我院的教学需要（我院是培养军事外交人员的学校），创建具有我院特色的《外交英语》。我到北京外交学院借来一本《外交学》和一本《外交文书汇编》，凭我在十多年外事翻译工作中了解到的外交工作和外交语言，以及以前在教英语文体学的经验，花一年多时间，用英语编写了一本书《外交英语》"Diplomatic English—Stylistic Analysis of Diplomatic Language"，由对外经贸大学黄震华教授和外交部语言专家裘克安主审，国家教材编审委员会审查通过出版，作为"高等院校教科书"在对外经贸大学出版社出版（1993出版，1999再版）。北京外国语大学教授、国家教材编审委员会主任、文体学先驱王佐良,为本书作了序,说:"……将现代文体学的原则应用到外交英语研究,而成果如此丰富,体例又如此完整,从理论到实际应用,从历史到现状,又从讲解到提供阅读材料,大体具全,据我所知在我国还是第一次……"。以上说明,这次尝试还是成功的。中国语言与符号学学会于1994年成立并召开首届全国语言与符号学大会。此后每两年一届。我参加了每届大会,直到前几年才停止。我倾听同仁们发言,发表自己的论文,和大家讨论,学到许多(语言)符号学知识。我积累了几十篇论文,交给复旦大学出版社,要求以《现代西方语言学与符号学论文集》为书名出版。他们建议我改写为专著,名为《现代西方符号学纲要》。这样,就以此名将此书免费出版。为了改写成书,内容要重新组织编排并作总体性叙述,其中"本书的体系"最为概括,现引用如下:

> 在现代符号学诞生以前,符号学一直是哲学的一部分,或者说哲学是符号学的主要来源,现代各流派符号学仍然以各流派的哲学思想为基础。现代西方哲学两大思潮(科学主义思潮和人本主义思潮)的语言学转向和融合趋向是现代西方哲学的概括。我们研究现代西方符号学的整个体系就要以这个概括为纲。

> 符号学是语言学科的科学,是哲学和语言学之间的桥梁。尽管现代西方符号学有许多流派,有各种理论和各种应用方式,但最主要的、最基本的是皮尔斯符号学派和索绪尔语言符号学派,它们的理论涵盖了符号活动的两个侧面:认知、思维与表达、交流,皮尔斯符号学侧重研究认知、思维,索绪尔语言符号学侧重研究表达、交流。因此本书着重讨论的是这两派符号学的基本理论及其应用,以及它们与现代西方两大哲学思潮和两大类语言学之间的联系。

> 语言学是符号学的一个分支,两大符号学流派自然直接影响语言学的分类,使语言学分成两大类:一类是从生物体内部的角度研究语言的心理活动和生理活动(作为生物个体的人的认知、思维及其机制)的语言学,另一类是从生物体之间的角度研究语言的社会功能(作为社会群体的人之间的表达、交流和社会文化语境)的语

言学。

这样，我们的研究工作就有了一个完整的体系。这个体系有两大分支：一支是现代西方哲学的科学主义思潮（包括英美分析语言哲学）——皮尔斯符号学——从生物体内部的角度研究语言的心理活动和生理活动的语言学；另一支是人本主义思潮（包括大陆语言哲学）——索绪尔语言符号学——从生物体之间的角度研究语言的社会功能的语言学。

以上这段话概括了二十多年来我学习和研究（语言）符号学的理性认识，或者可以说，我对（语言）符号学理论的概括。

这就是我对学习和研究（语言）符号学的态度：学以致用，理论联系实际，在使用中检验理论并提出自己的新看法。这种态度我始终没有改变，我坚信是正确的，有成效的。

至于对待符号学本身的态度，我对符号学各主要流派的理论，逐渐加深认识，改正自己的错误认识，并形成一些自己的看法。

索绪尔语言符号学是我首先接触到的符号学。它是在人文科学中，特别在语言学中，应用最广。我对它的理论曾经有许多错误的认识，主要原因是没有读它的原著和"人云亦云"。如认为，索绪尔说的"在语言没有生成以前，人的思想一片混沌，有了语言，人类才能表达清晰的概念"是唯心主义思想。听别人说："索绪尔语言符号学是一个封闭、静止的系统"，"索绪尔只研究共时语言学，不研究历时语言学"，"索绪尔只研究语言不研究言语"等等。对这些错误说法，没有认真研究，信以为真。通过学习和教学实践，特别是仔细阅读索绪尔的《普通语言学教程》，才批判了这些错误，更进一步认识索绪尔符号学的深刻性、哲理性和更大、更普遍的应用范围。

皮尔斯符号学虽然也是最早接触到的，但许多人长期以来不理解，认为它与语言学的学习和研究没有直接关系。它的三元符号模式令人费解。它对符号（除象似符号、指示符号和象征符号外）的分类令人费解。把符号分为几十种、几百种，甚至几千种，是烦琐哲学，也不知道有什么用处？通过学习研究认知语言学和语用学，认识到皮尔斯最早提出这两门学科的原理。巴赫金的"对话"学说、克里斯蒂娃（Julia Kristeva）的"互文性"理论、话语的动态性和互动性、语言行为，等等。这些理论中的动态性、互动性都可以追溯到皮尔斯符号学，或受这种符号学的影响。几年前在南京师范大学召开的世界符号学大会和该校主办的杂志 *Chinese Semiotics Studies* 上陆续发表和刊登了许多有关皮尔斯符号学的文章。其中几篇西方知名皮尔斯符号学者发表文章，详细论述了皮尔斯符号学关于普遍联系性、互动性以及全球性，大意是：世界充满了符号，符号间互相联系、互相作用。世界上每一个人的行动都会影响他者（otherness），每一个国家的行为都会影响世界上的另一些国家。因此，每一个人、每一个国家的领导人都要有对他者的责任感。这样，就构成了一种符号学伦理学。另外，我从亚里士多德的本体论（二元）、康德的先验哲学认识论（三元）和黑格尔的辩证法（三元）的历史发展过程，了解到皮尔斯符号学的三个符号关联物（representamen，subject and interpretant）之间的关系说明：符号并不代表事物的意义，意义是认知者对事物的解释，但意义的根据又是事物。因此，皮尔斯符号学是认知符号学（已故国际符号学学会主席西比奥克（Thomas A. Sebeok）明确地指出：皮尔斯符号学是认知符号学，西方许多符号学家也持这种观点）。皮尔斯符号学的特点是：泛符号论、普遍联系性、动态性和互动性。

除了上述两大符号学派外，现代符号学中出现了另一大学派——洛特曼文化符号学。它是上述两大符号学派的结合，同时受到现代生物学（生态学）的影响。简单地说，索绪尔符号学研究事物的结构（性质），皮尔斯符号学研究对事物的认知，洛特曼文化符号学研究事物的结构（性质）和对事物的认知，认知（信息）的积累和机制就是人类的文化（文明）。上升到哲学层面，索绪尔符号学（结构主义符号学）研究事物的结构和性质，皮尔斯符号学研究事物的运动和变化（广义的运动和变化，包括事物间的联系、互动和变化），洛特曼文化符号学研究事物的结构（性质）、运动和形成始终变化、发展的文化系统。

这样，符号学就从研究语言学发展到研究社会人文科学各学科，更进一步发展到研究所有学科（包括自然科学，社会科学和人文科学的各学科）。这就是我对符号学的性质和研究对象的认识的发展变化过程。

陈文斌：您一直在倡导明晰符号学的学科范式，也始终为推进符号学的研究做努力。您是如何看待符号学在当下的发展现状？（包括国内已有的研究现状以及仍有待解决的问题）另外，您对符号学未来的发展又有哪些期许呢？

郭鸿：目前，符号学正在国内蓬勃发展。这种形势的标志是，专业符号学杂志从无到有，从一家到四家：南京师范大学主办的英文刊物 *Chinese Semiotic Studies*，还有专业符号学研究所；四川大学主办的《符号与传媒》（*Signs and Media*），有书面版，还有电子版，中英文稿兼收，也有专业的符号与传媒研究所；苏州大学主办的英文刊物 *Language and Semiotic Studies*；天津大学主办的《语言与符号》，是中国语言与符号学研究会会刊。过去符号学文章，刊登在一些大学主办的语言学杂志上，现在有了自己的家。除此以外，过去语言与符号学大会，由中国语言与符号学研究会独家两年召开一次。现在许多大学都召开自己的专业符号学研讨会。这是中国符号学春天里的百花争艳的壮观场面。这些刊物刊登国内和国外学者的文章，其中有许多是国际知名符号学家的文章。我们完全可以期待，在我国改革开放的形势下，在我国实现"中国梦"的大道上，中国符号学必将大发展并带动世界符号学共同发展。

但是在这个大好的形势下，符号学研究和应用中的老大难问题并没有解决：还没有一个明晰的符号学学科范式。符号学研究的性质、对象和范围是什么？它是一个独立学科，还是一种分析方法？它的上限是什么，下限是什么？它追求一种洞察力还是解决一些具体问题？等等。现在，在符号学外，出现了传媒学。它与符号学的关系是什么？它与符号学如何配合？所以，在学科范式方面，情况更复杂了。一些以前已比较明确的重大问题现在不明确了，甚至混乱了。例如有人提出这样的问题或判断:"索绪尔符号学和皮尔斯符号学孰优孰劣?""索绪尔符号学已过时""皮尔斯符号学可以代替索绪尔符号学"。这种问题或判断还不是一般人提出的,还是知名符号学学者提出的。这是历史的倒退!皮尔斯符号学是当代两大符号学派之一。但有人认为它是唯一正确的经典符号学,皮尔斯是"符号学之父",而不是索绪尔。但是它的性质、范围、方法等都没有搞清楚,至少没有达成共识。贵社在这方面做了很大的努力。组织学者们翻译了皮尔斯的原著:《皮尔斯论文集》。但问题仍然没有解决。因为没有人能看懂。术语不统一,各人对术语的解释不一样,皮尔斯符号学的内容更看不懂。因为皮尔斯全集的内容庞杂,理论艰深,文字晦涩。如果你对他的理论没有正确、深刻、系统的理解,你就懂不了,也翻译不出来。有关皮尔斯的文章,各说各的,对皮尔斯三分符号模式、三分符号体系也有各种不同的解释和用法。就连皮尔斯符号学性质也没有一个统一的说法。各种符号学杂志琳琅满目,文章铺天盖地,但好文章不多,能看懂的更不多。

德国符号学家艾施巴赫(Hahim Eschbach)(1987)提出当前存在"符号学危机"的问题,并分析其原因,归纳起来有如下几条:1. 符号学研究范围过广。2. 对符号学的基本原理没有搞清楚或没有一致的看法。3. 没有从哲学根源上认识符号学的本质。4. 在理论联系实际方面停滞不前。同时他还提了几点建议:1. 发展一门基本的、批评的符号理论。2. 发展作为一种运用的社会性的符号理论。3. 发展一门历史的符号理论,它能认识自己的根源、成就和错误。我认为,他提出的造成"符号学危机"的几个原因和解决办法,仍然基本上符合当今我国的情况。对这几条解决问题的办法,我的认识是:第一点指,首先通过讨论和批评,搞清符号学的基本原理,如皮尔斯符号学和索绪尔符号学,为建立一个基本的符号学体系打下基础。第二点指,符号学理论要联系实际,要研究社会文化中的实际问题。首先要研究与符号学有密切关系的,甚至是符号学一个分支的语言符号学,并用它解决语言学科中的一些重大争议问题,并进一步把研究语言学科中得到的经验和总结出来的理论,应用到其他人文科学的学科中(如洛特曼文化符号学、格雷马斯叙事语义学、文化符号学、文学符号学、艺术符号学、音乐符号学、历史符号学,等等)。第三点可以解释为,在研究符号学和符号学各分支时,要分析它们的哲学根源,根据它们的历史发展现状,从现代符号学、近代符号学,甚至古代符号学思想,如中国的易经、中医的辩证疗法等,来确定符号学的性质、范围和方法。我认为,以上分析很中肯。最后,我自己加上一条:我们要敢于打破传统、挑战权威,实实在在地研究这门学问,并在此基础上逐渐建立中国自己的符号学。

以上提出的问题都是原则性的,具体做法就要靠我们自己摸索,也就是说,靠自己的实践。我愿意把自己学习、研究、教授、编写符号学教材方面的体会总结起来,供大家参考和批评。

1. 我认为,研究符号学要从打基础开始,首先研究西方语言符号学,在这方面又要首先搞清两大符号学派(索绪尔语言符号学和皮尔斯认知符号学)的理论并运用在各语言学科的研究和教学实践中。近几年来,我还发现洛特曼文化符号学也是一门基础学科。因为它是索绪尔语言符号学和皮尔斯认知符号学的综合与发展:前者重点研究语言在社会交流中的作用,而后者重点研究符号在作为生物的个人的认知中的作用。而文化符号学把交流和认知结合起来,把交流的社会性与认知的个人心理活动结合起来,把文化交流看作一种社会性的交流和认知,从而产生人类文化。因此,我认为,研究上述三个符号学派的理论与实践是研究符号学的基础。在语言符号学研究过程中,搞清各语言学科的哲学、符号学根源,它们所属的语言学类别,它们各自的性质和应用范围,以及它们之间的相互关系。(详情见上述"现代西方符号学纲要"的"体系")

2. 在语言符号学基础上研究《普通符号学》(或一般符号学),也就是,把符号学研究的范围从语言符号学扩展到各人文学科:文化符号学、文学符号学、艺术符号学、音乐符号学、历史符号学,等等。而且从西方符号学扩大到我国的和其他国家的符号学,从现代的符号学发展到古代的符号学思想。因为,相对地讲,当代的西方符号学比中国和其他地区的符号学有系统。但是,我们将来要专门研究符号学发展的历史,以及中国和其他各地区古代符号学思想,这样才能认识符号学的根源,我们的正确认识和成就,以及我们曾经有过的错误,逐渐形成符号学理论系统。

3. 研究符号学要以马克思主义的历史辩证唯物主义思想为指导。这不是一个时尚的口号,而是必须身体力行。没有哲学思想指导的符号学,是没有深度的符号学,甚至混乱的"符号学"、失去方向的"符号学"。但是研究符号学,绝不是不研究非马克思主义思想,例如索绪尔的康德先验主义思想和先验哲学范畴,皮尔斯的实用主义和现象学范畴等,而是以马克思主义为主导,用马克思主义分析上述非马克思主义思想,吸取它们的正确成分并加以利用,扬弃其错误成分,同时修正、充实马克思主义本身。我认为,《普通符号学》本身就是一种方法论,建立《普通符号学》的主要工作之一就是,在《普通符号学》各学科中,建构和运用它们的哲学逻辑范畴体系。这种哲学就是马克思主义的历史唯物主义辩证法。在过去几年中,我已尝试建立各主要符号学科和语言学科的哲学逻辑范畴体系,我认为实际可行。请大家审阅,这样做能否构建《普通符号学》,使它成为研究人文科学各学科的主要方法之一。这件工作刚开始,有待实践检验。(详情见将于今年九月出版的《语言与符号》第二辑刊登的"建构哲学逻辑范畴体系——《普通符号学》的方法论之一")。实际上,我在撰写《现代西方符号学纲要》时,就已经在阐述各语言(符号)学学科所属的哲学、哲学思潮、符号学派和语言学类别,以及它们之间的相互关系。这就是构建它们的哲学逻辑范畴体系。

4. 研究《普通符号学》要理论联系实际,不能使它的理论成为空谈,成为一种时尚,人人都在谈"符号学",人人都在各自领域中"使用符号学",但不解决实际问题或理论问题。怎样才算理论联系实际和有效地使用符号学呢?提供一个观点、一种洞察力,还是解决一些具体问题?我的看法是提供一个观点或一种洞察力,而不是解决一些具体问题。如以符号学理论分析语言学各学科,弄清它们的哲学根源、所属符号学派和语言学类别、从根本上掌握它们的性质、范围和方法以及它们的相互关系和发展规律。这就是提供一个观点、一种洞察力和成功地应用符号学。又如，莫里斯（Charles William Morris）把符号模式分为三个分支，一个分支研究符号与符号之间的关系，这就是语法学；第二个分支研究符号与意义之间的关系，这就是语义学；第三个分支研究符号与解释（者）之间的关系，这就是语用学。这个分析多么精辟！再如，翻译的实质是把一种语言的浅层结构转换为深层结构，然后再把这个浅层结构转换成另一种语言的浅层结构。这个解释同样精彩！相反地，企图把符号学应用在制作一幅广告或设计一所房子，能行吗？我看不行。我们看到的许多所谓"运用符号学"就是这种"运用"，不是把复杂的事情搞清楚，而是把清楚的事情搞复杂了。我们要警惕，防止这样的"运用"！

延伸阅读

索绪尔著，巴利、薛施蔼编：《普通语言学教程》，北京：商务印书馆，1980年。

彭漪涟：《逻辑范畴论——马克思主义哲学关于逻辑范畴的理论》，上海：华东师范大学出版社，2000年。

涂纪亮：《现代欧洲大陆语言哲学：现代西方语言哲学比较研究》，武汉：武汉大学出版社，2007年。

郭鸿：《现代西方符号学纲要》，上海：复旦大学出版社，2008年。

郭鸿：《索绪尔的语言符号任意性原则是否成立？——与王寅教授商榷》，《外语研究》2001年第1期。

郭鸿：《索绪尔语言符号学与皮尔斯符号学两大理论系统的要点——兼论对语言符号任意性的置疑和对索绪尔的挑战》，《外语研究》2004年第4期。

郭鸿：《索绪尔符号学与皮尔斯符号学的比较》，《中国外语》2004年第2期。

郭鸿：《认知语言学的符号学分析》，《外语教学》2005年第4期。

郭鸿：《语用学的符号学分析》，《外语研究》2005年第5期。

郭鸿：《自然科学符号学是研究〈普通符号学〉的起点》，《语言与符号》2006年6月（第一辑）。

郭鸿：《语言学科间的互动推动语言学向前进发展》，《复旦外国语言文学论丛》2008年第2期。

郭鸿：《认知符号学与认知语言学》，《符号与传媒》2011年第2辑。

郭　鸿：《从西方哲学逻辑范畴体系的演变看西方符号学和语言学的发展》,《符号与传媒》2012 年第 1 辑。

郭鸿：《作为"普通符号学"起点的科学符号学》,《符号与传媒》2015 年第 10 辑。

郭鸿：《构建哲学逻辑范畴体系——研究〈普通符号学〉的方法论之一》,《语言与符号》2016 年 9 月（第二辑）。

Guo Hong，"Understanding Peircean Semiotics and Its Influence on Linguistics—An Exploration on Triadic Logic System of Categories and Model of Signs", *Chinese Semiotic Studies*. Vol. 3，No. 1 September 2010.

Guo Hong，"Cognitive Semiotics and Cognitive Linguistics", *Chinese Semiotic Studies*. Vol. 5. No. 1，September 2011.

Guo Hong，"Development of Semiotics and Linguistics from the Perspective of the Evolution of the Logical Systems of Categories", *Chinese Semiotic Studies*，Vol. 7，No. 1，September 2012.

后　语

我编写这部文集是对近 30 年来学习研究语言（符号）学的一次总结。下面我向读者介绍我的一些体会和心得。

在文集的最后一篇文章"符号学访谈记"中，我已谈到我的一些心得和体会以及我对符号学当前存在的问题的一些看法，不再赘述。现在我只谈谈，编写这本文集后想到的，或以前谈过的而需要强调的。

一、学习研究符号学应该从研究语言学开始。因为语言学是符号学的一个分支，而且是一个最重要的分支。如果说符号学是一门研究意义的学科，那么语言学是直接研究意义的学科，没有其他附带目的。语言学研究语言，而语言是每个人每天都要使用的，最贴近生活，最容易懂，而且学习研究符号学时必须用语言学的道理去解释，否则无法理解。语言学是最实用的一支符号学，学习研究语言学可以养成理论联系实际和学以致用的良好习惯。

二、学习研究符号学首先要彻底搞清语言符号学的三大理论体系：索绪尔结构主义符号学、皮尔斯认知符号学和洛特曼文化符号学。前者，研究语言（符号）的本体论，说明语言（符号）学是什么，它的结构和功能是什么；它着重研究语言的社会表征和交流；在哲学上的延伸意义是，说明世界是什么，说明物质世界的结构和功能是什么。中者，研究语言（符号）的认识论，说明人类如何用语言（符号）认识世界，如何用语言（符号）进行认知和思维；在哲学上的延伸意义是，研究物质的运动；事物间的普遍联系、相互作用和变化。后者，是前二者的结合，研究语言（符号）的结构和运动，人类如何用语言（符号）进行表征、交流和认识、思维，从而创造人类的文化；在哲学上的延伸意义是，人类如何创造文化，如何通过文化交流普遍提高、积累文化，使人类文明进步和发展。此外，与语言（符号）学三大流派的理论衔接的是现代科学的三大理论：系统论、信息论和控制论。

三、学习研究符号学必须与研究哲学和科学结合起来。没有哲学符号学就不会有方向性的指导和深刻的道理。没有科学，符号学就没有研究对象和实际意义。脱离哲学和科学的符号学，就是简单的、随便说说而已的所谓"符号学"。如果硬要用它来说明世间事物，只能把本来简单的搞复杂了，把复杂的搞乱了。符号学是哲学和科学的中介，是各类科学的一种普遍方法论，是一门严肃的科学。

四、要用马克思主义指导对符号学的学习和研究。这不是一个政治口号，而是身体力行的理论上的实践和批判，它体现我们对信仰的自信和对理论的自信。在这方面，马克思为我们做出了榜样。马克思是彻底的唯物主义者，而黑格尔是彻底的唯心主义者，马克思却能彻底批判后者的唯心主义思想，充分利用他的辩证法，建构强大的唯物辩证法。所以，运用马克思主义研究符号学，就是用马克思主义分析批判形形色色的非马克思主义符号学思想，扬弃其错误的一面，吸取其正确的一面。是否是真正的马克思主义符号学，不在于它是否打着马克思主义旗号，而在于是否真正运用马克思主义。实践是检验真理的唯一标准，对符号学也一样。是否真正运用了马克思主义，要看它是否用符号学理论解决了科学中的实际问题。另外，对非马克思主义符号学的态度应该是，尽力吸取其合理成分，而不一概否定。这里引用一段话："为了客观地、科学地认识世界，自觉地按照客观规律有成效地改造世界，辩证唯物主义必须以科学的态度对待这些哲学（笔者：指形形色色的唯心主义哲学）的挑战。要客观地、全面地认真研究这些哲学，在指出这些哲学体系的错误的同时，不回避或抹杀其中所援引的一些科学的材料，还要揭示它们犯错误的认识论根源和社会根源。要在指出它们把认识过程的某一方面、片断孤立地片面地夸大、绝对化的同时，不忽略在其展开的分析中发现的一些值得进一步探讨的问题，或提供的有一定参考价值可以批判利用的思想。辩证唯物主义对这些哲学的否定是有分析的、辩证的否定。只有持这样严肃的态度，才能捍卫辩证唯物主义的科学性，并推动辩证唯物主义进一步发展。"（百度百科"辩证唯物主义"）我认为，这段话讲得很对。用马克思主义研究符号学，不是罗列各国的马克思主义符号学派别的理论，并认定它们都是正确的而加以接受。我们要具体分析它们的理论，确定哪些是真正的马克思主义者，哪些是冒牌的马克思主义者，他们的哪些思想符合马克思主义，哪些不符合马克思主义。

五、我国的符号学怎样与国际接轨。我们出版英语或其他外语的符号学刊物，通过它们吸取国外先进的符号学理论，同时宣传我们正确的符号学理论，挖掘中国现代和古代的符号学思想，加以弘扬，共同推进符号学向前发展，切不可把外国权威的理论奉若神明，而要用马克思主义思想具体分析，接受其正确的，拒绝其错误的。对我们自己学者的先进理论和在这方面的努力，要扶植，要宣扬。不要在文字上苛求，只要能较准确地表达思想理论内容就可以了，不能要求文字地道，否则就会断绝稿源，达不到对外宣传的目的。我自己就有亲身体会。开始我踊跃向英文刊物投稿，后来这些刊物要求我把稿件交操本地语言的人"润色"，或干脆拒绝刊登，我就望而生畏了。

六、我在本文集最后部分的"符号学访谈记"中，谈到目前我国符号学蓬勃发展的大好形势，同时指出，德国符号学家艾施巴赫（1987）提出的、当前存在的"符号学危机"，以及我国学者王德胜教授（1993）指出的符号学界存在的混乱现象。我认为，这种危机和混乱，至今没有解决，甚至没有缓解。30年过去了！不能再容忍了！在这30年中，我国改革开放，国力大增，文化、科学、技术等各方面蓬勃发展。现在我国又提出了"一带一路"与世界各国合作共赢的方针。相比之下，符号学的发展情况和这个大好形势太不相称了！我们要"敢为天下先"，率先解决这个老大难问题。这是我探索构建普通符号学的初衷，希望大家一起努力！